谨以此书
献给中华人民共和国成立 70 周年

是党的号召、时代的需要、中国石油工业发展的规律，使石油人选择了塔里木这片热土。从这个意义上看，时代是出卷人，石油人是答卷人，党和人民是阅卷人。

塔里木的答卷

王 涛 ◎ 著

石油工业出版社

图书在版编目（CIP）数据

塔里木的答卷 / 王涛著. —北京：石油工业出版社，2019.10
ISBN 978-7-5183-3653-1

Ⅰ. ①塔… Ⅱ. ①王… Ⅲ. ①石油工业－成就－新疆
Ⅳ. ①F 426.22

中国版本图书馆CIP数据核字（2019）第212823号

塔里木的答卷

TALIMU DE DAJUAN

出版发行：石油工业出版社
　　　　　（北京安定门外安华里2区1号楼　100011）
　　　　　网　　址：www.petropub.com
　　　　　编辑部：（010）64523623
　　　　　图书营销中心：（010）64523731
经　　销：全国新华书店
印　　刷：北京中石油彩色印刷有限责任公司

2019年10月第1版　2019年10月第1次印刷
787×1092毫米　开本：1/16　印张：34.75
字数：412千字

定价：168.00元
（如出现印装质量问题，我社图书营销中心负责调换）
版权所有，翻印必究

▲
王涛在新疆库尔勒机场

自 序

2019年4月10日，是塔里木石油会战30周年纪念日。塔里木油田公司在新疆库尔勒举办会战30周年总结表彰大会，回顾艰辛历程，展示辉煌成就，描绘美好未来，激励广大干部员工朝着光辉前景阔步前行。作为入党70年的老党员、石油战线的一名老兵，我对塔里木油田取得的辉煌成就表示热烈祝贺！

塔里木盆地是我国面积最大的含油气盆地，又是勘探最具挑战的地区。20世纪50年代至80年代初，一代又一代石油人怀着为国找油的梦想来到塔里木，艰苦奋斗、锲而不舍，历经"五上五下"的艰难探索，先后发现依奇克里克油田和柯克亚凝析气田，初步认识了盆地的复杂性和巨大潜力。

改革开放以来，随着党的工作重心转移和国民经济快速发展，国内石油消费持续增长，能源供需矛盾日益突出，东部地区在勘探程度日益加深的情况下，增储上产的难度越来越大。同时，经济体制和国有企业改革步伐加快，党和国家对石油行业寄予厚望。为适应时代需要、保障国家能源安全，迫切需要建立陆上石油工业新体制试验区和寻找重要油气资源战略接替区。

1985年，我就任石油工业部部长后，从石油部派出沙漠钻井顾问组，由新疆石油管理局组建南疆石油勘探公司，学习海洋石油新型管理体制，采用甲乙方合同制和项目管理，组织再上塔里木，优选目标进行钻探。随着轮南地区一批探井相继喷出高产油气流，塔里木油气勘探工作进入一个拿面积、拿储量的新阶段。为此，石油工业部党组向党中央、国务院呈报了《关于加快塔里木盆地油气勘探的报告》并获得批准。1989年4月10日，以塔里木石油勘探开发指挥部成立为标志，塔里木石油会战拉开战幕。1990年12月，党中央、国务院正式提出陆上石油工业"稳定东部，发展西部"的战略方针。可以说，是党的号召、时代的需要、中国石油工业发展的规律，使石油人选择了塔里木这片热土。从这个意义上看，时代是出卷人，石油人是答卷人，党和人民是阅卷人。

塔里木油田始终牢记实现国家油气资源战略接替、保障国家能源安全的崇高使命，坚决贯彻落实党中央、国务院有关战略部署，大打勘探进攻仗，相继探明并开发了轮南、东河、塔中、克拉2、克深、哈拉哈塘等31个油气田，建成了我国陆上第三大油气生产基地和西气东输主力气源地。开启中国天然气新时代，为美丽中国建设做出重要贡献。截至2018年底，累计向西气东输管网供气超过2200亿立方米，惠及沿线15个省（自治区、直辖市）、120余个城市约4亿人口、3000余家企业。

塔里木油田始终坚持"两新两高"工作方针，勇于探索"油公司"体制改革，开创了中国陆上石油企业走向市场经济的先河。坚持把科技创新作为引领发展的第一动力，充分发挥开放式科研体制的优势，与国内外一流企业、科研院所、石油高校密切合作，担当起向地球深部进军的先锋，不断挑战自然极限，攻克一个个世界级勘探开发难题，培养和造就了一批引领世界深层超深层领域的科技成果和人才。

塔里木油田始终坚持"依靠行业主力、依托社会基础、统筹规划、共同发展"的二十字方针，忠诚履行经济、政治、社会三大责任，通过开放市场、产业共建、扶贫帮困等方式大力开展油地共建，建成以沙漠公路为代表的2000多千米油地共用公路，实施了惠及42个县市、21个农牧团场、430万居民的南疆天然气利民工程，带动了南疆各地州的经济社会发展，提高了各族人民生活水平，为新疆社会稳定和长治久安做出了积极贡献。

塔里木油田始终坚持党工委统一领导，探索了一条市场经济条件下党领导企业发展壮大的新途径。继承发扬大庆精神铁人精神和石油工业优良传统，形成了以"艰苦奋斗，真抓实干，五湖四海，求实创新"为核心的塔里木精神，塑造了"只有荒凉的沙漠，没有荒凉的人生"的高尚品格，成为石油精神的重要组成部分。

塔里木石油会战始于改革开放的伟大时代，肩负着实现油气资源战略接替、保障国家能源安全的重大使命。尽管勘探几经喜悦、几经困惑，历经挫折，但石油人咬定青山不放松，顽强拼搏，攻坚探索，终于找到大场面，向党和人民交了一份合格的答卷，为建设小康社会做出了重要贡献。当前，塔里木油田深入贯彻党的十九大精神，认真落实习近平总书记关于"大力提升国内勘探开发力度"重要批示，全力以赴推进3000万吨大油气田建设，当2020年这一目标实现之际，中国石油人将为新时代"全面建成小康社会"交上一份塔里木的答卷。未来，在实现中华民族伟大复兴的征程中，石油人充满雄心壮志，一定还会交上更多的合格答卷。

　　早在2009年塔里木石油会战20周年之际，同志们建议我写回忆录，记述塔里木石油会战的历史，以资存史资政育人，我认为此事很有意义。塔里木石油会战有太多的历史事件值得去记录，有太多的重要经验值得去总结，有太多的生动故事值得去挖掘，有太多的可爱人物值得去赞颂。有幸作为塔里木石油会战的决策者和参与者之一，我见证了塔里木石油大会战的艰难曲折和油田发展壮大的艰辛历程，深感自己有责任把它记述下来。我以记录者、讲述者和代言人的身份书写塔里木油田的发展历史，记述改革开放以来陆上石油工业决策实施过程，希望对现实具有启迪借鉴意义。

　　正值全国各族人民为庆祝中华人民共和国成立70周年而举国欢腾之际，塔里木油田又传来令人振奋的好消息。2019年10月3日，南天山脚下的博孜9井获高产工业油气流，成为塔里木油田年内在天山南部发现的第二个千亿立方米级大气田，标志着塔里木盆地第二个万亿立方米大气区诞生。这是石油人向祖国母亲献上最美好的生日礼物。

　　塔里木是使我充满拼搏渴望、给我增添生命活力、令我无时不魂牵梦绕、让我甘愿为之奋斗终生的一片热土。我热爱这里的广袤土地，热爱这里的各族人民，热爱这里的石油将士，衷心地希望塔里木石油人在新的历史起点上，不忘初心，牢记使命，继续大打勘探开发进攻仗，不断取得新的突破，努力建设具有国际先进水平的现代化大油气田，为实现中华民族伟大复兴的中国梦做出新的更大贡献。

　　谨以此书献给英勇无畏的石油人！

　　谨以此书献给中华人民共和国成立70周年！

2019年10月

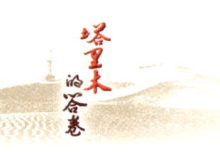

目 录

第一章　战略决策　　001

第一节　把勘探放在首位　　002
一、出任部长面临的形势　　002
二、石油的"加减法"　　006
三、战略布局　　010
四、选择突击方向　　013

第二节　塔里木的召唤　　016
一、"五上五下"艰难探索　　016
二、呼声再起　　025
三、初识庐山真面目　　026

第三节　探索新体制　　030
一、六上塔里木先遣队　　030
二、派出顾问组　　031
三、地质尖兵　　034

第四节　开发大西北的先锋　　036
一、开拓者的热土　　036
二、最大的扶贫工程　　045
三、深入死亡之海　　047
四、心里装着边疆各族人民　　057
五、与"瓦政府"成了好朋友　　061
六、"克拉玛依"决策　　064

第五节　跨出历史性一步　067

  一、按照新体制组织钻探　067

  二、破天荒的招标　069

  三、初试新体制　073

  四、首战告捷　075

第六节　风沙漫卷探索路　079

  一、跨上"大漠铁驼"　079

  二、征服"脱缰野马"　087

  三、搭建空中走廊　090

  四、挺进大漠腹地　095

第七节　主要依靠自己的力量搞勘探　099

  一、国际石油公司聚焦塔里木　099

  二、艰难的抉择　103

  三、中央领导视察塔里木　105

  四、轮南又传喜讯　106

  五、加快勘探时机成熟　109

第二章　打开新局面　113

第一节　会战前夜　114

  一、中南海汇报会　114

  二、组建会战指挥部　117

  三、"两新两高"工作方针　119

第二节　历史掀开新的一页　　121
　　一、汇集精兵强将　　121
　　二、建立两个根据地　打出两个拳头　　125
　　三、油地关系"二十字"方针　　126

第三节　战略性突破　　132
　　一、轮南勘探旗开得胜　　132
　　二、大漠深处响春雷　　135
　　三、东河塘抱个"金娃娃"　　143
　　四、拿下亿吨级油气田群　　146

第四节　开天辟地的壮举　　148
　　一、难以穿越的天堑　　148
　　二、瀚海踏勘　　151
　　三、从"零"起步　　155
　　四、筑路铁军　　158
　　五、生命之路保卫战　　163
　　六、塔克拉玛干的节日　　166

第五节　只有荒凉的沙漠　没有荒凉的人生　　172
　　一、勘探先锋建新功　　172
　　二、钻井队伍摆擂台　　175
　　三、大庆队伍大庆人　　181
　　四、大漠千里走油龙　　184
　　五、学子成长的沃土　　186

第六节　全面建立新体制　　190
　　一、三年探索取得的成功经验　　190
　　二、统一标价公平竞争　　194

三、铁打的营盘轮换的兵　　196
　　四、两个实体一个目标　　198
　　五、宾馆化服务人性化管理　　201
　　六、三种用工制度　　203

第七节　中国特色的"油公司"　　207
　　一、凝聚会战合力　　207
　　二、关于"姓什么"的回答　　211
　　三、两分两合　　214
　　四、开展"四项教育"　　217
　　五、倡导"三种精神"　　220
　　六、大漠奏响主旋律　　222

第八节　党中央的殷切希望　　229
　　一、江泽民视察轮南探区　　229
　　二、李鹏对塔里木提出要求　　234
　　三、实施"三大战略"　　236

第三章　跨世纪之战　　247

第一节　几经喜悦　几经困惑　　248
　　一、塔北遇阻　　248
　　二、塔中迷惘　　251
　　三、东河受挫　　254
　　四、5亿吨大油田缩水　　255
　　五、会战面临严峻考验　　259

第二节　贷款搞勘探　　266
　　一、会战资金严重短缺　　266

二、国外贷款艰难	267
三、向总理借钱	269
四、一手抓 500 万 一手抓大场面	272

第三节　高举会战旗帜　　275

一、下马风悄悄吹来	275
二、"红旗"还能打多久	277
三、是"黄金铺路"吗	280
四、是"骨头"还是"肥肉"	282

第四节　大打科技攻坚战　　295

一、上下求索	295
二、成败系于物探	301
三、钻井技术的挑战	305
四、打响科技攻坚战役	307
五、解放思想的杰作	311
六、再探古潜山	314
七、贵在坚持	316
八、创新赢得突破	319
九、大漠里初见曙光	323
十、10 年攻坚路	325
十一、撩开大漠神秘面纱	329
十二、锲而不舍精神的颂歌	332

第四章　开启天然气时代　　337

第一节　油气并举　　338

一、吉拉克气田发现	338

二、英买 9 井启示　　　　　　　　　　　　339
　　三、一举拿下牙哈凝析大气田　　　　　341

第二节　咬住库车山地不放松　　　　　344
　　一、绝不能"望山兴叹"　　　　　　　344
　　二、从弯线到直线的跨越　　　　　　346
　　三、钻穿"鬼门关"　　　　　　　　　350

第三节　特大型气田横空出世　　　　　355
　　一、面对三口探井的失利　　　　　　355
　　二、上钻克拉 2 井争论　　　　　　　356
　　三、山地精神　　　　　　　　　　　359
　　四、天然气大场面出来了　　　　　　364

第四节　西气东输梦想成真　　　　　　372
　　一、天然气发展战略　　　　　　　　372
　　二、西气东输构想　　　　　　　　　377
　　三、西部大开发第一炮　　　　　　　384
　　四、改善国内能源消费结构　　　　　388

第五节　更大场面逐步呈现　　　　　　393
　　一、迪那大气田之后的沉寂　　　　　393
　　二、大北 3 井揭示的秘密　　　　　　396
　　三、克深 2 井的回答　　　　　　　　400
　　四、勘探不息　攻关不止　　　　　　402

第五章　建设现代化大油气田　　　　407

第一节　瞄准世界一流水平　　　　　　408

　　一、建设样板油田　　408
　　二、从水平井到双台阶水平井　　412
　　三、建设山地大气田　　419
　　四、"向地球深部进军"的先锋　　426

第二节　绿色油田崛起　　430
　　一、石油人要做绿色使者　　430
　　二、沙海绿岛诞生　　433
　　三、健康　安全　环保　　436

第三节　人才队伍茁壮成长　　443
　　一、监督监理队伍建设　　443
　　二、培养跨世纪人才　　448
　　三、群英荟萃大舞台　　453

第四节　实现高水平高效益　　456
　　一、三大阵地战成果辉煌　　456
　　二、实现高效勘探开发　　460
　　三、形成配套科技体系　　462

第六章　造福新疆各族人民　　465

第一节　油地共同大发展　　466
　　一、输血与造血　　466
　　二、巴州石油节　　469
　　三、轮台县的金钥匙　　474
　　四、东四乡的光明　　477
　　五、龟兹古国换新貌　　481
　　六、对口扶贫　　483

第二节　走向共同富裕之路　487
　　一、实现贯通之梦　487
　　二、千里绿色长廊　491
　　三、雅通古斯的新生　497
　　四、未来沙漠城镇　499

第三节　南疆人民好福气　503
　　一、加快天然气开发利用　503
　　二、发展下游工业　504
　　三、气化南疆　506

寄语　情系塔里木　513
　　一、两个心愿　514
　　二、家国情怀　522
　　三、祝愿腾飞　528
　　四、高擎旗帜　532

后记　539

第一章 战略决策

加快西部地区石油勘探步伐，做好大规模开发的准备，是发展国民经济、振兴大西北、加速石油工业发展的需要。现在，这个问题已经摆在我们的面前，再也不能延迟了。

——摘自1986年6月29日在克拉玛依市局干部大会上的讲话

第一节 把勘探放在首位

一、出任部长面临的形势

1985年6月13日，中共中央决定，我由南海东部石油公司总经理出任石油工业部部长、党组书记，兼任中国海洋石油总公司分党组书记。6月18日，六届全国人大常委会十一次会议通过我为石油工业部部长的任命。党中央把我从正局级干部直接提拔到正部级领导岗位上，是对我的充分信任，同时也对我寄托了殷切期望。自1955年国家成立石油工业部（简称石油部）后，先后担任部长的有李聚奎、余秋里、康世恩、宋振明、唐克等，如何在老一辈革命家艰苦创业的基础上，接好老同志的班，与石油战线广大职工一起，继续发展我国石油工业的好形势，确实感到担子不轻，责任重大。

我们这一代人，在青年时代就立下报效国家的志愿。1954年我被组织上选拔派往苏联留学，选择了莫斯科石油学院地质勘探专业，就是立志找油甩掉中国贫油落后的帽子。从那时候起，我就把自己与祖国的石油事业紧密联系在一起，再也没分开过。1963年学成回国后，到北京石油勘探开发科学研究院工作，参加过胜利油田会战，到大庆油田实习，承担过大港油田和辽河油田勘探和生产的领导工作，1979年又奔赴广州参与了海洋石油的对外合作，成为石油行业改革开放最前沿阵地的一员。

我来石油部后，党组开了8个半天交接会议。我们的老部长、国务委员康世恩同志到会做了重要指示，并对石油部工作提出了新的期望。原石油部部长、党组书记唐克，副部长、党组副书记赵宗鼐，副部长李敬、李天相及其他领导同志参加了交接会议。

7月5日，在石油部机关干部大会上，唐克同志发表了讲话。他主要回顾三年来担任石油部部长的几点体会：一是在任何时候、任何情况下，都要坚持实事求是，一切从实际出发；二是坚定不移地贯彻落实对内搞活、对外开放的方针，认真进行改革，努力提高经济效益；三是调动一切积极因素，同心同德地把石油工业搞上去，建设具有中国特色的社会主义。这些体会对我这个新任部长来说都有很大的帮助。

我在表态讲话中说：我国石油工业已经进入一个新的发展时期，党和国家十分关怀和重视石油工业，国民经济建设要求石油工业有一个更快的发展速度。在这样一个重要时刻，中央决定我来部里主持工作，我必须努力地做好各项事情。希望同志们给我一些时间，允许我做一些调查研究。在这期间，部里全面的日常工作，仍由赵宗鼐同志负责；有关生产、钻井、基建、劳资和天然气公司方面的工作，仍由李敬同志分工负责；有关计划、财务、审计、科技、教育、外事、供应、机械制造和运销方面的工作，仍由李天相同志分工负责；有关石油、天然气勘探一路的工作，仍由阎敦实同志负责来抓。随后，我在一个多月的时间里，到基层做了一些调查研究。

1985年9月，中国共产党全国代表大会在北京举行。我被增选为中央委员。党的全国代表大会除增选中央委员会成员等组织事项外，还审议和通过《中共中央关于制定国民经济和社会发展第七个五年计划的建议》。带着"七五"计划的指导思想、发展战略方针、政策和实施步骤，我开始了新的征程。

1984年10月，党中央提出"三步走"发展战略：1981—1990年，国民生产总值翻一番，实现温饱；1991年至20世纪末再翻一番，达到小康；到21世纪中叶，人均国民生产总值达到中等发达国家水平。按照这个战略构想，到20世纪末，国民经济要实现翻两番的目标，迫切要求石油工业的发展必须跟上国民经济发展的步伐。据有关专家预测，到2000年我国对石油的需求将达到2亿～2.5亿吨。这就是说，以1980年的石油产量为基数，

至少要翻一番。

石油是关系到国家现代化建设全局和国家安全的重要战略资源。进入20世纪80年代以来，我国国民经济持续高速增长，特别是进入"七五"后，对石油的需求增长速度远大于油气生产增长的速度，而且这个差距还在逐年拉大，陆上石油工业的发展进入被动困难的时期，面临三个方面的挑战。

一是如何保持原油生产持续稳定发展。新中国成立初期只有玉门、延长、独山子3个油矿。1949年，年产石油只有12万吨（天然原油7万吨、人造石油5万吨）。20世纪50年代初期，石油勘探主要分布在我国西部鄂尔多斯、柴达木、准噶尔和塔里木盆地等地区，这些地方人烟稀少，勘探条件艰苦，远离东部较发达地区，即使找到油气田一时也难以见到实效。1958年，根据党中央关于石油勘探战略重点东移的部署，进行松辽盆地的勘探。1959年9月，松基3井获工业油流，石油部组织开展胜利、大港、江汉、吉林、辽河、长庆、冀中等一系列石油大会战，建成了一批大中型石油基地。1978年原油产量突破了1亿吨，达到1.04亿吨，使我国跻身世界产油大国行列，石油工业成为国民经济的支柱产业。但是，此后几年，由于受国内外环境的影响和资金、技术的制约，石油产量徘徊不前。1981年6月，根据国务院副总理兼石油部部长康世恩的建议，国务院决定对石油工业实行"1亿吨原油产量包干"的政策：即石油部在完成年产1亿吨原油生产任务后，超产部分的原油可以出口，所得到的资金用于石油勘探开发。这项政策，使勘探开发资金状况有所改善，石油产量恢复增长，到1985年产量上升到12488万吨，比上一年净增1000万吨。这个增长主要是依靠东部油田来实现的，而东部的一些老油田由于长期超负荷开采，油井产量的自然递减加大，稳产难度增加。如何保持老油田稳产，已经成为全国石油生产实现可持续发展的重要课题。

二是石油工业的改革方向。1984年10月20日，党的十二届三中全会召开，会议通过了《中共中央关于经济体制改革的决定》，我国改革的重点逐步由农村转向城市。经济体制改革的核心内容是转变把计划经济同商品经济对立起来的传统观念，进一步搞活大中型企业，提高企业的经济效益。如何改革，是石油企业面临的重大问题。我国的石油企业，是在计划经济时代成长起来的，从生产到生活主要依靠自己。是一个相对完整的小社会，存在着"大而全、小而全"的问题。但要改革这些弊端，并非一朝一夕即可完成。企业改革，牵一发而动全局。1978年，我国海上石油率先对外开放，使我们有机会更多地了解国外一些大石油公司的管理体制和经营方式。通过实地考察和交流，我们了解了市场经济条件下企业的管理体制和经营机制，开阔了眼界，拓展了思路。当时给我印象最深的是外国石油公司用人少、效率高、技术先进，在企业管理和机构设置上，彼此之间虽有不同，但大同小异，都十分重视人员培训、科技研发、提高公司的核心竞争力，并在某一方面拥有自己的优势。在经营管理体制方面，普遍采用的是"油公司"体制。"油公司"自己没有专业工程施工作业队伍，把力量主要集中在科研、规划、资金运筹、企业生产和运营管理方面。这些做法都为我国石油工业在体制改革和开展对外合作中提供了十分重要的理论依据和借鉴范例。他们这一套做法，也是经历了100多年实践和不断改进才成熟起来的。BP、英荷壳牌等跨国石油公司，他们也曾经拥有自己的工程施工作业队伍，包括钻井队等，后来将这些队伍剥离出去，取得了很好的效果。我们海洋石油公司在对外合作中，一开始就采用这一套国际通行的"油公司"管理模式，事业发展很快。1983年6月，南海东部石油公司在广州成立，来自大庆、辽河、江汉、四川、滇黔贵、胜利、南海西部等十个油田和地区的数百人迅速集结广州。我在成立大会上说："我们绝不能留恋老思想、老框框、老办法。要根据新的形势、新的任务，努力掌握新的思想、新的技术、新的办法，按照国际惯例和高效精干的原则组建和组织运行。一句话，就是按国际惯例建设'油公司'体制。"我在"海油"工作了6年，在实践中体会到"油公司"体制是一套科学的、成功的管理体制。那么，我们陆上石油是否也可以采用"油公司"管理模式呢？这需要选择一个勘探新区做试验基地，进行试验和探索。

三是资金严重不足。石油勘探开发是高投入、高风险的行业。每年国家对石油工业的投资与我们对资金的需求都有较大缺口。1985年，国家给石油工业的投资不足所需投资的50%。不足部分按国家给予的原油1亿吨

的包干政策,超产部分和石油出口所得资金用于石油生产。主要内容是:超产、节约自用和降低损耗的原油,允许石油部委托外贸部门代理出口,所得国际价格与国内价格的差价收入,85%作为石油勘探开发基金,15%作为职工福利和奖励基金;所得外汇全额留成,用于进口专用器材和技术,并免征各种税金。这样才使资金紧张状况有了很大缓解。但是,这部分增加的产量,在当时西部尚未获得重大发现的情况下,主要依靠东部油田。由于东部大部分油田已进入开采的中后期,油井产量递减加大,要弥补递减实现新的增长,也需要投入大量资金,寻找新的储量,建设新的生产能力。大量资金从何而来,也是一个十分棘手的问题。

二、石油的"加减法"

1985年7月,国家计委副主任黄毅诚来到石油部,我们进行了一场无拘无束的谈话。他问我担任石油部部长后有什么想法和打算。我说:"石油天然气作为能源产业,是保障国民经济持续增长的先行者,要始终走在国民经济发展前面。最重要的就是把油气勘探放在首位,以保证油气产量持续稳定增长。"

1986年1月24日,我在石油工业年度工作会议上,进一步明确提出:当前,我们正在修订和推行"七五"计划,在这一过程中,一定要注意处理好三个方面的关系:一是全局和局部的关系,石油工业要服从整个国民经济的需要,努力适应国民经济的发展;各油区要服从整个石油工业的需要,保证全国石油工业的发展。二是改革与生产建设的关系,坚持以改革促进生产建设;各项生产建设的安排,要有利于改革的进行。三是国家、企业和个人的关系,坚持把国家利益放在第一位,优先保证国家收益,在企业生产发展的基础上,逐步改善职工生活。

在生产建设的安排上,要理顺三个关系:一是储量、产能与产量之间的关系,坚持勘探领先、储量领先的原则,使储量增长走在产能建设的前面,产能建设走在产量增长的前面。二是科学技术与生产的关系,坚持生产依靠科技、科技面向生产的原则,以科学技术进步促进生产建设的发展。

三是速度、质量与效益的关系，在坚持质量第一、提高经济效益的前提下，努力加快生产建设发展速度，进一步把各项工作纳入以经济效益为中心的轨道上来。

　　油气田自身特点决定其产量具有上升、稳定、下降等几个不同阶段，犹如人的生命历程一样，也经历从青年、中年到老年的过程（自然递减）。一个油田投入开发后，开始石油产量是上升的，达到高峰期后，随着地层能量的消耗及含水率的上升，产量会逐年下降。要维持产量，就要不断地加密生产井距，增加开发井数，提高储量动用程度。同时要根据地下复杂的油水变化情况，适时对油层注水，补充地层能量，科学挖潜。大庆油田的发展是一个典型范例，大庆油田是我国最大的油田，也是世界上为数不多的特大型油田之一，1960年开发建设，1976年原油产量5030万吨。在1986年1月26日大庆油田年产原油5000万吨稳产10年庆祝大会上，我做了如下分析。10年来，大庆油田开发经历了四个重大变化：油田开采由中含水采油阶段，进入到高含水采油阶段；主力油层从水驱油阶段，逐步过渡到以水洗油为主的阶段；油田挖潜的重点，由渗透率比较高的主力油层，转移到渗透率比较低的差油层；油井开采方式，由自喷采油为主，转入到机械采油为主。那么，大庆油田是如何保持如此旺盛生命力的呢？主要是依靠科技进步和提高管理水平，通过细分层系和补打加密调整井，增加石油可采储量；在油田产量达到高峰、采出程度不断增加的情况下，使储采比基本保持稳定；根据高含水期采油的特点，配套推广和应用了新型采油技术，解决了油田开发动态的监测、开发层系的细分和调整，有效地提高了储量的动用程度，进一步完善了钻井、采油工艺和地面工程的配套。这种立足于保持油层能量和增加可采储量，保证油田稳产和增产的做法，为我们科学地开发和管理大型油田，提供了极为宝贵的经验。

　　当时，东部已开发的多数主力油田陆续进入高含水采油阶段，产量递减明显加快。为了延缓油田的衰老速度，把油田综合调整的重点转移到提高储量动用程度、提高采收率上来。即便采取各种技术措施增加油层可动用储量，这些办法只能延缓产量下降的速度。但是，如果采油速度过高，就会使一些风华正茂的油田由于出力过度而导致早衰，华北油田就曾出现

1986年1月26日，石油工业部在大庆召开大庆油田年产原油5000万吨稳产10年庆祝大会

类似情况。1975年发现的华北油田是我国第一个单井日产超过千吨的特高产量大油田，在夺高产、放高产、超负荷的过量开采情况下，1979年产油量达1733万吨，1983年就快速下降到1020万吨。由于勘探上没有大的发现，1985年继续下降，至1989年减少到513万吨。平均每年减少122万吨，递减速度达12%。

要总体上使产量持续增长，根本的办法是开发动用新的储量。勘探找到的可动用储量越多，产量增长的可能性才会越有保证。1983—1985年，全国原油产量以每年递增千万吨的速度增长，主要是靠我国东部地区储量增长，弥补当年老井递减近千万吨才取得的。面对国民经济快速发展对能源需求不断增长的大形势，如何处理好石油生产的"加减法"，保持油气生产的可持续增长，这是摆在石油战线的一项必须完成的任务。

没有一定的速度，就不能满足国民经济发展的需要，就会影响国家能源安全。"六五"期间，全国工农业增长速度平均每年为11%，一次能源增长速度平均每年为6.1%，其中油气增长速度为3.35%。而全国民用汽车拥有量就增长80.4%，农用拖拉机拥有量增长78%，石油化工原料用油量增长70%以上。尤其是乡镇工业的发展，大量使用柴油机发电，或用柴油机作动力，耗油量增长很快。可见，处于国民经济发展第一环节的石油工业，承受的压力有多大。

倘若不切实际地高速度走下去，石油工业将面临不可持续发展的严峻局面。多年来，关于胜利油田建设"第二个大庆"的争论集中体现在这些方面。"六五"以来，全国第二大油气区胜利油田增加的原油产量中，有60%以上是依靠提高老油田采油速度取得的，这种做法带来的直接后果是油田自然递减率大幅度上升，给下一步的生产造成了很大被动。在制定"七五"规划时，虽然国家计委没有按胜利油田向中央报告的年产5000万吨安排，实际计划安排1990年产量为4200万吨。但是，由于弥补递减的工作量越来越大，胜利油田仍然连续多年没有完成产量计划指标。

为了实现石油工业的可持续发展，我们提出了增储上产的工作方针，把石油年产量与储量增长相协调，做出适当调整，而在石油储量增长方面要加大工作力度，以保证石油生产可持续增长。

"七五"计划后期，原油年产量由原来的每年递增千万吨逐渐调整到每年增加300万吨左右。对此有人不理解，我做了如下解释：要求短时间内把产量搞上去是可能的，但没有充足的储量作后盾，产量上得快，下得也快。保证国家经济稳定发展的需要，油气产量一定不能出现大起大落，要保持油气产量稳定增长，油气储量的增长必须走在前面。我来石油部工作后宣布的第一条工作方针就是要始终把勘探工作放在首位，而且勘探工作要做到"吃一、拿二、眼看三"，以形成合理的储量结构，即预测油气地质储量要大于控制油气地质储量，控制油气地质储量要大于探明油气地

质储量的"金字塔"形三级储量结构，这样才能实现储量接替的良性循环和生产的可持续增长，努力实现产量增长和资源接替的良性循环。

从"七五"计划的要求来看，储量问题依然是制约石油工业发展的主要问题。石油储量的增长赶不上石油产量增长对储量增长的需求。这对矛盾已经严重制约着石油工业的可持续发展。由于老油田采油强度过大，油井产量递减加快，油气生产成本逐年上升。特别是东部老油区勘探程度已经很高，勘探难度逐年增大，每年找到的石油地质储量逐渐出现入不敷出的状况。到1985年底，全国累计探明石油地质储量100亿吨（不包括老油田复核储量）。在尚未动用的30多亿吨储量中，去掉难动用的储量，当时可动用的储量仅有15亿吨。按"七五"期间需新建8000万吨产能的要求，在"七五"期间，必须新增探明石油地质储量60亿吨，平均每年新增12亿吨，才能保证石油工业的发展。然而，由于国内原油价格偏低，资金投入和产出失衡，建设资金年年短缺，为完成当年产量不得不集中主要资金保产量，致使勘探资金不足，每年只能完成计划工作量的80%左右，制约了发展的后劲。

当时曾预测，如果不加大勘探工作力度，到1992年全国原油产量将会出现负增长，形势非常严峻。扭转这一趋势，唯一的出路就是加快新区勘探，特别是资源丰富的西部地区的勘探步伐，以求找到一些高产大油气田，使我国石油储量增长出现新的高峰期。以增储为核心，做好石油的"加减法"，是我上任后形成的第一个战略构思。这些想法后来我都向中共中央总书记江泽民、国务院总理李鹏分别汇报过，得到了他们的理解和支持。

三、战略布局

1985年10月14日，石油部召开油田领导干部会议，我在会上发表了任职后的第一次讲话。明确地提出了石油工业的勘探布局问题。我说：要把油气勘探放在领先地位，持续不断增加石油、天然气储量。在勘探布局上，"七五"期间，全国勘探工作的重点仍然是东部地区，同时要加快西部、海上的勘探步伐。西部地区主要是寻找新的大型油气田。

按地区划分，东部地区，包括太行山、三峡以东，长江以北地区；西部地区，包括新疆塔里木、准噶尔、吐鲁番—哈密盆地，河西走廊诸盆地，以及现有的克拉玛依、青海、长庆、玉门、延长、四川等油气区。这种布局，支持了我国东部地区经济的发展，对改善西部地区经济不发达状况起到了促进作用，壮大了国家的经济实力。

我国油气资源在地域上分布很不均衡。20世纪80年代中期，陆上石油资源主要集中于东北地区，天然气资源主要分布于西部地区。这种不均衡性，要求在发展过程中必须统筹规划，搞好战略布局和接替。油气勘探风险大，周期长。在一个有油气前景的地区，从普查勘探到发现油田，形成一定生产规模一般需要8～10年时间。必须始终把勘探放在第一位，早上手才能早见效，一年滞后，往往几年被动。考虑到我国能源结构和未来天然气发展的需要，会议还提出"把天然气勘探放到与石油勘探同等重要的位置上来重视"。当时我国探明天然气储量相当于石油储量的3.7%，天然气年产量相当于石油产量的10%。天然气生产发展滞后是世界油气工业发展历史上的普遍现象。这是由于天然气存储和运输条件比石油要求要高。我国陆上的天然气资源比较丰富，但多分布在西部经济尚不发达地区，有待于进一步勘探开发。因此，我们在"七五"发展计划中提出了"油气并重"的工作方针（以后也称"油气并举"），加强天然气的研究和勘探。为此，还专门成立了天然气管理部门和天然气研究机构。

回顾我国石油工业发展历史，每个时期油气生产上一个新的台阶，它的前提条件都是储量增长有一个新的高峰。1986年，我国原油产量达到1.3亿吨的规模，大体经历了三个时期：20世纪50年代末，石油工业实施战略东移，展开了大庆石油会战，发现建设了大庆油田，实现了石油基本自给，储量大幅度增长。60年代至70年代中期相继发现了胜利、任丘、辽河等一些比较大的油田，储量增长出现了高峰期，到1973年全国原油产量达到了5000多万吨，1978年全国原油产量突破了1亿吨。70年代至80年代在渤海湾地区继续深入扩大勘探，相继又发现了一批新油田，储量有新的增加，保证了我国原油产量的持续稳定增长。

世界上大油田发现也具有这样的规律。美国的大油田数量并不多，只

王涛任石油工业部部长时部署石油工业战略布局

占油田总数的 1%，但储量却占美国总数的 58%。从我国目前剩余可采储量来看，到 1987 年，上述大油田占全国的 77.28%。这说明寻找大油田，对加快石油工业的发展，取得好的经济效益，是一项非常重要的战略。

从石油工业持续稳定发展的要求看，除了深化东部老油区勘探，必须开辟和扩大西部新的油气区，努力实现新的储量增长高峰。1989 年 12 月 3 日，我在贯彻党的十三届五中全会精神时提出"稳定和发展东部，加快西部地区勘探开发步伐"，这是"稳定东部，发展西部"和"油气并举"战略部署的最初设想和战略布局。

四、选择突击方向

发展西部,为什么重点首选塔里木盆地?这是战略布局的首要问题。1958年,邓小平同志在听取李聚奎、余秋里等同志汇报时明确提出:石油勘探工作应当从战略方面来考虑问题,战略、战役、战术总是要三者相结合的。总的来说,第一个问题是选择勘探突击方向问题。应该选择重要的地方先突击,不要十个指头一般齐,不然的话,可能会浪费一些时间。石油部按照小平同志指示,在战略东移后选择松辽盆地作为突击方向,发现了大庆油田,实现了石油基本自给,甩掉了"贫油国"的帽子,渤海湾会战使全国石油产量迅速增长,不到30年,我国石油工业发展取得辉煌成就。

把塔里木勘探提上议事日程,是因为我们已经意识到,为了保证石油工业的可持续发展,石油勘探必须实行战略重点西移,这关系到20世纪末乃至21世纪中国石油工业发展的大局。

新疆地区是我国石油工业发展最为重要的战略后备地区。这个地区拥有塔里木、准噶尔、吐鲁番—哈密三大含油气沉积盆地,以及其他19个中小型沉积盆地。全区可供找油找气的沉积岩面积有92万平方千米,占全国陆上沉积岩总面积的五分之一;预测油气资源蕴藏量为299.5亿吨,占全国油气资源预测总量的三分之一以上。1986年以前,经过30多年发展,新疆石油工业已有一定规模。当时已在准噶尔盆地西北缘建成了克拉玛依油区,在盆地东部发现了火烧山—北三台新油区;在塔里木盆地西南部发现了柯克亚油气田,在盆地北部地质矿产部沙参2井喷出高产油气流。到1987年底,新疆累计探明石油地质储量10亿吨,控制稠油地质储量10亿吨,原油年产量575万吨。

塔里木盆地是我国最大的沉积盆地(面积56万平方千米),也是世界上仅存的少数几个尚未进行全面油气勘探的大型沉积盆地之一。全盆地预测油气资源蕴藏量有184亿吨,其中石油101亿吨、天然气8.39万亿立方米,分别占全国陆上油气资源预测总量的六分之一和四分之一以上。到1986年,新中国石油工业发展已经37年了,塔里木盆地的勘探从普查

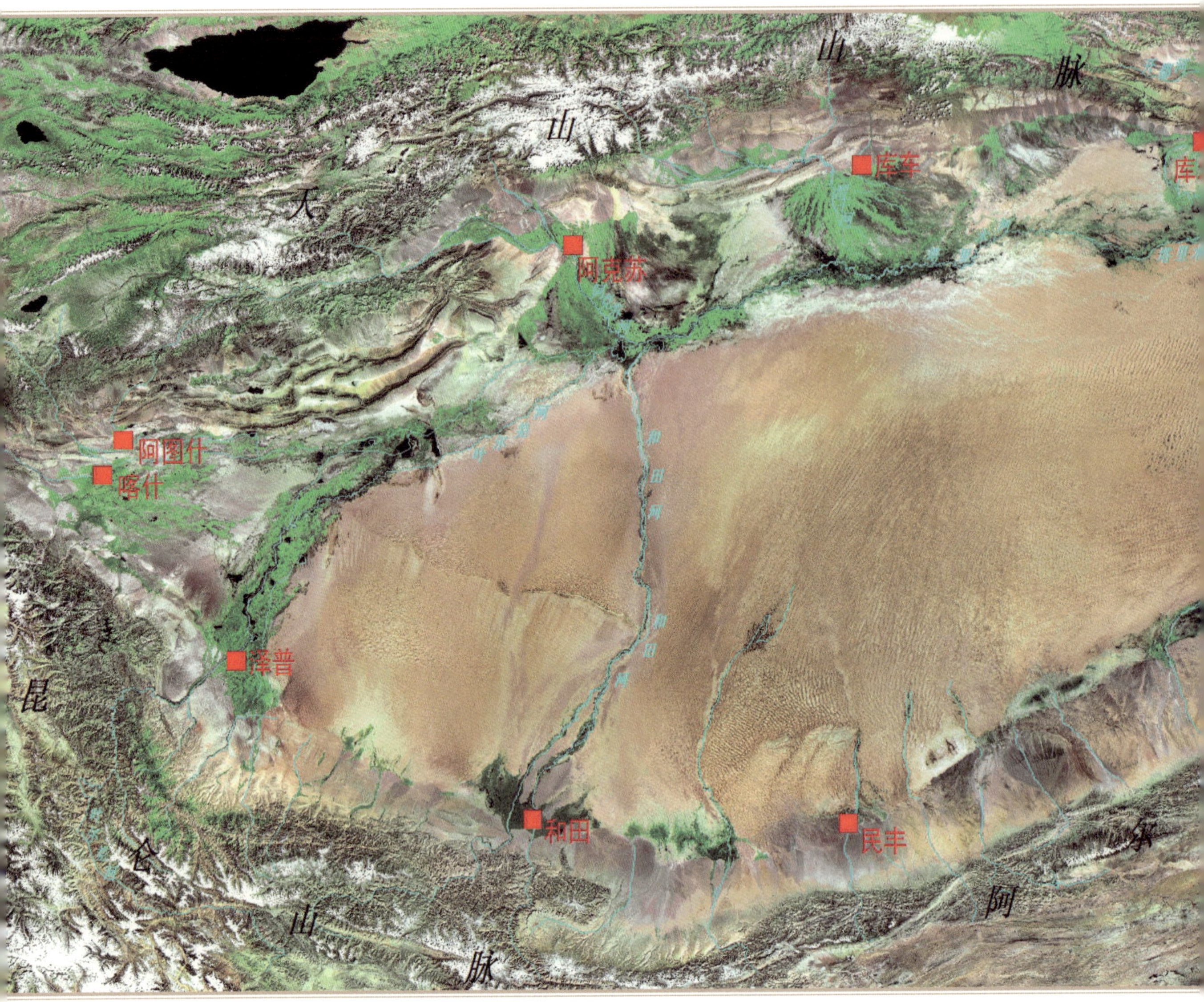

▲ 塔里木盆地及周缘卫星影像图

开始到1986年已进行了34年。在以往工作的基础上，着眼寻找大型或特大型油气田（或者说巨型油气田），加快塔里木盆地的勘探步伐，是我们该下决心的时候了。

对新疆石油工业的发展，党中央、国务院寄予了殷切的期望。1958年中共中央副主席朱德视察克拉玛依油田的时候，就提出要为年产原油2000万吨而奋斗。

1983年，胡耀邦等中央领导同志又要求克拉玛依油田到20世纪末把原油年产量搞到2000万吨。至于南疆塔里木盆地，更是我国油气资源的巨大宝库，1983年10月，邓小平同志批准在喀什地区建设泽普石化"三项工程"。伴随着国家改革开放不断深化，我国调整产业结构工作开始起步，我们生产的原油和天然气作为一种优质能源和重要化工原料，国家迫切需要能有一个较大幅度的增长，特别是中央提出20世纪末实现国民生产总值再翻一番的第二步战略目标后，保证其对能源的需求，要求石油、天然气的储量和产量都必须上一个新的台阶。这是一个十分艰巨而又光荣的历史任务，要实现这一战略任务，加快塔里木油气勘探与开发占有极其重要的位置。

"吃一、拿二、眼看三。"1986年1月24日，我在石油工业1986年度工作会议上，明确了突击方向，提出要积极开展南疆塔里木盆地的勘探。主要是对有前景的地区加快地震详查，并抓紧组织好沙漠深井钻机的配套。在条件成熟时，进入沙漠开展钻探工作。

塔里木的召唤

一、"五上五下"艰难探索

塔里木盆地位于新疆的南部，北有天山，南有昆仑山，西面是帕米尔高原，是一个地质年代十分古老的沉积盆地。由于昆仑山和帕米尔高原阻隔了印度洋的暖湿气流，天山挡住了北冰洋南下的湿冷空气，盆地内干旱少雨，属于远离海洋的大陆性气候。盆地中央，就是世界著名的塔克拉玛干沙漠，面积33万平方千米，仅次于非洲撒哈拉大沙漠，而就其沙漠流动性来说，是世界上第一大流动性沙漠。沙漠腹地没有植被，全是条脊或鳞次栉比的沙丘，沙暴频繁。

关于"塔克拉玛干"名字的含义，有几种说法。一种说法是"死亡之海"，出自瑞典著名探险家斯文·赫定之口。19世纪90年代末期，斯文·赫定从塔里木盆地西南缘的喀什出发，向东涉过叶尔羌河，

古楼兰遗址

进入塔克拉玛干沙漠。他带了8峰骆驼，驮着水和给养，计划涉过河之后向沙漠中的玛扎塔格山前进，然后沿山的南麓东行抵达和田河，这中间距离约400千米。一开始他们很顺利，后来出现了严重的情况，饮用水没有了。最后，斯文·赫定扔掉除一本《圣经》之外的所有物品，包括骆驼、驼夫和向导，逃出沙漠，到了和田河，脱下一只靴子装了水去救他的助手。多少年后，斯文·赫定对这次经历仍心有余悸，称塔克拉玛干为"死亡之海"！（见斯文·赫定《我的探险生涯》）另一种说法是："塔克拉玛干"是维吾尔语，意思是"废弃的家园"或"曾经的家园"。我国古籍《汉书》等曾记载，汉代时在塔里木盆地的周边曾有诸多郡国，史称西域三十六国，后来有不少消亡了。比较著名的是楼兰古国，大约到晋朝时候就消失了，唐诗里出现的"楼兰"只是个代称而已。直到20世纪初，才在罗布泊湖附

近发现古楼兰遗址（发现者就是斯文·赫定，见其著作《亚洲腹地探险八年》），楼兰古国的消亡就是自然环境改变的结果。比较普遍的说法是："进去出不来"，说明了沙漠内部生存条件的严酷和人们对它的一种神秘感。在沙漠边缘，有一片片不相连的绿洲，居住着汉族、维吾尔族、回族、蒙古族等世居民族，其中以维吾尔族居多。几千年来，由于盆地干旱少雨，沙漠不断扩展，人们曾经居住的家园因遭到沙漠侵扰而废弃。而更多的地方则是没有人烟的戈壁荒原。

塔里木盆地是我国勘探程度比较低的地区，同时，又是开展油气勘探比较早的地区。20世纪50年代初期，新中国迫切需要恢复和发展经济，振兴工业，这一切都离不开石油。以毛泽东主席为核心的党的第一代领导集体对发展我国石油工业非常重视，1950年中苏两国政府签订协议，创办中苏石油股份公司。这是新中国最早对外合作的经济项目之一。通过合作，我们向

20世纪50年代初，苏联专家与中方青年技术人员合影

苏联学习石油勘探开发技术和培养人才。

1952年，中苏石油股份公司在南疆喀什设立喀什钻井处，开始勘探工作。限于当时的技术水平，勘探区域在天山山前和昆仑山山前，根据地面地质调查在有构造显示的地区打井。地台区埋藏太深钻机能力达不到，沙漠区进不去。苏联专家对塔里木盆地比较看好，认为比准噶尔盆地希望大。因为与塔里木盆地相邻的苏联塔吉克盆地和费尔干纳盆地，已经发现油气田。从塔里木盆地山前出露的地层来看，塔里木盆地完全是中亚富油气区带的东延部分。中苏石油股份公司当时把除地震之外的主要勘探手段都用上了，如野外、地质调查、重磁力、电法、钻井。大约干了两年多时间，并未获得实质性的突破。1954年12月，苏联把中苏石油股份公司移交给中国独自经营。塔里木盆地中苏

20世纪50年代末，塔里木石油地质队员在野外工作照

1958年505重磁力联队专题影像《沙海之谜》

1958年3—12月，505重磁力联队依靠骆驼等交通工具，首次完成9条南北向贯穿塔克拉玛干沙漠的重磁力测线

合作勘探也就停止了。

1955年，北疆准噶尔盆地发现克拉玛依油田。石油部将勘探重点放在北疆，塔里木盆地只进行地质勘查，此为一上塔里木。

1957年，成立塔里木地质大队，开始二上塔里木勘探。1958年，开始上钻井队，在盆地边缘山前地带开展钻探工作。同年3月，新疆石油管理局（简称新疆石油局）505重磁力联队九进九出塔克拉玛干沙漠腹地开展重磁力勘探。这个队共120人（包括临时工），以320峰骆驼为运输工具，装载粮草和饮用水，到12月，完成南北9次横穿塔克拉玛干沙漠的壮举，首次获得了关于盆地中央的重磁力勘探资料。这次勘探行动也付出了很大代价，有70多峰骆驼死在沙漠里。石油部对505重磁力联队予以表彰，授予他们"勇敢的石油工作者"光荣称号。同年10月，在天山南麓首次发现了储量300多万吨的依奇克里克油田，尽管油田很小，

第一章 战略决策

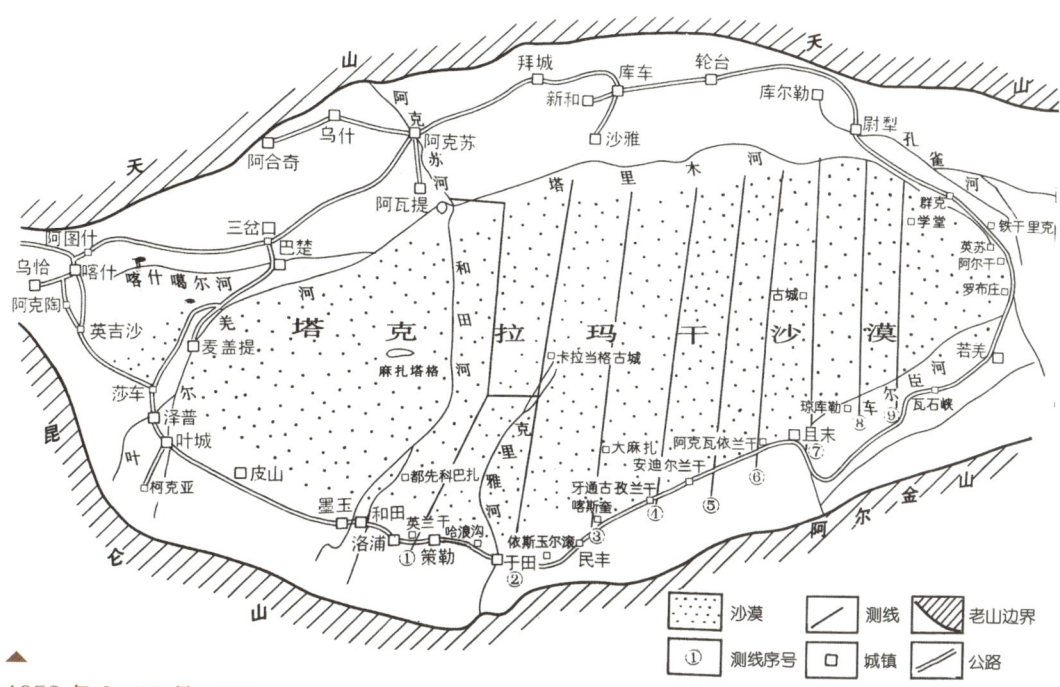

▲ 1958年3—12月,505重磁力联队九进九出塔克拉玛干沙漠路线示意图

▼ 1958年,505重磁力联队各族员工在沙漠中载歌载舞庆祝节日

但对勘探者鼓舞很大。1958年在全国"大跃进"的形势下，塔里木盆地短时间内上了16个钻井队，勘探队伍达4500多人。1959年，我国东部发现了大庆油田后，石油部决定从新疆、玉门抽调队伍去大庆会战。这样，塔里木勘探队伍撤出，只留下少部分开发依奇克里克油田。

1964年，石油部要求新疆石油管理局组织队伍三上塔里木，提出"一手抓山前，一手抓地台"的勘探思路，大部分钻机继续在山前钻探的同时，调集部分3200米钻机到台盆区钻探深井。3255钻井队连续钻探几口深度超过3500米的深探井，其中柯吐尔1号井深达3700多米。3255钻井队被石油部命名为"深井能手"。两年后"文化大革命"爆发，勘探受到冲击而停顿。

1970年又组织四上塔里木勘探，无奈正处在"文化大革命"期间，无政府主义盛行，人心涣散，没有

▼ 20世纪六七十年代，石油地质人员在塔里木盆地山区进行野外地质调查

坚持多长时间，到1973年就停止了。

1975年1月，国家成立石油化学工业部，康世恩出任部长。康世恩根据当时新疆地矿队伍在昆仑山前发现良好油气显示的情况，要求新疆石油局组织在南疆的勘探队伍转移到昆仑山前的皮山至叶城一带勘探。1977年5月17日，位于叶城县城以南约50千米的柯克亚1号井在处理事故过程中发生井喷，初期日喷油约1300立方米、天然气260万立方米，无控制井喷持续了一个月时间，其喷势之大，时间之持久，告诉人们塔里木地

1977年5月，柯克亚1号井在处理事故过程中发生强烈井喷

20世纪70年代，地震队在昆仑山前野外施工

下蕴藏着丰富的油气资源。

1978年2月，石油部决定组织以盆地西南地区为重点的塔里木石油勘探会战，这就是五上塔里木。抽调克拉玛依、四川、石油物探局、华北、长途运输公司等单位，共计钻井队23个、地震队22个、重力队3个，各类设备近2000台套，参战人员达14800多人。勘探区域北起库车、阿克苏，到盆地西南的巴楚、喀什、叶城、皮山、和田，主要沿山前和盆地边缘，犹如马蹄形，人们形象称之为"马蹄形"会战。从1978年到1981年，会战持续3年多时间，除柯克亚有两口探井获工业油气流外，未能获得新的战略性突破。存在的问题是，在人烟稀少、交通不便、补给困难的盆地西南部地区，长期聚集一万多人的队伍，给当地带来沉重压力；勘探资金投入大，老油田负担重，北疆克拉玛依油田勘探和原油生产也受到影响。适逢国家对国

民经济实施"调整、改革、整顿、提高"的方针，压缩扩展过快的基本建设规模，在这种形势下石油部果断决策，暂停塔西南的勘探，将大部分钻井队伍调往北疆。柯克亚油气田最终探明油气储量为石油2998.67万吨、天然气398.77亿立方米，油气储量当量6176.12万吨，是一个中型油气田。1979年7月，石油部部长宋振明带领部有关司局领导赴塔里木探区现场办公，他从库车山前一直走到盆地西南部的柯克亚油区，后来感慨地说了一句话："塔里木有丰富的油气资源，只是我们的装备和技术太原始、太落后了。"

"五上五下"塔里木尽管只发现两个中小型油气田，但它让我们获得了盆地地质特征方面的初步认识，而且通过实践取得正反两个方面的经验教训，为下一步再上塔里木提供了重要借鉴。

二、呼声再起

1984年9月22日，地质矿产部在塔里木盆地北部雅克拉构造钻探沙参2井，在钻入5391.18米奥陶系白云岩地层时发生强烈井喷，初期日喷原油约1000立方米、天然气200万立方米。这是首次在塔里木盆地古生代海相碳酸盐岩地层获得重大油气发现。消息传来，引起石油部的高度关注。从1952年到1984年，石油部的队伍在塔里木勘探32年，投入勘探资金30多亿元，收获甚微。如今友邻部队在盆地取得重大战果，对石油部来说，一方面为友邻队伍取得成果感到高兴；另一方面不能不感到巨大压力。

地质矿产部的这支队伍是1978年进入塔里木盆地的，先在盆地西南部开展找油工作。1980年初，将勘探重点向塔北转移，1984年9月，在库车县城以东打的第二口探井沙参2井获得高产油气流。之后，地质矿产部将塔里木盆地北部地区列为石油勘探的两大重点之一，1985年，调集地质矿产部华北、华东、西南、中南和海洋等地区的石油勘探队伍6000多人，在塔里木北部展开了勘探会战。

最先坐不住的还是新疆石油管理局的领导。1985年，我出任石油部部长不久，就收到原新疆石油管理局党委书记秦峰的信，建议石油部尽快组

织队伍再上塔里木。新疆石油管理局局长张毅到北京来开会，专门向我提出再上塔里木的建议。张毅说，沙参 2 井出油后，局里的领导坐不住了，特别是在塔里木的同志。在局里召开职工大会时，竟把再上塔里木作为议案提交大会主席团议决。一些在塔里木干了几十年石油勘探的老同志动情地说，虽经历了五次曲折，塔里木石油人找大油田的信心始终未动摇。许多老石油 20 多岁即在南疆搞石油勘探，直到 60 岁退休，一生美好年华奉献给塔里木石油事业。塔里木有大油气田，地质矿产部的同志能找到，我们也能找到，只要石油部一声令下，再苦再累我们也不怕，一定要找到大油气田。张毅代表大家表达了这种愿望，恳切希望石油部早做决策。

三、初识庐山真面目

石油地球物理勘探，特别是地震勘探，是当今世界石油勘探首要的和最有效的方法。

国外的石油地球物理勘探，始于 19 世纪。1931 年地震方法在美国开始用于石油勘探。新中国的地震勘探工作始于 1951 年，这年 3 月，中国的第一支地震队在江苏省江阴市成立。此后不断发展壮大，由一支仅装备一台简陋光点地震仪的几十人的队伍，发展到 20 世纪 80 年代近万人、拥有全数字化地震装备的上百支队伍。伴随着石油工业的发展，勘探技术也在不断进步，石油地震勘探技术从 20 世纪 50 年代初的光点技术，发展到后来的模拟技术、数字技术。从野外采集到资料处理解释，全面进入计算机时代。施工区域覆盖了各大含油气盆地，成为石油勘探的主要力量。当年大庆油田的发现，以及以后的四川、陕甘宁、渤海湾等地区的石油勘探开发，地震起到了关键性作用。

1982 年 1 月，石油部决定引进美国先进地震技术和装备，花费 4280 万美元向美方购买 3 套数字地震勘探装备和一套计算机处理技术，与美国地球物理服务公司签订合同合作开展塔里木盆地地球物理勘探，聘请美方 42 名技术人员工作 3 年，与石油物探局三处联合组建 3 个沙漠地震队：1830 队、1831 队、1832 队。其中 1830 队、1831 队由中美双方人员组成，

1983年,中美物探合作1830队中方
经理蒿忠信与美方经理卡特在工地合影

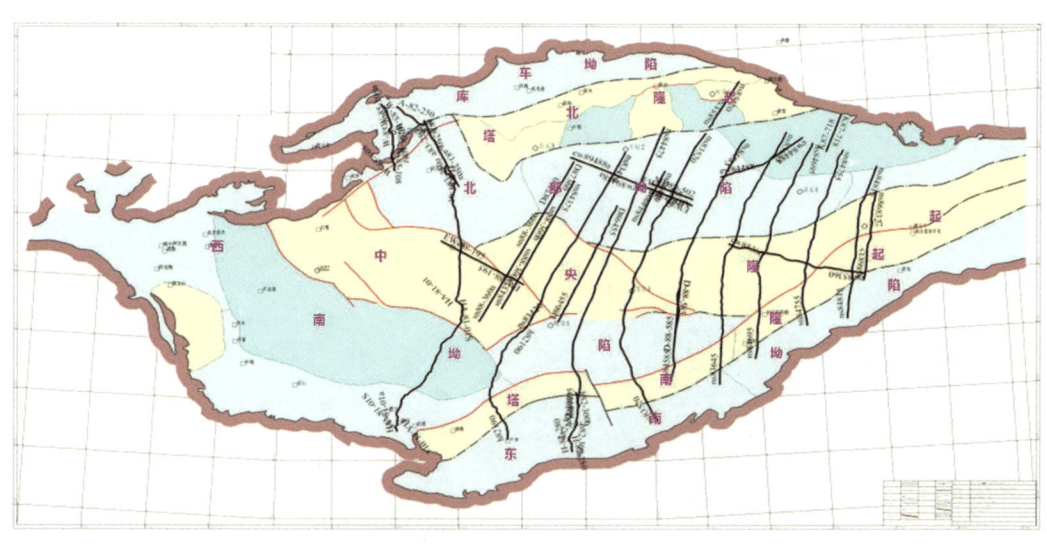

1983—1986年实施的19条区域地震大剖面位置图

1832队单独由中方人员组成。经过一年多的准备，1983年6月从盆地北部出发，涉过塔里木河进入塔克拉玛干沙漠。根据《塔里木盆地地震普查总体设计》，1983年6月至1986年5月，3支地震队以50千米线距完成19条贯穿盆地南北的区域大剖面及少量东西向联络测线的区域概查，并在此基础上，继续做了69条测线加密，完成了地震普查任务。

中美合作队经过紧张施工，取得重大成果：进一步查清了塔里木盆地大地构造格局；证实北部坳陷（最初称满加尔坳陷）并非是中生界深坳陷，而是加里东运动形成的中新元古界及古生界地层的大型台向斜，

1983年6月，中美合作队进入塔克拉玛干沙漠腹地开展地震勘探

古生界及上覆地层沉积厚度达1.2万米，沉积中心在满加尔凹陷；塔里木盆地的深浅层构造不具有继承性；发现和证实了沙漠内部的中央隆起带，以和田河为界分东西两部分，东有东部低隆起和塔中隆起，西有巴楚隆起，在盆地北部则发现两个大隆起即轮南隆起、英买力隆起。

中美合作地震队取得的上述成果，为1985年下半年开展的塔里木盆地地质综合研究提供了重要的基础资料，为进一步展开的区域勘探工作指出了方向。1985年8月，我在听取石油物探局的汇报时，确定要坚持地震先行，探井井位不能轻易确定，要选准主攻地区，对主攻地区要做地震详查后再上探井，避免打不必要的井。

第三节 探索新体制

一、六上塔里木先遣队

1985年7月初，我来到石油部工作不到一个月，部党组经过讨论决定，由新疆石油局筹备组织再上塔里木的工作。新疆石油局党委接到这项任务后，决定由常务副局长任荣堂牵头负责，成立由9名同志组成的筹备组，重上塔里木的工作就这样开始了。

8月21—26日，石油部召开塔里木地震工作会议，我和石油部其他领导在石油部276会议室听取新疆石油局、石油物探局、北京石油勘探开发科学研究院，关于再上塔里木的汇报。初步设想是先上5支钻井队，三年内打20～25口探井，争取找到1～2个大油气田，希望能够拿到6亿～8亿吨石油储量，或者4000亿～1万亿立方米的天然气。这次上塔里木有两点要求：一是要采用新的管理体制，按照海洋石油甲乙方项目管理的办法来组织，机构要精干，人要少，水平要高，作为石油工业新区勘探改革试点；二是要在塔里木大力引进具有当代世界水平的勘探新工艺、新技术。这些要求在以后归纳为"两新、两高"，即新体制、新技术，高水平、高效益。

这次会议，根据再上塔里木钻探工作的要求，调整地震工作部署，决定收缩战线，重点普查塔中、轮南、英买力三个隆起区。同时要求新疆石油局、石油物探局、北京石油勘探开发科学研究院组成塔里木盆地综合研究联队，争取9月开展工作，用半年时间拿出成果，为再上塔里木钻探工作提供钻探井位。

二、派出顾问组

新疆石油局筹备组成立后，经过一个多月的筹划，拿出初步方案，由沈增鑫副局长、周兆麟副总工程师带队到北京汇报。他们先后向钻井司等部门汇报，做了修改后，向李敬副部长汇报。

8月21—26日，在塔里木地震工作会上，石油部党组提出这次再上塔里木的钻探工作，"在组织方面搞新体制，实行甲乙方合同制，按照海上钻井的办法，机构精干，人要少，水平要高"。9月中旬，我听新疆石油局筹备组汇报，感觉与党组的设想有很大差距。他们的方案大致内容是：在三年内上大型钻机20～30台，各类作业队伍1.5万～2万人，方案还列出一批国外引进和国内购置各类设备、工具、钻具等清单，估算投资总额7亿元左右。

我听了新疆石油管理局筹备组的汇报，感到他们的思想还没有跳出传统石油会战的模式。再上塔里木要从石油战略接替高度出发，以寻找大油气田为目标，为1990年以后的大发展做好资源准备。部里现在面临东部油田上产压力大、资金缺口大等困难。一上去就铺那么大摊子，不太实际。塔里木地处少数民族聚集的边远穷困地区，沙漠戈壁地貌，气候十分恶劣，地下地质情况复杂。在既无生产后勤保障，又缺少社会依托的条件下，一下子上这么多的队伍，人员生活能否保证都很难说，况且部里一下子也拿不出这么多投资。所以这个方案要重新考虑。我建议他们先去中国海洋石油总公司渤海油田看一看，等回来再研究。

筹备组在周兆麟带领下，去天津塘沽渤海油田公司考察学习。他们重点考察学习海洋石油的生产组织、经营管理、招投标、合同签订、财务支付结算（日费制）、生产后勤保障等方面的内容，乘直升机去钻井平台，实地考察观摩。通过考察学习，大家对海洋的新模式有了感性上的认识，受到了启发。9月底，筹备组回到北京，向我谈了这次考察学习海上石油的感受，和值得借鉴的几点想法。筹备组体会最深的是海上石油实行的甲

乙方体制和现代化的生活服务。他们说，这次考察使他们感受到了什么是现代化、看到了陆上石油工业的差距。我说，部党组初步考虑，塔里木钻探工作就按海上石油办法来搞，包括实行甲乙方管理，专业化服务等。

经过讨论，大家取得了共识：塔里木的钻探体制就按海洋公司的模式准备，重新制订方案。决定钻井和专业技术作业队伍及生产后勤保障先由新疆石油管理局负责，条件成熟时再面向全国各油田。一般设备由钻井队所在油田自备，沙漠特需设备可以引进。塔里木油气层埋藏深，地下地质情况复杂，要积极采用新的工艺技术，还可以与国外的录井、测井、泥浆等服务公司合作，使用他们的先进技术和装备，为塔里木石油钻探服务。

为指导和推动在陆地实行海洋石油公司的新体制，石油部党组决定成立沙漠钻井顾问组。组长选定了时任中国海洋石油总公司渤海石油勘探局副局长兼总工程师

1985年9月，新疆石油管理局再上塔里木筹备组人员参观渤海5号钻井平台时留影。左4为平台经理职均，其他为筹备组成员

王炳诚。王炳诚从 20 世纪 50 年代就在新疆石油局工作，后来参加大庆石油会战到了松辽盆地，曾担任会战工委常委、副指挥兼总工程师。改革开放初期到了渤海油田。他搞了几十年钻井，又熟悉海洋石油的新体制，是个比较理想的人选。

1985 年 10 月 17 日下午，我向王炳诚讲了"六上塔里木"的设想。我说：我们这几十年在塔里木盆地找油已经是"五上五下"了，做的工作主要是在盆地边缘，仅找到两个不大的油气田。最近几年，石油物探局的中美合作沙漠地震队，横穿塔克拉玛干大沙漠做了十几条大剖面，发现了几个巨型大构造和地质异常体，都是几百平方千米到几千平方千米，具备了进行钻探的条件。我们的打算是我们自己上，也有一种意见是对外招标。即便是对外合作，在招标以前我们在几个构造上打井出了油，那局面就不一样了。打算先上 5 台钻机，5 年钻 30 口探井。目标是拿 10 亿吨石油储量或是 1 万亿立方米天然气。这次上如果采用过去大会战的方式，一下子集中几万人，不要说打井了，光是在沙漠地区生存一年就得花费几亿元。所以考虑用国外、海上的办法干。部里想让你牵头，成立一个石油部沙漠钻井顾问组，再从南海东、西部公司各抽一名专家组成。顾问组的任务主要是指导新疆石油局的同志，按照油公司的模式组织钻探工作和借鉴国外的超深井钻井新技术。王炳诚信心十足，57 岁的他还像当年转战大庆、出征渤海那样富有豪迈激情。后来，他在日记中记述下了当时的心情："双鬓堆雪应解甲，南疆战事复出征。驱车疾跃天山矮，赤足轻趟大漠烟。勘探大军多英才，拼搏声浪覆油海。战略接替今朝事，共奔瀚海建奇功。"

11 月 8 日，石油部沙漠钻井顾问组正式成立，顾问组的其他两位同志，也是来自海洋石油公司。胡铁铮是南海东部 BP 公司联管会的中方首席代表，比较熟悉外国油公司的甲乙方管理模式；王绍珠是南海西部公司作业部的高级工程师，熟悉承包钻井作业。后来又增加了管道局副总机械师刘骥和四川石油管理局工程公司副经理兼总工程师张仲珉。我会见了顾问组的同志，讲了"六上塔里木"的意义和进行"油公司"改革试点的决心，强调这次试点如果成功，将对今后新区的勘探组织工作产生深远影响，对我国石油工业改革是一个贡献。希望顾问组要一方面指导项目经理部进行体制

方面的试验，另一方面指导他们钻成 10～15 口超深井。通过几年实践，要创造出一个合格的"油公司"（甲方）和若干个具有国际水平的钻井队，以及其他方面的承包服务队伍（乙方）。

1985 年 11 月 29 日，王炳诚一行去新疆考察调研。12 月上旬去南疆塔里木，分两路：一路乘越野车沿盆地边缘，一路乘直升机进入沙漠腹地考察，初步形成新的设想和方案。

1986 年 1 月 7 日，石油部党组召开包括各有关司局长参加的塔里木盆地沙漠钻探工作会议，听取顾问组关于塔里木盆地沙漠钻井方案的汇报。这个方案体现了我们的设想，采用海上那套办法组织沙漠钻井工作，机构精干，不铺大摊子，充分利用现有各油田和当地社会上的专业队伍；引进先进的技术、装备和施工队伍，钻井施工队伍要精干，素质要高，按甲乙方模式，实行项目管理。成立塔里木盆地沙漠钻井项目经理部，基地定在库尔勒。会议还就顾问组提出的问题进行了研究。

1986 年 2 月 25 日，石油部召开会议，按 1 月 7 日党组会议的决定，全面部署了塔里木盆地勘探工作。

三、地质尖兵

为了给再上塔里木指明主攻方向，有必要组织一批研究人员及时综合各方面的地质资料和认识，进行全面深入的综合研究，对有利地区做出分析和评价，指导钻探工作。1985 年 9 月 5 日，石油部下发了《关于成立塔里木盆地综合研究联队的通知》，要求新疆石油管理局、石油物探局、北京石油勘探开发科学研究院三家单位，抽调 61 名地质人员联合组成综合研究联队，用半年多时间拿出研究成果。

地质研究工作的主要任务是，利用已有的地球物理资料、地面地质调查及钻井等地质资料，包括以往的地质研究成果，重新认识与研究盆地结构，划分构造单元、确定地层层序，研究构造发育史、古地貌变迁，生油层及油气有效储层的分布范围，预测总资源量及油气富集区带，提出下一步地震勘查部署，并确定第一批预探井井位。

综合研究联队队长是新疆石油管理局李溪滨副总地质师，副队长由柴桂林（石油物探局）、范成龙（北京石油勘探开发科学研究院）、王秋明（南疆石油勘探指挥部）3人担任。他们4人都是石油地质界的专家，像王秋明、柴桂林在塔里木盆地工作多年。在他们的带领下，研究联队的61名同志按照石油部的要求，聚集到乌鲁木齐，在简陋的条件下，开展了紧张的工作。全队同志不计时间，不讲报酬，团结一心，埋头工作，用了不到一年时间，在1986年10月，交出了一份45万字的塔里木盆地油气资源评价报告。报告评估预测了盆地油气资源量，总油气当量为184亿吨，其中石油101亿吨、天然气8.3万亿立方米（当时换算1000立方米天然气相当1吨石油）；指出了塔里木盆地近期钻探的有利目标，如轮南1号和2号"可疑礁"，英买力1号背斜、南喀拉玉尔滚、塔中1号和2号构造，为1986年12月上钻提供了科学依据。

参加综合研究联队的许多同志，后来参加了1989年开始的大规模石油会战，并在会战中发挥了骨干作用。一些年轻同志在会战中很快成长起来，担任了重要领导职务。研究联队经过这一年工作，认为这项工作做得还远不够完善，为此提出建议，再成立一个研究联队，将尚未深入研究的工作继续做下去。石油部对他们的建议十分重视，又组织了一个由北京石油勘探开发科学研究院、江汉石油局、滇黔桂石油勘探局三家研究人员参加的综合研究联队，继续开展工作，一直进行到1989年。这个新组建的综合研究联队，除了保留部分原有的同志，又吸收一部分年轻同志参加进来。

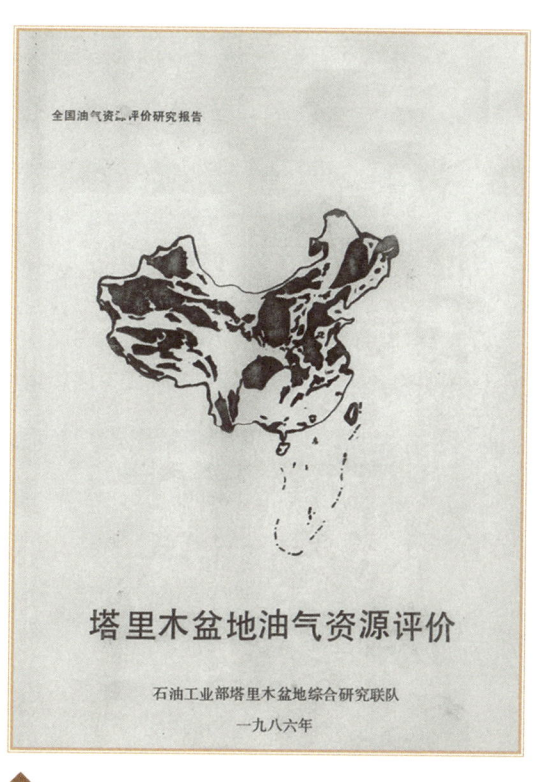

▲ 1986年，石油工业部塔里木盆地综合研究联队编制的《塔里木盆地油气资源评价》

第四节

开发大西北的先锋

一、开拓者的热土

1986年6月上旬，根据石油部党组的安排，我和石油部的有关同志在考察长庆油田之后，驱车从甘肃沿丝绸之路到新疆油田考察。

这是我平生第一次到新疆。一踏上这片土地，就被她深深地吸引。无边的戈壁、沙漠、绿洲、雪山和高原，沿途点缀着的古城、古烽燧及古驿站的遗址，这真是不到新疆不知祖国之大。新疆古称西域，分布着大大小小36个郡国。公元前138年，张骞奉汉武帝之命，带领百余人从陇西出发，西出阳关，途中遭遇匈奴骑兵，张骞一行全部被俘，被拘留了十多年，"然骞持汉节不失"，直到公元前129年才逃脱，只有张骞和随从甘父，跋山涉水、风餐露宿，靠甘父猎野物充饥，翻越天山和葱岭，抵达中亚的大宛、康居和大月氏。张骞回来的时候，翻越葱岭，取道喀喇昆仑、昆仑和阿尔金山北麓东返，再次被匈奴拘捕，被关押一年多，后趁机逃出，返回长安复命。从此，西域与中原来往日益密切，后来汉朝在此设立都护府，使西域成为祖国疆域的一部分。

新疆是世界上唯一的四大文明体系交汇之地。中华文明、古印度文明、欧美文明、伊斯兰文明，通过丝绸之路相交汇、沟通。

在2000多年的历史长河中，这片广袤的土地上发生过很多感人的故事。东汉时期的班超年轻时就胸怀报国壮志，当国家需要他效命疆场时，毅然投笔从戎，率领壮士36人出使西域，先后收服鄯善、于阗、疏勒等国，中央政府重新设置西域都护和戊己校尉。班超在西域奋斗了30年，为维护国家统一做出重要贡献。唐朝高僧玄奘沿两汉张骞、郑吉、班超开通的丝绸之路，西行5万里，历经艰辛，经中亚往印度取经，讲学16年，被誉为中外文化交流的杰出使者。明清以来，由于闭关自守，丝绸之路荒芜萧条。1840年，鸦片战争爆发，西方列强用坚船利炮打开了中国大门，企图瓜分中国。1865年，中亚浩罕国阿古柏入侵南疆，在帝国主义支持下，侵占了南北疆大片国土，祖国的西北边疆出现严重危机。关键时刻左宗棠在朝廷慷慨陈词，认为新疆具有重要战略地位，失去将产生严重后果。最后朝廷任命他为钦差大臣，负责收复新疆。1876年，左宗棠统率大军向新疆进发，沿途栽下柳树，被后人称之为左公柳。到1878年，历时两年消灭阿古柏侵略者，收复新疆。左宗棠这一丰功伟绩，受到广泛的赞誉。

1949年9月25日，新疆国民党军队在陶峙岳将军率领下起义，新疆和平解放。中国人民解放军第一野战军第一兵团二军、六军在王

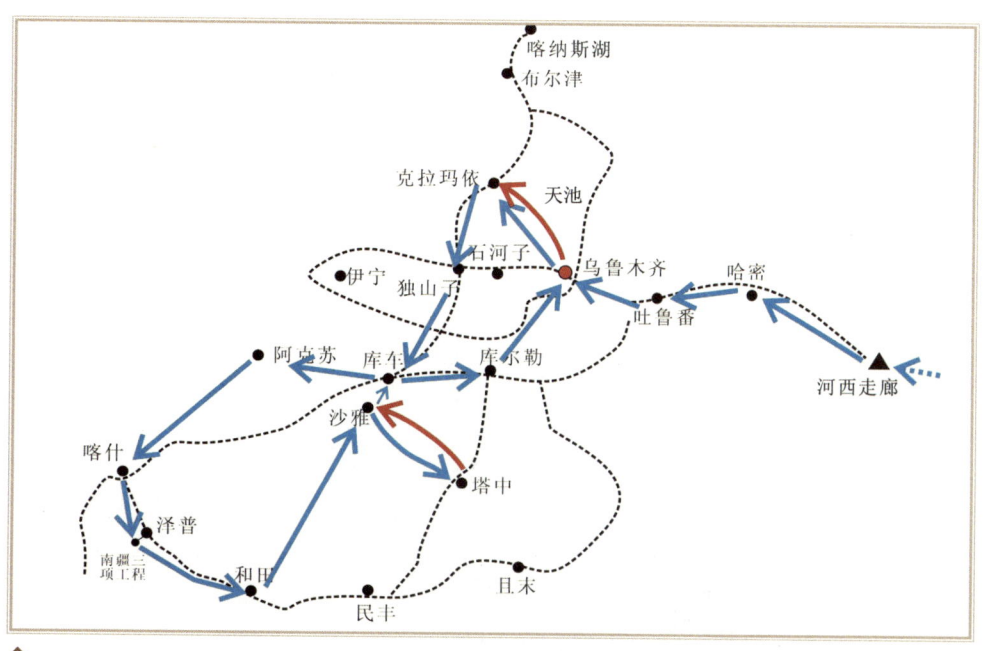

▲ 1986年6月王涛一行赴新疆考察路线简图（蓝线为考察路线、红线为返回路线）

震将军带领下大规模进军新疆，将红旗插到新疆各个边防哨所，新疆160万平方千米的土地从此获得新生。

新疆，更是开拓者的热土，这里有许多矿藏资源。特别是油气资源，占全国总油气资源量的三分之一，但是勘探开发程度很低，年产量仅为全国的二十分之一。我们认为，经过努力，新疆石油工业有希望在21世纪前半叶成为我国石油工业的重要生产基地。

6月10日，我们抵达乌鲁木齐。新疆维吾尔自治区（简称新疆或自治区）党委书记宋汉良、主席铁木尔·达瓦买提亲切会见了我们。宋汉良是新疆石油战线上的老兵，1954年大学毕业就在新疆石油管理局工作，1983年中央调他任自治区领导。铁木尔·达瓦买提是位温厚可亲的兄长，他是土生土长的新疆人，1952年就在基层担任领导工作，一步一个脚印走到自治区

位于乌鲁木齐友好路的新疆人民会堂

领导岗位。他对新疆的发展十分关切，对石油十分关心，他有一句名言："新疆要大富，石油要大上。"自治区领导对我们的到来热情欢迎。我首先向两位自治区领导谈了石油部这次再上塔里木的设想，想听听他们的意见。

宋汉良说，这次上塔里木，关键是要避免重蹈以前"五上五下"的覆辙。第四次、第五次会战他都参加了。那种"脉冲式"的会战，上得快、上得猛，遇到困难和挑战，准备不足，坚持不住，又像潮水一样退下来。这次一定要坚持下去。宋汉良还对我讲述了1978年会战，昆仑山前的柯1井及柯10井长期敞喷，压井压不住，以及1984年地质矿产部在盆地北部打的沙参2井发生强烈井喷的情况。他说这些井油气产量都很高，他曾亲自去现场指挥抢险压井，很长时间才得到控制。塔里木盆地一南一北，发现两个油气田，都发生强烈井喷，而且油气产量都很高，很难控制。这说明，塔里木盆地地下蕴藏着极为丰富的油气资源，对我们有着极大的诱惑力。但困难也很大。油气埋藏深，油气分布规律与我国东部大不相同；地面都是沙漠、戈壁和山前盆地；面积大，一时不容易搞清地下情况。但越是这样，越需要坚持下去。

我说：计划经济体制下的会战模式不能适应塔里木油气勘探开发，我们打算"六上塔里木"不搞"大而全，小而全"，建立新体制进行试点。宋汉良表示完全赞同。他说，历次会战陷入徘徊局面，尤其是1978年以西南地区为重点的会战，是历次会战规模最大的一次，摊子铺得大，战线拉得长，历时3年，耗资人民币7亿元。看来，这次会战证明传统模式会战在塔里木已经走到了尽头。

经过交谈，自治区领导的看法与石油部想法非常一致。我们介绍了石油部"七五"期间初步打算。会谈气氛十分融洽，两位自治区领导表示，塔里木石油会战的新体制是新思路，是改革，自治区非常支持，认为这样做对地方的带动会更大，关键是地方的各级党组织和政府要转变观念。

6月12日，我们到了克拉玛依，当天晚上听了新疆石油管理局的工作汇报。石油部塔里木沙漠钻井顾问组组长王炳诚，石油物探局副局长钟辛生，南疆"三项工程"建设指挥部总指挥瓦里斯江·吐尔地等早已在克拉玛依等候。其后我们一起去南疆塔里木。在新疆石油管理局汇报中，有两

位于克拉玛依市以北的黑油山
（地质上称沥青丘）

件事给我留下深刻印象：一件事是他们发现了克拉玛依—乌尔禾逆掩断裂带。断裂带西起车排子，东到红旗坎，长250千米，宽20千米，面积约5000平方千米，初步勘探探明石油地质储量6亿吨，实现石油储量翻一番的目标。另一件事是稠油的开采。1982年，新疆石油局领导同志在北京汇报工作时曾旁听过辽河油田关于稠油的汇报，从中受到启发，准噶尔盆地在30年勘探中有不少探井发现稠油。他们重新认识，深化

位于克拉玛依市以北约100千米的"魔鬼城"（地质上称风成城），20世纪80年代在这里发现了风城油田

稠油的地质研究，购进技术装备，提高稠油开采水平，很快使稠油年产量达到 200 多万吨。听了汇报，我感到准噶尔盆地石油发展潜力也是很大的，今后应加强北疆工作，使其有一个大发展，并由此带动整个西北地区开创石油工业新局面。

6 月 15 日，我们一行 19 人乘车走独山子—库车公路翻越天山。当天就到了南疆重镇库车。库车是当年西域 36 国之一龟兹国故地，那时是一个城郭地方政权，处在古丝绸之路北道的要冲上，优越的地理位置为龟兹国的经济和文化繁荣提供了便利，唐朝时还在这里设立了都护府。当地人民生活富足，人烟繁盛，音乐、舞蹈都有自己的特色。库车县城以北的大山中，有许多千佛洞，洞里刻满反映佛教内容的壁画，人物千姿百态，反映出当时创作者丰富的想象力和创造力。可惜许多千佛洞被破坏了。有人介绍说，新疆流传一段顺口溜：吐鲁番的葡萄，哈密的瓜，库车的"羊冈子"一朵花。"羊冈子"是维吾尔语的音译，指结婚后的

20 世纪 80 年代的阿克苏青松水泥厂

21世纪初的阿克苏青松水泥厂

青年妇女。意思是说库车的青年妇女很漂亮。也有人说,是因为库车的已婚青年妇女喜欢在头上插一朵鲜花。我在街上行走,并未见到她们头上戴花,倒是觉得那些维吾尔族妇女衣着整齐鲜亮,人也很精神。

在库车,我们很注意当地的经济发展和社会依托情况。我们特地去看库车筑路机械修理厂,这个厂有几台车床引起我的注意,它们都是1970—1972年间由上海制造的,这在当时算不错的设备了。第二天我们从库车出发到阿克苏,在那里了解到有一座颇具规模的青松水泥厂。塔里木石油会战后,我们对这两个厂给予了帮助,使他们成为为油田提供服务的重要厂家。

6月17日,我们到达了塔里木盆地西南端的重镇喀什。喀什全称喀什噶尔,是一座很有维吾尔族特色的城市。在这里明显感到与内地城市的不同,中年妇

1986年6月,王涛(前排右3)在塔里木盆地西南端的喀什地区考察

20世纪80年代的喀什艾提尕尔清真寺

20世纪80年代的喀什街头

女一般都戴着头巾，成年男子则戴着各式帽子。街道宽阔，四轮马车和汽车夹杂一起在街道上行驶。有人介绍说，喀什还有中亚闻名的艾提尕尔清真寺和香妃墓（阿帕克霍加墓），因为时间紧，我们没有去。当晚喀什党政领导请我们吃烤全羊，这是维吾尔族人民招待贵客的佳肴，味道真是鲜美极了。我深受感动，塔里木地方同志这样隆重招待我们，这是对我们抱着殷切的期待啊！

6月18日，我们到达昆仑山下的泽普石油基地，这里正在兴建一座最大的石油扶贫工程，当时叫"三项工程"。

泽普石化厂"三项工程"
▼

二、最大的扶贫工程

泽普石油基地在泽普县城以南18千米的一片石头滩上。塔里木西南会战下马后,有6000多人的队伍留在这里,当时称南疆石油勘探指挥部,后来改名为泽普石油天然气开发公司(塔西南勘探开发公司前身)。会战下马后,资金比较紧缺,职工住的是平房,还有部分住在帐篷里。基地以南是"三项工程"建设工地。工程刚开工一个多月,到处是开挖的沟槽,我在工地上看到建设者们的精神面貌很好。工地上到处可以看到醒目的标语:"辛苦我一个,幸福南疆百万人""誓为南疆各族人民脱贫做贡献"等。

6月18日下午,来到距泽普石油基地以东约70千米的柯克亚油气田。柯克亚油气田在叶城县城去西藏阿里公路的东侧,北距叶城县城50千米。

1983年8月,国务院领导到喀什视察,当地领导汇报了南疆地区缺少工农业用油和化肥的问题,建议开发柯克亚油气田。国务院领导对此非常重视,回京后即委托分管石油工业的康世恩到南疆三地州(和田地区、喀什地区、克孜勒苏柯尔克孜自治州)实地考察,并到柯克亚油气田了解油气资源情况。9月27日,康世恩回到北京后给党中央、国务院领导写信,认为柯克亚油气田当时已探明的油气储量具备年产15万吨石油和2亿立方米天然气的能力,建议建设一座年加工15万吨原油的炼油厂、一座年生产11万吨的化肥厂和一座年产1万吨的液化气厂。"三项工程"投产后,不仅可以满足三地州工农业用油和化肥问题,还可以向西藏阿里地区提供油品,其副产品液化气可以解决4万多户城镇居民的燃料问题。康世恩在信中说,尽快开发柯克亚油气田和建设"三项工程",是一件利国利民的大事,对于增强民族团结、促进边疆稳定,都有着十分重要的意义。10月2日,邓小平、胡耀邦等中央领导同志批阅了康世恩的这封信,同意将"三项工程"列入国家计划,付诸实施。经过三年时间的前期准备,"三项工程"于1986年5月1日开工。工程总投资5亿元,要求三年建成。全国政协副主席王恩茂当时向全体建设者提出"33511"建厂目标:三项工程、三年建成、五亿投资不突破、工程质量创一流、试车一次成功。

南疆三地州基本没有工业,一颗螺丝钉都要从外地运进来。当地人戏称"轻工业是打馕的,重工业是钉马掌的"。在这样的地区建设一座现代化的中型石化厂,困难很大。在当时情况下,一次投资5亿元的建设扶贫项目,全国少见,在新疆是规模最大的。石油部派出李天相副部长出任自治区建厂领导小组副组长(组长为自治区党委书记宋汉良),协调石油系统各参建单位关系,责成新疆石油管理局全面负责工程建设工作。为了确保这座石化厂保质保量如期建成投产,实现王恩茂副主席提出的"33511"奋斗目标,我们还采取了"老厂保新厂、北疆保南疆"的办法,由独山子炼油厂承包炼油和液化气工程建设,乌鲁木齐石化厂承包化肥工程的建设,并且要求这两个老厂要"包投资、包工程质量、包工期、包试车投产"。

我们到了施工现场，那里是一片荒芜的土地，但数千名建设者正在热火朝天地工作着，看了令人十分感动。从汇报中我了解到，他们大多数来自北疆和内地。全国有 28 个省、自治区、直辖市的 7 个设计院、200 多个厂家和施工单位参加工程建设，充分体现出我国社会主义制度的优越性，全国一盘棋，集中力量办大事。

我在听取汇报后给大家做了简短讲话。我说，石油部现在资金紧张，但资金再紧张也要保证这项造福南疆各族人民的工程建设。我也向大家表个态：我们宁可让资金等工程，绝不让工程等资金。我有三点要求：第一，工程投资不突破；第二，工程质量创一流；第三，早日建成投产，为南疆各族人民脱贫致富做贡献。

1989 年 5 月，这座石化厂如期建成投入试生产。1990 年 9 月 4 日，我和王恩茂、宋汉良、铁木尔·达瓦买提、顾秀莲（时任化工部部长）、李天相等同志参加了石化厂竣工典礼。厂子里的同志介绍说，他们的石化产品非常受南疆三地州各族人民的欢迎，拉油、液化气和化肥的汽车在厂外排起长龙，特别是化肥深受维吾尔族农民的喜爱。当地的土壤"富钾缺氮"，我们生产的化肥是氮肥，施肥后，小麦、玉米、棉花产量大幅提高。1999 年石化厂划归塔里木油田管理后，塔里木油田投入十几亿元资金，将炼油厂扩建成 50 万吨，并新建一座化肥厂，使两座厂年产达到 50 万吨，生产的石化产品不仅满足南疆三地州的需要，而且销售到阿克苏和巴音郭楞两地州。

三、深入死亡之海

6 月 20 日，我们离开泽普石油基地，向东到了和田。和田地区位于塔里木盆地南部，是最偏远的地区，常年干旱缺水，风沙侵扰严重。我们从泽普石油基地出发，沿 315 国道向东去和田，经过叶城，即进入和田地界。出了叶城，有一条向南的公路，车上有人说这是去西藏阿里的公路，公路东侧是一片戈壁，1978 年石油部开展的南疆石油勘探会战，总部就设在这片戈壁上，搭起了几千顶帐篷，当时会战的艰苦由此可见一斑。离和田约

370千米，沿途很少见到村庄。唐朝僧人玄奘去西天取经，回国时走的就是这条道路，玄奘回长安后，著有《大唐西域记》，记录了沿途所见所闻，是一部珍贵的历史文献，书中记载了"沙雨淹没曷劳洛迦"的故事：于田国边境有一个兴盛的城邦，叫曷劳洛迦，有一年突然天降沙雨，整整一个星期，这座城市完全被黄沙所掩埋，变成了一个巨大的沙丘。近代以来，塔克拉玛干沙漠南缘发现了尼雅遗址、安迪尔故城，以及克里雅河下游的丹丹乌里克、喀喇墩等，都说明，从古到今，塔克拉玛干沙漠一直在扩大，逼迫人们不断后退。沿途见到一些农村被黄沙包围，沙丘已经压到果园的篱笆上。当地流传着这样的顺口溜："和田人民苦，

位于塔克拉玛干沙漠南缘的尼雅古城遗址
▼

一天半斤土，白天吃不够，晚上还要补。"看到这些情景使我们深深地感觉到这里的人民多么需要改变环境、发展经济、过上好日子啊！这在我们的心灵产生了一种强大震撼，感到自己作为一名石油部领导者，一名共产党员，担负着义不容辞的政治责任。帮助他们改变现状，这也是我们石油人光荣的历史使命。这种感觉使我们胸中燃起炽热的激情，决心在这片土地上早日找到大油气田。

6月21日，我们乘飞机从和田飞往盆地北部。22日，我和翟光明、张毅、王炳诚、钟辛生等同志乘米—8直升机，从沙雅县城起飞，进入塔克拉玛干沙漠，去看望长期战斗在沙漠腹地的地震队员们。在直升机上俯瞰塔克拉玛干沙漠，惊心动魄的场景扑面而来：蜂窝状和鱼鳞状沙丘，还有条脊状的沙山层层叠叠，如波涛翻滚；再向南飞，便进入沙漠腹地，就见沙丘聚而成垄，沙垄叠摞成山，沙山连绵起伏，无边无际，像波涛汹涌的大海一瞬间凝聚了一般。我强烈地感受到，进入沙漠比我们当年在海上搞勘探还要困难得多。

就是在这样极端恶劣的环境里，我们石油物探局三处的地震队员们长年累月在这里工作。他们住的是列车房和帐篷，喝的是稍加净化的地下咸水，吃的是馒头加榨菜！就是在这里，从1983年开始，东起若羌至尉犁公路，西到叶尔羌河，南起叶城、和田、民丰、且末公路，北到塔里木河，三年中完成16000多千米的地震测线和50000多千米的重力测量。就是在这里，我们的地震队员每日起早贪黑，身背35千克的大线，再背上10多千克的饮用水，翻越一座座沙山。长时间的工作，使他们嘴唇干裂了，头发脱落了，中午站在沙山上，头顶烈日，脚要不停地跳动，为什么？因为地表70摄氏度的沙子已经穿透厚厚的工靴，烫得他们脚板受不了！然而也就是在这里，他们和美国人开展了劳动竞赛！美国人技术熟练，身体健壮，严守GSI公司的劳动纪律。GSI公司为他们提供了装有空调的列车房，每天可以洗淋浴，配有足量的矿泉水，还有青岛啤酒，拿的薪水也是中国地震队员无法相比的。在高大、硕壮的美国人面前，我们的地震队员显得瘦小单薄，像群"毛娃娃"。正是这群"毛娃娃"在大沙漠深处向他们的美国合作者发起劳动竞赛的挑战！这极大地刺激了美国人的自尊心和好胜心理，他们决定接受

挑战。这样一来,打乱了美国人做事按部就班的习惯,因为他们的工作目标不断被中国人超过,逼迫他们不断修正工作目标,加以改进和完善。当美国人设定一个高目标,以为中国人不可能突破时,而不久又发现,中国人已经超过了这个目标。这样就使得工作进度大大超过了合同规定的进度。

美国人开始看重这些外表不起眼的中国人了。一位叫肯尼迪的美国人后来回忆说:1983年6月,我第一次和中方一起驾驶世界上最先进的沙漠车进入了"死亡之海"。从那时起,历史迈出了重要一步。一年多时间里,我们横穿沙漠不知多少次。中国工人表现出的勇敢、吃苦耐劳和不怕困难的精神令我佩服。中国

1983年,物探队在直升机的支持下深入沙漠腹地作业

工人为自己国家找油的热情和干劲，更使我感动。记得进沙漠之初，我所在的队创造了日放 205 炮的高纪录，当时我认为这个纪录是无法打破了。而不久，它又被一项新的纪录所代替。开始我不相信这是事实，亲自驱车去察看的结果使我信服了。中国工人干起工作不要命，并有自己一套施工方法。我问他们为什么这么拼命，是不是为了多拿奖金？他们说不是，是为祖国找油。这样的人能够创造纪录，他们也创造了纪录。

塔里木盆地自然环境恶劣，施工条件差。物探人终年与大沙漠和戈壁滩为伴，在施工中要克服许多在我国东部无法想象的困难。1985 年 7 月 31 日，塔里木盆地罗布泊地区突然刮起 10 级以上的大风，飞沙走石，天昏地暗，正在这一地区施工的 1832 地震队在风沙袭击中陷入断水绝粮的艰难境地。8 月 2 日，人民解放军空军某部派出飞机救援，紧急空投生活物资，才使 1832 地震队 120 名施工人员摆脱困境。

就是这些勘探的勇士，常年在"死亡之海"里拼搏，抗风沙，斗酷暑，战严寒，不少同志献出了人生许多美好的东西，包括青春、爱情、家庭、健康，甚至生命，表现了高度的政治觉悟和自我牺牲精神。进入沙漠的 300 多人全是男职工。他们来自河北、山东、江苏、四川等地，常年远离亲人。他们和许多城市青年一样，也有着许多美好的情感，但为了勘探开发塔克拉玛干石油资源这一共同目标，他们无私地奉献着。1830 地震队副队长张恩亲是一个精干热情的小伙子，有人给他介绍一个在内地书店工作的姑娘。姑娘对他很钟情，但是不满意他在沙漠里搞勘探。她问张恩亲什么时候能调回来？小张反问她："天上飞机要飞，地上汽车要跑靠什么？都得靠油。人人调回来，谁去找油？"最终他们分手了。后来，他遇到一位支持、理解他的好姑娘李爱哲，两人结婚后，妻子毅然离开工作顺心、生活舒适的城市，跟随丈夫来到塔里木参加石油大会战，把青春年华献给了他们热爱的石油物探事业。还有放线班班长杨殿中，河北承德人，28 岁了还没找到对象，记者采访时问他有啥理想，他说："我的理想就是月月完成生产指标，再讨个媳妇，亲亲热热，养个儿子，将来进沙漠接老子的班。"石油物探局三处从 1978 年进入塔里木盆地，作为石油勘探先锋，他们在这里扎下了根。

石油物探局三处研究所所长赵尚武在 1983 年地震技术攻关中，累得大口吐血，到医院查出是患了肝癌，不久病逝在医院里。弥留之际，他把同自己一起工作多年的物探工程师严伦叫到病房，对他说："柯克亚的资料没有搞出眉目，我心里急呀……"石油物探局三处领导接维增代表两千多名塔里木石油物探人来看望他，赵尚武说："我原打算再用半年的时间拿出柯克亚的成果，现在看来是不行了。你们要继续组织攻关……"为了表彰他对塔里木找油事业的贡献，石油物探局追认他为劳动模范。

青年大学生王英豪同上千名新时期大学生一样，毕业后就参加了塔里木地震勘探。他是中美合作队中方的副经理，专业和外语都很过硬，深受美方负责人的赏识，外方几次私下与王英豪协商，合同结束后，邀他去美国GSI公司工作。王英豪婉言谢绝了，事后他自豪地说："那时候，我们的技术力量也强大起来，我要带着自己的队伍去夺金牌。"他在写给妻子的信

1993年12月19日，"征服塔克拉玛干纪念碑"在新疆库尔勒市石油物探局塔里木前指基地落成

中说:"今天,三个沙漠地震队中就我们队开工了。我们就放了409炮,这是全国纪录,知道吗?全国纪录啊!事情是由我发起的,我真高兴!"他太爱他的妻儿,太爱他的事业了,两种爱都无法割舍,他就把爱寄托在女儿身上,为她起了"沙沙"的名字。然而,他还没有来得及听到牙牙学语的女儿"沙沙"叫他一声爸爸,就在沙漠中不幸以身殉职,年仅27岁。

这些"献了青春献终身,献了终身献儿孙"的石油人,已经有许多人长眠在这片戈壁沙海里。赵尚武和王英豪就是他们的代表。1978—1993年,石油物探局三处有42名职工,因工作在塔克拉玛干沙漠献出了生命。为了纪念征服塔克拉玛干沙漠的勇士,在库尔勒物探基地树立了"征服塔克拉玛干纪念碑",我怀着崇高敬意题写了碑名。

我们乘坐的直升机停落在1830地震队施工驻地不远的停机坪上。我们走出飞机舱门,沙漠一片寂静,毫无生气。只见沙山低则几十米,高则数百米。这里见不到草木,没有河流,没有任何生命的迹象,一望无垠的苍黄,夏季地表温度最高达70摄氏度,炎热扑面而来。我们来到驻地,看见地震1830队的小伙子们用掌声热烈相迎,一张张黝黑的脸,有的脸上都晒脱了皮,但个个却是精神抖擞、含着幸福的微笑。钟辛生副局长告诉我:一个月前,地震1830队的代表在河北石家庄做了一场事迹报告,使全场观众大受感动,连在座的老山前线战斗英雄都被感动了。我看到地震1830队的小伙子们一张张朴实的笑脸,心里真是自豪。他们是第一批征服塔克拉玛干大沙漠的勇士!过去人们说塔克拉玛干沙漠"进去出不来",进去的人只能葬身沙海。现在,这个神话被我们的物探健儿打破了!现在他们不仅进得来又出得去,而且获得了地质上的重大发现。他们的壮举,将永远载入石油工业发展的史册,留下光荣的一页!1830地震队是一支英雄的队伍,有一股为国"争雄、争气、争光"的精神。只要我们所有的石油队伍都有这种精神,我们总有一天会把塔克拉玛干大沙漠地下埋藏的油气勘探出来,让"死亡之海"成为"油气之洲"!

我在1830地震队停留两个多小时,讲勘探形势,队员给我拿了一瓶矿泉水,我舍不得喝。因为队员们的饮水是从外边运进来的,很珍贵,我真实感受到了队员们经常饱尝"上甘岭"的滋味。我说,留下给同志们喝吧,

▲ 1986年6月22日，王涛（右2）在塔里木探区沙漠腹地考察，左1翟光明，左2张毅，右1王炳诚

▲ 1986年6月23日，王涛（右2）在石油物探局三处与南勘公司领导座谈

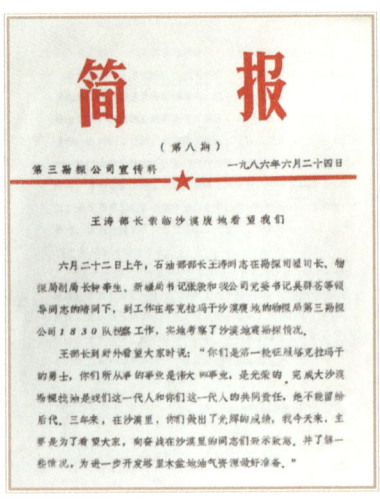

▲ 王涛考察沙漠地震勘探工作的相关简报

你们比我这个石油部部长更需要水。

随后,我们乘直升机察看沙漠腹地的地形、地貌。

沙漠腹地横贯盆地东西,绵延上千千米。盆地中央有两个有利找油的大隆起。东面称塔中隆起,西面称巴楚隆起,两个隆起以和田河为界。这两个隆起先钻探哪一个?从地面条件来看,和田河以西的沙漠地形比较复杂,属鱼鳞坑状,沙漠车驶入困难,路也不好修,风向经常变动,路修好了也容易被埋掉。而和田河以东则不同,属条状脊形,沙山走向基本相同,一道沟一道梁,推修道路比较容易,又不易被掩埋。地下的情况也不同。根据地震资料来看,巴楚隆起埋藏较浅,覆盖地层较薄,而塔中隆起,覆盖地层较厚,是一个圈闭面积达8200平方千米的大型古背斜,并且生油层、储层、构造圈闭都比较发育。经过研究比较,大家确定塔中隆起为塔中1号,认为塔中1号构造比较有利,首选了塔中1号井进行钻探。

6月22日,我专门到了地质矿产部塔北油气联合勘探指挥所,了解他们在塔北油气勘探的情况,也考察了沙参2井和沙参7井。我觉得,地质

▲ 1986年7月11日,中国地质报报道王涛就石油地矿两部合作发表重要意见

▲ 1986年3月,地质矿产部和石油工业部联合印发朱训和王涛就两部石油地质工作合作问题交谈要点的通知

矿产部的石油勘探队伍，在我国的石油工业发展史上是做出了很大贡献的，石油工业取得的成绩，应该包括地质矿产部石油勘探队伍取得的成绩。在谈到石油部和地质矿产部的分工合作问题时，我说："我们是两个部，但我们的事业是一个，目标是一致的。因此，我们应该互相支持，互相配合，共同来开发资源。"大家对此都表示赞同。

6月23日，我在库尔勒石油物探局三处（公司）机关、直属单位负责同志的会议上谈了对塔里木勘探工作的一些想法：西北地区幅员广阔，油气资源非常丰富。外国公司与我们搞合作勘探，原来是海洋热，现在成了塔里木热。他们千方百计地想要到这来找油找气，想来分享我们国家丰富的油气资源，说明这个地方确实很有吸引力。从目前我国的石油工业来看，我们可以依靠自己的力量进行勘探开发，但我们也不排除外国人与我们合作。

从这个地区的地质特点来看，主要目的层埋藏比较深，地面上自然条件比较差，打一口井的投资就是上千万元。在这种情况下，我们勘探开发工作的展开，要注重科学性和程序性，还要充分考虑塔里木盆地地质构造的复杂性，要真正揭开塔里木盆地神秘面纱，不能急于求成，要有长期作战的思想准备。先要把地下情况搞清楚，看准了的地区再上探井。在上探井之前，物探要先行，物探要多做、做好，要把野外采集、处理、解释、地质综合研究、资源评价这一系列工作有层次地搞起来，把有利地区找出来，然后再上探井。

我们采取的就是以较少的投入换取较高的效益这一战略方针。多做物探，少打探井，提高探井的成功率，如果少打10口探井，就可以为国家节省数亿元的资金。当前摆在我们面前的主要任务，就是在56万平方千米的盆地内选准有利地区，选准突破口，物探要先行！

为此，首先要把物探队伍很好地武装一下，要全面配套，要武装到"牙齿"。一是从野外勘探到处理解释设备要配套。二是人才要配套，从野外采集到资料处理，从人才引进到自己培养相结合，既重学历，但不唯学历，要重视能力。三是生产和生活要配套，生产要注意组织的严密性、科学性，生活上要让职工吃得好一点、喝得好一点、住得好一点。因为他们要向沙漠进军，向戈壁进军，还要向山地进军，条件非常艰苦，这个决心一定要下。

我们有一支用大庆精神铁人精神武装起来的物探队伍，就一定能够攻坚克难，战无不胜。

四、心里装着边疆各族人民

决策再上塔里木，我一直思考这样一个问题：塔里木是少数民族集中地区，如何在会战过程中取得他们的理解信任和支持，那就必须通过塔里木石油勘探开发，带动周边经济发展，给当地各族人民带来更多实惠。

没到新疆之前，有人对我说，塔里木盆地干旱少雨，56万平方千米的盆地面积，沙漠就占去33万平方千米，另外还有许多不适宜人居住的戈壁荒原。由于历史的原因，那里长期处于封闭状态。经济非常落后，社会依托条件差。像和田、喀什这些地方，居住人口95%是少数民族，他们大多数人听不懂汉语，在偏远的靠近沙漠的农村，几乎还处在刀耕火种的时代。

这次塔里木盆地之行，使我对塔里木周边地区民风民俗、地理环境、社会文化、经济状况有了初步的感性认识。

首先让我深深感觉到，南疆五地州（南疆三地州以及巴音郭楞蒙古自治州、阿克苏地区）的党政领导期盼着石油部尽快再上塔里木进行勘探。不管我们到哪里，他们都是热情欢迎，一路陪同。他们一致认为，塔里木盆地下面埋藏着丰富的油气资源，只要开发出来，就会带动地方经济发展和繁荣。我曾和阿克苏、喀什、和田三地区的党政领导座谈，他们都发自内心地盼望塔里木能早日开展石油勘探开发会战，表示全力支持。在会战开始时，巴州和阿克苏地区争着把塔里木石油勘探开发指挥部（简称塔指）设在自己的辖区。后来我们考虑到各方面的因素，决定将指挥部生活基地建在巴州首府库尔勒。

和田地区的领导座谈时说的一席话犹为使我感动。他们说，和田地区是南疆五地州最穷的一个地区。如果这里发现了油田，不说别的，我们工农业生产用油的问题就解决了。我们和田最远的县城离乌鲁木齐2500多千米，用油要到北疆去拉，拉回一汽车油，拉油的汽车本身就烧掉了近三分之一。没有汽油、柴油，汽车、拖拉机就动不了，耕地靠牛，运输靠马和

1989年的库尔勒市

骆驼，怎样实现四个现代化？

当地各级政府和人民的期望和支持，使我们对再上塔里木更增强了信心和责任感。

通过这次考察，我们看到新中国成立后的30多年，特别是改革开放以来的发展，使南疆一些地区经济初步走向振兴，社会依托条件基本具备。我在库车、阿克苏、喀什、和田等地考察，各地都在搞建设、抓经济，市场上各种产品很丰富，社会也很安定，各民族之间相处和睦。从库车一路走到和田，基本上是柏油路，路况也比较好。铁路也从北疆通到了库尔勒，有关部门介绍说，过几年铁路就会修到喀什。总的看起来，再上塔里木各方面条件比前五次要好得多。

考察使我们进一步认识到，塔里木盆地是少数民族聚居区，在少数民族地区进行油气勘探开发工作，要对职工队伍进行尊重少数民族风俗习惯、增进民族团结的教育。特别是内地来的石油队伍，这项教育工作要贯彻始终，不能马虎。后来会战中，我们将这一项列为思想工作不可缺少的内容，保证了石油会战过程中没有发生一起与少数民族产生矛盾和纠纷的事情。

通过考察当地人民生活的困苦和需求，加深了我们对塔里木石油开发意义的理解，增强了政治责任感和社会责任感。塔里木盆地周边地区缺油、缺肥、缺燃料，农村的经济基础比较差。在泽普石油基地，我们专程去"三项工程"建设工地考察。听有关同志介绍，当地农村很穷，有的人家全部家当只是一把坎土曼（一种挖土的工具）、一台锅灶，土炕上头铺块毡子，全部家当仅值一百来元钱。我去附近农户看了看，确实有这种情况。我很惊讶。当地人说，缺油、缺肥、缺

位于库尔勒市以北大山中的铁门关建于唐朝。改革开放后重修铁门关，王震副主席题写关名

▲ 20世纪八九十年代，由于燃料缺乏，当地农民砍伐沙漠植被做燃料

燃料，土地广种薄收。当地基本不产煤，山里有几座煤矿，可是煤质不好，城镇居民烧煤要到拜城县去拉，加上运费很贵，烧不起。这里绝大部分农民家家有毛驴车，就去戈壁沙漠里砍伐胡杨、红柳，除了自己烧，还拉到城镇上卖，一车柴卖上几十块钱。多年不断砍伐，沙漠植被越来越少，沙漠向盆地边缘扩展，大片农田被沙子埋掉了，沙进人退的现象日益严重。我想，再上塔里木，尽快找到油气田，帮助当地发展经济，改善自然环境。如果有一天，我们让当地各族人民用上油和化肥，烧上液化气和天然气，周边的农村就会发生大变化。

我们开始认识到，再上塔里木，不单是找油找气保证国家能源需求问题，同时也是帮助当地发展经济、改善人民生活环境、维护边疆稳定的大问题。

五、与"瓦政府"成了好朋友

这次全程陪同我们的人员中，有南疆"三项工程"建设指挥部总指挥瓦里斯江·吐尔地。他是维吾尔族人，身高有一米九，身材魁梧，是个大块头，在我们中间真是"鹤立鸡群"。他是新疆石油战线培养起来的少数民族干部，人很憨厚，热爱石油，有基层工作经验。一路上他向我们介绍各方面情况，是个新疆通，并且有问必答。他是南疆阿图什人（阿图什是克孜勒苏柯尔克孜自治州的首府，在喀什市以北约45千米的地方），16岁的时候家里贫穷得过不下去，他一个人徒步翻越天山冰大坂，到了伊犁。过冰大坂时，他的鞋子坏了穿不成，就撕下身上的衣服裹在脚上翻过了冰大坂。他参加过三区革命，在部队当炊事兵，后来又到独山子油矿当工人。新疆和平解放，人民政府接收了独山子油矿，像瓦里斯江·吐尔地这样穷苦出身的青年工人很自然地成为党组织信任和依靠的对象。他工作积极，处处走在前头，很像铁人王进喜在玉门油矿时的经历：新中国成立前做苦工被欺压，人人瞧不起，新中国成立后翻身做主人，扬眉吐气。瓦里斯江·吐尔地很快加入中共党组织，并成为党的基层领导干部，到了20世纪60年代，成为新疆石油管理局领导人。"文化大革命"期间，局领导多数被"打倒"或"靠边站"，瓦里斯江·吐尔地还在领导岗位上苦撑危局。有一年冬天，新疆石油管理局"无政府主义"闹得很凶，天天闹派性，生产无人管，冬天要到了，10多万职工家属过冬的粮食和蔬菜还没有着落。瓦里斯江·吐尔地组织车队到塔城拉运，造反派围攻瓦里斯江·吐尔地，说他是走资派，早应该靠边站。现在什么党委政府，统统没有了，是造反派说了算。瓦里斯江·吐尔地气愤至极，勇敢地站出来，大吼一声：谁说现在没有政府了？我就是政府，为了全局职工过冬，必须听我的！他从此得了个"瓦政府"的外号。

"瓦政府"与塔里木石油勘探有着密切渊源。在柯克亚油气田他向我讲述了他的过去：1975年1月，他曾率队去北京向康世恩部长汇报昆仑山前勘探情况。康世恩指示，新疆石油管理局应立即组织在南疆的队伍上塔西南。回来后他们立即组织队伍上昆仑山前勘探会战。1977年5月17日，柯克亚1号井发生强烈井喷，"瓦政府"作为新疆石油局领导立即赶赴现场，

▲
1977年,西河甫村维吾尔族老人捧起喷出的凝析油,为家乡出油而高兴

担任抢险总指挥。"瓦政府"对我说:"当时喷出的油真多,我们用推土机推筑好几条大坝,原油被大坝挡住,像个大水库!"他听我介绍石油部这次再上塔里木的初步设想时,非常赞成。他说,塔里木是有大油田的,不过我们技术水平太低,使用的装备都是苏联20世纪50年代的产品。过去我们每次上塔里木,都说要解决南疆工农业用油问题,喊了30多年了,还没有解决,作为搞石油的共产党人,我心里有愧啊。

"瓦政府"这些话让我感动。

南疆"三项工程"上马时,"瓦政府"已经从新疆石油管理局领导岗位上退了下来,在自治区政协担任委员。自治区领导考虑到,在少数民族聚居区建设一座现代化的中型石化厂,会面临诸多意想不到的困难,经过与我们协商,一致认为由一位少数民族领导干部出任建厂指挥部指挥比较合适,并推举"瓦政府"。"瓦政府"在新疆石油局曾当过基建处处长,后来又

1986年6月19日,王涛(左2)和瓦里斯江·吐尔地(左1)在南疆"三项工程"建设工地了解施工进展情况。右2为"三项工程"常务副指挥刘志泉、右3为新疆石油管理局党委书记张毅

分管这方面工作，应当是最合适不过。但他当时60多岁了，已经退休，心脏又不太好，是否愿意接任这项工作？领导正在考虑。"瓦政府"一听说是为南疆人民造福的工程，很高兴地接受了这项任务。走马上任后，"瓦政府"到三地州各县走访，宣传"三项工程"的重大意义，召集当地有声望的人士座谈，请他们在群众中广泛宣传，很多需要地方合作的事情都比较顺利地解决了。

"瓦政府"很善于利用自己既是石油人，又是少数民族的身份去开展工作。"三项工程"建设过程中，许多事需要国务院有关部门批复、协调。"瓦政府"带领专业人员去北京跑，登门先宣传"三项工程"的重大意义，讲各族人民怎样盼星星、盼月亮一样盼着"三项工程"早日建成投产。各部委的同志看到他是少数民族干部，又是一个老同志，话说得非常诚恳，该办的事马上办，一路开绿灯。

在南疆一路走下来，我深感少数民族特有的淳朴、诚挚和友善。有时在工作之余，我们在烤炉旁一边吃着瓦里斯江·吐尔地亲手为我们烤的羊肉串，一边聊天。那种真诚的感觉使我和瓦里斯江·吐尔地成了无话不谈的好朋友。许多关于新疆少数民族风俗习惯、生活状况、历史，我都是从他那里了解到的。我深切感觉到，在新疆这样多民族地区从事石油勘探开发，我们应当培养出一批像瓦里斯江·吐尔地这样优秀的少数民族干部。

六、"克拉玛依"决策

6月23日，我们到了塔里木盆地沙漠勘探项目经理部（7月10日，更名为南疆石油勘探公司，简称南勘公司）。他们3月开始办公，有三四十人，住的地方比较简陋，还没有像样的食堂。石油部给他们定的工作目标是"一年准备、两年铺开、三年突破"。他们争取1986年内上钻第一口探井。他们工作很忙，同时积极研究新的管理体制，请海洋石油的专家来讲课，学习、研究海洋石油的管理体制和运行机制，准备第一口探井的各项招标合同文本。听了南勘公司的汇报，我比较满意。

这次在新疆的考察，前后共17天，途中与新疆石油管理局领导同志交换意见，共同研究确定新疆石油工业"七五"期间总的工作方针：在努力提高经济效益的前提下，大力加强石油、天然气勘探，坚持实行区域战略展开，寻找高产富集储量和大型油气田，认真搞好老油田调整，充分发挥稠油资源的优势，择优开发新油田，逐年增加原油产量，同时与原油加工统筹规划，发展深度加工技术，生产高级石油产品，增加自我发展的能力。加速新疆石油工业发展，为国家和自治区多做贡献。

开发大西北，是我们党和国家一项重要的战略方针，是我国现代化建设、经济腾飞的长期战略任务。

6月29日，新疆石油管理局和克拉玛依市召开干部大会，我在大会上重点讲了四个方面意见。

一是新疆油田在发展全国石油工业中占有重要地位，加大西部地区石油勘探步伐，做好大规模开发的准备，是发展国民经济，振兴大西北，加速我国石油工业发展的需要。

二是争取两三年内勘探上取得重大发现，尽快打开北疆石油勘探的新局面。北疆准噶尔盆地从1950年开始勘探，对盆地地下情况已有相当程度的了解，勘探上进入新的发现期，条件已经基本具备。

三是搞好对南勘公司的领导和后勤支援，加快塔里木盆地早期勘探工作和新的管理体制的试行。

四是以提高经济效益为中心，在不大量增加新井的情况下，努力提高老油田的储量动用程度，实现原油生产的良性循环。

这四个意见，是我们和新疆石油管理局领导深入交换意见，达成的共识。

我还在大会上再次讲了再上塔里木的意义和期待，特别是讲了塔里木钻探将实行新的管理体制，改变过去那种"大而全、小而全"和"大锅饭"的做法。石油部决定，在塔里木盆地进行新区勘探管理体制的试点，从中积累经验，然后在其他地区推广。归纳起来，主要有以下七点：

——在新疆石油管理局领导下，南勘公司全面承担塔里木沙漠腹地及边缘地区的勘探工作。管理局对南勘公司实行"四定"，南勘公司对管理局实行"四包"，即包资金使用，包勘探任务，包工作进度，包经济效益。

——塔里木钻探资金，由石油部列为专项拨给。这些资金由南勘公司掌管，与各作业队伍签订经济合同，建立甲乙方关系，实行包干使用。所需的材料设备，包括进口装备，也由石油部和新疆石油管理局专项安排。

——塔里木盆地的钻井工作，以及录井、钻井液、测井、测试、固井等作业，均由南勘公司在全国范围内招标，按统一的质量标准和技术要求，以及石油部规定的价格，择优使用队伍。在同等的条件下，优先使用新疆石油管理局的队伍。

——塔里木盆地钻探所需的其他服务工作，包括物资运输、井架基础与钻机安装、设备维修、管子校验和钻前准备、通信、生活服务等，也由南勘公司实行公开招标，择优录用，专项承包。在同等条件下，优先使用新疆石油管理局的力量。

——塔里木盆地在初探期间，不设立永久性的生产基地和生活基地。参战队伍继续归原单位领导，职工实行轮休制，家属留在原基地。

——南勘公司按精干、高效的原则组建，暂定编制为71人。除设立必要的运输、物资供应、生活服务等单位外，不再拥有其他队伍。各项工作任务，均通过委托承包、发展横向联系和合作等途径来解决，必要时辅以上级的行政命令。

——南勘公司实行经理负责制、任期目标制和经济责任制。在国家方针、政策和部、局有关规定范围内，实行独立经营，内部独立核算。

6月30日，在返回北京前，我在乌鲁木齐再次会见了自治区党委书记宋汉良、政府主席铁木尔·达瓦买提等领导同志，向他们通报了南疆之行的收获。此次新疆之行画上圆满句号。

▲ 1986年6月30日，王涛在考察完南疆后与新疆维吾尔自治区领导谈话要点记录

第五节 跨出历史性一步

一、按照新体制组织钻探

1985年11月28日,我召集顾问组开会。我说:你们的工作安排我都看了,都同意。但有一条要补充,就是你们不仅要做好对油层的保护,还要做到不漏掉一个油气层,特别是气层。在生产管理体制上,一定要按新的做法,实行甲乙方合同制。钻井队立足于全国招标,国内各油田和新疆石油局都可以参加投标。在专业技术服务上要允许海洋石油的服务公司到塔里木参加投标,承包服务。这次是想通过塔里木的试点,摸索出管理体制改革的经验。

11月29日,顾问组组长王炳诚带领两位成员去了新疆,经过实地考察,制订出塔里木盆地沙漠钻井方案。

1985年12月,南勘公司开始组建,钟树德、周原分别任经理、书记。部里给他们核定的编制71人。人们说南勘公司是"副局级的架子、大队级的编制"。大家眼里,这是个新鲜事物。

1986年3月20日,南勘公司在库尔勒挂牌办公了。开始住在巴州宾馆,4月搬到南疆石油勘探指挥部物资转运站。后来又租用新疆商业厅库尔勒二级站基地。

当时陆上各油田组织钻井工作的传统做法,自己有钻井队、测试队、运输队及生活保障队伍。现在南勘公司都没有,全靠招投标的办法向全国

▲ 1986年3月20日，南勘公司在库尔勒市巴州宾馆挂牌办公，第一次全体会议人员合影。前排左起：胡铁铮、钟树德、陆铭宝、王炳诚、刘昌瑶、周原、李大华

各油田和当地社会选用队伍。

万事开头难，难就难在思想观念和认识上。第一，海洋与塔里木环境不同，塔里木盆地是沙漠戈壁和高山，人烟稀少，环境条件差，没有社会上的支持系统，有些东部的队伍不愿来，怕来了被留在这里。第二，甲乙方关系不同，在海洋石油，外国石油公司是甲方，外国公司担任操作者，一切活动都是按照国际惯例和游戏规则进行的，对甲乙方体制的运作方式非常熟悉，而且运用自如，因为这一套在市场经济中成熟起来的"油公司"模式，本身就是他们带到海洋石油来的。而陆上石油工业内外基本上还处于经济体制改革初期阶段，甲乙方都是"自家人"，对市场运作的这套做法都很陌生，当时国家也还没有出台有关法律和法规。第三，也是最关键的一点，石油企业从领导到职工的思想观念还处在计划经济时代，虽然当时中央已提出

建立"有计划的商品经济"的改革目标，但许多人仍然体会不深，思想不够解放。

1986年第一口探井开钻，就面临一个选择钻井队伍的问题。

二、破天荒的招标

顾问组和南勘公司经过紧张工作，制定出一套符合塔里木盆地具体情况的合同文本，测定出钻井日费标准。有两套方案：第一套为每天1.9万元，第二套为每天2.5万元，以作为谈判的基础。

顾问组和南勘公司领导班子专门开会，觉得第一口探井的招标工作难度很大，他们无法预测将是什么样的结果。

顾问组和南勘公司请示石油部。石油部同意由钻井司在北京主持召开塔里木盆地第一口探井库南1井招标会。钻井司向6个油田发出招标通知，要求他们必须前来投标。

1986年7月初，石油部钻井司在北京主持召开了塔里木盆地库南1井招标会，有5个油田前来投标。但是，标书里所写的钻井日费标准竟然是南勘公司标底的三倍。参与投标的人员说，出发前油田领导嘱咐了，日费标准是油田领导班子研究决定的，不能更改。并且说，他们的方针是积极投标，争取不中。

令人意外的是，有3家外国钻井公司闻讯前来竞标。因为当时确定招标范围所限，南勘公司婉言谢绝了。招投标会就这样收场了。

钻井司只得动用行政手段，要求新疆石油管理局出面解决。当时南疆石油勘探指挥部（泽普石油天然气开发公司）处在下马阶段，基本没有钻井任务，新疆石油管理局要求，由他们抽调人员组建一支钻井队，先以议标方式，承担库南1井钻井施工任务。由克拉玛依钻井处再组建两支钻井队，接收即将调进的两台E-2100型7000米电动钻机，准备到塔里木承担钻井施工任务。

南疆石油勘探指挥部接到任务后，非常重视。他们从4个钻井队中选拔钻龄在5年以上、具有钻探5000米以上深井工作经验的工人组建了一支

钻井队。派出副指挥陆铭宝、副总会计师庞清璧到南勘公司进行议标谈判。南勘公司副经理兼总会计师李大华与庞清璧在乌鲁木齐进行了一场艰苦的谈判。过去的同事和战友，如今成了谈判桌上的对手，每一条款都要斟字酌句，不敢马虎，反复讨价还价。最后总算双方签了字。与此同时，其他专业的承包服务和签订合同也在探索中起步了。

无论如何，这次招标的意义非常重大，终于破天荒地把"油公司"的运作模式从海上引到了陆地，使南勘公司基本掌握了运用"油公司"模式进行招标和制定合同文本的方法。同时，第一口预探井实行单井项目管理，甲乙方实行合同日费制，为各油田按标准要求准备队伍和装备参加下一轮的投标提供了样板。1987年3月，四川油田钻井队伍及其相关专业服务队伍通过投标方式进入塔里木，1988年中原油田钻井队

1986年，中国陆上石油工业以甲乙方体制签订的第一份单井合同
▼

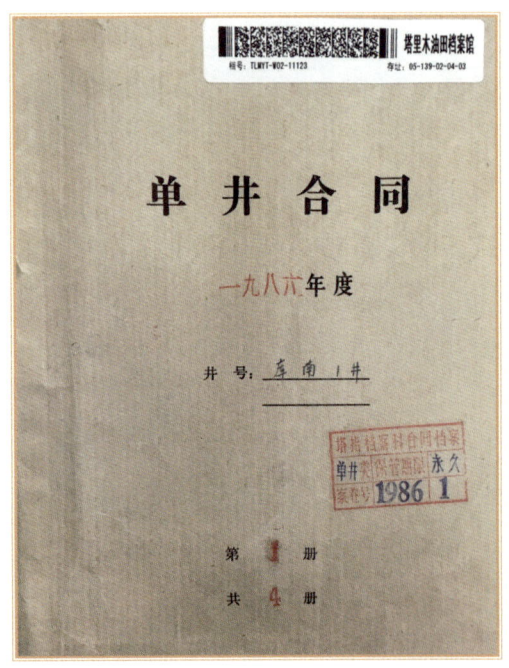

以同样方式进入塔里木。钻井行业市场化初露端倪。

为了执行好第一口按合同制实施的钻井，南疆石油勘探指挥部一点不敢马虎。他们把人员选了又选，筛了又筛，选拔了有20多年钻井工作经历的魏翊存担任平台经理。

1986年12月5日，库南1井开钻。这是新中国成立以来，陆上石油工业第一口以甲乙方合同制和项目管理方式开钻的探井。南勘公司成功实行的新体制，使我国陆上的钻井管理向前迈出了历史性新的一步。

新的管理体制为采用新工艺、新技术创造了良好的条件。例如，库南1井使用的是F-320钻机，配备了新型的T-1300型三缸单作用泥浆泵、美国休斯钻头和PDC高效钻头，由中美合资的南海麦克巴泥浆公司提供泥浆技术服务，并首次配套马丁戴克仪表。随后相继开钻的轮南1井、轮南2井、南喀1井等井，全面采用20世纪80年代中期国内外的钻井新装备、新工艺技术，实行科学打探井。每口井都配备综合录井仪，及时采集钻井和地质信息，并及时发现油气显示；安装了70兆帕防喷器系统，为钻井提供了安全保证；完善的固控系统和优质泥浆保护了油气层；及时录取油气层信息的数字测井技术，深井、超深井的固、完井技术的应用；电缆和钻杆中途测试技术可及时在钻井过程中评价油气层。所有这些使我国钻井技术整体上升到一个新水平。

在实行甲乙方合同制的3年期间，一口探井就是一个工程项目，坚持探井日费制合同是十分必要的。开始实行合同制时，顾问组最初的建议和拟定的标书将边缘井按单井总承包合同签订、沙漠腹地风险大的井按日费制合同签订，甲方承担风险。在实施过程中，位于沙漠边缘地带的库南1井实行日费制。四川石油管理局中标南喀1井，他们一再要求对这口探井实行单井总承包。南喀1井开钻后，甲方发现在总承包中，乙方带来了很多自产配件及消耗品，新技术在总承包井中难于实施，上来很庞大的后勤专业队伍，内部也形不成监督机制，鉴于此，总承包的两口探井也改成了日费制，即全部实行单井项目管理、甲乙方合同制的日费制合同。甲方实行监督负责制，乙方按日费合同以执行监督指令的方式实施钻井作业。围绕钻井的专业服务（丙方）也进行招标择优录用。通过实践逐步认识到，

1986年12月5日，南勘公司第一口探井库南1井开钻仪式

甲方（南勘公司）一定不能配备自己的专业施工队伍，这有利于铸造一个真正的"油公司"体制。要切断乙方（各油气田）的"后路"，使他们没有条件把"小而全"的队伍和"低、老、差"的设备，以及施工管理陋习带进塔里木，避免了再回到老路上去。

这一实践过程是极其艰难的，就在项目管理甲乙方合同制的新型管理模式即将全面展开之际，来自方方面面的议论仍然不少，阻力很大。一部分人认为，打一口井订那么多合同，把简单问题复杂化了。目前条件下只能按低级的单井承包，按照日费制这种"高级承包"方式条件还不具备。甚至有的领导也说，这个合同那个合同，干脆党委负责，局长带队，不然，事情干不成。有的职工也认为当乙方就是给甲方当"雇工"，人们从心理上产生很大抵触，认为这是西方"资本主义那一套"。

1987年10月25日至11月1日，党的十三大在北京举行，我作为中央委员参加了大会。在会上，通过学习讨论十三大报告，联系中国石油工业的实际，认识到十三大报告在理论上确认了市场机制作用的广泛性，从而带来改革模式的进一步深化。回顾塔里木两年来所走过的市场化道路，是完全符合十三大确定的改革大方向的。1987年11月，我对从前线回到北京汇报工作的王炳诚说："用十三大精神对照，我们改革试点的做法是对的，一定要按日费制保证钻探工作的高水平。在塔里木试行新体制取得一定经验后，我们还要将这个管理模式推广到内蒙古二连和冀东两个新区以及老油田的新区。"

三、初试新体制

由于油田大多处在人烟稀少的戈壁荒原（如当年的大庆、克拉玛依），在勘探开发过程中，不得不自己组建生活服务保障队伍。长此以往，形成了"万事不求人"的观念，造成庞大的生活后勤系统。被视为石油工业龙头的钻井公司从生产到生活保障全靠自己，大多数都配有录井、测井、固井、泥浆、管子站、机修供应等单位，还有学校、商店、托儿所、食堂等，一个公司就是一个"大而全、小而全"的小社会，企业包袱沉重。现在的新体制则要求生产和生活分开，生活改由丙方根据合同提供生活服务。

到哪儿去招标选用生活服务队伍呢？这是南勘公司碰到的又一个大难题。在20世纪80年代，宾馆、招待所、饭店都是国营的，普遍存在经营意识淡薄的问题。让他们组织一支队伍到沙漠里为钻井队提供生活服务，在他们看来是不可思议的事情，而且从来没听说过。南勘公司有关人员走遍乌鲁木齐、克拉玛依、库尔勒、阿克苏的餐饮服务业，结果没有一家愿意为南勘公司沙漠钻探服务的，更不用说参加招投标竞争了。

石油部要求南勘公司坚持新体制，大胆地试，大胆地闯，不管遇到多少困难，也要坚持往前走。如果自己组织一支生活服务队伍，一切都容易了，但这又退回到老体制下面去了。

正在感到一筹莫展的时候，一条信息使事情发生了转机。南勘公司获悉，1982年新疆石油管理局组织准噶尔盆地东部会战的时候，乌鲁木齐明园办事处曾经为会战提供过生活后勤服务，他们有这方面的经验，和他们协商一下，或许明园办事处愿意承担这项任务。

两家一接触，明园办事处也有这方面的意向。但明园有关部门提出，塔里木盆地沙漠区条件比北疆要艰苦得多，有些困难可能是现在谈判桌上设想不到的，于是又提出一些合同之外的附加条件。

南勘公司领导经过研究，觉得万事开头难，第一步一定要迈出去。南勘公司向明园办事处明确表示：只要你们把工作任务接下来，并能保证按合同完成好任务，所列的条件可以满足。于是，双方签订了合同。1986年11月，明园沙漠生活服务公司第一支服务队进驻库南1井钻井队。

库南1井的钻探工作，实现了生产和生活服务的分离。

我到塔里木现场办公时，听了这些情况的介绍，专门去由明园沙漠生活服务公司提供服务的钻井队看了看。服务工作搞得很出色，我对他们的工作提出了表扬。钻井队生活实行专业化服务，改变了过去钻井队自己搞生活后勤的传统做法。通过项目管理选用生活服务队伍，钻井队配备设施齐全的封闭式野营房，生活服务实行宾馆化管理，工人免费用餐，服务周到，被工人们称之为"沙漠公寓"，解决了几十年来钻井行业的一大难题。

塔里木实行新体制，队伍精干，待遇提高。过去一台大型钻机配备人员多达100多人，改编后每个钻井队的编制为80人。由于人员精干，效率提高，职工在井上工作，按沙漠腹地和沙漠边缘区两个标准分别给予生活补贴，使在塔里木工作的职工比原所在油田的钻井工人收入高。塔里木的优厚待遇使石油工人更加安心工作。

迈出了第一步，打开了局面。继明园沙漠服务公司之后，泽普石油天然气开发公司库车办事处、兵团农一师石油生活服务公司、四川钻井公司生活服务公司、巴州商业局石油服务公司、库车县支油办生活服务公司、轮台县支油办生活服务公司、库尔勒饮食业石油生活服务公司，纷纷进入塔里木石油勘探开发生活服务市场。塔里木石油勘探开发的生活后勤保障逐步走上社会化的道路。

四、首战告捷

1987年，四川石油管理局和克拉玛依的钻井队伍开始进入塔里木。四川油田具有钻探深井的丰富经验。在北京的库南1井招投标会四川油田派人参加了，却没有投标，态度是先看一下。他们索要了资料回四川油田认真研究，又到南勘公司进行考察，最后决定派钻井队伍投标塔里木沙漠钻井工作。1986年底，四川油田以承诺标准高和较低的日费报价中标了两口探井。克拉玛依也有两支钻井队伍进入塔里木钻井市场。

1986年，塔里木盆地综合研究联队利用石油物探局新做的地震资料，在轮台以南30多千米处发现一个地质异常体，称之为轮南1号异常体，轮南1井就定在这个异常体的高点上。地质设计确定这口探井的目的层为5000多米以下的石炭系、二叠系。

1987年南勘公司有轮南1井、满西1井、南喀1井相继开钻，在钻井达到4口。这4口探井深度都超过5000米。如何提高钻井速度，缩短钻井周期，尽快获得油气发现，是顾问组和南勘公司领导层一直关注的问题。他们从美国引进了休斯公司的PDC钻头。这种钻头性能如何，服不服塔里木的"水土"，必须经过现场试验。1987年9月，轮南1井已钻达井深4000多米，距设计目的层还有一段距离。他们决定在轮南1井上进行PDC钻头现场试验。

南勘公司副经理兼总地质师王秋明当时正在北京参加一个会议，王秋明心里一直惦记轮南1井的事情，觉得上部一些地层如侏罗系、三叠系也有可能发现油气。会议开完，他就赶回塔里木，第二天早晨参加南勘公司领导班子会议，就碰上要在轮南1井开展PDC钻头试验的议题。

王秋明于1954年西北大学地质系毕业后就到新疆工作，一年后就赶上克拉玛依勘探，在克1井上当地质员。克1井获工业油流，从而发现克拉玛依油田。不久，王秋明被提拔为地质科科长。1957年，他被打成"右派"，遭受20多年不公正的待遇。然而，王秋明对事业的热爱和勇于负责的禀性并没改变。

王秋明在会上表明了反对PDC钻头试验的态度。他说，轮南1井现在

南勘公司与轮南 1 井历史影像

所钻的地层固然不是设计中的目的层，但是探井的首要任务是了解地下，以发现油气为目的，必须坚持"有目的层，但不唯目的层"的勘探思想。为了保障探井及时获得油气发现，不漏掉一个油气层，我们确立了"四个及时"的勘探程序（及时循环、及时取心、及时测井、及时中测）。三叠系地层在设计中是有取心的，这个不能改变。我反对这次 PDC 钻头试验。

南勘公司领导们听了王秋明这番话，都觉得他讲得有道理，决定取消这次在轮南 1 井的 PDC 钻头试验。

会后，王秋明立即赶往轮南 1 井。9 月 10 日，轮南 1 井发现油气显示，王秋明当即决定开始取心。9 月 12 日，在井深 4770.96～4781.67 米井段三叠系取出 5 筒岩心，发现了油砂。接着连续取心 4 次，共获得含油砂岩 10.93 米，油浸砂岩 0.46 米。9 月 21 日，对 4744.47～4847.05 米井段进行中途测试，用 9.525 毫米油嘴求产，获日产原油 28 立方米的工业油流。

1986 年冬，地质人员踏勘轮南 1 井井位

20世纪80年代中期，南勘公司地质技术人员在井上讨论工作。右2为总地质师王秋明

喜讯传到北京，大家都感到振奋。从1986年3月到1987年9月，仅一年多时间，就有探井获得工业油流，看来胜利的曙光已经在东方显现了。

有人评价说，轮南1井是坚持探井的地质目的、认真贯彻执行"四个及时"勘探程序的典范。这一评价对轮南1井不算过誉。科学的勘探程序必须要有好的制度来保证，新体制就是保证，它将生产主体和作业队伍分开，甲方下达指令乙方执行，保证严格按照程序作业。好的制度又要靠人来执行。王秋明是经验丰富、原则性强的地质家，他明白探井的任务就是发现油气，所有工作只服从这个目的，尽管当时争议很大，但是敢于坚持。轮南1井的成功不是偶然的。

南疆石油勘探公司从1986年12月到1989年3月，相继钻探了库南1井、轮南1井、轮南2井、南喀1井、满西1井、英买1井，突出的特点是：严格执行勘探程序，

做到"四个及时",工程服务于地质;在科学研究上,每口探井都做了"综合单井评价",高密度取样分析,做到了每口探井都能说清楚。所以这时期井打得不多,成功率高。

在这方面,我们有过不少教训。以前钻井被称之为石油工业的"龙头老大",衡量一个钻井队的生产效益主要是年钻井进尺,这并没错。但如果在探井上片面追求钻井速度和进尺,就会忽视对油气层的发现和保护。塔里木历史上就有这样的例子。20世纪80年代初,在巴楚隆起上钻探的巴4井是被当时勘探界普遍看好的一口探井。这口井一直钻得很顺利,已经见到油气显示了。这时候临近年底,钻井单位还差9米进尺才能完成全年生产任务,如果完不成,整个钻井单位辛苦干了一年就没有资格评先进了。当时有句话说"万紫千红差9米",意思是说,钻井队奋勇拼搏,干劲冲天,却因差9米而失色了。于是单位领导下命令把9米进尺抢回来,看到巴4井钻得很顺利,就把任务加到巴4井的头上,让巴4井利用到年底还差几天的时间把9米进尺完成了。命令一下,巴4井加快钻进,什么取心、循环、保护油气层、录井全部为"9米进尺"让路,到12月31日一口气钻进400多米,胜利完成了钻井进尺任务。由于钻速过快,只过了半天井下就发生了沉砂卡钻。井上开始处理卡钻事故,后因事故一直无法解除,这口探井报废。20世纪90年代,地质矿产部的队伍钻探这个构造,获高产油气流,发现了新油田。

第六节 风沙漫卷探索路

一、跨上"大漠铁驼"

"六上塔里木",锁定的战略目标之一是钻探塔中 I 号巨型构造。

兵马未动,粮草先行。进入沙漠腹地钻探,首先要解决沙漠运输问题。20 世纪 50 年代,我国石油地质工作者主要依靠骆驼进入沙漠腹地,进行重磁力勘探。1958 年 3 月,505 重磁力队从叶城至阿里修筑冰大坂道路的 1000 多峰骆驼中,挑选出 320 峰。120 名年轻队员和 320 峰骆驼组成的勘探队伍,浩浩荡荡,昂首阔步向塔克拉玛干大沙漠走去,那场面都十分壮观。《勘探队员之歌》伴随着驼铃叮当、叮当的悦耳声音在沙海里激荡。

是那山谷的风,吹动了我们的红旗/是那狂暴的雨,洗刷了我们的帐篷/我们有火焰般的热情,战胜了一切疲劳和寒冷/背起了我们的行装,攀上了层层的山峰/我们满怀无限的希望,为祖国寻找出丰富的矿藏/是那天上的星,为我们点上了明灯/是那林中的鸟,向我们报告了黎明/我们有火焰般的热情,战胜了一切疲劳和寒冷/背起了我们的行装,攀上了层层的山峰/我们满怀无限的希望,为祖国寻找出丰富的矿藏……

每峰骆驼驮着 100 多千克的水、粮食、饲料和勘探设备,爬沙山时遇到陡坡,一失足便滚了下来,队员们前拉后推,把骆驼扶起,继续前进。在沙漠中,遭遇特大黑风暴时伸手不见五指,整个队伍在黑暗中,让人迷失方向,甚至令人窒息和惊恐。在危险面前,队员们首先想到的是仪器和

资料，他们脱下自己的衣服把仪器紧紧包住，把资料放在胸前，用身体紧紧地压在仪器上面。让骆驼卧倒，用绳子一峰一峰地连在一起，黑风肆虐一夜一天。风停之后，洗漱用具早已刮到九霄云外，连蒸笼、饭盆也不见了踪影。耳朵、鼻子、眼睛、嘴巴里都是黄沙。

号称"沙漠之舟"的骆驼也难耐沙漠中极度缺水的环境。有的骆驼体力不支，四腿颤抖，蹒跚不前，无论驼夫如何拉它，甚至把鼻绳拉断了，也动弹不得，倒在了沙海之中。许多队员忍不住放声大哭起来……他们含泪取下挂在骆驼耳朵上的铁牌子（骆驼的编号），一步一回头地望着死去的朝夕相处的伙伴。艰难的九进九出塔克拉玛干，一共有70多峰骆驼倒在沙漠里……

如今，要进入沙漠腹地进行钻探，不能再依靠骆驼了，而是要依靠现代化的沙漠运输工具。1985年12月，王炳诚带领顾问组和筹备组，驱车20多天，环绕塔克拉玛干行程近5000千米，行经库尔勒、若羌、且末、民丰、和田、泽普、喀什、阿克苏、库车等地，对沿途的道路桥梁、水文地质和气象等情况，进行了详细的考察，并乘直升机进入沙漠，从空中考察沙漠的地形、地貌。他们看到一个个蜂窝状沙丘连成一片，一眼望不到边，想到深入沙漠钻探，运输是第一位的大问题。

回到北京后，顾问组起草了一份报告呈送石油部党组。据此，石油部决定，由李天相副部长牵头组织，开始沙漠运载车辆的引进和组建沙漠运输车队的工作，具体由顾问组和南勘公司实施。

1986年4月，石油部划拨800万美元，用于引进沙漠运载车辆、推土吊装机工具等设备，由沙漠顾问组为主掌握使用。5月开始，在石油部组织安排下，由顾问组刘骥副总机械师负责，在北京开始订货谈判工作。石油部供应局刘珉、南疆公司李大华等参与配合。

1986年6—8月，他们先后与联邦德国奔驰公司、美国卡特彼勒公司、日本多田野公司等5家签订了8个订货合同，购进沙漠运输车45台、悍马沙漠越野车3台、D8L沙漠推土机12台、沙漠吊车4台、沙漠多用机6台以及其他机具，总价值400多万美元。这些沙漠装备的购进，为1987年上钻第一口沙漠探井满西1井提供了运输保障。

沙漠车队运输钢管

引进国外沙漠车,是中国人探索进入塔克拉玛干沙漠钻探富有传奇色彩的事件。塔克拉玛干沙漠对沙漠运输车性能的要求,从用户到制造商谁也不十分清楚。沙漠车从谈判到引进,再到试车和投入使用,经历了一番科学探索的过程。

首批进入塔里木试车的是美国的 3 台悍马车。一台是悍马吉普,另外两台分别是 6 轮和 10 轮运输车。悍马车是美国的军车,车上曾配有悬挂导弹装置和 GPS 卫星地面导航系统,来塔里木之前,美国人把这两个系统都拆除了,还保留中央充气系统。这种沙漠车在爬高陡沙山时,可以自动放气,以增大轮胎与地面接触面积,爬上沙山后又可自动向轮胎充气。美国人介绍说,这种车在战场上,万一轮胎被敌方击中漏气,可以利用中央系统持续充气,使悍马车继续行驶到距离战场 100～150 千米地方更换轮胎。悍马车抵达库尔勒的当天,领队史密斯即提出去沙漠里试车的要求。南勘公司领导和车辆专家看见两台沙漠运输车上载满

各种配件,建议他们先休息一下,把车上的配件卸下来,第二天再试车也不迟。史密斯连连摇头,很自豪地说,这种类型的沙漠车曾在非洲撒哈拉大沙漠里纵横驰骋,经受过各种各样的考验。他还特意介绍说,几位驾驶员都是美国有名的赛车手,能够熟练地驾驶沙漠车进行各种性能测试。面对美国人的急切要求,南勘公司领导决定把试车地点定在群克地区深入沙漠3～5千米的地方。

当天,3台悍马车驰往群克的沙漠区。美国人的驾驶技术和沙漠车果然表现不俗,35度大坡的沙山,他们一轰油门,一口气爬到山顶,又倒下来。他们不以此为满足,还表演了重载的沙漠车从沙山下倒着车上了沙山顶,并且一直倒过山梁,然后又冲向山顶,俯冲下山。有一次,六轮悍马车做这种动作时,在山梁上悬空,赛车手加大油门,结果把传动轴扭断了。悍马车刚才还横冲直撞,好似不可一世的野马一般,现在趴在沙山上动弹不得。史密斯一行中有位50多岁的美军退役上校,他立刻指挥10轮沙漠车将其拖下来,并且保证当天晚上修好,绝不耽误第二天继续试车。当晚几个美国人忙着拆卸传动轴。第二天一早,史密斯对中方人员说,悍马又恢复了血性,可以继续在塔克拉玛干驰骋了。这一天,试车进行得很顺利。

南勘公司设宴款待史密斯一行。酒至半酣的退役美军上校谈起自己年轻时曾在朝鲜与中国人民志愿军交过手,慨叹昔日对手如今却成了合作伙伴。他没想到自己后半生会来到中国的西部。恰好在座的中方人员中有退役的当年志愿军老兵。这位退役上校惊讶地站起来,与他干杯,说:"我们现在是朋友!"可是这位退役志愿军老兵是个耿直秉性,喝碰杯酒时说:"现在我们是好朋友,有一天你们要再欺负我们中国,我们还会战场上见!"美国上校说:"我们美国和中国应该永远做朋友!"这是一段有趣的小插曲。后来史密斯提出,他们准备组成一支由10台悍马车组成的沙漠车队,横穿塔克拉玛干沙漠,并随队拍摄影像资料,中美双方各留一份。石油供应局原则上答应了他们的要求,由于各种原因后来行动并未进行。

日本的"五十铃"沙漠车由三个国家生产的部件组成:法国的轮胎,德国的传动系统,日本的发动机。装备可谓精良。然而,沙漠实地试车中,他们也是出师不利,一名试车手被方向盘打断了手臂。更使他们恼火的是

20世纪90年代，王涛（右1）与外国专家在沙漠车前合影

离合器在沙漠中的寿命不到2000千米就磨秃了，主要原因是沙子钻进以后，加速了离合器的磨损。他们不得不改进材料和设计，并向中方赔偿了99套新设计的离合器、30多个轮胎、一辆"五十铃"双排座和一套汽车不解体检测设备。

后来，西德奔驰沙漠车、比利时莫尔沙漠车、美国康沃思沙漠车都在塔克拉玛干沙漠试车中吃到过苦头。

沙漠运输车的重要作用在1986年就显现出来。第一口探井（库南1井）位于314国道以南40千米处，但这片荒原的地表有一层浮土，轻车走过没多大问题，载重货车就不同了，会压出深深的车辙，地表浮土被碾压得细如面粉，像积水一样积存在车辙里。普通汽车根本无法行走，沙漠车走过，车辙深浅不一，车子

摇晃得很厉害，车前"汤土"滚动，车后浮土扬起黄尘高达5米，像拖着一条长长的黄龙，遮天蔽日，很久才能散去。在沙漠车还没有大量进货投用的情况下，库南1井临时道路的修筑（在地面上铺上砂石，再压实平整）就用了两个多月时间。塔里木河两岸、向北直到314国道，大部分地方是这种覆盖浮土的盐渍地。1987年，南勘公司计划上钻满西1井。从5月开始，由沙漠运输一队推修临时道路。从沙雅县跨过塔里木河，到满西1井约117千米，其中沙漠区为90千米，而穿过胡杨树区浮土盐渍路约为27千米。沙漠车的司机们不怕走沙漠，却害怕走胡杨林区的浮土盐渍路。沙漠区在风小的时候，碾过去不会扬起浮尘，也不会碾出很深的车辙，而在胡杨林区盐渍土地段，则是尘土飞扬。尽管进口沙漠车封闭性很好，司机们还是闻

▼ 1988年，满西1井搬迁沙漠车队通过胡杨林区

到呛人的辛辣气息。沙雅支撑点奔驰公司的3名技师在对车辆进行维修保养时，每天都会从空气滤清器里清除大量细腻的粉尘。炎热的夏季，在荒原和沙漠中行车，司机们还要经受酷热环境的考验。刚刚购进沙漠车的时候，北京有个别人不理解，说塔里木的领导坐进口越野车，丢掉了艰苦奋斗的光荣传统。我说，不用给这些人解释什么，让他去塔里木坐国产212吉普车在荒原上跑一趟就什么都明白了。

1993年，我有机会乘坐刚从俄罗斯引进的军用装甲车进入沙漠，这种装甲车适合在沙漠中行驶。坐装甲车的感觉就像在惊涛骇浪中颠簸。驾驶室就像闷热的烤箱，让人感到难忍的煎熬。我看到司机只穿了一条裤衩，还是汗流浃背。他说：在沙漠里颠簸开车时间长了，就是穿着短裤也会把大腿根磨烂，有的干脆

塔中沙漠运输车队停车场
▼

连短裤也不穿了。还有的司机的屁股上长了疖子，疼得在驾驶台上坐不住，叠了一条床单垫着，半个屁股坐着，半个屁股悬空，仍然坚持工作。

在沙漠运输的征途上，超高温的气候环境，让司机们吃不下饭，睡不好觉，许多司机体力明显下降。中暑眩晕、感冒发烧、热毒疖肿、全身脱皮、消化功能紊乱、反应性高血压，以及牙床肿、咽喉痛、流鼻血等症状接踵而来。但是为了完成沙漠任务，没有一个人喊苦叫累，大家在艰辛的劳作和生活中，感受到了同志之间患难与共、相濡以沫的深厚情谊。1987年起，沙漠服务车队承担起繁重的沙漠钻探、运输任务，在塔中、塔东的钻探中发挥重要作用，为勘探工作做

沙漠车队运输大型设备
▼

出突出贡献。

1986年10月，由克拉玛依运输处组建的沙漠运输服务公司（沙漠运输一队）成立后，立即承担起满西1井、塔中1井的运输任务。1988年5月，根据沙漠钻探工作增多的情况，开始由石油部石油运输公司组建沙漠运输二队，承担塔东地区钻探运输任务。1993年，塔里木石油勘探开发指挥部从俄罗斯进口72台导弹装甲运输车，成立瀚海沙漠运输公司。同年沙漠一队、二队合并（一队人员撤回克拉玛依）成立塔里木沙漠运输公司。1998年机构改革，瀚海沙漠运输公司并入塔里木沙漠运输公司。

二、征服"脱缰野马"

运输工具解决了，怎样过塔里木河又成了一个大问题。

塔里木河是南疆各族人民的母亲河，上游是发源于昆仑山的叶尔羌河、和田河及发源于天山的阿克苏河，几条河在沙雅县境内汇入塔里木河。塔里木河横亘在塔里木盆地北部，全长2000多千米，两岸生长着原始胡杨林。每逢汛期，浊浪汹涌，水势浩大，宽阔处达1~2千米，在荒原上横冲直撞，许多临河的干涸之地竟然一夜之间变成水乡泽国，固有"脱缰野马"之称。

要进入沙漠钻探，就必须解决过河难题。1986年3月，南勘公司一挂牌办公，就开始考虑跨越"脱缰野马"问题。石油部顾问组刘骥和南勘公司李大华一起去巴州、阿克苏两地州的水文监测部门，搜集塔里木河的水文资料，包括在汛期的河水流量、流速、流向，两岸的变迁，河水深度，河岸不同地段的宽度情况。他们还请石油物探局派出沙漠车在塔里木河不同地段做过涉水试验。

1986年5月，他们请来中国人民解放军总参谋部工程技术装备研究单位的舟桥专家，向专家们提出能不能建构载荷100吨能力的舟桥，并且这种舟桥在枯水期舟桥落到河床上时，同样具有100吨承载能力。

解放军舟桥专家说，他们设计的舟桥最大载重为60吨，对于载重100吨的舟桥尚未设计过。但是，他们愿意接受这项工作进行攻关研究，努力完成这个设计，帮助我们渡过塔里木河。

塔里木河

解放军舟桥专家们开始攻关研究，并在塔里木河汛期派出8名研究人员到塔里木河实地考察，记录各种数据。完成设计后，他们向南勘公司表示，可以在1987年3月开始建造施工。

1987年初，正是塔里木盆地最寒冷的季节，顾问组和南勘公司要求6月以前，钻机大件必须安全运过塔里木河，保证沙漠腹地的第一口探井满西1井如期开钻。刘骥冒着凛冽的寒风带领总参工程兵部队总参工程兵研究所、446厂、新疆军区工程兵处、新疆水利厅、新疆建设兵团等科技单位的专家，两次到塔里木河渡口和塔里木河水文站进行实地考察。随后，刘骥又下无锡、奔南宁，向专家求教，到厂家考察，解决舟桥设备制造问题。5月初，由中国人民解放军总参工程兵研究所完成全部设计和设备制造工作，并于5月25日运到塔里木河，新疆军区派一个工程兵舟桥班负责施工、维护和管理。6月10日，塔里木河第一座钢铁舟桥在沙雅县托依堡乡塔里木河渡口架通，舟桥宽9米、长70米，通过能力为100吨。

1987年7月，南勘公司开始实施沙漠钻探的计划。第一步先钻探满西1井，然后以满西1井为依托，继续深入钻探沙漠腹地的塔中1井。7月间，上钻满西1井的钻机设备装在沙漠车上，顺利地通过钢铁舟桥。

通过半年多的使用，基本摸清了在河水变化无序的情况下，舟桥的架设和管理方法，为以后在轮南、群克等处架设和管理舟桥提供了经验，保证了渡河的需要。解放军工程兵一所陈广明、高凤勤两位工程师一直坚守在现场半年多，解决技术问题和培训塔里木运输公司舟桥管理队人员，使其接管舟桥的安装、维修和管理工作。

塔里木河上架设的舟桥

▲ 运输车辆通过塔里木河舟桥

在解放军大力支持下,我们终于跨越了"脱缰野马"。1991年,大上塔中沙漠腹地钻探,其间塔里木河发了三次洪水,最高一次峰浪达8米,舟桥抗住了洪峰,保证了沙漠运输畅通。

三、搭建空中走廊

沙漠钻井与海洋钻井一样,人员倒班、生活物资保障、紧急钻井物资运送要依靠空中运输,因为方便、快捷。

早在 1985 年 10 月，顾问组就提出沙漠空中运输问题。1986 年 4 月，王炳诚、胡铁铮、周原、钟树德等人到塔中调研，观察地貌、取水样和沙样，专门研究解决这一难题。1986 年 7—8 月，石油部勘探司与顾问组、南勘公司共同研究这个问题。当时形成三种意见。

第一种意见是，像在海洋石油勘探一样使用直升机。直升机的优点是，现场降落地小，在沙漠中只需推出一个直径 40～50 米的圆形地坪，在直升机降落前洒水后压实即可。其缺点是，飞行速度慢（时速 150～180 千米），续航能力差，在不装载生活物资的情况下，一次只能乘 13 人左右，降落后发动机不能熄火，停留 20 分钟后即起飞返航。而沙漠钻井每次换班人数为 15～16 人，换班人员在井场进行交接班，上一班要把井上情况交代清楚，20 分钟远远不够。这一种意见被否定了。

第二种意见是，研制使用飞艇。国外一些在沙漠、沼泽和极寒地区的油田就有使用飞艇的先例。1986 年秋天，石油部委托航天工业部武汉设计院 10 位专家到塔里木调研飞艇在沙漠腹地飞行的可行性问题。专家们经过实地考察分析，结论是不可行。理由是，如果按照吊运 60 吨重量能力，设计出的飞艇长达 100 多米、直径 10～20 米，体积超过 1 万立方米，如此庞然大物一次充填氦气就要 1 万立方米以上。当时国内氦气产量不大，而且每立方米价格高达 300 多元。再者，如此庞然大物在塔克拉玛干沙漠的恶劣气候条件下，难以实现全年正常飞行。

第三种意见是，选用固定翼飞机。以"双水獭"飞机为例，一次可乘 18 人，还同时可装载 300～400 公斤生活物资，航速每小时 300～400 千米，并且可连续航行 4～5 小时不用加油。在目的地降落后可熄火停机，一旦需要再发动起飞。但是，这种飞机要有固定跑道。

在石油部支持下，顾问组、南勘公司开始和通用航空公司协商洽谈。1986 年 10 月，通用航空公司二分公司（驻山西长治）负责人到塔里木现场考察，他们乘直升机到沙漠腹地实地了解情况，认为"双水獭"飞机可以承担沙漠钻井运输任务。他们向石油部顾问组和南勘公司领导介绍了"双水獭"飞机的性能、飞行参数和沙漠飞行的措施等情况，并提出承担沙漠飞行的初步报价。顾问组和南勘公司研究讨论后，决定引进"双水獭"飞

塔中沙漠机场,"双水獭"飞机运输生活物资

机承担沙漠钻井服务,并与通用航空公司二分公司签订了服务合同。

这样就要考虑怎样在沙漠腹地的井场附近建设临时机场问题。根据有关专家提出的要求,"双水獭"飞机跑道建设,长800米,宽30~40米,相对平坦,将沙子浇上水压实,脚用力踩下去,脚印深不超过1厘米即可以起降。大家根据塔克拉玛干沙漠的实际情况分析,认为推出这样一条临时跑道并不难,但是沙漠气候干燥,夏季蒸发量大,冬季寒冷易结冰,这样维护机场跑道需要大量人力。大家结论是,沙漠腹地不宜建设大面积的沙漠跑道。

在议论时有人提起一件往事:抗美援朝时,志愿军空军曾从苏联引进第二次世界大战期间使用的一种钢板跑道,在机场被敌机炸毁时,战斗机可以在这种临时钢板跑道上起降。当时人们想到，战斗机可以在临时钢板跑道上起降，"双水獭"飞机也肯定没有问题。南勘公司的李大华副经理听了这个消息，立即打电话给正在北京的刘骥，向他通报了这一信息。刘骥立即给王炳诚打电话做了汇报，刘骥曾是中国人民志愿军空军驻安东（今丹东）地勤人员。这些信息提醒了他。当年确实见过这种钢板跑道，只是不知道现在空军还有没有。王炳诚也想起20世纪50年代在意大利西西里岛油田考察时，乘坐的飞机就降落在银灰色的带圆形孔的金属钢板跑道上。王炳诚安排刘骥立即去中国人民解放军空军工程部了解。空军的同志听说是石油部在塔里木勘探一线来的同志，又曾是当年志愿军空军的老兵，热情接待，马上派人去了解钢板跑道情况。他们告诉刘骥，钢板跑道确实还有，但是要动用或支援地方，必须由空军司令员王海亲自批准。

刘骥在志愿军空军干地勤时，王海是战斗机飞行员，两人很熟。刘骥想，塔里木油气勘探一直以来都得到解放军全力支持，援助钢板跑道应当很有希望。他立即向石油部汇报，由石油部正式行文给空军司令部，讲明塔里木沙漠钻井现在面临的困难，请求空军支援三套钢板跑道。报告很快递交到王海司令员那里。王海司令员立即做了批示：塔里木石油勘探事关重大，应大力支持，在不影响空军战备情况下，同意支援塔里木三套钢板跑道。

1987年3月，三套钢板跑道迅速运抵塔里木。8月开始在满西1井铺设第一条飞机钢板跑道，共铺设各种钢板预制件13400多块，用45天时间建成。10月6日，"双水獭"飞机两次试飞均获成功。

这不由使我想起已故的刘骥同志。在引进国外沙漠车辆、架设塔里木河钢铁舟桥、铺设沙漠钢板跑道这些重要工作中，刘骥发扬解放军的光荣传统，艰苦奋斗，不计报酬，日夜操劳。他身患糖尿病，却全不把病放在心上，工作一丝不苟，要求严格，有时会为工作上的事对周围的人发脾气。1988年，刘骥的病情已经加重，为了不耽误工作，他开始把药物、注射器随身携带，以便随时注射治疗。一次，刘骥从北京乘机返回库尔勒，在登机检查时被查出携带了酒精。他拿出注射器和胰岛素解释说："我是用来消毒的，别无他意。"检查人员表示理解，但还是没收了酒精。为了控制糖尿病，他已经离不开注射器、胰岛素和消毒酒精，自己每天往腹部注射三次。

塔中沙漠机场

1989年初，正当塔里木大规模会战即将开始时，刘骥住进北京医院，被确诊为癌症。在病中，他依然关心塔里木，临终前，把对塔克拉玛干安全通道系统工程的思考录下音交给组织，依依不舍地对亲人说："塔里木的事情，我只干了一部分，没有看到大油气田诞生，没有看到一条大路通到沙漠。我死了，就把我的骨灰撒在塔里木河边，撒在大沙漠。我要看着自己为之奋斗的地方喷出高产油气流。" 11月，刘骥夫人和女儿捧着刘骥的骨灰，从北京来到塔里木，把骨灰撒在塔里木河钢铁舟桥桥头和塔中1井飞机跑道旁。一位痴情于塔克拉玛干大沙漠石油勘探和沙漠运输事业的英魂，就这样永远地留在了塔里木，留在了我们心里……

四、挺进大漠腹地

我们确定沙漠钻探的重点目标是位于沙漠腹地塔中 1 号巨型构造。1988 年 5 月，南勘公司开始将 7000 米大型钻机从轮南经塔里木河钢铁舟桥搬往塔中 1 井。

在搬迁之前，先要推修一条沙漠道路来。南勘公司的方案是，先将钻机搬到满西 1 井，从满西 1 井往塔中 1 井之间打通一条临时沙漠道路，将钻机搬往塔中 1 井。满西 1 井距塔中 1 井直线距离 200 多千米，如果考虑绕开一座座沙山，则长达 300 多千米。

承担这项任务的沙漠运输服务公司从一开始就充满着决心和信心。为了确定道路的走向，他们设想乘直升机飞往塔中 1 井上空，然后沿选定的路线将准备好的红色标志物在返回途中抛下，一直抛到满西 1 井。这样，筑路队伍一边寻找红色标志物，一边选择地形推修道路，直到塔中 1 井。但是当他们乘直升机飞向塔中 1 井上空时，在没有任何参照物的沙海中，他们很难找到利用 20 只红色汽油桶围成的塔中 1 井井位标志。第一次在那片空域盘旋了一个半小时没有发现目标，无功而返。第二次在上空盘旋两小时依然没有发现目标。他们才醒悟到事情并不像他们事先设想的那么简单，在茫茫沙海中去寻找围成一团的红色汽油桶，无异于大海捞针。第三次他们不断降低飞行高度，从 300 米降到 150 米，已经比附近的沙山还低了，终于发现那 20 只红色汽油桶。他们抛下红色标志物（红布包的砖头或废轮胎），在返航途中一路不断往下抛。第二天沿线去寻找，却什么也没找到。看来这个办法不行。

南勘公司重新研究办法。副总地质师罗春熙建议：先从满西 1 井向东沿塔里木河南岸前进一段距离，然后选择一条沙山沟壑，向南斜穿一道道沙山，抵达塔中 1 井，并自告奋勇担任这项任务的领队和带路人。罗春熙常年在野外跑露头，在塔里木盆地搞石油勘探 30 年，具有丰富的野外经验。南勘公司领导同意了他的请求。在塔克拉玛干沙漠里最好的季节是 10 月以后，气候凉爽，风沙也少。但时间不能等，为了争取时间，罗春熙带领一支 30 多人的沙漠筑路队，在 6 月下旬就出发了。这时已是盛夏，正是

沙漠中最炎热的季节，气温高达 36～37 摄氏度，中午时分沙子表面达到 60～70 摄氏度。从满西 1 井开始向沙漠进军，几天下来，每个人的脸全黑了，像黑铁一般，而且卷起了皮，不时感到头晕、恶心、乏力，这是中暑的症状。可是为了塔中 1 井早日开钻，罗春熙带领 30 多名沙漠修路队员在火炉一样的沙漠里坚持工作着。前头的人爬上一座座沙梁，边走边勘测，后面的推土机紧跟着推修道路。

中午的沙漠像炒栗子的铁锅。他们脚上穿的是长腰工靴（防止沙子灌进去），有些人膝盖都让靴子口磨破了，脚板又烫又胀。罗春熙一次爬沙山时不慎滑下来，沙子灌进靴子里，他感觉像灌进了滚烫的开水，50 多岁的汉子竟大叫起来，拔下靴子，发现腿和脚面都烫起了水泡。沙漠运输服务公司办公室主任王效山的脚更惨，三个脚指甲盖被磨掉了，他抹了消毒药用纱布一包，又继续坚持前进。

10 天过去了。测量组向罗春熙报告，他们所走的路线已经偏离设计路线 3 度！罗春熙却发现他们所走的路线与手中的地形图完全吻合。在茫茫的沙海中，罗春熙犯了嘀咕，是相信仪器还是相信自己的感觉呢？全队 30 多人的目光都集中在他身上。罗春熙这时候不由想起历史上闯沙漠发生的惨剧：1895 年瑞典探险家斯文·赫定在塔克拉玛干险些丧命；几年前彭加木就倒在罗布泊的沙海中，尸骨无踪。那天晚上，罗春熙反复问自己，你的感觉就一定正确？万一错了怎么办？那就会大大延后塔中 1 井的上钻时间啊。我们所走的路线与地形图是一致也不一定正确，因为沙漠中的地形随时会改变的啊。

7 月 12 日，罗春熙告诉大家：今天是验证我们路线正确与否的关键。前面那座沙山有一条沟，就是中美合作队所做的 520 地震测线，如果找到 520 测线的测量基桩，就说明我们的路线没有错。同志们听后，迅速翻过那座沙山，在山沟里果真找到了一个直径 2 英寸的钢管，上面刻着：520 测线，1985 年 3 月。

同志们如释重负般地松了口气。测量组的同志更是佩服。他们对罗春熙同志说，罗总你的记忆比我们的仪器还精确！

7 月 23 日，罗春熙带领大家成功抵达塔中 1 井，在 U 形山坳里找到那

20只红色的汽油桶。它们已经被沙子掩埋得只露出一小部分了。7月26日，罗春熙回到满西1井，从那里乘"双水獭"飞机赶回库尔勒向公司领导汇报。由于忙着赶路没顾上吃早饭，到了公司才觉得太饿了，走进饭厅抓起馒头就吃。女服务员看见罗春熙蓬头垢面，衣衫褴褛，铁黑的脸，两个白眼圈中间转动着眼珠子（在沙漠里戴风镜，眼圈周围都是白的），吓得跑出去报告说，来了个乞丐抢饭吃。大家跑来一看是罗

1988年初，踏勘确定塔中1井井位，工作人员将装满沙子的20只涂有红油漆的油桶埋在井点处，作为井位标志

1988年9月1日，南勘公司《关于表彰塔中1井修路人员和为罗春熙．王效山等六位同志记三等功的决定》

春熙，都被他的模样逗乐了。

塔中1井钻井设备搬迁安装工作开始了。

塔中1井的井位接近沙漠中心，地表全为流沙。流沙层厚300多米。钻机设备基础的施工是一项重要工作。塔中1井的基础，由渤海石油岩土软基公司中标承担施工任务。1988年6月，渤海石油岩土软基公司经理马鸿春带人到沙漠区调研，获取沙漠相关技术资料；7月，又派出由高级技术人员组成的勘查队伍，到塔中1井，钻了4个地质勘查孔，做出工程地质报告，提出桩基承台方案。甲方批准方案后，即开始钻井基础施工。施工期间正是沙漠腹地最酷热的季节，马鸿春经理在现场组织施工，一天他感到头晕目眩，看见大半个天空是红色的，就问身旁的人沙漠里的天空为什么变成红色的了。身旁的人惊讶地发现，鲜血从他的眼睛里冒出来。原来他多日劳累，血压升高，引起眼底出血。马鸿春被紧急送出沙漠住院治疗。他在医院病床上仍和技术人员讨论钻井基础施工问题。塔中1井钢桩打入地下24米多深，将地表黄沙压实，然后浇注钢筋混凝土。钻井基础竣工后，甲方进行验收测量176个点，其中147个点误差为零，基础符合要求，质量全优。

1988年8月16日，沙漠运输一队出动全部沙漠车辆，将钻机设备运往塔中1井。前面是沙漠推土机开路，装载设备的沙漠运输车队紧随其后，200多千米的征程充满挑战，有几座沙山太高，车队的同志尽管使出浑身解数一天只能前进几千米。天热、干渴、疲劳在折磨着运输一队全体同志，他们每天天刚放亮就出发，直到夜色笼罩大漠才休息。经过14昼夜奋战，将钻机设备运抵塔中1井，为钻机安装赢得了时间。

第七节

主要依靠自己的力量搞勘探

一、国际石油公司聚焦塔里木

早在 1977 年 5 月，塔里木盆地柯克亚 1 号井喷油后，国外媒体很快就搜集到这一信息，并先于国内媒体做了报道。《日本产经新闻》于井喷不久就发了消息，并进一步报道说："南疆所产的油是中国少见的轻质油，含硫量低。其所产原油都是符合日本要求的。" 1979 年，柯 10 井的井喷无法控制。1980 年，石油部邀请美国帕克公司与中方合作钻一口斜井对柯 10 井油气进行分流，最后实现压井。1983 年，中美合作开始沙漠地震勘探，按合同规定，取得的资料解释结果是保密的。后来我们要求在塔中 1 号构造临时加密测线，引起他们的猜疑，不停地追问中方人员：发现了什么了吗？

1984 年 9 月，塔里木盆地北部沙参 2 井喷出高产油气，国外 22 家媒体竞相报道。外国石油公司开始筹划进入中国西部这片广袤的土地，与中国合作开发油气资源。

改革开放以后，我们首先在海上与国际石油公司开展了合作。1985 年国家决定进一步开放，国务院宣布南方 10 省（自治区）对外开放，后来又批准将对外开放区域扩大到北方 10 个省（自治区、直辖市）。而对于中国西部的塔里木盆地，国务院的方针是：只搞技术合作，不搞合作开发。1986 年 12 月，国务委员康世恩在全国石油工业局领导干部会议上说，这

几年，我们搞对外合作，利用外资，主要有两种方式：一种是引进技术、引进设备，雇佣一些国外专业人员和专业队伍；另一种是海上石油在勘探阶段采取风险合同，发现油气后合资开发。现在看来，陆上石油对外合作，以采用引进技术、引进设备、雇佣一些国外专业人员和专业队伍为宜。

尽管如此，外国石油公司还是把目光更多地投向地域广阔、油气富集、勘探程度较低的塔里木盆地。

1985年初，美国宾斯公司派出一个考察团到了塔里木。他们从盆地北部走到南部，了解到在不到10年时间内，中国人用近乎原始的勘探装备，在昆仑山山前和天山山前钻探出了高产油气流。油井产量之高，喷发时间之长，说明地下蕴藏油气是非常丰富的。他们来到昆仑山前的柯克亚油气田，在当年井喷的地方仔细察看地面上的斑斑油迹，询问各方面的情况。考察团负责人皮克林，注意到这片地区上部地层覆盖着一层很厚的黄土层和砾石层，这对地震勘探是一个很大的难题。黄土层和砾石层会大量吸收地震波能量，造成深部地层的资料得不到，或者是模糊不清。于是，皮克林产生一个疑问：中国人是如何发现地下含油气构造的呢？当中方陪同人员告诉他，当初是用地质调查的方法，再作辅助的电法测线，确定的第一口探井的井位。皮克林表示很难相信。在对塔里木盆地进行一番详细的考察之后，美国宾斯公司在1985年9月，向石油部正式提出了在盆地东北部6.1万平方千米范围内，以风险勘探、合资开发的方式，与中方进行为期31年的合作建议。

其他一些外国大石油公司也不甘落后，纷纷到塔里木盆地考察，争相向石油部提出合作勘探开发塔里木盆地的建议。

1985年12月，英国石油公司向石油部递交了在塔里木盆地进行为期6年的风险勘探的建议。

1986年10月，美国埃克森、雪佛龙和英荷壳牌石油公司联合向石油部递交报告，提出与中方合作在塔里木盆地、准噶尔盆地进行油气资源评估的建议。

到1987年底，已有美、英、法、意、荷、挪、日等7国的22家石油公司，先后到塔里木盆地进行过实地考察。

1985年5月，美国宾斯公司到塔里木盆地西南地区考察，全体成员戴上当地维吾尔族小花帽留影

　　1987年10月，由美国埃克森等三家外国石油公司组成一个集团公司，再次向石油部递交《关于在中华人民共和国塔里木盆地合作的建议书》，进一步阐述他们愿意与中方在塔里木盆地进行合作的意见，并且详细说明将合作过程分为三个阶段：准备期、评估期、合同实施期。

　　分析外国石油公司的建议，归纳起来主要表示了以下意向：利用我国已经取得的大量地震、钻探和油田开发资料，再做少量的地震、钻井工作，对合作区域内的油气资源进行评估；进行资源评估或风险勘探的时间，一般定为4～6年，在此期间不允许有第三方参与；风险勘探获得成功后，中方应允许回收勘探投资，并对所冒风险给予补偿；油气田进入开发建设阶段，由外国公司当操作者，合作开采期限为25年；在每年生产的原油中，首先要以75%的产量，用于回

收投资本息；如发现天然气田，若干年内不能投入开发，中方应一次性付给若干倍于发现气田所需的勘探和评价费用。

依据世界油气勘探、开发的总趋势，以及近5年来我国海上石油对外合作的一些经验，我们对外国石油公司在塔里木盆地进行合作的建议，特别是对美国三家石油公司提出的合作建议，做了如下初步分析：

提出合作的主要目的，看来在于控制资源。自20世纪60年代世界上发现10大油气区以后，近10多年发现大型油气田的数量越来越少，油气勘探正在向高难度地区延伸。尽管近期油气生产出现供过于求的现象，但从长远来看，后备资源不足已成为多数产油国家日益突出的问题。特别是西方一些主要产油国家和地区，储量增长"入不敷出"的状况日趋突出。

按照外国公司合作建议，近期内很难把产量搞上去。这次三家集团公司提出的建议，与其他外国公司提出的建议一样，具有几个共同特点：一是十分重视规避投资风险，把资源评估期拉得很长，一般为四年半时间；二是承诺的勘探工作量很少，四年半仅采集地震测线1.04万千米、打探井6口，还不到我们"七五"后三年安排物探、钻探工作量的二分之一和四分之一；三是在评估和勘探期间，不允许第三方插手，还对我方勘探工作提出了种种限制；四是对可能达到的产量目标及其期限，没有做任何许诺。

按照这样的合作条件和建议进度，我们可以推算，他们搞风险勘探和资源评估，加上必要的合同谈判期，大概需要3～4年时间。如果勘探顺利，再用4～6年将油田投入开发建设，预计到20世纪末很难建成一定规模的原油生产能力。但在勘探不顺利的情况下，他们也有可能放弃合同，这样就会使我们丧失宝贵的时间。这是我们耽误不起的，不但难以实现2000年全国产油计划、保证国家能源安全，而且影响我国石油工业可持续发展。

综合分析中外合作，外国石油公司有钱，有先进的技术装备和管理模式，这些是中方所不及的。但最重要的不同点是：国外石油公司追逐的主要是高额利润、分享资源，重视的是规避投资风险，而中方需要的是保证国家对能源的需求、重视的是石油发展的速度和成本。

二、艰难的抉择

再上塔里木，是石油部的共识。但是，面对资金缺乏，塔里木地面困难，地下复杂，技术不能适应的情况，是主要依靠自己力量，还是交给外国石油公司来干，出现了两种意见。主张让外国石油公司来干的人认为，在塔里木盆地搞勘探一是投入资金大，二是勘探难度大、技术要求高，这两项正是我们的短处。如果我们自己来干，集中大量资金投入，短时间内取得不了战略性突破，局面就会很被动，从而影响到石油工业全局；当时国际三大石油财团，想联合起来与我们合作，条件是他们做操作者，先用四年半时间，做全盆地的研究和评价，如果评价结果认为能搞到5000万吨以上的油气时，他们就愿意继续谈判签署勘探开发合同，投入足够的资金来干。让外国公司来干，既解决了资金困难，开发了油气资源，我们的作业队伍可以参与反承包，国家还可以拿到一定的税收。这样几全齐美的事情，何乐而不为呢？

主张依靠自己力量干的人则认为，塔里木盆地作为我国石油工业重要战略接替区，资源不能轻易让人，丢掉主动。外国对风险投资十分谨慎，工作量安排很少。如果效果不佳就会中途放弃。就会使我们丢掉宝贵的时间。主要依靠自己的力量而不是搁置对外合作。在改革开放的大环境下，我们可以引进需要的先进技术和设备，使用国外技术服务和派出公司甚至雇佣外籍人员，资金短缺可以向银行贷款或向国外融资。

我是坚决主张主要依靠自己力量进行塔里木盆地油气勘探的。我和党组一起研究，共同的认识是：塔里木盆地勘探、开发应该由自己来干，同时根据我们的需要，可在资金技术上采取多种灵活的方式，开展对外合作。据此，1988年1月7日，石油部正式向国务院呈送了《关于新疆塔里木盆地石油对外开放问题的报告》。主要内容：认为保证国家能源安全是我们义不容辞的政治责任。塔里木是我国最有希望找到大型油气田的地区之一，我们期望通过大油气田的发现使储量出现一个新的增长高峰，使全国油气产量在可预见的将来有较大的增长，以解决国内石油供不应求的矛盾。

我国油气储藏量尽管比较丰富，但作为一个人口大国，人均资源占有

量仅为世界人均资源占有量22%。因此如何有效保护和合理开发利用这些不可再生的资源，是关系到我国社会主义现代化建设的重大问题。我们对塔里木盆地油气勘探开发工作应从保证我国国民经济发展的需求着眼，从我国油气供应长期主要立足于国内资源来考虑。

陆上与海洋不同。当年海洋石油开展对外合作是在我们一无资金、二无技术的情况下进行的。陆上石油经过40年的奋斗，我们已有150多万的职工队伍，有强大的技术力量和技术装备，有在全国建成18个不同规模的油气生产基地的丰富经验，完全有条件依靠自己的力量进行勘探开发。尽管存在一些技术上的难题和资金困难，但通过我们的努力都是可以解决的。技术问题我们可以自主创新，也可以从国外引进。资金困难可以贷款。这样我们就可以充分掌握油气资源的控制权、油气生产的主动权和油气产量的支配权。这和全面与外国石油公司合作勘探开发相比，国家付出的代价比较小，得到的实惠比较多，特别是我们的工作不受外方的牵制，工作进度比较快，不至于丢掉许多宝贵时间，影响我国油气生产的可持续增长。自己干但不排斥对外合作。在国家改革开放大环境下，塔里木盆地勘探开发是对外开放的，将根据需要采取各种方式，广泛开展对外合作，包括引进技术设备、利用国外的工程咨询，雇用外国专业作业队伍，聘请外国专家进行技术交流，以及在双方都感兴趣的局部地区进行合作勘探开发，等等。学习国外经验，以解决遇到的自身一时解决不了的技术难题，也可以提高我们自己的工作能力和技术水平。事实上，从1983年开始与美国地球物理公司（GSI）合作开展塔里木盆地地震勘探以来，我们一刻也没有停止技术装备引进方面的对外合作与使用国外的技术服务。塔里木的对外开放，促进并致使中国石油在20世纪90年代初上游勘探开发对外合作出现大场面。

至于资金困难的问题，我们认为有资源，就会有资金。石油部掌管着国家油气资源，完全有条件借到银行贷款。塔里木盆地油气资源十分丰富，只要我们找到油田，我们手里就有了资金，而在这里找到油气田我们是坚信不疑的。从这个意义上说，塔里木的油气资源比资金更为重要，有了资源也就有了资金。

我们的意见得到了党中央、国务院的支持，国务院总理李鹏后来这样说："我们要相信自己的力量，在艰苦的条件下，可能比外国人干的更好些。"后来的事实也证明了这一点。从 1993 年起，美国埃索公司，意大利阿吉普公司，日本石油公团，英国 BP 公司相继进入塔里木盆地，1993—2000 年差不多 7 年时间里，这些公司总共钻探井 6 口，最深的探井没超过 4500 米。他们很快发现塔里木盆地油气勘探工作的艰巨性，纷纷选择了退出。

三、中央领导视察塔里木

再上塔里木从一开始就受到党中央、国务院的高度关注。1987 年 5 月，石油部接到通知，李鹏、胡启立、宋健等中央领导同志近期要到新疆视察。他们视察期间要去塔里木盆地看望一下在那里从事石油勘探的同志们。

6 月 5 日，李鹏、胡启立、宋健来到库尔勒，随同他们视察的有新疆维吾尔自治区主席铁木尔·达瓦买提，国家经委副主任朱镕基等。李鹏等中央领导同志先到石油物探局三处的基地看望地震勘探一线的同志，在塔克拉玛干沙漠工作的地震队选出 9 名代表，与中央领导座谈。9 名代表汇报了几年来在沙漠里的工作情况。随后，李鹏、胡启立、宋健等又来到南勘公司的驻地，听取工作汇报。当他们听说南勘公司成立一年已有两口探井开钻（库南 1 井、轮南 1 井），另外还有两口探井可以实现年内开钻时，当即决定第二天到探井上看一看。

6 月 6 日上午，李鹏、胡启立、宋健来到距库尔勒约 60 千米的库南 1 井。在井上，石油工业部领导简要介绍了钻井新体制和库南 1 井采用大量新设备、新工艺技术的情况，引起中央领导的关注。李鹏详细询问了钻井日费制、甲乙方合同管理等具体内容和运作情况后评价说："目前看来，这个管理办法是好的。"

中央领导同志还在荒原上观看了沙漠车运行表演。石油工业部领导介绍说，我们在塔里木盆地勘探 30 年，由于缺少必要的沙漠运输工具，沙漠进不去，只在盆地周边搞勘探，沙漠 30 多万平方千米的区域是个什么样子，我们所知基本是个空白。现在有了现代化沙漠装备，我们完成了沙漠区 19

条地震大剖面，发现了几个巨型构造圈闭，下一步准备将大型钻机搬进沙漠腹地进行钻探，有望获得重大发现。

视察结束后，李鹏、胡启立先后发表了简短讲话。讲话主要强调两点：一要有自力更生、艰苦奋斗的精神，这是我们进行社会主义现代化建设的立足点，也是我们石油战线的优良传统，任何时候都不能丢；二要继续贯彻执行好改革开放的方针，重视和依靠科学技术，把发展生产的立足点放到依靠科学技术进步的轨道上来。

6月7日，石油部在南勘公司召开会议，就落实李鹏、胡启立讲话精神做出工作部署。一是加快塔里木盆地油气勘探的进度，争取尽快有重大的发现，工作进程要加快，要把工作做得更扎实、更好；二是改革要深化，中央领导同志对新体制的探索是肯定的，现在遇到的困难是前进中的问题，改革在探索中前进，要靠我们去闯；三是要依靠科学技术，引进的技术装备，要尽快消化、掌握；四是发扬独立自主、自力更生、艰苦奋斗、勤俭建国的精神，石油队伍的优良传统，要在勘探工作中发扬光大。

1987年11月中旬，遵照李鹏同志的批示，我们组织力量再次对塔里木盆地勘探开发工作，进行地质、技术、工程、经济等方面的论证，并会同有关专家将西部地区与海洋进行对比，权衡利弊，形成了初步的综合分析、评估报告。我们的报告得出的结论是：以我为主，主要依靠自己的力量进行塔里木盆地的勘探开发。

四、轮南又传喜讯

1987年9月7日，新疆石油管理局7015钻井队承钻的轮南1井钻达三叠系时发现良好油气显示，于9月24日进行中途测试，日产油28立方米，证实轮南油田工业发现。正在现场组织试油工作的王炳诚向我们报告了这一喜讯，大家都非常兴奋。

1988年5月上旬，轮南1井完井，即将转入试油。这口探井在三叠系、奥陶系都发现重要油气显示。石油部决定，派勘探司司长邱中建到塔里木轮南1井现场了解情况、指导试油工作。5月底，邱中建回到北京，

1987年9月,轮南1井取出的油样(王炳诚提供)

1987年3月,轮南1井举行开钻典礼,由克拉玛依钻井处7015钻井队中标承钻

向我们报告了轮南1井情况。对4911～4933米(三叠系)井段完成射孔试油,用8毫米油嘴求产,获日产油22.56立方米、天然气1.37万立方米。5月23日,对5038～5052米奥陶系井段测试,日产原油14.47立方米。这口井在两个层系、三个井段均获得工业油流,说明轮南地区大有希望。大家都感到很兴奋。

1988年3月24日,在轮南1井以东偏北12.5千米的轮南2井开钻。由于轮南1井已经在上部三叠系获得工业油流,轮南2井对上部几个可能油气层给予了高度关注。到了6月初,在钻进到4200多米的侏罗系时发现钻速加快,泥浆槽面见到黑色油花,井上开始取心,取出7米多含油岩心,6月20日中途测试,由于油太稠,未获产量。

这口探井又在侏罗系见到原油，让人振奋。进入三叠系后，油气显示不断，情况显然比轮南1井情况更好，在三叠系共取出含油岩心52.37米。

10月11日，轮南2井钻达井深5221米时完钻，转入完井试油。

南勘公司对轮南2井的试油工作进行了近一个月的准备。11月17日，开始对三叠系第一层进行试油，射开4937.2～4943.8米和4930.3～4934.8米两个井段。开井放喷，用19毫米油嘴求产，日产原油682立方米、天然气11万立方米。井口压力大于14兆帕，油气产量稳定，是一口高产井。

1988年11月17日，轮南2井放喷测试获高产油气流

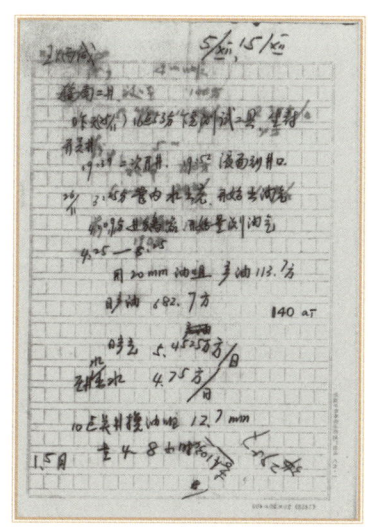  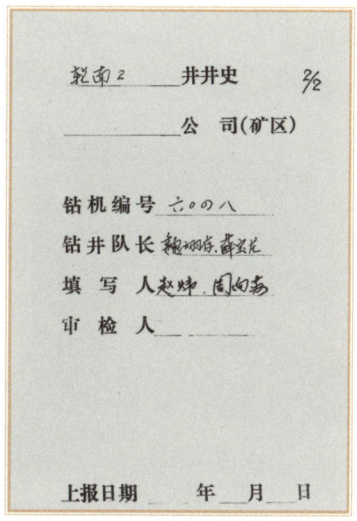

1988年11月，王涛在听取王炳诚关于轮南2井试油情况的电话汇报时所做记录

轮南2井油样（王炳诚提供）

轮南2井钻井井史

五、加快勘探时机成熟

1988年4月9日，第七届全国人民代表大会第一次会议审议通过《国务院机构改革方案》，决定撤销石油工业部。国务院决定在石油工业部基础上组建中国石油天然气总公司（以下简称总公司）。5月3日，国务院任命我为总公司总经理。9月17日，中国石油天然气总公司成立大会在北京举行。这次机构改革，标志着中国石油从政府行政管理向经济实体的重大转变。

轮南2井获突破的消息传来，总公司机关的同志们群情振奋。1986年我们再上塔里木，确定"三年突破"的奋斗目标，而今只用两年多时间，就在轮南地区实现了。地质矿产部的勘探队伍也在盆地北部地区的沙14井、沙7井、沙5井相继获高产油气流。

塔北是油气富集地区已初步获得印证。总公司党组讨论了塔里木盆地的勘探形势，认为加快塔里木盆地油气勘探步伐的时机已经成熟。11月28日，总公司将刊

▲ 1988年9月17日，中国石油天然气总公司揭牌仪式

▲ 1988年8月29日，《国务院办公厅转发能源部关于组建中国石油天然气总公司报告的通知》

参加中国石油天然气总公司揭牌仪式领导人员合影。前排右起：金钟超、侯祥麟、焦立人、孙敬文、王涛、李天相、李虞庚、周庆祖
▼

登轮南 2 井获高产油气流喜讯的《石油简报》第七期报送党中央、国务院领导同志。党中央、国务院领导同志分别做出批示，给予充分肯定，要求新疆石油工业战线的同志们继续努力，争取在塔里木拿下一个较大的油田。

12 月 5 日，新疆维吾尔自治区党委书记宋汉良和主席铁木尔·达瓦买提赶往轮南 2 井，慰问在那里工作的甲乙方石油职工。

总公司党组研究决定：应及时调集队伍，大上塔里木。迅速在轮南地区加大勘探力度，探明储量，投入开发，形成一定生产能力。同时，加强沙漠腹地塔中隆起和塔北英买力隆起的勘探，以求发现更大规模的油气田。12 月 19 日，总公司根据这一部署向党中央、国务院呈送了《关于加快塔里木盆地油气勘探的报告》。报告中说：总公司党组认为，塔里木盆地在进一步进行区域勘探的同时，已有条件在一些地区，以寻找大型或特大型油气田为主要目标，加快钻探几个已基本查明的巨型或大型构造，使勘探工作进入一个继续区域展开勘探的同时，局部地区进行拿面积、拿储量的新阶段。这对在近期内加快陆上石油发展，增加原油、天然气生产，缓解国家油气供需紧张状况，具有十分重要的意义。为此，总公司决定从 1989 年起，进一步加强领导，增加队伍，采用新的工艺技术和新的管理体制，在塔里木盆地组织开展一场高水平、高效益的石油勘探开发会战。

党中央、国务院很快批准了这个报告。

总公司上下立即投入到塔里木勘探开发会战的准备工作中去。轰轰烈烈的塔里木石油勘探开发会战即将拉开战幕。

▲ 1988 年 12 月 19 日，中国石油天然气总公司向党中央、国务院呈送了《关于加快塔里木盆地油气勘探的报告》

第二章 打开新局面

新疆塔里木盆地油气勘探工作，经过30多年的艰苦努力，今天已进入了一个拿面积、拿储量的新时期。

——摘自1989年4月10日在塔里木石油勘探开发指挥部成立大会上的讲话

第一节 会战前夜

一、中南海汇报会

1988年12月19日，我们向党中央、国务院呈送《关于加快塔里木盆地油气勘探的报告》。报告中提出：经与新疆维吾尔自治区研究确定，在总公司领导下组建塔里木石油勘探开发指挥部（简称塔指），由总公司领导兼任指挥，赴前线直接领导工作。并从总公司机关、有关油气田抽调部分领导干部和技术专家，参与组织领导工作。按照深化改革的要求，塔里木盆地勘探开发工作要采用新的管理体制。主要是：全面实行项目管理和承包经营责任制；在全国范围内招标选用作业队伍，推动甲乙方合同制；优化内部劳动组合，积极引进竞争机制，提高劳动生产率。

1988年12月20日，总公司主持召开了加强加快塔里木盆地勘探工作电话会议，宣布了总公司关于动员全国部分油田的力量，组织开展塔里木石油会战的重大决策。新疆石油管理局、四川石油管理局、中原石油勘探局、大庆石油管理局、辽河石油勘探局、大港石油管理局、北京石油勘探开发科学研究院、石油物探局、长途运输公司、总公司物资公司和装备部等11家油田和单位负责人参加会议。这些参加会议的都是首批参战单位。

这次电话会议，主要是进行战前动员，提出要求，做出安排。同时，总公司利用1989年春节期间铁路货运较为空闲的时机，从大庆、中原、华北、四川等地运输一批装备和物资到塔里木探区。

1989年1月10—17日，总公司在河北省涿州召开局厂领导干部会议，组织力量上塔里木是会议的一个重要议题，再次对大上塔里木做出动员，要求各参战单位大力支持这场石油会战。总公司副总地质师兼勘探司司长邱中建，就塔里木盆地的石油地质情况和勘探前景做了专题发言。会议气氛热烈，各单位领导纷纷表态，要选派精兵强将奔赴塔里木。其中新疆石油管理局、四川石油管理局、中原石油勘探局、石油物探局、长途运输公司已经派出队伍在塔里木开展工作，勘探队伍达到3000多人。另有13个地震队，9个钻井队和部分专业服务队伍即将赶赴塔里木探区。

正在我们召开局厂领导干部会议期间，李鹏总理要听取我们的汇报。1月13日，在中南海国务院第四会议室，李鹏总理主持会议，听取了总公司工作会议情况的汇报，研究塔里木盆地石油天然气的勘探和开发问题。参加听取汇报的有副总理姚依林、国务委员邹家华，以及国务院秘书长罗干，副秘书长李世忠、马祖彭，国家计委副主任叶青，能源部部长黄毅诚、副部长胡富国，物资部部长柳随年，地质矿产部部长朱训，财政部副部长刘仲藜，铁道部副部长屠由瑞，国务院物价局、土地局、税务局等有关部门的负责人。我和李天相、金钟超、阎敦实、邱中建等总公司领导班子成员，以及总公司办公厅、新疆石油管理局、南勘公司的负责人参加汇报会。我和朱训分别就有关情况和问题做了汇报和说明。因为塔里木盆地当时有总公司和地质矿产部两家队伍在搞勘探，国务院决定成立一个协调组，国务委员邹家华担任组长，叶青、黄毅诚、我和朱训等同志是小组成员，对塔里木勘探进行总体规划协调。

1986年以来，李鹏总理一直关注塔里木盆地油气勘探的进展，多次听取我们的汇报，做出指示。这次在中南海听取我们的工作汇报，李鹏总理不时询问，插话。他听到我们近两年内在轮南地区有两口探井获得工业油气流，其中轮南2井油气产量很高而且稳定时，脸上露出欣慰的笑容，高兴地说："这是好消息。比两年前我去那里的时候，情况有了很大变化，有了新的进展。"

汇报结束后，李鹏总理对塔里木盆地石油勘探开发会战讲了八点意见。

（1）赞成继续以东部地区作为"增储上产"重点的同时，加快这个地

区（指塔里木盆地）的工作步伐，使石油资源的战略接替提前走一步。李鹏总理说：从我国石油工业的发展来考虑，西部战略地区的准备，恐怕太晚了也不行。

（2）这几年塔里木盆地勘探、开发工作部署，可按总公司的报告（指总公司《关于加快塔里木盆地油气勘探的报告》）来办。为了做好这一地区的工作，建议由邹家华同志负责，叶青、黄毅诚、王涛、朱训同志，还有铁道部参加，搞个协调领导小组，进行统筹规划。

（3）塔里木盆地石油勘探、开发工作，我们总的方针是：主要依靠我国的队伍来干，自己进行勘探，自己开发油田。当然，我们不是闭关自守，还要搞对外开放，积极采用外国先进技术和装备，引进一些外国资金，还可雇用外国队伍，聘请外国专家。我们要相信自己的力量，在艰苦的条件下，可能比外国人干得还好一些。

（4）经过几年工作，塔里木盆地发现了油田，拿到了储量，开发建设资金不足，可以考虑向国外借款，开一个借款的口子，能用到低息贷款更好，并且由国家来借，统借统还。现在我们的钱首先保东部，这样就不会影响我们的东部战略了。我们讲过，款不可不借，也不可多借，要用到刀刃上，塔里木盆地就是刀刃。

（5）塔里木原油运输问题，新疆铁路还有很大潜力，因为它现在运力才1000万吨，经过改造可以达到3000万吨。这方面的措施都是成熟的，如换大马力机车，加点复线岔路，多修几个会车点，可以把油运到兰州或西安。这样，近期内可以不铺管子，要铺管子我们铺不起。但大家伙出来以后怎么办？运到兰州或西安以后怎么办，现在就要进行规划。还有气的问题，如何进行利用，也要搞好规划。

（6）赞成对塔里木盆地石油勘探、开发工作采取新的体制和政策。进去的队伍都不带家属，内地来的人轮流到那里服务，给比较高的工资。这里条件艰苦，施工队伍不带家属很对。职工家属是大庆的就留在大庆，是辽河的就留在辽河，每年可以回去探亲，不在这个地方背个很大的包袱。包括新疆石油管理局自己的队伍，也要这样做。

（7）总公司和地质矿产部，在塔里木盆地要有个统一部署，然后再分工，你在这里打井，我去打那里井，避免做重复工作。地质矿产部找到的储量，可以向总公司有偿转让，但必须是总公司能够开发的地方，可以很快转化为生产力的储量。如果是总公司近期不能开发的，找到了储量也给不了钱，因为总公司没有这笔钱来垫付。现在地质矿产部做勘探前期工作，还是用国家给的那部分钱。如地质矿产部资金不足，还可以采取向总公司提供服务，进行承包的方式来解决一些。

至于总公司从每吨原油中提取的储量有偿使用费，那是按照原油产量包干政策，为弥补所消耗储量的勘探费用，保证"增储上产"的要求所采取的。这与地质矿产部从事勘探前期工作，其性质是不一样的。这是两个不同的概念，应当搞清楚。

（8）对塔里木盆地的勘探、开发工作，我们还是要埋头苦干，先干出成绩来。现在不宜进行公开报道。

李鹏总理肯定了我们对塔里木盆地勘探的部署，明确了塔里木盆地勘探工作总方针，并对我们汇报中提出的问题给予了具体的答复。李鹏总理在讲话中特别强调"东部作为增储上产"重点的同时，加快西部地区的工作步伐，使石油资源的战略接替提前走一步是非常重要的。

二、组建会战指挥部

在新疆石油管理局的直接领导下，在沙漠钻井顾问组的帮助、指导下，南勘公司的3年钻探工作，将新体制与新工艺技术密切结合起来，高水平地完成了钻探任务，取得了良好的效益。1989年，总公司党组决定进一步扩展塔里木的勘探范围，展开石油会战。动用陆上石油工业一部分力量，同时让新疆石油管理局从南疆勘探中腾出手来，一心抓好北疆的发展和完成增储上产的重任。所以决定由总公司直接领导，组建塔里木石油勘探开发指挥部，作为总公司的派出机构和总甲方，履行对会战队伍指挥、管理和协调的职能。

考虑到会战对全局的重要性和会战需要调动全局的力量，为保证会战按新体制良好有序地展开，决定由总公司领导班子成员兼任指挥及临时党

1989年3月，中国石油天然气总公司下发《关于成立塔里木石油勘探开发指挥部的决定》

委书记。这一决定得到了新疆维吾尔自治区党委的支持。

此外，总公司党组决定由邱中建出任第一副指挥（后增选为临时党委副书记）。邱中建是一位专家型领导者，1953年毕业于重庆大学地质系，起初在中国西部从事野外地质勘探工作，任野外地质队队长。1957年到松辽盆地搞地质综合研究和油气资源评价，后来参加大庆油田发现井松基3井的试油和大庆会战，是大庆油田发现的功臣之一。20世纪60年代后又参加胜利油田会战和四川油田会战。1979年参与我国海洋石油对外开放，与国外合作勘探开发海上石油。几十年来一直从事石油勘探，是一位经验丰富的地质专家。

我们又从总公司直属单位选调了石油物探局的柴桂林、物资总公司的刘兴和、北京石油勘探开发科学研究院的童晓光，从原石油部（总公司）塔里木沙漠钻井顾问组选调了王炳诚、张仲珉，以及南勘公司的钟树德、周原、李大华、王秋明参与指挥部工作。

1989年3月6日，总公司决定组建塔里木石油勘探开发指挥部领导班子。总公司领导成员兼任指挥，邱中建、王炳诚、钟树德、柴桂林、刘兴和任副指挥，张仲珉任总工程师，李大华任总经济师，王秋明、童晓光任总地质师。

总公司党组还讨论了指挥部临时党委的人选，并与新疆维吾尔自治区党委协商，确定由总公司领导班子成员兼任临时党委书记，周原任副书记，临时党委由邱中建、王炳诚、钟树德、周原等同志组成。

三、"两新两高"工作方针

总公司新任命的塔里木石油勘探开发指挥部成员即将赶赴塔里木,领导一场决定石油工业未来发展前途的大会战。

1989年3月9日上午,我在总公司二楼会议室和指挥部成员进行一次谈话。除了柴桂林(在病中)、王秋明和李大华(二人在塔里木,手里有工作,脱不开身)三人,其他成员都到齐了。我对这场会战的重大意义、战略部署、会战的工作方针和任务、新体制和新技术的要求、会战中两个文明建设、甲乙方队伍的团结协作等重大问题,又做了进一步的阐述,特别是强调这次会战一定要采用新体制和新工艺新技术,打出高效益和高水平来,绝不能用老的方法搞会战。

我讲了自己的一些想法。重点讲了三个方面问题,核心问题是"两新两高"。

塔里木石油会战和以前历次会战不同,它处于改革开放历史新时期,具有许多有利条件。我们可以借鉴国外石油公司一些有益经验,试行"油公司"的体制和相应的管理运行机制,坚持从"两新"(新体制、新技术)起步,努力实现勘探开发工作的高水平、高效益。如何做好"两新"这篇文章,这是指挥部需要首先研究解决的问题。

为了坚持这个工作方针,总公司决定在组织上由总公司直接指挥,以便于从全国集合精英部队,集中使用国内外先进而适用的技术。在塔里木盆地建立新的管理体制,就是甲乙方体制和项目管理,这是今后石油管理体制发展方向。这几年,南勘公司和顾问组在这方面做了许多开拓性的、有意义的工作,已有了一定的基础和雏形。希望这次会战一上手,就把这套体制和运行机制进一步完善起来,丰富已取得的成功经验。塔里木盆地是全国石油管理体制改革的试验区。要用实际的有说服力的成果使其成为全国石油体制改革的一个样板,推动各石油企业管理体制改革的深入发展。

新的管理体制不是自然形成的,要靠我们去积极探索,逐步地建立起来。这次由总公司直接领导,条件比较有利,除了用经济手段,还可以用

行政手段。通过行政的、经济的办法，进一步推动项目管理，实行甲乙方，搞好承包经营责任制，通过招标合同把竞争机制引入企业内部，要把各项操作规范化，把各项规定系统化、标准化。同时把服务工作社会化，搞好社会化的服务。让大家适应新体制、掌握新技术，会有个艰苦的过程。如何缩短这个过程，关键在于人员培训。人员培训可以请进来，也可以走出去。塔里木石油会战是在少数民族地区展开的，我强调一定要注意搞好民族团结。一定要在当地各级党委和政府的领导和支持下，做好地方工作，尊重当地的民族风俗习惯，保护群众利益，爱护民族团结，多为当地做实事。注意培养民族同志，团结他们一道为发展当地经济、改善生活条件而努力。

塔里木盆地勘探开发工作，是几代人的事业，一定要注意培养年轻干部，确实优秀的要委以重任。青年一代是塔里木的未来。现在的许多青年人，将来都是石油工业的骨干，塔里木盆地是培养人才的好地方。我们应该把塔里木建成培养人才的重要基地。

谈话结束后，当天下午，指挥部班子成员和总公司机关、北京石油勘探开发科学研究院等单位30多人一起乘飞机经乌鲁木齐，奔赴库尔勒，立即投身到石油大会战中。

第二节 历史掀开新的一页

一、汇集精兵强将

1989年4月10日，塔里木石油勘探开发指挥部在新疆巴音郭楞蒙古自治州库尔勒市成立，这是中国石油工业发展历史上具有里程碑意义的事件。标志着在我国改革开放的伟大进程中，肩负着实现我国油气资源战略接替重任的塔里木石油会战正式拉开帷幕。

4月的库尔勒,阳光绚丽明媚,孔雀河水碧波粼粼,河岸杨柳吐青,杏花、梨花已经绽放，一片春机盎然。库尔勒是古丝绸之路上的重镇，如今是巴音郭楞蒙古自治州的首府，南北疆交通枢纽。库尔勒，维吾尔语意为"眺望"。它北依霍拉山和库鲁克塔格山，源自博斯腾湖的孔雀河，穿过霍拉山和库鲁塔格山夹峙的峡谷，南出铁门关，环绕库尔勒城流向南部绿洲。库尔勒市当时规模很小，汉族、维吾尔族、蒙古族、回族等多个民族的13万人口居住在这里。指挥部机关暂设在霍拉山脚下的南勘公司临时基地，那里只有一幢四层小楼和几处平房，条件很简陋。

4月10日，库尔勒市街道上挂满横幅，充满着喜庆的节日气氛。塔指成立大会在巴州影剧院隆重召开。前来参加大会的有全国政协副主席王恩茂，新疆维吾尔自治区党委书记宋汉良、自治区主席铁木尔·达瓦买提，新疆军区、生产建设兵团的领导，自治区党政军其他领导及自治区有关部门和南疆各地、州、县党政军领导同志，国家能源部、地质矿产部和塔北

1989年4月10日，塔指成立大会会场的宣传车

联指的有关负责人。

这既是成立大会，也是塔里木10年物探、3年钻探的总结表彰大会，同时又是组织开展塔里木石油勘探开发会战的动员大会。将士们群情激奋，充满着征战"死亡之海"的昂扬斗志。

大会首先简要回顾了塔里木盆地30多年勘探历史，总结物探10年及南勘公司3年的工作，向甲乙方会战队伍发出会战动员令，强调了会战职工要充分认识塔里木石油会战的重要意义，在会战中进一步探索和建立新的管理体制，努力采用各种先进而适用的工艺技术，要大力提倡和发扬大庆会战的优良传统和作风，团结一致，齐心协力，同心同德搞好会战。总公司坚信，经过坚持不懈的努力，塔里木油气勘探一定会有更加重大的突破，一定能找到大油田，使我国石油工业出现一个新的储量和产量增长的高峰期。王恩茂、宋汉良、铁木尔·达瓦买提发表了热情洋溢的讲话，表达了新疆各族人民殷切期盼的心情，表示在这场关系到国家石油工业未来发展的会战中，新疆维吾尔自治区及各级党组织和人民政府将与会战职工并肩战斗，相互支持，夺取勘探开发会战的胜利。

　　我代表总公司在大会上讲了话。我说，这次塔里木石油勘探开发会战，是经国务院批准，并征得新疆维吾尔自治区同意，事关我国石油工业发展全局的一次重大战略行动。我们一定要按照党中央、国务院的要求，在这次会战中，以改革统揽全局，勇于开拓，积极探索，敢于创新，发挥集体的智慧和力量，克服一切困难，不断积累新的经验，努力实现"两新两高"，使塔里木油区成为推动整个石油工业深化改革、建立新的管理体制的样板。

1989年4月10日，塔里木石油勘探开发指挥部成立大会会场

1989年4月10日,塔指成立大会上,王涛代表中国石油天然气总公司党组讲话

我鼓励广大会战将士：只要我们坚忍不拔，锲而不舍，团结奋战，就一定能够在不远的将来用我们的智慧和双手，把塔里木这个崭新的、现代化的石油和石化生产基地建设起来。把沉睡的"死亡之海"变成为富饶的"油气之洲"，造福新疆各族人民，以石油工业的发展，带动新疆经济的腾飞！

塔里木石油会战汇集了石油战线的精兵强将。到1991年底，全国石油系统有20个局级石油企事业单位派出队伍参加塔里木石油会战，形成以6大钻井公司（新疆、四川、华北、中原、大庆、胜利）、塔里木运输公司、石油物探局塔里木前线指挥部（简称物探前指）、石油管道局工程公司、长庆筑路公司等10大单位为主体、多专业配套齐全的参战队伍。会战队伍达到32251人，其中石油系统队伍（乙方）人数为19976人。北京石油勘探开发科学研究院、石油大学等11家科研院所和石油院校635名科技人员参与会战。英国IDF泥浆服务公司、英国BP石油公司、法国斯伦贝谢公司、美国阿莫科石油公司和埃克森石油公司，及新加坡、德国、比利时、瑞士、加拿大、意大利、挪威、日本等国的企业与塔里木开展项目合作，提供技术服务或技术装备。

塔里木石油会战也得到地质矿产、铁路、银行、水利、气象等部门的大力支持。比如考虑到天气条件对地处沙漠中的油气勘探开发建设影响很大，1989年4月18日，我们和国家气象局进行了会谈，双方决定共同合作加强塔里木石油天然气开发气象服务工作。

塔里木石油会战，是我国改革开放以来，中国陆上石油工业动员力量最多、涉及范围最大、对外开放程度最高，声势浩大，影响最为深远的一次石油会战。

二、建立两个根据地　打出两个拳头

4月10日，塔指成立大会召开后，塔里木石油会战正式开始了。

4月14—17日，根据总公司的战略部署，塔指在石油物探局三处召开塔里木勘探开发技术座谈会。会上，大家各抒己见，对塔里木盆地前几年

1989年4月，制定勘探方向和部署示意图

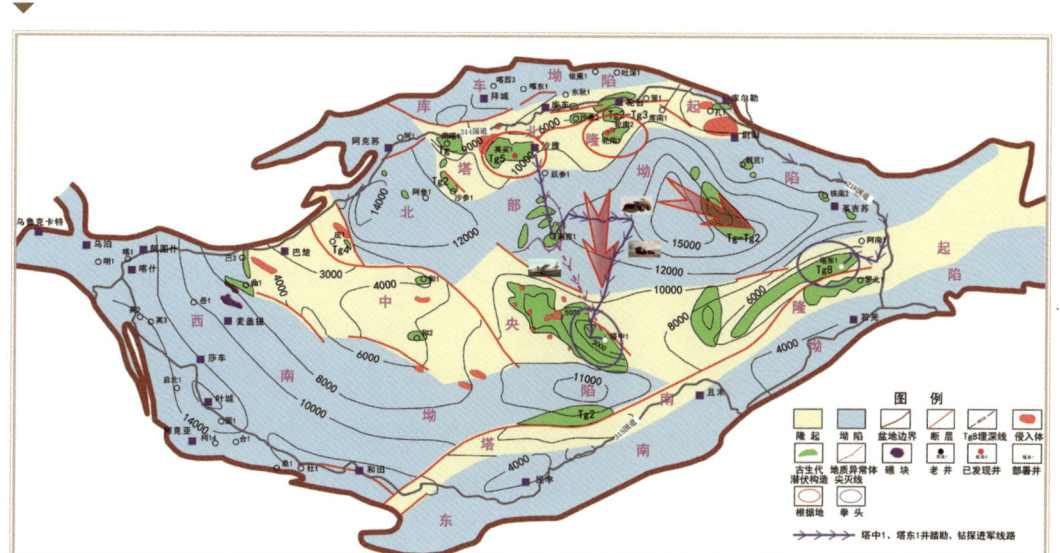

勘探成果进行梳理，提出下一步工作思路和建议，最后形成了"建立两个根据地，打出两个拳头，开辟一个开发生产试验区"的工作部署。当时的设想是：先在轮南和英买力两个地区建立起根据地，拿下一定的含油面积和储量。这两个地方都已经获得了油气发现，轮南地区的轮南1井和轮南2井已经出油；英买力地区的英买1井于1989年2月14日在奥陶系测试获日产211立方米原油，3月底酸化后日产达到353立方米。向塔中和塔东打出"两个拳头"，就是年内对塔中1井和塔东1井进行预探，争取有新的重大发现。塔中1井经过一年多的准备，已经具备了钻探条件，钻机已经搬进去并安装完毕。与此同时，在轮南地区轮南2井区开辟油气生产试验区，为未来开发做准备。

三、油地关系"二十字"方针

在酝酿塔里木石油会战之初，我们有一个非常明确的指导思想：加快塔里木石油勘探开发，打的不仅是一场生产仗、经济仗，也是一场维护全国的稳定大局，建设和繁荣边疆的一场政治仗。这一指导思想始终贯彻在塔里木石油会战的整个过程中。

新疆维吾尔自治区地域辽阔，总面积160多万平方千米，占全国面积的六分之一，与蒙古、苏联、阿富汗、巴基斯坦、印度等五个国家的领土相连接，边境线长达5600多千米。这里资源丰富，在经济发展方面具有很大的潜力。由于受地理条件和历史条件的限制，现在经济还不够发达，加快塔里木油气资源开发，发挥其资源优势，对加快当地经济和社会发展，改善人民生活条件，增进民族团结，巩固边疆都具有十分重要的意义。

会战誓师大会刚一结束，我们就陪同王恩茂和自治区领导同志参观考察会战前线，畅谈发展前景，探讨怎样在石油会战实行新的体制下，加强油地关系建设。

4月11日，我们陪同王恩茂副主席到轮南2井。王恩茂看了油井放喷的场面，很激动，握着现场工人们的手，连声说："你们立了大功，立了大功！"在轮南8井井场，他戴上安全帽，坚持要登到9米多高的钻台上看望工人们。

1989年4月3日,王恩茂为塔里木石油勘探开发会战题词

他握着工人们的手,大声地说:"谢谢同志们,谢谢你们啊!"

我们都被感动了。这一年,王恩茂已是76岁高龄了。1949年,时任中国人民解放军二军政委的王恩茂跟随王震率大军进军新疆。1953年,王恩茂任新疆维吾尔自治区党委书记,主持工作,带领各族人民开发建设新疆,"文化大革命"中受到严重冲击,被迫离开新疆。1981年,中央决定让他重返新疆主持工作,1986年当选为全国政协副主席。当他得知总公司开展塔里木石油会战,4月10日在新疆库尔勒召开指挥部成立大会,高兴地说:"你们调集全国的精兵强将在塔里木搞会战,我举双手赞成!这么大的事,我一定去参加。"老将军的心里始终装着新疆各族人民,殷切盼望我们早日发现大油气田,使南疆各族人

民早日脱贫致富!

王恩茂说,从战略上讲,你们这次会战是没有大的风险的。这个大盆地一定有油有气,这是有科学根据的。但是从战术上讲还是有风险的,盆地大,搞清楚它要靠长期的艰苦努力。所以,在战术上要重视。我建议先从塔北搞起,现在轮南出油了,往西150千米的英买力出油了,地质矿产部在塔北的好几口井也出油了。这里是油气富集带,勘探程度高,交通相对比较方便,先拿下一块来,建立起根据地,你们的"以油养油"的办法很好,就先从塔北做起。这和战争年代打仗一样,要打有把握之仗,你们先把有希望、最现实的一块拿下来。先在塔北建立起根据地,然后再向塔中、塔东进军,还有塔西南、塔东南。

王恩茂对我们实行的新体制非常赞赏,说这是真正把石油和地方结合在一起了。他语重心长地对巴州、阿克苏地区的领导说,要转变观念,适应这个新体制,全力支持会战。

宋汉良提出一个"大石油"的概念。意思是要改变过去那种石油是石油,地方是地方,你我井水不犯河水那种状况,而是要你中有我、我中有你,你帮我,我为你,共同为实现当地经济繁荣形成一个经济整体,"一损俱损,一荣俱荣"。

铁木尔·达瓦买提是一位富有激情的诗人。4月10日,他即兴创作的诗歌《献给塔里木的颂歌》表达了新疆各族人民的心声:

啊!塔里木/啊!可爱的塔里木/你是何等富庶的地方/你是那么地吸引人的心灵/你是汪洋大海/沙漠戈壁/肥沃闪光的田野/你是草场/石油的海洋/你是未开垦的/聚宝盆/茫茫苍苍/啊!塔里木/有谁清楚/你已沉睡了多少个世纪/背负着"死亡之海"的绰号/今天,在你的怀抱/展开了石油大会战/排排井架高耸挺拔/钻机不停地哼着歌谣/塔里木,你焕然一新的面貌/在沙海显得更加壮观/荒漠在喧嚣/你将步步成为/全国一流的石油基地/望你时刻为祖国做贡献/我祝愿你,塔里木……

铁木尔·达瓦买提不止一次用"新疆人民要富,石油要上,新疆人民要大富，石油要大上"这样一句话来表明自己的态度。他说这是我们自治区的一个共识，石油搞会战，就像战争年代搞会战一样，人民军队在前方作战，人民群众全力支持前线。他还说，自治区在巴音郭楞、阿克苏、昌吉、喀什、伊犁、吐鲁番、哈密等地州成立了支援石油勘探开发领导小组及办事机构，与石油单位加强联系和沟通，为塔里木石油会战排忧解难，做到不误时、不误事，希望你们早日抱上大"金娃娃"！特别让我们感动的是，自治区政府的计划、土地管理、粮食、商业、金融、财政、公安、公路、铁路、教育、邮电和人事劳动等部门，已经对支援塔里木石油会战做出安排，在职权范围内为石油会战提供优质服务。在轮南油田所在地，巴音郭楞蒙古自治州已经成立了机械电子、交通运输、生活服务、医疗卫生、物资供应、粮油供应、设计施工等服务中心，有的已挂牌营业。

4月12日上午，我们与自治区党政领导宋汉良、铁木尔·达瓦买提再一次深入座谈。我们和自治区的同志一直在讨论油地之间怎样互相支持，共同发展的问题。越谈越深入，思路越开阔，觉得塔里木石油会战提出的"两新两高"起点很高，特别是新体制为油地关系提出了新课题，不是简单地谁依靠谁，谁帮助谁，而是相互融合、共同发展的大问题。大家觉得有必要制定一个共同遵循的工作方针。

我们曾坦率地向自治区的同志讲了我们面临的资金困难：1989年1月的石油工业局长领导干部会议上，各油田报上来的资金需求是256亿元，而我们只能筹措到196亿元，有60亿元的缺口。最后想尽一切办法也只能按225亿元进行安排，缺口还是很大。在这种情况下，我们从勘探开发基金中挤出14亿元，用于塔里木石油会战。近1~2年内，在没有重大突破之前，石油上还拿不出多少钱来支援地方经济建设。今后发现了大油气田，投入了开发，我们会尽自己的责任和义务，帮助地方发展经济，使南疆各族人民共同走向富裕。

我们也谈到这次会战是采取新的体制，甲方自己没有作业队伍，像地震、钻井、测井、测试一些专业队伍，我们面向全国油田及国外的作业和技术服务公司招标选择队伍；一些可以依托当地力量，像基建工程，生活保障、后勤供应等，让社会力量来做，这样就把地方的社会服务行业、加

工行业、运输筑路行业、建筑行业、材料行业等带动起来。

我们可以向地方提供需求信息，有针对性地向为塔里木石油会战提供服务的地方企业提供帮助和指导，包括提供部分资金支持，帮助他们提高产品质量和服务水平。这些企业发展了，可以用产品偿还资金。我们还可以提供政策优惠，在同等条件下，先南疆后北疆，先新疆后内地，等等。

我们畅谈了将近一个上午，最后大家就会战中的油地关系达成了一个共同看法，并把它概括为：依靠行业主力，依托社会基础，统筹规划，共同发展。这就是以后在整个会战过程中我们始终贯彻执行的发展油地关系的"二十字"方针。

"依靠行业主力"，就是勘探开发的主力是石油队伍；"依托社会基础"，就是会战的生活服务、后勤保障，包括生活基地要依托当地或周边社会；"统筹规划"，就是勘探开发会战要充分考虑油地双方的利益；"共同发展"是目的，塔里木石油会战要在油气生产获得发展的同时，带动周边经济社会共同发展，为南疆各族人民脱贫致富做出贡献。

1990年2月，在阿克苏召开的支油工作会议上，会战指挥部确定了带动地方经济发展具体措施。订货方面总的指导思想是："先疆内后疆外，先南疆后北疆，新疆解决不了的，再从外省和国外引进"。在实际工作中采取7项措施：设备维修方面不搞综合机修厂，实行专业维修承包；石油机械产品制造方面，基本不搞批量、定型产品加工，依托现有的机械厂；油田建设方面，充分利用新疆生产的建材、化工产品；电力方面，除油田关键岗位设置备用电源外，其他用电依靠巴州和阿克苏地区的电力；油田物资运输，利用地方运力；生活物资供应，依靠地方，扶持地方发展专业承包的菜篮子工程；医疗卫生、供水、供暖、制氮等项目，由地方承包。

这个"二十字"方针是和"两新两高"配套的，没有"两新两高"，也就不可能实现"二十字"方针。在计划经济体制下，石油勘探开发按照"统一计划、统一采购、统一分配、统一调度、统一管理"的原则，物资供应90%以上由石油部集中统一从外地调运，勘探队伍的管理体制是"大而全、小而全"，从专业生产到生活后勤保障完全依靠自己，队伍庞大，负担沉重。一切靠自己，"万事不求人"，对周边经济带动和辐射力受到局限。而在当地政府看来，石油勘探开发是国家的事，支援石油也是按照上级政府指令办事，一时的支援也只是完成国家指令性的项目。这种油地关系缺乏相互亲和的内在机制和动力。

塔里木石油会战的实践证明，"二十字"方针是完全正确的。石油部过去组织的多次石油会战都十分重视搞好与地方的关系。但像在塔里木石油会战开始时，油地双方高层领导就明确制定出油地关系"二十字"工作方针还是第一次。塔里木石油会战最初几年，每年年终，塔指都进行一次统计，结果表明，塔里木石油会战依靠当地的运输、建筑、机修、物资供应、医疗、消防及生活后勤服务等社会力量，由此向当地注入资金占总投资的35%～40%，并将统计情况每年向巴州、阿克苏的领导通报。两地州领导得到通报后，反馈给会战指挥部的信息是，我们自己也统计，数字比你们的还大。21世纪以来，塔里木油田的勘探开发规模越来越大，对周边经济的带动作用也更加突出了。

第三节

战略性突破

一、轮南勘探旗开得胜

轮南,是轮台县城以南的简称。轮南地区是一片无人定居的荒原,只有牧民在这里放牧,向南就是塔里木河以及两岸丛生的原始胡杨林。再向南即是举世闻名的塔克拉玛干沙漠。

轮台县城很小,塔里木石油会战前还是一个需要国家扶助的贫困县。轮台这个名字却很有来历,在西汉时期就有了。汉太初四年(公元前101年)汉置使者校尉屯田。轮台的含义,《西域同文志》释为:"临阵奋勇前进之谓,旧于此御敌,故名。"所以,爱国大诗人陆游的诗中有句:"僵卧孤村不自哀,尚思为国戍轮台。"

轮南是我们再上塔里木最先得手的地方。

1989年7月5日,位于轮南2井以南8千米处的轮南8井在奥陶系5179～5230米井段碳酸盐岩地层获高产油气流,用12.7毫米油嘴求产,日产原油376.8立方米、天然气9万立方米,后经酸化,日产原油564.8立方米、天然气18.98万立方米。这口井在进入油气层后,发生钻具放空现象,发现奥陶系裂缝性油层57米,并发现两段孔洞,长度分别是3.2米和5.2米。

轮南8井获得高产油气流,消息令人振奋。

此前的1988年5月,轮南1井首先在奥陶系获工业油流,成为轮南地区奥陶系第一口发现井,经过酸化,轮南1井日产油达到97.46立方米。同年7月下旬,地质矿产部西北石油局的沙14井(位于轮南1井西南10余千米处)在奥陶系获日产原油190立方米。这说明,轮南地区奥陶系的含油范围比较大。

轮南1井在奥陶系突破后,地质人员根据地震资料解释地层由南向北缓缓抬升,直到与轮台大断裂相交,认为轮南地区奥陶系顶面是一个被轮台大断裂遮挡的"南倾鼻状潜山"。当时认为轮南潜山面积约225平方千米,由3个高点组成,轮南1井在1号高点上。为了扩大含油面积,1988年12月9日,在轮南潜山带南翼上钻轮南8井,部署这口井的目的是探索轮南潜山的油水边界。中标承钻轮南8井的是中原钻井公司7014钻井队,这支钻井队以顽强拼搏的精神,7个月的时间钻达5200多米。完井试油获高产油气流后,地质人员发现轮南8井的奥陶系油柱高度远远大于局部构造的幅度,潜山顶面又比轮南1井低141米。这表明,

1990年,塔指召开轮南地区勘探会议

轮南奥陶系潜山含油幅度大，有可能不受局部构造控制。1989年，在轮南断垒带北侧上钻的轮西2井，实钻奥陶系顶面深度比轮南断垒带上的潜山面深度低了近1000米。这一发现反映，轮南奥陶系顶面在垒带以北不是南倾，而是北倾。为此，塔指地质综合研究大队科研人员采用变速成图方法，对轮南地区奥陶系顶面重新绘制构造图，发现轮南奥陶系呈现为一个近北东走向的大型古隆起，幅度715米，石炭系—三叠系逐层超覆在奥陶系碳酸盐岩古隆起上，其有利勘探面积为2450平方千米。轮南8井位于大型潜山高点南翼，油气不受潜山面上局部构造控制，很可能受整个大型潜山古隆起的控制，有可能大面积含油。

1989年8月20日，邱中建从塔里木探区赶回北京，向总公司汇报勘探情况。根据资料分析，大家认为轮南奥陶系有可能大面积含油，有大名堂。邱中建分析，向南过塔里木河目前尚不清楚，根据潜山走向，那一片也会有发现，轮南奥陶系潜山含油面积有可能是5400平方千米。

在轮南，我们看到了一个大场面的前景。大家都非常兴奋。会战一展开，就在轮南奥陶系看到了一个大家伙！邱中建谈了1989—1990年的勘探思路，归纳起来是"吃一、探二、望三"。"吃一"，部署一批探井，整体解剖轮南奥陶系碳酸盐岩油藏，争取拿到一批控制储量；"探二"，开展塔中、英买力两个隆起的预探，争取油气新发现；"望三"，侦察轮南—英买力之间地区、塔东地区、草湖地区，寻找有利油气圈闭构造。

总公司同意部署14口探井，整体解剖轮南。我们希望通过14口井的钻探，基本弄清楚轮南奥陶系碳酸盐岩油藏内幕。如果孔洞、缝隙发育连通情况都比较好，那么就有希望拿到一批规模储量。保守一点说，如果能拿到1000平方千米的含油面积，按每平方千米储量丰度150万吨计算，就是15亿吨，这样到1995年我们就有望建成2000万吨产能。这对于缓解东部油田上产压力，意义重大。

当时国务院正在作"八五"规划，要求我们到1995年原油产量要达到1.6亿吨，实现这个目标仅靠东部非常困难。我们对轮南的期望是多么迫切啊！

1989年下半年开始，轮南地区分三批上钻14口探井，拉开整体解剖轮南的战役。由于当时钻探力量尚未全部抵达探区，1989年底投入工作的钻机为 21 台。乐观估计，要到 1990 年 6 月后才能见分晓。后来这 14 口探井到 1991 年底才相继完成了完钻试油工作。

经过 14 口探井的钻探，加上其他兼探奥陶系的探井，钻遇奥陶系的探井达到 22 口，其中获得工业油气的井有 12 口、见到油气显示的有 5 口，钻探成功率 55%，见显示井达 77%。整体解剖的成果，证实轮南奥陶系潜山风化壳普遍含油，但无法横向对比油气分布，形成不了油藏的概念。出现了我们意想不到的情况，而且这种情况地质家们在东部和我国石油勘探史上从来没有遇到过。就我们所知，在世界上也没有与此相类似的油藏。地质家们，包括我自己都感到茫然。

大家意识到，轮南奥陶系碳酸盐岩油藏可能是个大场面，但要搞清楚，就目前所钻的探井数和地震技术水平都不能满足要求，只好暂时放下。此后经过 20 年（即到 2009 年）的科技攻关和不断深入勘探，一个油气资源量约 60 亿吨的大油气田才初步撩开神秘的面纱。

二、大漠深处响春雷

20 世纪 80 年代初，塔里木勘探人员借助南北纵贯塔克拉玛干大沙漠的 19 条区域地震大剖面，发现了塔中古隆起，进而明确了塔里木盆地"三隆四坳"构造的大格局。1986 年 6 月，塔里木盆地综合研究联队完成了对塔里木盆地的油气资源评价，在众多油气圈闭中，塔中 1 号构造被列为首位，预测油气资源量为 29.8 亿吨。进军塔克拉玛干沙漠腹地钻探，我们将塔中 1 号构造作为台盆区战略突破的首选目标。

深入塔克拉玛干沙漠腹地钻探，曾是几代石油人的梦想。塔中巨型构造面积 8200 平方千米，这样大的构造，在世界各地经过 100 多年的勘探之后，已经很难再找见了。1983 年以来，三支沙漠地震队冒着酷暑严寒在沙漠里工作。1831 地震队施工的 520 测线首先穿过塔中 1 号构造中间位置，队长王悦来每天查看采集记录，发现施工地段地震反射波的层位向南抬高后又开始下降，延续数十千米，他感觉有名堂。520 测线的资料经大型电子计算机处理后，地质家们看见一个巨大的隆起显示。不久，1830 地震队、

▲
沙漠车队向沙漠腹地进军

1832地震队采集的资料经过计算机地震剖面处理，进一步使塔中1号构造的轮廓清晰起来。发现塔中构造后，为了早日上钻，地震队临时加密测线，并成立攻关小组，物探局副总工程师何振香担任组长，史利、汤玉泉等为成员，与1832地震队一起连夜开赴工地，精心选线，严格施工，各道工序都有攻关小组成员现场把关。经过一个多月紧张施工，根据取得的资料，经处理解释后确定了塔中1井井位。

我们从1986年开始准备，花费了3年时间，付出了十几倍于非沙漠区探井的代价，梦寐以求的就是在塔中抱个大"金娃娃"。

1989年2月5日，正值春节期间。承钻塔中1井的7015钻井队是克拉玛依钻井处的队伍，他们在顾问组和南勘公司的专家坐镇指挥下，在零下20摄氏度的严寒中干得热火朝天。野营房贴着一副钻工写的对联格外醒目，上联是"身居荒漠寻乐入趣"，下联是"想在底下找油出气"，横批

是"心系井口"。离开前，南勘公司领导钟树德、周原同志嘱咐在井上工作的同志们：党中央、国务院领导同志关注着塔里木、全国人民关注着塔里木，我们一定要把开钻前的各项工作做扎实。

4月下旬，邱中建等塔指领导再次乘车绕塔里木盆地东缘，经尉犁、若羌、且末等地，从盆地南缘乘沙漠车艰难地进入了沙漠腹地塔中1号井位现场调研，检查落实开钻前的各项工作。

5月5日，塔中1井开钻，我从北京专门打电话表示祝贺。邱中建、周原、张仲珉、王秋明、童晓光、钟辛生，还有巴州领导艾力·纳斯尔、张宗长等同志乘飞机赶到沙漠腹地塔中1井，在现场举行了隆重的开钻典礼。

承钻塔中1井的7015钻井队是一支善打硬仗的队伍，他们决心"定叫沙海变油海"。被塔里木探区誉为"新时代的铁人"的王光荣，就是这个钻井队的大班泥浆工。1978年，王光荣随四川石油管理局钻井队伍到塔西

1988年4月，由物探局第三地质调查处研究队编制的塔中1井井位设计书

南参加会战，20世纪80年代初会战下马，他和他的钻井队撤到克拉玛依。1986年，重组钻井队上塔里木的时候，王光荣又报名参加塔里木石油会战。作为一名共产党员，他再一次选择了条件艰苦的塔里木。7015钻井队到塔里木打的第一口井是轮南1井。泥浆是钻井的血液。承担轮南1井泥浆服务的是英国IDF泥浆公司，王光荣勤奋好学、工作认真、处处体现着主人翁的工作态度，给IDF公司泥浆技术人员留下深刻印象。塔中1井是7015钻井队承钻

1989年，在塔克拉玛干沙漠腹地钻进中的塔中1井

的第二口探井。王光荣深知沙漠腹地第一口探井的重要性，尽管已经感到身体不适，还是带着药上井坚持工作，干起活来忘记病痛，忘我地工作着，以铁人王进喜"宁可少活二十年，拼命也要拿下大油田"的精神，带领泥浆班的工人们顶烈日，抗风沙，一次卸下上百吨泥浆材料。到了6月8日，王光荣在岗位上倒下了。他被送出沙漠，住进医院，确诊为癌症晚期。就是在这种情况下，王光荣心里还惦记着塔中1井。7015钻井队的同事们来看他，他首先问的是塔中1井。他在病痛折磨中天天盼着塔中1井的好消息。

9月25日6时，塔中1井第18筒岩心出井。当岩心一节节的取出来时候，工人们一片惊呼："有油，有油！"这是他们第一次见到这样好的岩心，甚至能闻到浓郁的油味。平台副经理李东科后来描述说，1.56米长的岩心上，裂缝像纹线一样，有竖、有横、有斜、

塔中1井获高产油气流新闻视频

1989年10月，邱中建（右3）、王炳诚（左1）、李大华（左2）、童晓光（右1）、周原（左3）等在塔中1井现场喜看油样

有弯。裂缝疏散处,油迹渗出来;裂缝细密的地方,渗出的油渍则连成一片。还有几处针眼般的小孔,往外渗油!这说明储层物性极好。

塔中1井地质监督肖功令一面小心翼翼地往木箱里收装岩心,一面对钻井总监职均说:"我看,可以报消息了!"

1989年10月19日,塔指决定对塔中1井进行中途测试。副指挥钟树德乘双水獭飞机进沙漠,坐镇指挥。

20时23分,强大的油气流从测试管线中喷出,发出春雷般巨大的响声。人们跳跃、狂呼,喊叫声和喷油声笼罩了一切,整个井场沸腾了!又过了大约1小时,管口强劲的油气喷涌变成了剧烈的呼啸,管口喷射出的液体越喷越远。测试结果塔中1井日产轻质油576立方米、天然气36万立方米。

塔克拉玛干沙漠腹地第一次获得振奋人心的重大发现,这一喜讯很快传到了北京,传遍了全国。大家兴奋不已,彻夜狂欢,许多人的泪水禁不住涌了出来。

躺在乌鲁木齐医院里的王光荣得知这一喜讯,竟神奇地从病床上坐起,自己下了地,拉着前来看望他的同志连连说:"太好了,太好了,可出油了。"久不进食的他也能吃一些东西了。他嘱咐爱人买来一只小收音机,每天收听中央台和新疆台的新闻,一心想听到党中央、国务院向全国人民和全世界宣布这一惊人消息。当11月3日,他从收音机里听到塔中1井出油消息时,激动地让妻子把收音机放到他耳朵边上。在生命弥留之际,他在呓语中还不断念叨:我刚下飞机,我又回塔中了。他是带着再次回到塔中的愿望离开这个世界的。王光荣去世后,总公司党组做出在石油战线开展向"铁人"式的共产党员王光荣同志学习的决定。

1990年8月,江泽民总书记在视察塔里木石油探区时,高度赞扬了王光荣的模范事迹:"王光荣同志的事迹非常感人。我们的新闻、文艺部门应该好好地宣传像王光荣同志这样的、各条战线上英雄人物的先进事迹,去教育、鼓舞更多的人,尤其是青少年。"

石油人总是闻油而喜、闻油而动、闻油而泣。当天晚上,石油物探局库尔勒临时基地的职工听到塔中1井的消息,全都跑到院子里庆祝,他们

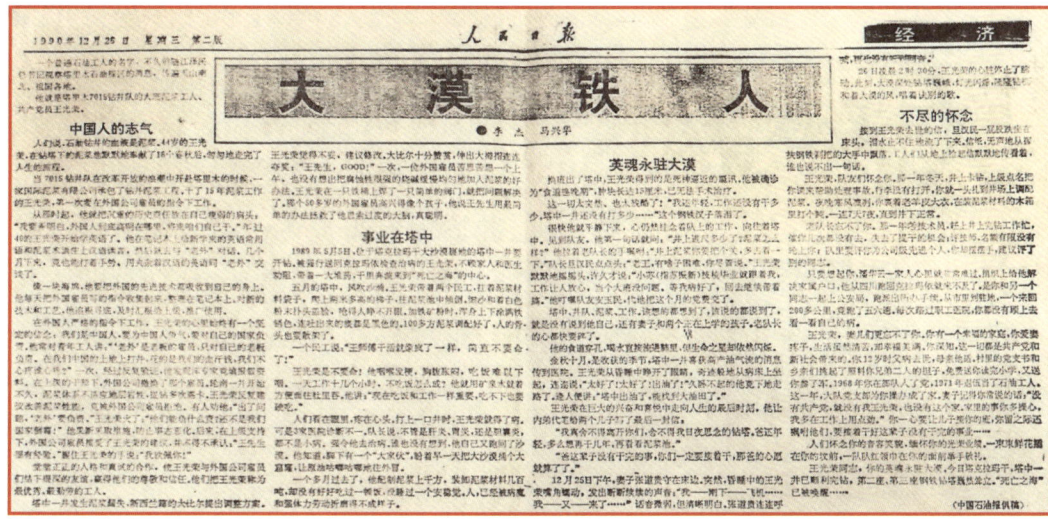

1990年12月26日,《人民日报》关于王光荣的报道

1990年11月,王光荣同志事迹报告会

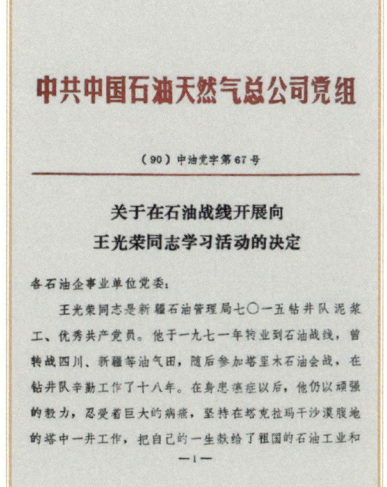

1990年11月,总公司党组做出《关于在石油战线开展向王光荣同志学习活动的决定》

▲
1991年4月，王涛为塔中1井题词

点起一堆篝火，燃放鞭炮，拼命地敲锣打鼓。地质综合研究大队副大队长严伦从一个小伙子手里夺过鼓槌，抡起胳膊敲了一个多小时。很多人对着西部晴朗的夜空高喊：出油了，塔中1井出油了！随即将锣鼓抬上卡车，锣鼓喧天地驰过库尔勒市，到20多千米外的塔指机关去报喜。物探这支尖兵队伍在"死亡之海"里多年鏖战，不就是为了这一天吗？我在北京得到这个好消息，立即往塔里木石油勘探开发指挥部打电话，详细询问情况，并向战斗在塔中1井的全体同志表示祝贺和亲切慰问。我说：同志们辛苦了！我代表总公司党组向你们致敬，谢谢你们！

当时我和宋汉良都在北京京西宾馆参加中央召开的经济工作会议。听到塔中出油时，宋汉良禁不住在会议休息时，当场向中央领导及参加会议的全体同志宣布了这一大好消息。大家听到这一喜讯都很高兴。

总公司将塔中1井获高产油气流的消息刊发在简报（1989年12期）上报给中央，中央领导同志做了批示。

11月2日，江泽民总书记批示：这确实是大事。希望继续再做点细致的工作，确实有把握做出科学的结论。发现这样的油田，真是雪中送炭。对于整个国民经济无疑是一个极大的支持。有何情况请随时报告。

11月5日，李鹏总理批示：谨向石油战线上的同志表示热烈的祝贺。

邹家华、宋健国务委员也都做了批示表示祝贺，并勉励会战职工继续努力，做出更大贡献。

12月3日，总公司召开办公会，研究进一步加强塔里木勘探开发工作。塔里木、大庆、胜利、辽河、中原、华北、新疆、四川、大港、长庆、江汉等油田，和管道局、石油物探局、北京勘探开发科学研究院、西南石油学院、总公司有关局领导同志参加了会议。会议动员各油田的力量，从提高认识、增加队伍、加强领导、完善新体制、加强科研等方面，进一步扩大这一大好形势。

12月9—16日，塔指召开塔里木勘探开发技术座谈会。总公司总地质师阎敦实，北京石油勘探开发科学研究院院长翟光明，以及万仁溥、李德生、朱兆明等专家50多人，研究塔里木勘探及轮南2井区的开发等问题。

塔中1井的突破，使会战掀起了第一个高潮。

三、东河塘抱个"金娃娃"

1990年7月11日，东河1井获得原油日产量389立方米。这是我国有史以来第一次在海相石炭系砂岩中钻获工业油流，而且埋藏深度近6000米。这一重大发现对塔里木石油会战的同志们鼓舞很大。

7月24日，就在东河塘喜抱"金娃娃"的时候，中共中央政治局常委、中央纪律检查委员会书记乔石来到塔里木石油探区考察。他上钻台、进井场，亲切慰问会战前线的干部职工，做出重要指示。他说，在塔里木建成一个大型油田，对国家经济建设很重要，可能影响整个国民经济的发展。

1989年6月，塔指地质综合研究大队在库车县城以南的墩阔坦（维吾尔语意为"高地上的羊圈"，旧译东河塘）乡境内发现东河塘构造。东河塘构造很小。由于在其以西的英买力构造及以东的雅克拉构造均获工业油气流，地质家预测东河塘构造获工业油气流的可能性很大。塔指决定上钻东河1井，设计的目的层是埋深5940米的奥陶系。东河1井由中原钻井公司7011钻井队中标承钻，1989年12月30日开钻。这口井曾在侏罗系钻遇含油砂岩，井深5565米进入石炭系，发现一套滨岸相石英砂岩。钻至5763～5765.5米井段时，泥浆槽面已漂满油花，随即取心，获15.63米含油砂岩。7月11日测试，用11.11毫米油嘴求产，日产原油389立方米，发现东河塘海相砂岩油田。

　　东河 1 井巨厚的优质海相砂岩储油层在国内属首次发现。地质人员把这套海相砂岩命名为"东河砂岩"。东河塘油田的发现，非常令人振奋，它丰富了我们在油气成藏理论方面的一些认识。

　　这是国内首次在近 6000 米深度发现了正常原油的工业性油田，打破了所谓油藏死亡线的理论禁锢；是国内首次在近 6000 米深度发现了良好储层高产油田，打破了当时认为超深层缺乏优质砂岩储层的理论禁锢；更主要的是东河塘油田揭示了塔里木盆地超深层埋藏着又一个优质的含油层系。

　　发现东河塘油田，塔指地质综合研究大队青年地质科技人员王招明做出了突出贡献。王招明是改革开

1990 年，东河 1 井在 5000 多米井深处取出的砂岩岩心 ▶

东河 1 井井场
▼

放后毕业于西南石油学院石油地质专业的青年知识分子，塔里木勘探深深吸引了他，1987年到塔里木盆地综合研究联队，从事塔里木综合地质研究。东河1井设计的勘探目的层是奥陶系，王招明在做圈闭评价和预测时，提出与井位设计书不同的观点：东河塘构造上的石炭系岩性与此相距32千米的沙5井可以对比，预测石炭系在薄层白云岩以下有一套厚约260米的砂砾岩好储层；东河1号构造石炭系的圈闭油气资源量最大，为5880万吨；编制出了油藏预测剖面图，该图与后来钻探结果基本相符。在东河1井钻探过程中，王招明到地质矿产部沙5井上去考察，看到沙5井在石炭系发现了沥青，专门用袋子装了沥青回来研究，初步判断东河1井石炭系会有油气发现。

1990年勘探技术座谈会上，塔指副总地质师梁狄刚在会上介绍东河塘油田的发现时，就很自豪地说，

1990年，地质人员在东河1井讨论工作。左3为王招明

这是我们地质家预测出来的。梁狄刚向大会介绍了王招明。瘦削的王招明站了起来，白净脸，戴一副近视眼镜，30岁出头，有点羞涩的样子。后来我到塔里木，经常看到王招明。多年实践，使他成为一名优秀的地质家。

东河塘油田发现后，塔指总地质师童晓光向总公司建议，石炭系东河砂岩是一套优质海相石英砂岩，储层平均孔隙度15.7%，渗透率16.2毫达西，埋藏5700多米，还能高产。考虑到奥陶系碳酸盐岩油藏的复杂性，建议转变勘探主攻目的层，把寻找大油田的主要层位从奥陶系碳酸盐岩转向石炭系东河砂岩。塔里木盆地北部和中部石炭系砂岩地层广泛分布，厚度达200多米，是国内少见的优质储集层，对渴望在塔里木盆地寻找大油气田的勘探家们来说，诱惑力确实很大。由此拉开了寻找东河砂岩油气田的序幕。大家都认为，如果能找到几个大一点的东河砂岩油田，也是一个大场面。

四、拿下亿吨级油气田群

1988年11月，轮南2井在中生界侏罗系取到含油岩心、三叠系层段获高产油气流后，中生界成为轮南地区勘探的重要目的层。地质家们认为：三叠系、侏罗系是两套目的层，应比下古生界碳酸盐岩储集层物性更好、产量更高。塔指地质综合研究大队还建立了"Y"字形断垒潜山之上三叠系—侏罗系披覆背斜油田的模式。在轮南地区整体解剖奥陶系潜山的同时，向南追踪，寻找三叠系—侏罗系披覆背斜油田。

1989年9月，轮南3井在三叠系获高产油流，基本控制了轮南油田主要油区，1990年探明石油地质储量5003万吨，天然气57亿立方米。

向南甩开，钻探桑塔木构造。桑塔木是个地名，维吾尔语意为"粮仓的墙"。相传，古时官府曾在此修建粮仓，后民众因躲避祸乱来此，但仅有粮仓的墙，故名。部署在桑塔木断垒带1号潜山披覆背斜上、由华北油田60153钻井队中标承钻的轮南14井，1990年3月18日在三叠系钻获高产油流，日产油316.8立方米，发现桑塔木油田。经详探，探明石油地质储量1381万吨、天然气23.24亿立方米。

塔指地质综合研究大队研究人员总结轮南和桑塔木的勘探经验：在轮南地区只要背斜圈闭落实，沟通油源断层发育，就可以在三叠系—侏罗系找到工业性油气藏。中、新生界的连续突破，极大地鼓舞了地质综合研究大队研究人员。1990年12月底，他们加班加点工作，有时忙碌到天明，连元旦假日都在办公室度过。通过使用当时最先进的变速成图技术，他们在桑塔木油田东南方向5～10千米发现了解放渠东（因为其西有解放渠而得名）和吉拉克（维吾尔语，意即"长草鳖子的地方"）两个构造。两个构造同时钻探。5月3日，位于吉拉克构造的轮南57井（四川钻井公司60119钻井队中标承钻）测试获日产凝析油445立方米、天然气28.87万立方米，发现吉拉克凝析气田。接着7月28日，位于解放渠东构造上的轮南55井（胜利钻井公司60161钻井队中标承钻）经测试，获日产原油223立方米、天然气1.14万立方米，发现解放渠东油田。

至1991年，轮南地区4个油田共探明了石油地质储量8657万吨，天然气地质储量140亿立方米。

轮南地区中生界油气田一览表

油气田名称	探明石油地质储量（万吨）	探明天然气地质储量（亿立方米）	合计油气地质储量当量（万吨）
轮南油田	5003	44.6	5358.4
桑塔木油田	1381	23.24	1566.2
解放渠东油田	1491	12.48	1590.4
吉拉克凝析气田	782	59.63	1257.1
合计	8657	139.95	9772.1

据统计，到2008年底4个油气田已累计生产石油近2000万吨，为支持塔里木石油会战做出重要贡献。

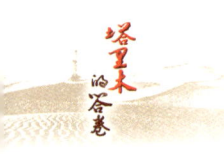

第四节 开天辟地的壮举

一、难以穿越的天堑

塔克拉玛干大沙漠横亘在盆地中央，南北宽 500 多千米，东西长 1500 多千米。沙漠区内沙丘纵横连绵，气候极度干旱，盛夏季节地表温度近 70 摄氏度，冬季温度 -30 摄氏度，全年多风沙。常在沙漠区形成的沙暴，给盆地周边带来严重的影响。就其气候环境恶劣程度来讲，塔克拉玛干大沙漠堪称世界第一。

西汉时，汉武帝遣张骞"凿空西域"，那时沿塔里木盆地周边有许多郡国，塔克拉玛干沙漠没有今天这么大。史书记载：发源于昆仑山的四条河流向北穿越塔克拉玛干沙漠汇入塔里木河，这四条穿越沙漠的河流，在沙漠区形成四条绿色通道。后来，在历史岁月中，由于雪山雪水减少或河流改道，这四条绿色通道连同楼兰、尼雅等古国一同被黄沙掩埋了。

1917 年，当时的新疆省都督杨增新曾计划修筑一条穿越塔克拉玛干沙漠的通道，责成和田县知事陈继善逐段勘察，计划拨白银 6000 两，终因难度太大而放弃。

1949 年以后，新疆维吾尔自治区政府沿盆地周边修筑了等级公路。由于风沙袭扰，盆地南缘的和田市，向东连接于田、民丰、且末、若羌、尉犁的公路大段为黄沙掩埋，许多路段用砖石、胡杨木铺设才可通过。为躲避沙害，且末城以东的公路逼近昆仑山北麓，不仅增加了里程，也远离了居民点。尉犁至若羌的公路是塔里木盆地东南缘唯一通道,却因风沙危害,其中百余千米为砖铺路面凹凸不平,每行十千米可以蹾一万多次,人们戏称为"万蹾路",频率之高不可想象。"车在路上跳,人在车里跳,肠子在肚子里跳",是行路难的真实写照。因为这段道路的路况很差,和田地区的交通主要依靠向西经喀什、阿克苏绕行到盆地北部,行程2000多千米。

早在1986年,石油部沙漠钻井顾问组经过实地考察后,曾提出修建沙漠石油公路的建议。我们在乌鲁木齐与新疆维吾尔自治区党政领导宋汉良和铁木尔·达瓦买提座谈时也提到,沙漠腹地找到油气田后要想办法建设沙漠公路问题。他们说自治区早就打算修一条贯通沙漠南北的沙漠公路,长期以来苦于没有技术和资金,寄希望于塔里木石油会战。

20世纪90年代初,双水獭飞机接送钻井工人

  当时向沙漠腹地运输人员和物资器材主要是靠空中运输和沙漠车。开辟了库尔勒至塔中的空中航线后，用小型飞机飞行约一个小时左右，但主要问题是运量有限。根据沙漠中气候环境，每月仅能飞行50小时左右，运费昂贵，所以只能作为空中支援，运输紧急物资与轮换值班人员，不能解决大运量问题；专用沙漠车辆依赖进口，价格昂贵。平均每台沙漠车百万元以上，一个装备40多辆沙漠车的沙漠车队，投资6000多万元，而且在沙漠中行进时速极慢（约8千米／时），2个沙漠车队仅能维持4～5台钻机正常运转。像塔中1井这样规模的钻探工程，1口井所需的各种装备物资约1万吨。在人与风沙无数次的较量中，沙漠车队动用了6台推土机，14台沙漠车，耗费两个月的时间，才将钻井物资运进沙漠腹地。仅运输费用就5000多万元，比常规运输成本高10倍以上。后来改为先由常规车辆走盆地西线绕行1930千米，将物资运抵安迪尔支撑点，再改由沙漠运输车运抵塔中钻井现场，才使运输紧张局面得到缓解。

  1989年10月19日，沙漠腹地塔中1井获得高产油气流后，预示着这一地区可能找到丰富的油气田，修建一条跨过塔里木河，通向塔中的沙漠公路提到了总公司的议事日程。

  总公司决定将此项任务交给总公司科技发展部牵头，会同基建工程部与塔指共同组织研究实施。决定成立沙漠公路攻关领导小组，由王炳诚任组长，总公司科技发展部主任蒋其垲、基建工程部主任金燕凯任副组长，领导沙漠公路的科技攻关和现场试验工作。在流动性大沙漠修建柏油路面的公路，既是一项科学探索，也是风险很大的工程。我们研究确定了五项组织管理原则，核心是贯彻"两新两高"工作方针，"以科技为先导，以工程为依托"。研究工作与解决塔里木石油会战对于沙漠公路的迫切需要紧密结合，实行领导小组宏观决策下的甲乙方合同制，对课题研究实行项目管理。1991年10月，正式被确定为"八五"国家重点科技攻关项目。

  在反复调查研究和专家评审的基础上，确定了7个研究专题：沙漠公路选线，防沙治沙，筑路材料、路面结构和路基稳定，施工与养护，沿线水文地质和工程地质调查，塔里木河桥水文分析和导流防护设施，环境影响综合评价研究等。分别组成了以技术专家为骨干的7个专题组，涉及风

1990年4月24日，在天津塘沽召开"塔里木沙漠公路线路踏勘考察汇报及道路结构与施工技术方案审议会"，图为会后全体专家合影

沙地貌、自然地理、道路工程、地质学、土壤力学、桥梁结构、材料科学、水文地质、工程地质、分析化学、气象、水文、土壤、生物、生态、计算机和环境科学等十几门学科。邀请了中科院、铁道部、交通部、解放军总参谋部、高等院校等5个部委、6个行业、14个单位的180余名高层次人才开始了跨部门、跨行业、跨学科的联合研究和科技攻关。

二、瀚海踏勘

1990年3月28日，一支由5家科研院所31名科研人员组成的沙漠道路踏勘考察队正式从库尔勒出发。这次踏勘的任务是对塔中1井至塔里木河的沙漠情况进行一次包括地质、地貌、水文、风沙和气象等项目的多学科综合考察。

徒步穿越塔克拉玛干，历来被看成为探险性的壮举。这天清晨，沙漠道路踏勘考察队队员们在塔指机关大楼前整齐列队，举行庄严的出征仪式。

考察队在出发前做了细致充分的准备，因为他们知道在沙漠里工作哪怕一件小事没考虑到都会带来极大困难。记得考察队利用十万分之一塔里木盆地地形图和六万分之一的塔克拉玛干沙漠航拍照片，对拟选的三条线路进行室内地貌景观航片制图和比较分析，制定落实实地踏勘线路的走向，并从图上测量出塔中1井到轮南16井之间，有33个拐弯点，需翻越9座高大复合型的沙垄。塔指副总工程师陈希吾、王子江与新疆生物土壤沙漠研究所研究员周兴佳等人一起编写出踏勘选线大纲。

考察队的装备可谓先进和精良：悍马车、沙漠推土机、沙漠油罐车、沙漠水罐车；电台、对讲机、步话机；卫星定位仪、罗盘仪、望远镜等一应俱全，他们还准备有足量的水、挂面和580个馕饼。在考察队出发的前3天，范社稳和吴宝春等队员已押运物资从库尔勒出发，经若羌、且末一线，日夜兼程，抵达安迪尔，然后再转乘沙漠车到达塔中1井。钻井队腾出野营房宿舍给他们住。范社稳婉言谢绝："考察队要进行野外训练，必须睡在帐篷里。"他们把两辆沙漠车对头停放，车头中间撑起安全支架，篷布往上一盖，野营露宿的帐篷就搭成了。

1990年，沙漠公路踏勘考察队夜间宿营地
▼

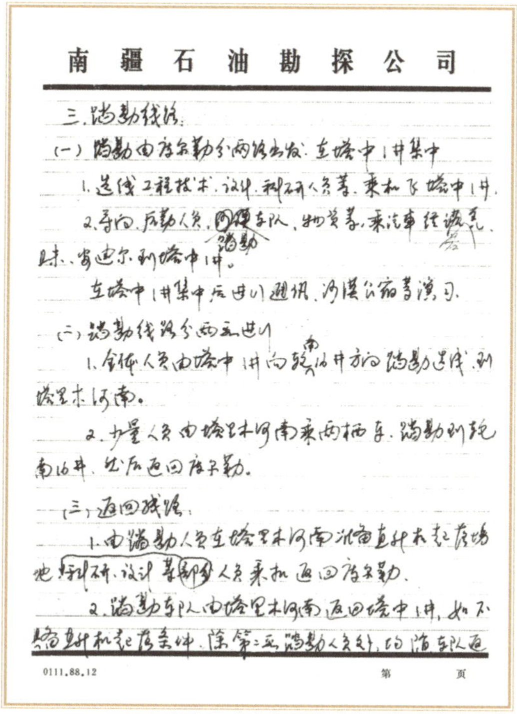
南疆石油勘探公司

三、踏勘线路：

（一）踏勘由库尔勒分两路出发，在塔中1井集中

1、选线工程技术、设计、科研人员等，乘机飞塔中1井。

2、向导、后勤人员、踏勘车队、物资等，乘汽车经[illegible]且末、安迪尔到塔中1井。

在塔中1井集中后进行通讯、沙漠公路等演习。

（二）踏勘线路分两段进行

1、全体人员由塔中1井向塔南1井方向踏勘选线，到塔里木河南。

2、少量人员由塔里木河南乘两栖车，踏勘到轮南16井，然后返回库尔勒。

（三）返回线路：

1、由踏勘人员在塔里木河南派直升机飞抵[illegible]地，科研、设计等部分人员乘机返回库尔勒。

2、踏勘车队由塔里木河南返回塔中1井，如不能直升机飞抵[illegible]，除第二段踏勘人员外，均随车队返

0111.88.12 第 页

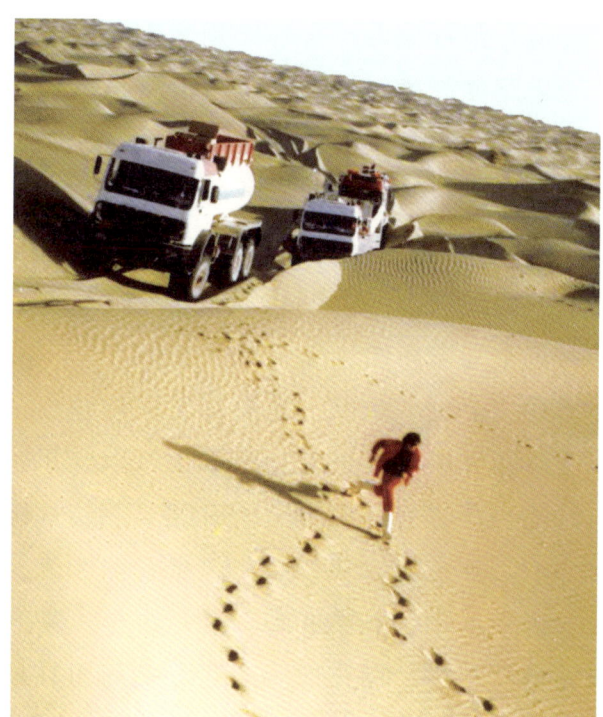

1990年3月22日确定的沙漠公路踏勘线路

向导为考察队车队探路开道

1990年4月，沙漠公路选线队在沙漠腹地选线

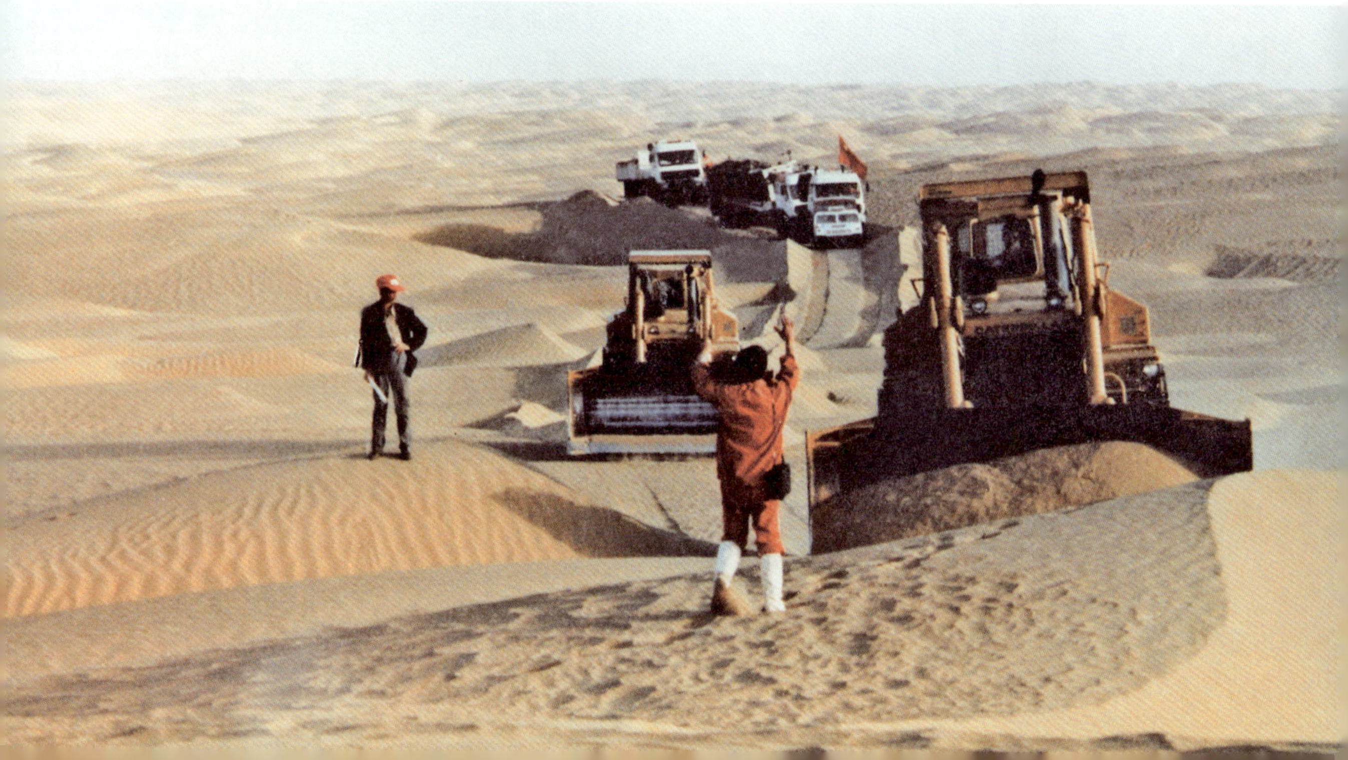

范社稳、吴宝春回想起 1989 年为打通罗布庄通往塔东 1 井约 80 千米道路的往事时说，那时有卫星定位仪等设备该有多好啊。那一次，带路翻越沙山，为保证后来的司机不会迷途，他们把做的几千面路标旗沿途插好，可是没出几天，所有的旗子被风刮得无影无踪。他们发现飞沙埋不住绿色的矿泉水瓶子，就沿途甩了许多空瓶子。不料，瓶子像浮在河面的树叶随风而动，把司机们引上了歧途。他们曾经叫警犬"小黑"带路，不出数日"小黑"却惨死在沙漠。司机悲痛万分，在罗布庄为"小黑"举行了"葬礼"，并立上一块木牌，上面写着"沙漠孤魂"。后来，风吹日晒，木牌上字迹斑驳，来这里试车的日本人还以为是古墓，又是拍照又是录像。有一次，司机蔡长寿开着推土机开路，后边尾随 3 辆油罐车往塔东 1 井抢运油料。刚刚翻越第二座沙山，风暴突然袭来。推土机拐了个弯就与后边的车队失去了联系。3 台油罐车迷失方向，停下不敢再前进了。他们躲在驾驶室里等待救援。指挥部得知有 5 名司机在沙漠中失踪，开始组织救援。可是能见度只有五六米，直升机无法飞行，只有设法组织沙漠车前往救援。5 天后，风势减小，能见度增加，终于在沙山上找到了他们。这时，5 个人只能打手势，已经无力说话了。

初春的大漠，已经显露干热的威力。考察队队员们体力消耗很大，不到一个星期，只剩下 50 个馕饼。徐西华将全部馕饼留给前边探路的范社稳、吴宝春、推土机司机和修理工。为了减轻双脚在沙漠里行走的负担，考察队专门定做了 80 双类似和尚布履那样的白布筒鞋，计划按每人两双分配。可是，十几双白布筒鞋都被范社稳和吴宝春穿了。他们几乎一天要磨透一双。他俩因此获得"铁脚板"的美称。

沙漠公路的线路一步步确定下来。然而塔克拉玛干的风沙、水文、地质、气候条件是否允许道路施工呢？周兴佳、凌裕泉、李崇舜等中科院研究人员每天按计划挖沙坑、看剖面，采集沙土标本，对照航拍图考察沙漠地形地貌，观测风向和流沙运动情况。他们每天拿着一个筛子，一个粒级一个粒级筛，然后去称重，统计。夜晚在烛光下紧张地整理各种观测记录。

从塔中 1 井到塔里木河全程 341 千米的踏勘考察，穿越大沙山 15 座，沿途考察搜集沙丘形态、风沙活动、地质、水文等大量资料，用 12 天完成考察任务。

1990年4月24日，塔里木沙漠公路踏勘考察汇报及道路与施工技术审查会，在地处渤海边的塘沽召开。参加沙漠踏勘考察的地质、水文、生态、工程、环境和风沙方面的专家，全面汇报各自考察的情况，系统地分析选择从塔中1井到轮南作为沙漠公路具体走向的可能性，提出了"从轮南16井至塔中的沙漠公路选线方案比较合理"的结论性意见。从轮南—肖塘到塔中的沙漠公路蓝图也由此确定下来。

沙漠公路在具体的选线和测量设计中，50多名科学家和工程技术人员历经千辛万苦，探索出线路设计的原则和方法。这些联合攻关的成果，直接运用于沙漠公路的设计和修筑中，转化而成的黑色柏油公路，像一条舒缓柔顺的黑色飘带，曲直有致，平缓流畅地展示在浑黄渺远的茫茫沙海中……

三、从"零"起步

在号称"死亡之海"的塔克拉玛干流动性沙漠上修建等级公路，国内外没有成套的经验可供借鉴。撒哈拉沙漠和中东沙漠，多数公路的基础层为戈壁土、泥岩或砂岩，有的路面就直接铺在砂砾上。塔克拉玛干沙漠堪称世界"八大之最"：离海洋最远，气候最干燥，植被最少，沙土类型最复杂，沙丘流动性最强，流动沙面积占沙漠面积最大，流沙层最厚，比例沙粒最细。在流动沙漠上大规模修筑这样长距离等级公路，在世界上尚属首例。

1991年9月5日，在塔里木河以南40.8千米处的沙漠边缘，竖起了一个刻有"塔里木沙漠石油公路0KM"的路标牌。从这里开始，"沙漠石油公路工程技术研究"先导性综合试验路段正式开工。

在塔克拉玛干修筑沙漠公路，就是要将路面修筑在起伏几十米的流动性沙漠上，而且还要保证30～50吨的常规载重车平稳地奔驰而过。在这种沙子上能不能够修筑公路？修筑什么样路基？用什么结构能把路面稳定住？这些问题没有现成的答案。

▲ 1995年建成的沙漠公路试验路段0千米处纪念碑

如何解决路基、路面的结构组合，形成永久性坚固的道路，是摆在科研人员面前的一个严峻的攻关课题。

这次他们优选出8种路面方案，同防沙治沙、工程地质与水文地质勘查同步进行了2千米的试验，1989年10月22日顺利完成。

完成2千米的试验施工后，各路专家对8种结构进行了反复的讨论和比较。8种结构无论从理论上和实践上讲，都是可行的，但不是造价过高，就是施工方面存在诸多问题。最后经过反复论证，8种方案都被否定了。那么，8种试验究竟给人们哪些启发，怎样找出一种造价比较低、施工简单、材料来源方便的路基路面结构方案呢？

针对这个问题，新疆交通科学研究所的研究人员提供了一条线索。早在1989年，他们曾经在地处准噶尔盆地的古尔班通古特沙漠进行过一种"编织布沙砾基层"的实验，实验证明在平整压实的沙质砾石上铺一层编织布可以提高路基的稳定性。与此同时，天津大学的一位教授也提出在沙基上可以铺设土工布。

长庆筑路公司也提出，他们在内蒙古毛乌索沙漠筑路时曾用过编织袋装沙子的方法。在修筑胡杨林区道路的时候，有过在土质路基上铺设编织布再辅压砾石层，有效地防止砾石经重压钻入地质路基，避免路基下陷和开裂的施工经验。

同时，天津大学经过土工试验筛选，从多种不同含水量的沙漠沙的试验中，得出"含水量为零的干沙，压实之后，耐压强度和密实度为最佳"的结论。石油工程技术研究所、铁道科学研究院西北分院进行了沙基干压实试验；长庆筑路公司用 16 吨震动压路机，进行沙基静压和震动压实试验，也证实了震动干压实效果最佳。各家试验均证明，塔克拉玛干沙漠沙，在含水接近零的情况下，经过碾压，完全可以达到稳定的密实程度，形成强基。这一认识解决了人们思想上最大的悬念。

后来，专家们相继解决了在沙质路基和砾石层之间加一层土工布（即编织布），依靠编织布的拉伸作用，既可以限制沙质路基因受重压可能出现的剪切滑动，提高沙基的抗剪能力，又能阻隔砾石陷入沙基造成砾石层和沥青层下陷断裂，因而可以保持路基路面的整体稳定。通过多方试验，反复探讨，在干压实的沙基上，铺一层编织布，加上砾石层、沥青混凝土层、沥青砂面层的路面结构，

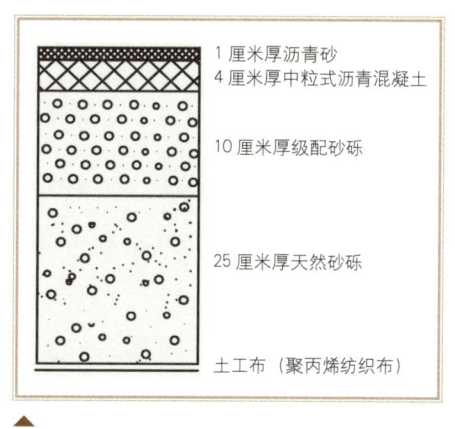

▲ 沙漠公路强基薄面示意图

形成了工业性试验的推荐方案，统一了专家们的认识。

1992 年，再次进行 30 千米工业性试验段。石油工程技术研究院对 8 种结构的造价，分别进行了详细计算，又结合施工操作较为方便的原则要求，通过分析、研究，对路面结构提出了新方案。他们把沙样带回天津塘沽，购买了数十卡车的近似于塔克拉玛干沙漠的细沙，在一片空地上，堆

成4米宽、50米长的小沙梁，模拟沙质路基，用东方红60拖拉机，进行自然压实试验。检测结果，碾压密实度达到90%以上。

经过理论上的探索和大量实验，一种符合沙漠供水困难，无便道施工，干压实稳定沙质路基施工，在铺设编织布的沙基上，科学施用只有20多厘米的较薄砾石层、沥青层的"强基薄面"施工工艺和施工方法诞生了。这是沙漠公路修筑中，既科学又经济适用的重大施工技术和施工工艺的突破。真应了著名科学家华罗庚说过的那句话：大题小做（解）真本领，小题大做（解）假斯文。

1992年，塔中4井出油后，修筑沙漠公路的速度大大地加快，沙漠公路大踏步地向塔中4井方向前进。当年10月下旬，塔指组织沙漠公路设计单位招标，新疆石油管理局勘察设计院、南阳油田设计院，以及自治区、巴州两个设计院共4家单位投标，新疆石油局设计院中标，随即组织测量、选线，设计人员于12月上旬进入沙漠公路现场进行定向踏勘、选线、测量、设计工作。

四、筑路铁军

1993年元旦那天，我和邱中建，李天相等同志来到沙漠公路修筑工地。出肖塘指挥所，看见两座布满草方格的沙丘之间出现的沙漠公路向前延展而去。瞭望前方，沙丘起伏，犹如波涛般的大海，25千米长的黑色柏油路面像一条飘带，伸向瀚海深处。

我们在黑油油的沙漠公路上，步行完2千米试验路段，又驱车在25千米工业化试验路段上边走边看，再换乘沙漠车深入沙漠10多千米。所见所闻令人心潮澎湃，我觉得参加塔里木石油会战的每一个同志，面对一望无际的沙丘，勇敢地开辟一条征服"死亡之海"的光明之路。开天辟地，造福人民，这样开创性的事业，真是让人感到光荣和自豪。

我问沙漠公路工程办公室人员：2千米试验以后，又进行了25千米的正规修筑试验，修筑沙漠公路的技术工艺已经比较成熟。现在，塔中的勘探正加快速度，修筑沙漠公路也要加快速度。在资金保证的情况下，能不能在两年之内把这条路修到塔中去？

他成竹在胸地说："完全可以，也有可能提前修到塔中！"

我伸出右手，兴奋地说："今天是元旦，咱们来个三击掌，你的话可要兑现啊！"对方也举起右手，两只手掌"啪啪啪"发出三声脆响，拍出一阵热烈的欢笑……

1993年4月10日，塔里木石油会战4周年这天，邱中建在前线现场办公。在肖塘前线指挥所挂着巨型沙漠航拍图的会议室里，他对长庆筑路公司经理文杰堂说："塔中地区是我们在塔里木找油的重要方向。路修不进去，勘探工作就无法展开，完全靠沙漠车，代价太大。沙漠公路工程一定要快，等你们修到塔中4井的时候，我要向同志们鞠三个躬啊！"

长庆油田筑路公司是修筑沙漠公路的主力军，他们与中原油田筑路公司并肩作战，提出一定要以大无畏、大决战的决心，大团结、大协作风格；用攻坚的毅力，闪电战的速度，立体战的动作，歼灭战的效果，

1993年，长庆油田筑路公司在沙漠区施工

加快筑路，立志在中国的地图上，画出一条红色的公路线！

1993年2月13日，长庆油田筑路公司经理文杰堂向路基队下了命令：按合同要求，必须在9月底全部完成。100千米的路基工程，要求路基队争取在8月底之前完成。这支筑路队伍是由转业军人组成，共产党员占员工总数60%以上，军人和石油人的素质造就了这支队伍敢打硬仗、敢于胜利的工作作风。

在他们面前，横亘的是数十座高大的沙山，他们要一个一个地跨越过去。他们身后，每天有几百辆汽车，紧随其后，往路基队推成的路基上拉运砂石料。如果路基队不能保证平均每天两千米的速度，全线的拉运和铺筑料石，以及铺压沥青的工作都要受到影响。

"困难再大，就是用手抠，也要把这条沙漠公路抠出来！"号称开路先锋的筑路队队长陈建国立下军令状。"只要把党员发动起来，把军人的作风发挥出来，就没有过不去的火焰山！"

当又一座高大的沙山横亘在他们面前时，陈建国打开一张20世纪60年代绘制的沙漠地貌图，看到地图与实际的地貌差异很大，是不是因为沙山移动了？他登上沙山，环顾四周，隐隐约约发现左侧有一垭口。他来到垭口外仔细察看，一个改变原设计路线的大胆想法冒了出来：如果公路从这个垭口通过，比原设计至少可以减少一半以上的工作量。只要从原设计沙山下一两千米处稍稍向左改变一下方向，这个新的路线设计就可以实现。陈建国向长庆油田筑路公司领导汇报了改变通过沙山路线的想法。长庆油田筑路公司领导与设计单位新疆石油管理局勘察设计院协商。经实地勘测，对这座沙山上的路线重新进行了设计。改变后的路线，路基队仅用12天时间就打通了，节约了一半以上的时间。

4月27日，推土机按照测量队插在沙地上的标志，推出路基，还来不及平整压实，就被一场突如其来的沙暴卷得面目全非，只有折回头再推。可是，一夜过后，返工修出的路基又被沙暴吹得荡然无存，重新修整的路基在一夜之间被破坏得不成样子。

这场沙暴整整刮了三天三夜，路基队没有停工，没有懈怠，一边继续往前进，一边修补被大风撕开口子的路基，始终按合同要求，保持着每天前进两千米的施工速度。

路基队作为筑路施工的先头部队,总是远离营地,两辆连接起来的宿营车,孤零零地随着路基的延伸向前移动。一天夜里,炊事员在迷迷糊糊的梦境里,觉得床铺摇晃不止,一阵一阵地倾斜。他翻身坐起,几乎从歪斜的床铺上跌落下来。"莫非是闹地震了?"原来营房车外边风声像雷吼一样,夹杂着尖厉的呼啸,把营房车快要吹翻了!

他们发动推土机,把营房车拖出沙窝,向前转移。可是,一个时辰以后,营房车又歪斜了,他们又拽着营房车向前移。这一夜,他们就这样拽着营房车挪了三次窝。

粮断了,水也断了,后方的补给都断了。职工已经一天一夜没有吃饭。狂啸的风沙终于停息下来,文杰堂带着食物和矿泉水赶到路基队施工现场,看到他们个个

沙漠公路纪录片

1993年,筑路队伍正向大漠腹地挺进

简直成了"土人",就连饭菜里也掺杂着沙子,用水一涮,碗底沙子有一层。职工仍然斗志昂扬,不时唱起那首自编的陕北民歌来:"一碗那个羊肉泡白菜,把咱的任务拿回来,我小那的哥,把咱的任务拿回来;一盘那个羊肉炒焦了,把咱的名声扬高了,我的妹妹哟,把咱的名声扬高了……"

路面队与风沙的较量却是另一番情景——

路基队每天以2千米的速度前进,路面队紧跟其后。6月7日,一炉沥青料石刚刚搅拌好,沙暴便席卷而来,风扑沙打,使工人们难以睁眼。倘若停工,不但影响进度,而且拌好的沥青料就会凝结在料斗里。必须顶住风沙,连续作业!风沙像一把无形的大扫帚,把一堆堆浮沙卷上砾石路面;来了沥青料石,只能扫一段、铺一段。有时狂风掀起铺路段上的编织布,工人们便分出几人,趴在编织布上压住,压一段,铺一段。在大沙漠,除了与风沙周旋,还要忍受难熬的热浪。白天,烈日如火,热浪灼人。刚出炉的沥青砂石料温度高达160度,运往摊铺的路段;卸车、摊铺、碾压。这一连串的作业,都是伴随着灼热的烘烤而进行。各种机械设备像炒栗子一样灼热发烫。一启动发动机,水箱就开锅。摊铺沥青的机械操作手,为了降温,在驾驶室里放上浸了水的海绵、布袋。头上顶着湿毛巾,但不大工夫,就成了干布条。他们的脊背、屁股和大腿出现疹斑,有的甚至溃烂淌血。

筑路工人曾自编自唱了一首充满西北风味的筑路歌——

莽莽沙海宽个楞楞的大 / 美死个人的公路就通了天涯 / 自古的美梦咱给变成了个真 / 你走上一走就知道了咱 / 黑黑的公路黄澄澄的沙 / 铁脊梁挺在太阳下 / 筑路人自有筑路人的情 / 热血在手心里攥上一把 / 风搅沙扑汗身上滚 / 路修到哪哒哪就是家 / 不是咱没有爹妈妻儿牵挂 / 为了这路可就顾不上她 / 一腔甘苦咱先洒 / 要争个中华豪情传天下 / 希望的大道通油海呀 / 塔克拉玛干快快把骏马跨。

1994年6月14日,筑路队员用他们的汗水和激情铸就的219千米的沙漠公路,胜利抵达沙漠腹地的塔中4油田。

五、生命之路保卫战

沙漠公路以每天 2 千米的速度向沙漠深处延伸，风沙也像赛跑似的掩埋着黑色的路面。如果不采取措施来固定流沙，沙漠公路会很快被沙子覆盖。

风沙几乎主宰着塔克拉玛干，差不多平均每 4 天就有一场风沙：8 级以上的大风天气一年有 35～40 天，浮尘天气超过 100 天。当地民谣唱道："大沙漠里有风精，五级六级不算风，七级八级是小风，十二级大风也普通。"由于风的作用，不同直径的沙粒便以悬移、跃移、蠕移的形态被风扬起、搬运，对交通造成极大的危害。

为了探索在塔克拉玛干沙漠里修筑沙漠公路防沙治沙方法，1990 年 10 月，有关专家就聚集在宁夏中卫沙坡头沙漠科学研究站，详细考察了用麦草栽成草方格固沙的经验，从而提出了塔里木沙漠公路的防沙治沙要"因地制宜，就地取材，固阻结合，价廉耐久"的防沙治沙原则。决定塔里木沙漠公路的防沙治沙要走"以机械固沙为基础，以生物固沙为目标，以化学固沙为辅助"的中国式防沙治沙道路。具体实施分两步走：第一步是建立以插埋阻沙栅栏及平铺机械沙障为手段的固、阻结合的防沙体系，第二步是通过滴灌和盐水灌溉试验，寻找和培育耐盐植物，以期在沙漠公路两旁形成绿色走廊，永久性地解决公路的防沙问题。

风沙运动规律是防沙工程设计和建设的依据。在塔克拉玛干，建立了满西气象站和塔中气象站，通过连续、系统的观测，获得了大量颇有价值的气象资料。同时，在兰州沙漠所的风洞实验室里展开了风沙运动的模拟实验。根据不同的沙漠地形与相应的风沙运动状态，因地制宜地进行工程固沙、化学固沙和生物固沙，阻沙、输沙、导沙措施相结合的试验，探索最佳有效的防沙体系。

经过研究、借鉴国内外的防沙治沙经验，决定利用新疆博斯腾湖丰富的芦苇资源。用铡刀将其截成 40 厘米长的末节，栽埋成 1×1 平方米芦苇草方格，公路两侧各设 40～60 米宽的草方格带固沙，外侧各设一道 1.3 米高的尼龙网或芦苇栅栏。实验效果颇佳，一方一方的芦秆直立沙地，刚

刚被风刮起的沙子，受到密集的芦秆的阻挡，即刻回落下来，避免了移挪，起到了稳沙固沙和保护沙漠公路的极好作用。在沙漠公路的数百千米沿线，芦苇草方格就像密实的大网，牢牢地紧箍在沙漠公路的两旁，成功地防止了流沙掩埋公路，成为沙漠公路建设的重要组成部分。这是中国科技人员固沙治沙的又一成功范例。

随着塔里木沙漠公路向塔克拉玛干的延伸，栽植的芦苇草方格伴随着沙漠公路向前扩展。成千上万的芦苇草方格与黑色的沙漠公路浑然一体，成为塔克拉玛干沙漠里的一幅极富诗意而又壮观美丽的风景线。我们不会忘记，世界上最早成功创造这种防沙办法的是我们的农民兄弟。

塔里木沙漠公路两旁的草方格就是且末县第二建筑工程公司的100多名农民工完成的。他们像在自家责任田里种水稻一样那么认真、细致、负责，他们的工作经受住了多年历史的考验，他们身上所体现出的中华民族勤劳、勇敢、诚恳务实的美德，确实令人敬佩。"民工诗人"赵俊峰的一首《春节随感》道出了他们工作生活的真情实感——

别故乡，离家园，父母妻儿心中念／雄心壮，意志坚，千辛万苦只为钱／钱，钱，钱／苦辣酸，我心甘，千里万里不嫌远／不怕苦，忍严寒，却知挣钱好艰难／难，难，难／除夕夜，把家念，万家团圆我不圆／思乡泪，流不断，肝胆欲碎不成眠／年，年，年／卧了薪，尝了胆，心怀希望奔明天／流血汗，拼命干，打工致富不怠慢／变，变，变！

这些淳朴的农民工都有一个朴素的梦想，将来沙漠公路通车了，国家发展了，他们也会跟着富裕起来的。

5300多万平方米的草方格固沙带和900千米的阻沙栅栏，曾经使沙漠公路免于沙埋的危险，然而在沙漠风年复一年地吹蚀下，机械防沙固沙体系逐渐失去了作用，沙子一点点爬上了公路。看来机械固沙只是起到了一段时间的作用，生物固沙才是百年大计。

从1991年起，中国科学院科技人员开展了人工生态先导试验，投入资金1000多万元，在沙漠公路肖塘路段进行无灌溉条件下栽种沙拐枣防沙固沙试验，在沙漠边缘进行苗圃树种驯化、人工绿地和防护绿化，以及林带结构布局、地下高矿化度水利用、灌溉方式等项试验。经过10余年的联合攻关,终于成功研究出沙漠公路生物防沙技术体系。从274种植物中成功筛选出40种适宜沙漠防护林建设的植物,并大规模育苗成功,在沙漠腹地创建了3280亩(1亩≈666.67平方米)生物防沙实验基地和工业性示范工程,摸清了沙漠公路沿线风沙危害规律,查明了地下水资源的动态储量和理化特征,系统划分了防护林工程建设的绿地类型,确定了防护林建设的植物种类、种植技术、林带结构、灌溉制度,形成了流沙地种植技术、林带结构布局技术、

农民工正在沙漠栽植芦苇草方格和防沙芦苇栅栏

苦咸水育苗灌溉技术、抚育管护技术等为一体的沙漠造林技术体系，具备了全线建设防护林工程的条件。

六、塔克拉玛干的节日

1994年7月12日，是塔克拉玛干沙漠千百年来第一个盛大的节日。"塔里木盆地塔中4油田开工暨沙漠公路通车典礼仪式"在塔中4油田的沙漠公路上隆重举行。

邹家华副总理代表国务院祝贺沙漠公路的通车："沙漠公路的建成通车，必将进一步为扩大塔里木盆地油气勘探开发的成果奠定基础。"沙漠公路的开通，使以塔中为基地的沙漠油气勘探开发的进程速度加快，物资运输距离缩短，勘探成本降低，开发效益提高，为加快沙漠腹地的石油勘探开发创造了条件。有了沙漠公路，如果从肖塘算起，在沙漠腹地打一口井的成本大概节约400万元以上，如果沙漠腹地每年打20口井，钻井直接成本每年就可节约8000万元以上。

我陪同国务院副总理邹家华和全国政协副主席王恩茂等为"塔里木盆地塔中4油田开工暨沙漠公路通车典礼仪式"剪彩。大家都非常激动和振奋，邹家华当场赋诗一首："降龙伏虎沙低头，艰苦奋斗石油流；人迹稀处创奇迹，日新月异功千秋！"

邹家华看到新修的沙漠公路这么好，兴致很高，决定从塔中4油田返回库尔勒时，亲自驾驶越野车试一试沙漠公路施工质量。

我陪邹家华同志坐进了丰田越野车。他手握方向盘，十分熟练地驾驶着越野车向前奔去，新修的柏油路面十分平整，车子跑起来很平稳。

不到一个小时，车子已经跑出了100多千米，邹家华仍然意犹未尽。在肖塘标志"沙漠石油公路"起始处的"0KM"路牌处，他停下车，兴致勃勃地与大家合影留念。

邹家华对我说："全国有9亿多亩沙漠，如何改造是个大问题，看来你们已积累了很好的经验。"我说："在沙漠公路通车盛典这一天，邹副总理亲自开车试路，赞扬公路修得好，这是石油人和筑路工人的光荣。"

为了发展和繁荣南疆社会和经济建设，1994年10月，总公司决定沙漠公路从塔中4油田继续向南延伸，全线贯通塔中至民丰县恰安乡与315国道相接。1995年9月20日，这条总长为522千米的南北贯通塔克拉玛干沙漠的公路胜利通车。

1995年4月，国家计划委员会和国家科学技术委员会联合组织的专家验收委员会对"塔里木沙漠公路工程技术"课题进行考察验收。验收委员会委员们首先驱车500多千米，赶往沙漠腹地实地考察了沙漠公路和沙漠石油勘探。这天，强劲的风沙遮天蔽日，沙丘间、公路上，流沙像湍急的瀑布从地面飞泻而过。

1994年7月12日，塔里木沙漠公路通车剪彩仪式

在塔中水平1井的井场，中国科学院资源与社会协调局局长、著名科学家、曾参加过南极科学考察并任我国南极科学考察队队长的秦大河说："我们考察沙漠公路，沙漠用这样恶劣的扬沙天气迎接我们，好像是老天有意安排。我们已经体验到了科技工作者、工人是怎样在这样恶劣的自然环境下，完成举世瞩目的沙漠公路！"

在验收会上，专家们评价说：这条路的成功修筑是贯彻国家科研方针，使科技攻关成果迅速转化为生产力的典范；是以合同管理模式完成科技攻关任务的典范；是发挥社会主义制度的优势，组织跨部门、跨行业、多学科、联合攻关的典范。这项成果令人振奋，中国沙漠公路攻关研究，既是中国，又是世界公路建设史上的一个里程碑。

验收委员会成员王炳诚的发言更加充满激情，他说："会战初期，我曾经和钟树德同志一起用了三天时间，才从库尔勒过了塔里木河。这次只用一天时间就从北京到了沙漠腹地，其中从库尔勒到沙漠腹地的塔中前指，只用了6个半小时，看到5000多名石油职工奋战沙海的壮观场面，心情激动不已。沙漠道路的修成，实现了几代石油人的理想，圆了他们的梦。沙漠公路是沙漠石油勘探的希望之路，是科学技术的开拓之路，是造福南疆各族人民的幸福之路。"

各方面专家经过实地考察，听取课题组和专题组的报告，审查了各种资料、图件，最后做出的评价是：沙漠公路工程技术研究切实解决了在塔克拉玛干沙漠中修筑公路的一系列关键技术问题，突出地取得了十个方面新的技术成果。这些新认识、新方法、新工艺、新材料的研究和应用，圆满实现了攻关目标和内容规定的"开拓出一套适合我国国情和塔克拉玛干沙漠特殊自然环境的先进实用配套的沙漠公路工程技术"的要求，解决了在世界流动性沙漠中修建长距离等级公路的难题，在多个学科领域填补了国内外空白。从整体上讲，该项研究达到了国际领先水平。

国际著名专家也给予了高度的评价。联合国环境规划署高级顾问、美国国际干旱区研究中心主任屈林克教授这样评价："中国能在塔克拉玛干沙漠修筑长达数百千米的公路，是件了不起的工程，无论在施工规模和研究深度上都是第一流的。"

1996年，塔里木沙漠公路工程技术研究项目获国家科学技术进步奖一等奖

沙漠公路获"95全国十大科技成就奖"

日本沙漠学会会长、东京大学教授小幌岩说："我走遍了世界的主要沙漠，还未见到沙漠治理中像修筑塔克拉玛干沙漠公路这样壮观的场面和成功的经验。塔克拉玛干沙漠公路给我留下了极为深刻的印象。"

以色列荒漠研究所所长帕斯特奈克教授评论："在塔克拉玛干沙漠中修筑这样一条沙漠公路，国际上是没有的。特别值得提出的是，该项工程是以科研为基础，科研单位与生产单位密切配合，克服各种困难，加快了沙漠公路建设。"

1996年5月，塔指、中国科学院、新疆交通所、新疆石油局勘察设计院、铁道部科学院、石油管道局设计院、长庆筑路公司、新疆石油学院等多家单位完成的"塔里木沙漠公路工程"获得"95全国十大科技成就奖"，并获得1996年度国家科学技术

进步奖一等奖。

在最新版的中华人民共和国地图上，西部那片用金黄沙粒般标示的区域里，赫然出现了一条红色的交通线——沙漠公路。它穿越壮观的原始胡杨林区，跨越诱人的塔里木河，辟开神秘的塔克拉玛干沙漠，仿

塔里木沙漠公路
▼

佛是搭在天山与昆仑山之间的一道彩虹。

沙漠公路是一篇宣言书。它向世界宣告，中国人能够依靠自己的智慧和力量完成世界领先的壮举，征服流动性大沙漠。

沙漠公路是一部教科书。它填补了世界沙漠工程的一项空白，它是中国人治理荒漠化的一系列高新技术和成功实践经验的集成，蕴含了许多科学的方法和思维。

沙漠公路，它是中国人用生命和血汗在"死亡之海"铸就的一座不朽丰碑！

第五节

只有荒凉的沙漠　没有荒凉的人生

一、勘探先锋建新功

地质家将物探队称之为勘探先锋。作为勘探先锋的主力军，石油物探局三处1978年进入塔里木盆地开展地震施工。10年来，他们为塔里木石油会战提供了上百个有利油气圈闭和105口钻探井位。地质家们对盆地的认识在前人的基础上又大大深化了。1988年12月开始，石油物探局立即将一处、二处、五处的物探队调进塔里木，将地震队由7个增加到24个。1989年12月，海洋石油公司派出一个沼泽地震队抵达塔里木探区，在塔里木河两岸沼泽区施工。辽河石油局派出2个地震队参加塔里木石油会战，使塔里木探区地震队伍达到了27个。

1989年，完成二维地震8400千米。首次开展三维地震施工，至1991年累计完成二维地震44318千米，三维地震1589平方千米。物探工作创出新水平，仅1991年实现队年平均830千米，相当于东部地区平均水平的2.5倍，个别地震队工作量达到1500千米。过去中美合作队在塔里木全天候工作，队年工作量在1000千米左右。这一高纪录超过了中美合作队30%。

1990年初，勘探战场摆在塔北、塔中和塔东，形势发展要求石油物探局提供更多探井井位，总公司要求石油物探局在轮南地区拿下几条高精度的地震剖面，并在3月底以前交出资料处理解释成果。在物探队伍十分紧张的情况下，石油物探局三处紧急抽调机关人员组成一支特别地震队开赴

沙漠地震队在塔克拉玛干沙漠施工

轮南前线,承担这项紧急任务。这片工区位于塔里木河下游流域,地形复杂,大沙丘、红柳丛、胡杨树,还有覆盖薄冰的大片沼泽,车辆难以通行。队干部带头涉水布线,震源车没有取暖设备,司机将被子裹住身子工作,地震队每天工作10多个小时,苦战10天完成这项紧急任务。石油物探局二处基地在河南开封,接到参战紧急任务后,集中4个二维地震队、1个三维地震队,日夜兼程赶赴塔里木探区,迅速开展工作。轮南"小草湖"地区是寸草不生的白碱滩,二处的247地震队承担这片区域的地震施工任务。早春正是青黄不接的季节,247地震队160名队员吃不上蔬菜,每天喝着河沟里的咸水,开水泡馍。他们的战斗的口号是:

再苦再难也要坚持工作！

在这样艰苦的野外施工作业中，广大党员、基层干部处处走在前面，发挥着模范先锋带头作用。在塔里木探区的物探战线，被人称为"沙海铁人"的吕元平就是一个优秀代表。吕元平1978年进入塔里木，担任2222地震队指导员，一直战斗在大沙漠戈壁这片阵地上。石油物探局领导说吕元平是块金子，放在哪里都能闪光。有一次2222地震队渡过塔里木河，在沙漠区做一条地震测线，施工中突然狂风大作、天昏地暗，吕元平将三名年轻工人呼唤在一起，脱下身上的皮大衣盖在他们身上，自己则坐在上风头给他们挡风。当时正是早春天气，气温下降很快，夜间十分寒冷。第二天队上人找到他们时，见到情景令人吃惊，吕元平背迎着风端坐在那里，三名年轻工人盖着皮大衣依偎在他的怀里，吕元平的脊背后已堆起一座小沙丘，吕元平成了一个"沙人"。大家呼唤他，听不见吕元平回答，人已陷入昏迷，发起高烧。吕元平5次被评为石油物探局劳动模范，塔指为他记大功一次，1991年被全国总工会授予全国五一劳动奖章。像吕元平这样的基层好干部，还有2207金牌队队长边顺国、1832队队长于天水、239队队长剧春等。

1991年被总公司授予突击手和标兵的张玮，是在塔里木成长起来的青年知识分子。他1981年到塔里木，在石油物探局三处研究队从事综合研究工作，1985年10月参加综合研究队，和老专家们一起编写出《塔里木盆地东部地区地质异常体地震地层学研究报告》，参与轮南1井和轮南2井的井位设计工作。张玮综合利用地震和地质资料对轮南地区油气储层进行横向预测研究。我和总公司其他领导听了觉得很受启发，耳目一新，认为这项研究对塔里木油气的勘探开发很有用处，值得鼓励。张玮当年只有32岁，朝气蓬勃，很有思路。塔里木是个大熔炉，像张玮这样肯钻研、有闯劲的年轻人，在这个大熔炉中很快就锻炼成一块好钢。张玮在不长的时间内以优异成绩被石油物探局提拔为主管科研的副局长。

塔里木地震资料现场处理由石油物探局库尔勒处理中心使用1983年从美国引进IBM系统电子计算机进行，并且一直由美方技术人员监督使用，有些重要的技术软件及系统启动都由美方技术人员掌握。1989年6月初，由于国内发生众所周知的政治事件，在库尔勒基地工作的美方人员接到美国驻华大使馆及他们总部的命令，立即撤离中国。美方人员撒手而去，石油物探局库尔勒基地处理中心的同志们立刻紧张起来，千斤重担一下子落到他们肩上。当时正是塔里木石油会战大上的紧张阶段，地震处理新方法和新技术攻关的项目正处于紧要关头。石油物探局及物探研究院领导亲自上阵，动员各方力量做好后续工作。6月8日美国人撤离后，6月9日中方人员就上手工作，开始IBM系统几乎天天出问题，处理工作缓慢。大家齐心协力，动脑筋、想办法，群策群力，很快就掌握了整个IBM处理系统，使之正常运转起来。美方技术人员撤退造成很大困难，却使物探人很快掌握了这一复杂处理系统的操作使用。

1989—1991年，石油物探局承担着塔里木90%以上的物探任务，他们利用新方法、新技术，经过艰苦努力，在野外采集、处理、解释三大过程中，积极应用高分辨率、三维地震勘探、储层预测，以及变速成图等先进技术，新发现和落实局部圈闭176个，提供钻探井位92口，为塔里木的石油勘探开发做出了重大贡献。

二、钻井队伍摆擂台

塔里木石油会战的钻井队伍，由新疆、四川、华北、中原、胜利、大庆的钻井队伍（仍保持原来隶属关系）组成6大钻井公司。6大钻井公司的46支钻井队怀着早日拿下大油气田的迫切心情汇集在塔里木探区，展开了快打井打好井、多做贡献的竞赛，将塔里木探区变成6大钻井公司的大擂台。

参加会战的不少单位，都是当年参加过大庆会战的队伍。钻探过大庆油田发现井松基3井的32118钻井队，虽然都是年轻人，但井队还在，传统还在。大庆会战时期的"五面红旗"——王、马、段、薛、朱，王铁人为石油工业过早地献出了自己的生命，马德仁和薛国邦已经在大庆退休了，在职的段兴枝和朱洪昌两人都来到了塔里木，把大庆的传统、大庆的作风也带到了这里来。

新疆钻井公司是最早参战的队伍，由曾在南疆工作过的新疆石油管理

局副局长沈增鑫兼任经理、书记，具有本土作战优势。7015钻井队从克拉玛依来到塔里木，接连钻出轮南1井、塔中1井两口石油勘探的战略发现井。60151钻井队（原番号6048），所钻的轮南2井获高产油气流。接着钻井队伍增加到6个。

四川钻井公司被塔里木探区称为"川军"，由四川石油管理局副局长史鉴生兼任经理、书记，以善于打复杂地层的深井而著称。他们市场意识强，1987年就主动出击，与南勘公司谈判，中标了南喀1井、满西1井的钻探任务，并中标承包相关专业服务项目。1991年，钻井队伍增加到12个，相继钻成了英买1井、轮南3井等重点油气井。

中原钻井公司号称"中原铁军"，1988年7月，段兴枝率领7012钻井队先期抵达探区，1991年达到10个。段兴枝（副局级调研员）当时已57岁，这位当年大庆会战的老劳模自告奋勇率队参战。一踏上塔里木的热土，段兴枝以身作则，立足戈壁学大庆，面向世界创一流，发扬大庆会战"标杆林中立标杆"的精神，在探区竖起一面战旗，先后成功钻出轮南8井、东河1井、英买9井等重要获油气流探井。会战开始不久，中原石油管理局又派出副局长杜成武兼任公司经理、书记，坐镇塔里木指挥。

华北钻井公司是一支劲旅，华北石油管理局派出副局长马天吉兼任公司经理、书记，他们钻深井的技术当年在全国是一流水平。1989年3月挥师西进，到1991年钻井队伍达到9个。其中60152钻井队是一支具有光荣历史的英雄钻井队。1959年，这个钻井队（当时番号32118）在松辽盆地勘探所钻的松基3井是大庆油田的发现井，是大庆会战的英雄钻井队。30年历史岁月中，井队工人们换了一茬又一茬，番号也换了5次，但光荣传统还在。从河北任丘市出发前，钻井队全体职工面向松基3井红旗宣誓："塔里木会战立新功，要为红旗添新彩。"在塔里木中标承钻的第一口井是轮南4井，他们创造了97天7小时上5000米的高水平。我在井队调研时，和华北油田的同志们谈到，过去华北钻井在整个石油系统是一流的，现在要保持一流需要做出更大努力。来塔里木参加会战的钻井队都是各油田的强队。中原钻井公司的7012钻井队原来在塔里木位居第一位，最近四川钻井公司的 60146 钻井队又赶到前面去了,现在新疆钻井公司也不示弱,正在积极赶超。我们相信,华北钻井队和所有参加塔里木会战的同志们,一定能够在塔里木石油会战中打出新水平。

会战如火如荼,各大钻井公司技术竞赛不断升级,你追我赶。大庆、胜利两大钻井公司参战时间较晚,但表现让其他钻井公司刮目相看。大庆队伍的到来,为塔里木探区学大庆的热潮立起了标杆,竖起大旗,和大庆的同志们并肩作战,从内心迸发出一种强大的力量。学大庆、赶大庆、超大庆。

胜利钻井公司由胜利石油管理局副局长周长祯兼任公司经理、党委书记。周长祯这年 54 岁,率领队伍一来到塔里木探区就刮起一股火热的"胜利旋风"。胜利 60160 钻井队打的第一口井是轮南 4-5 井,创造 65 天完钻 4952 米的纪录。接着 60152 钻井队又在轮南 3-3 井创造 55 天钻完 4930 米的新纪录。60160 钻井队在轮南 1-3 井创造了 52 天钻完 4960 米的新纪录。面对经营亏损的形势,胜利钻井公司决心改变这种状况,要在塔里木钻井市场占有一席之地。为适应塔里木新体制,对所属 8 支钻井队进行优化组合,精简机关人员,把那些善决策、能管理、懂技术、会经营的人选拔上来。胜利钻井人在塔里木探区提出"当乙方,又当主人"的口号,一连打成了 11 口探井。胜利钻井公司扭亏为盈,成为塔里木探区一支"王牌军"。

1989 年,钻井队伍首先在轮南地区摆起擂台。这片区域集中了各大钻井公司的 26 支优秀钻井队。第一支发出挑战的队伍是四川 60150 钻井队,要与新疆 60151 钻井队展开对手赛,两井相邻,设计井深都超过 5000 米。60151 钻井队在井深 4000 米之前一路领先,60150 钻井队咬住不放。4000 米之后两队相持不下,到了最后冲刺阶段,新疆 60151 钻井队提前 3 天冲过 5000 米,将 5000 米钻井纪录标定为 102 天。然而过了没多久,中原 7012 钻井队改写了这一纪录,他们所钻的轮南 9 井 1990 年 2 月上 5000 米,共 70 天 4 小时 37 分,比 60151 钻井队提前 32 天。随即"川军"提出"赶超中原铁军"的口号,60146 钻井队承钻的轮南 17 井,开钻后 3 天上 1000 米、9 天上 2000 米,60 天 16 小时 59 分冲上 5000 米,刷新了中原 7012 钻井队的纪录。不久,"川军"60145 钻井队又以 60 天 11 小时 39 分打破了 60146

钻井队的纪录。

1989年8月下旬，我在塔里木物探现场办公期间，到中原7012钻井队调研。我在钻井现场见到段兴枝，他身穿橘红色工作服，两手沾满了油污，和工人们一起劳动。这位老劳模用这样言传身教的方式，把当年大庆会战的精神和作风传给新一代石油人。会战中，7012钻井队从基础工作抓起，全面创优。他们抓设备安全，实行逐级负责制，各项工作程序化。为了保持设备完好，减少停机维修时间，大班人员利用起下钻交叉作业时抢修泥浆泵。我听他们介绍说，在承钻井深5360米的轮南8井过程中，设备维修时间仅13小时，占总时间的0.24%，大大少于合同书规定的每月48小时停钻维修时间，设备完好率始终保持100%。我对7012钻井队的工作状态

▶ 1990年4月，四川钻井公司60146钻井队获"万米钻井队"荣誉称号

◀ 新疆钻井公司60151（原6048）钻井队青年工人们

非常满意，和我一同现场调研的塔指领导说："如果探区所有钻井队像7012钻井队这样管理设备，我们钻井生产就会上一个大台阶。"

1990年5月29日，我在塔里木探区现场调研时，到了新疆60151钻井队。这个钻井队成功打出了轮南2功勋井，一直保持很好的状态，曾在竞赛中首先战胜60150钻井队，创造了新纪录。不久又被中原7012钻井队、四川60146钻井队超过，全队职工憋足一股劲，定措施，抓基础工作，要再创新纪录。我对60151钻井队的决心表示赞赏，并鼓励他们认清自己的优势和劣势，把自己的优势发挥出来，问他们有没有决心打好下一口探井时，全队异口同声回答："有！"在探区调研期间，我还了解到，在第一轮竞赛中落后的华北油田60153钻井队不气馁、不认输，提出"瞄准中原不放松，学习川军好作风，新疆钻井是榜样，我们后来要立功"的口号，认真总结经验教训，从抓队伍、抓管理入手，在1990年1月开始的第二轮竞赛中赶了上来，创26天上4141米，其间下完套管、固好井，比计划节约42天，一举创造了塔里木探区最高纪录。

尽管6大钻井公司的队伍之间的竞争激烈，但彼此之间却充分体现了一家亲的情谊。四川队和中原队开展比赛中，中原7012钻井队听说"川军"液压大钳坏了，立即派两名技术人员去抢修。新疆60151钻井队和四川60150钻井队一个钻轮南10井，一个钻轮南5井，两井相距10千米。两个钻井队都是F—320钻机，一边开展对手赛，一边相互通报情况，交流经验，只要听说对方缺什么，立即主动支援，都希望对方能取得好成绩。中原7012钻井队得知60146钻井队刷新了自己创造的新纪录，马上送一面锦旗表示祝贺，同时派生产骨干登门求教，回来后研究措施，两家约定再

钻井工人在平台上起下钻作业

较量。华北固井队和四川固井队同在轮南地区作业，两家约定要比个高低，华北固井队却在施工中由于接头与探区的型号不同而"卡了壳"，四川固井队闻讯立即把接头送去；四川固井队的固井车途中陷在泥沼里，华北固井队立即派车帮助固井。各大钻井公司在劳动竞赛中，更多体现的是风格和友谊。一位平台经理这样说："我们从全国来到塔里木，是为了找大油气田而来的，竞赛的目的是为了多打井，早出油，互相支援是当然的事。"

1989年，在生产后勤保障还不够完善配套，许多钻井队伍刚刚进入这个新区，对地下情况还不十分了解的情况下，钻井打出了很好的水平。

到1991年，塔里木一口5500米深井，钻井周期已缩短为193天。中原7011钻井队仅用166天就钻完5942米的东河3井，而且还取心76米。胜利60160钻井队，在轮南连续打了3口5000米生产井，平均钻井周期为50天，基本达到世界先进水平。1990年钻井成本比1989年下降26.7%，1991年比1990年又下降7%。

三、大庆队伍大庆人

1989年9月25日，总公司在大庆隆重召开庆祝大庆油田发现30周年大会，借此契机，在全国石油行业掀起了一个学习大庆精神，发扬大庆会战光荣传统的热潮。总公司要求塔里木领导班子认真研究深入思考，在塔里木石油会战中如何发扬大庆当年艰苦创业的光荣传统，逐步在会战中培养以大庆精神为灵魂的塔里木石油会战精神，用以凝聚塔里木甲乙方队伍的力量，争取会战的胜利。

大庆油田承担着年产原油5000万吨稳产的重任。即使在这种情况下，大庆油田在1990年派出由7个试油队、1个钻井队组成的会战队伍，并由副局长梅江兼任大庆钻井公司经理、书记。出发前，他们开展讨论：全国学大庆，我们怎么办？结论是：奋战塔里木，争做一代"新铁人"。

自从1964年毛泽东发出"工业学大庆"的号召以来，大庆精神在中国石油战线已深入人心。听到大庆队伍也来塔里木参加会战，大家都感到异常兴奋，期盼着大庆队伍的早日到来。1990年2月25日，大庆的会战队

伍来到塔里木探区，除试油和钻井，还有射孔、测井、录井、油建等会战队伍。大庆塔里木前线指挥部设在轮南探区一幢陈旧的平房里。他们在指挥部大门上贴了一副对联：为交答卷荒漠寒暑无所惧，赴塔奉献大庆精神更生辉。他们的口号是：钻井争一流，油建站排头，试油更上一层楼，项项工程质量优。

3010修井队平台经理徐进率队来到轮南探区，不顾长途颠簸劳累，不问吃，不问住，首先问他们工作的井位在哪里。得知井位的位置后，立即赶往井场察看，当天下午就把修井钻机运到轮南，连夜按甲方施工作业标准安装起来。大庆6063钻井队是使用6000米钻机的深井钻井队，平台经理刘公厚是一位工龄20多年的"老钻井"。一来到塔里木，他和工人们看到塔里木探区到处是学大庆的条幅和标语，感到既光荣，又有压力。塔里木钻井队伍是来自全国的高手，打的都是5000~6000米的深井。作为大庆新一代钻井人，他们并没有赶上当年轰轰烈烈的大会战，老一辈大庆人艰苦创业的英雄事迹，他们也只是从书本上和老一辈的讲述中知道的。如今他们作为大庆人来到塔里木，刘公厚和工人们下了决心，一定要展现新一代大庆人的风貌。"大庆人更要学好大庆精神，让大庆红旗在塔里木高高飘扬！"

大庆钻井公司副经理陈重生在大庆石油管理局党委决定参加塔里木石油会战后，跟随副局长梅江带领一个考察组来到塔里木探区。梅江和陈重生经过考察，肩头感到了压力。他们了解到，塔里木探区全是4500~6000米的深井，而且地下复杂。在大庆油田，钻井队打的都是1000~2000米的井，大庆钻井队曾被兄弟油田戏称为"小护士"，只能搞"皮下注射"。已决定到塔里木参战的6063钻井队，也只打过一口4700米的肇深5井，而且用了两年多时间。在塔里木探区，"川军"60146钻井队已经创造62天钻井5000米的探区纪录，这速度让陈重生无法想象。陈重生想到，大庆是中国石油工业一面红旗，如果闯不过深井关，怎么回去见大庆的英雄前辈们？他感到了6063钻井队里一些人的畏难情绪。作为从事钻井工作30年的专家，他理解这种情绪，他说，30年前大庆王铁人喊出"有条件要上，没有条件创造条件也要上"是怎样的英雄气概，咱们现在首先

1991年12月26日，大庆钻井公司6063钻井队获优质高速钻井奖

不能在思想上打败仗。要打出大庆人的志气，要在塔里木站稳脚跟。陈重生和6063钻井队制定措施，并带领6063钻井队干部和技术人员去中原、四川、新疆钻井队参观学习，虚心请教，让他们大开眼界，心里对打深井有了底。

1990年，6063钻井队首先中标承钻轮南1—1井，这口生产井井深4950米，陈重生日夜盯着这口井的钻进，及时现场指导。钻井78天18小时，顺利完成轮南1—1井钻井任务。大庆6063钻井队突破了深井关，从此一口井比一口井打得好、打得快。邱中建高兴地在大会上宣布：30年前大庆摘掉了"中国贫油"的帽子，现在大庆6063钻井队又摘掉了打不了深井的帽子！

此后，大庆6063钻井队，越干越勇猛，在轮南、塔中创造了多项钻井新纪录。陈重生从1990年到塔里

木参战，一直干到1998年退休，被总公司塔里木党工委授予"探区领导干部的榜样"光荣称号。

四、大漠千里走油龙

管道局是石油工业战线一支特别能战斗的队伍。几十年来，哪里发现油气田，他们就奔赴哪里，形成了"管道为业，四海为家，艰苦为荣，野战为乐"的优良传统。1989年，轮南油田开始在轮南2井区13.6平方千米范围内部署开发井网，试采的原油用汽车外运。塔指动员了当地5家运输公司承担原油运输任务。总公司决定建设一条轮南油田至库尔勒火车站的输油管道。

1990年3月，接到总公司命令后，管道局副局级调研员郭典贵、副总工程师杨加毅立即带领管道队伍奔赴塔里木石油会战现场，在库尔勒成立塔里木管道公司，参战队伍上千人。1991年7月2日，塔里木石油会战以来第一条输油管道建设开工。轮南至库尔勒输油管道（简称轮库输油管道）西起轮南油田输油首站，东至库尔勒火车西站石油铁路专用线末站，全长191.79千米，设计年最大输油量500万吨。

管道沿途多为戈壁、荒原，要穿越河流3条、公路6次，变壁管跨越18米。沿线建设截断阀室4座，线路固定墩41个，线路标志桩及测试桩290个，水工保护设施5处。除首、末站外，中途设轮台输油站、策大雅输油站、库尔勒输油站等3个加热输油站。总公司要求，轮库输油管道从设计到建设都要达到国内一流水平。根据这个总要求，这条管道采用二联管、导热油间接加热沥青、自动焊接等一系列国内施工新技术，发明了稻壳袋代替土墩、筛细土铺垫管沟等高质量施工方法。开工建设的时候，是塔里木最炎热的季节，戈壁的太阳和热风没有吓退管道二分公司的建设者们，到1992年7月7日，轮库输油管道建成投产，时间为1年零5天。

1992年7月7日，我和李天相、邱中建参加了轮库输油管道竣工投产祝捷大会，并为投产剪彩。这条输油管道，塔指和石油管道局签订了"一条龙"服务合同，即从管道设计、建设到输油管理，石油管道局作为总乙方。

经过甲方组织专家全程验收,这条管道从设计到施工完全达到了国内一流水平。总公司要求,今后管理上也要达到一流水平,并且要用人少,效率高,要实现人均管理1千米的目标。

几年后,我到塔里木现场办公期间,又一次来到轮库输油管道。在库尔勒末站,远远就能看到十几座银白色大罐和火车装油栈桥,承包管理的是管道局北京输油公司的队伍,站内的设备擦拭得一尘不染,泵房内625个动静密封点无一渗油。管道全长191.79千米,队伍165人,人均管理1.16千米,完全实现人均管理1千米的目标。

塔里木管道公司是塔里木油气管道建设的主力军。轮库输油管道建成之后,又相继建设了东河塘油田至轮南输油管道、塔中至轮南的油气管道,以及后来的库尔勒至鄯善的长途输油管道,为塔里木管道建设立

塔中至轮南输油气管道施工

下汗马功劳。特别是塔中到轮南的输油气管道，环境恶劣艰苦，是管道建设史上前所未有的。管道以沙漠腹地塔中 4 油田为起点，到轮南为终点，单线长 304 千米，油气双线总长 608 千米，而且是油气双线与通信光缆三线同沟敷设。塔指要求建设工期为一年。施工的地段大部分是沙漠区，工程量浩大，仅沙方就达 1030 万立方米，焊道 5.5 万个，焊接总长度达 29.7 万米。管道二分公司 700 多名职工冒着酷暑严寒，日夜奋战，仅用 180 个有效工作日就完成了施工任务，而且还创造了管道建设史上的奇迹：塔中至轮南输油气管道，是我国第一条长距离、大口径油气同沟敷设的长输管道，是我国第一条完全沙漠输油输气管道，是我国第一次使用煤焦油磁漆防腐的长输管道。它也是世界上第一条位于流动性沙漠内的长距离输油气管道。

五、学子成长的沃土

塔里木石油会战，在全国引起很大反响，特别在全国石油高校内反响更为强烈。塔中 1 井获高产油气流，一时间成为石油勘探开发一线专业大学生们热议话题。总公司和塔指的领导到石油院校做报告，介绍塔里木石油会战形势和发展前景，号召广大应届毕业生，到塔里木去。

记得 1985 年 12 月 7 日，我参加华东石油学院纪念"一二•九"运动五十周年大会，谈到了塔里木石油勘探前景时，我说，我国石油战线许多老战士，尽管鬓发已经斑白，仍然激情满怀，壮心不已，盼望着去开发塔里木这个祖国最大的油气资源宝库。人生的价值在于开拓，在于创新，在于奉献。石油工作者，每当进入一个新的探区的时候，往往是一片荒无人烟的地方，一片没有足迹的地方，但当我们离开的时候，这里却是一口口油井，一座座集油站，一个崭新的石油生产基地和伴随着它走向繁荣的城市。当我们生产的油气变成了国家宝贵的财富，把双手创造的成果贡献给祖国，你就会感到生活是多么的充实，人生是多么的有意义！后来，我在塔里木见到一些大学生，他们说当年就是听了那场报告才来到了塔里木。

1989 年 7 月，石油大学、西南石油学院、江汉石油学院、西安石油学院、

《华东石油学院》报道1985年12月7日王涛参加纪念"一二·九"运动五十周年大会，勉励同学们献身石油工业

大庆石油学院、新疆石油学院、重庆石油学校等9所院校有77名大中专院校毕业生奔赴塔里木探区。这批毕业生多数是自动报名来塔里木参加会战。其中有一位毕业生在申请书中写道："没有理想追求的人，即使有优裕的物质生活条件，也尝不到生活的甘甜；有理想的人，哪怕处在十分艰苦的逆境中，也会得到奋斗带来的无穷欢乐。"经过一段时间的实习，他们感受到塔里木这片广阔土地的开发对祖国石油工业发展的重要意义。

在石油勘探开发过程中，大量采用新技术，开放、公平竞争的新体制，工作要求的高水平都需要一大批高素质的具有现代科学技术人员和管理干部。塔里木是年青一代大有作为的广阔天地。1990年5月，这批参加塔里木石油会战的77名同志，联名向他们的母校写了一封信，向校友们汇报了在塔里木的工作、学习和生活情况，呼唤母校的学子们，到塔里木来实现自

己人生理想。信中有这样一段话："目前，塔里木石油天然气的勘探、开发事业，正急需一批有知识、有才能、优秀的大中专学生，塔里木的每一位领导都希望能有一大批有志之士参加这场伟大的石油会战中来。我们认为，能参加塔里木石油会战是平生的荣幸。在这里，只要努力，谁都可以干出一番事业，拥有一席用武之地。"

这封信在9所石油院校中引起强烈反响。石油大学有40名应届毕业生向校方递交了申请书。还有几百名应届生给塔里木写信，不少人利用假期到塔里木考察。

塔里木是个很诱人的地方。1991年到塔里木来的500名大中专毕业生，就有"四多"的特点，即自愿报名多、学生干部多、三好学生多、学生党员多，说明我们的事业很有吸引力的。基地建起来之后，会吸引更多的人才到塔里木来。

塔里木盆地的石油需要几代人去开发，是几代人的事业。我们这一代人不仅要搞好当代石油勘探开发，满足国家需要，而且要重视、培养新一代石油人，使事业可持续发展，水平不断提高。1989—1991年，共有910名大中专毕业生来到塔里木，约占塔指职工总数21%。这批新生力量经过20年的工作实践，后来已成长为塔里木油田科研、生产和管理的中坚力量。

在轮南油田准备投产的前夕，轮南采油厂成立，我来到现场调研。采油队伍是从大庆油田调来，一些大学毕业生在试采岗位上实习。当时采油厂的生活设施很简单，只有宿舍，连个会议室都没有。我记得那是个阳光明媚的日子，我和采油工人们会见时，他们是坐在沙土地上听我讲话，我十分感动。我说："到塔里木来工作十分重要，采油厂的成立说明我们已经开始生产油气，为祖国的经济建设做贡献了。塔里木油气资源的开发对我国石油工业的发展具有十分重要的战略意义。参加塔里木会议的每个人都是非常光荣的。塔里木十分艰苦，但对于具有大庆精神铁人精神光荣传统的石油人来说是微不足道的。因为石油工业的每一个进步、每一个发展都是克服许多困难与挑战才取得的。久经考验和艰苦锻炼的石油人是任何困难也挡不住的，可以说我们石油人，包括在座的每一位都是一个大写的人。胜利永远属于我们！"

1994年6月23日，塔里木石油探区首届青年科技成果汇报会

塔指编写了一本书《我的实习生活》，介绍的是大学生在塔里木的成长经历。这本书写得很好，我读后感到塔里木确实是培养人才的大熔炉，掌握现代科学技术知识的新一代，经受锻炼，一定能够成长为一批德才兼备的优秀人才。

我们的青年是可爱的，特别是来到塔里木的广大青年都是有理想、有抱负的，他们更可爱。要教育青年，首先要热爱青年，正如江泽民总书记讲的，对年轻人要热情帮助、严格要求，这是我们事业发展的需要。我提出，通过会战要把塔里木建设成为新体制的试验基地、科技攻关基地、人才培养基地。

第六节

全面建立新体制

一、三年探索取得的成功经验

有人经常问我，塔里木盆地油气勘探从1952年算起，到现在已经半个多世纪，为什么前五次都是上去又下来了，且成果甚小，而这一次却坚持下来，并取得了辉煌的战果？我说，要回答这个问题，不是一两句话能说清楚的。但要回答1989年以来的会战有什么显著特点，我可以回答，那就是我们始终坚持了"两新两高"工作方针。

南勘公司就是"油公司"体制在陆上石油工业的试验。

1986—1989年4月，南勘公司的新体制可以说从无到有，属于创建时期。展开大规模会战后，完善"油公司"管理模式成为首要任务。有的参战油田一上来就要求上后勤队伍，还要求在轮南给划一个区上机修厂、管子站、供应站等，配备人数大约还有几百人。塔里木石油勘探开发指挥部一锤定音，继续坚持"日费制"，在全国招聘钻井地质监督。如果搞总承包，钻井队会把录井、测井、泥浆、生活服务等专业服务让本油田队伍来做，这样会像挂拖斗一样带来一大堆人，最后会形成"男女老少"齐上阵的局面。工作水平上不去，效率提不高，也会给当地社会带来沉重的负担。

1989年8月，总公司经济体制改革办公室组成一个调研小组，由原劳资司司长唐克伦带队到塔里木探区，与塔指领导王炳诚、李大华等人一起，认真总结新体制建立以来的工作。他们用了一个月时间，写出《关于逐步建立塔里木石油勘探开发新型管理体制的意见》。《意见》首先总结南勘公司三年新体制运行的情况，与传统经济运行方式相比的优势和特点：有利于把资金比较集中地使用到直接的勘探施工和作业上来（三年中，直接用于钻探施工的资金占总投资90%以上）；有利于广泛应用先进工艺技术；有利于提高工程质量和勘探效果；有利于加强企业管理和人才培养。

"两新两高"工作方针专题片

《意见》也指出了南勘公司新体制还存在着不足。由于采用新体制的时间较短，缺乏经验，同时受全国，特别是石油工业改革进程"大环境"的影响和制约等因素，塔里木新体制的运行还存在不少困难和问题：探区的买方市场没有完全形成，乙方队伍缺乏竞争意

1991年，王涛（左1）在塔里木钻井一线调研新体制建设，与王炳诚（右2）、钟树德（右1）交谈

识，新体制的内在优势不能充分发挥；甲乙方的职责有些地方还不清，实际工作中有时出现"非甲非乙"的情况；合同管理还没有完全规范化，履行合同有时不够严格，影响投资效益；管理人员的技术素质、管理水平、协调能力、思想作风等方面还不能完全适应新体制的需要，等等，有待于通过全面深化改革，逐步完善和提高。

最初几年，也曾经出现过"回潮"趋势。1990年，总公司曾设想油田开发由其他油田整体承包（如轮南油田由大庆油田承包、东河塘油田由胜利油田承包）。同大庆油田管理层协商，最终没有实现。后来采取折中的办法，从大庆油田调进500余人，成立油气开发队伍。1989年，总公司体改办《关于逐步建立塔里木石油勘探开发新型管理体制的意见》曾明确：由总公司物资公司在塔里木设立相应的物资供应机构，面向甲乙方服务，但这一设想也未实现。1990年4月塔指成立器材处，到1991年拥有人员463人，其中固定职工达到291人。到2006年，固定员工达到340人，全部人员699人。原拟由地方承包服务的中小学校和医院，也于1990年和1991年先后由塔指自建管理，20年中硬件投入很多，但高素质的教师和医务人员仍然很缺。

塔指机关一位员工在1993年还写了一封《要警惕侵蚀新体制肌体的回潮倾向》的信，指出甲方机关人员膨胀、办事效率低等现象越来越严重。塔指党政领导班子虚心倾听群众意见，及时出台精干机构、提高效率的四个文件，刹住了机构、人员膨胀的趋势。可想而知，如果当初这个口子一开，

▲ 1989年8月31日，中国石油天然气总公司批转体改办《关于逐步建立塔里木石油勘探开发新型管理体制的意见》

塔里木管理体制的改革将前功尽弃。我提出两个硬杠杠，塔里木原油年产 500 万吨时，整个塔指不准超过 5000 人，采油作业区不能超过 500 人，即采油工人年均采 1 万吨油。并一再强调不能突破这两个硬杠杠。

1990 年 5 月，总公司在胜利油田召开油田改革工作会议，塔指在会上介绍了勘探情况和新体制的做法及效果。有几组数据给大家的印象非常深刻，由于采用新体制，全探区一线与二三线人员的比例大体为 2∶1，直接用于勘探开发和生产建设的费用，约占总投资的 98% 以上。1989 年，

▲ 1992 年 7 月 29 日，塔指下发《关于严格控制探区机构和人员过快增长的通知》

全探区探井平均井深 5079 米，比全国探井平均井深高出一倍以上；平均完井周期 263 天，比全国深探井完井周期减少 46.4 天。全探区平均每米探井综合成本，比上年降低 34.7%。在大会发言后，我们都充分肯定塔里木新体制的做法和成效，要求在已经形成的模式基础上，随着勘探开发生产的发展，继续深化和完善。

经过南勘公司时期三年和塔里木石油会战前两年的探索与实践，塔里木逐步形成了一套以甲乙方合同管理为中心、单井项目管理为重点和统一标价定额为基础的新的管理模式。这种管理模式，在管理体制上，把建设单位与承包单位分开，建立起真正的甲乙方关系，变封闭型管理为开放型管理。在生产经营机制上，以合同制约为中心，把各项工作严密地组织起来。在生产管理上，实行以单井为基础的项目管理制，把各项指标和工艺技术要求都落实到单井上。在施工中，实行全过程全方位的现场监督制，保证按时按质完成各项作业任务。在财务结算上，实行日费制和统一定额标价，

努力提高整体勘探效益。在资产管理上，采取"谁投资、谁占有、谁使用、谁管理"的方式，积极开发设备租赁业务。在人事管理上，实行调入职工与借聘人员长期并存的方针，形成能进能出、有利于发现和培养人才的局面。

1992年8月，总公司在北京召开各油田局长、党委书记会议，研究石油深化改革问题。塔指在会上做了《坚持"两新两高"方针，不断深化体制改革，走用人少、效率高、效益好的石油会战新路子》典型经验报告。这些经验在当时石油企业深化改革中，起到了很好的推动作用。

二、统一标价公平竞争

塔里木石油会战一摆开战场，勘探队伍上来很多，每口井都要通过招投标的办法确定钻井施工队伍和专业服务队伍，要签订10多个合同，谈判中大家最关心的是价格。谈判进行得非常困难，也影响了勘探工作的展开。为了不影响生产，只好采取先施工，预支一部分费用，待确定价格后再多退少补。

定额和劳务价格成为新体制全面铺开的一个突出问题。为此，1989年3月，总公司派出财务局副局长高润清率领统一定额标价工作组帮助塔里木探区进行测定工作。总公司要求，定额标价要从实际出发，既要保证生产设备正常运转消耗，保证工人的合理工资收入和福利、奖金，又要留有设备更新时的必要支付和利润（一般为5%~8%），以及一定的生活后勤和行政管理费；突出引进新的工艺技术，费用宜紧不宜松，不合理、偏高的一定要减下来。

1989年3月中旬开始，工作组的同志在探区机关有关部门配合下，总结南勘公司三年来定额价格执行情况，开展基层实地调研，多方听取乙方意见，查阅实际生产记录，还参考新疆石油管理局、地质矿产部西北石油局的定额资料，然后进行分析、对比、测算等工作。

他们在初审时发现，各项定额都是以单项、单体为主，如果遇到诸多变化，就不适用了。这些定额及编制方法，仍然没有跳出计划经济的框子。

为了适用新体制管理模式,他们觉得要搞一套以单项、单体为基础,再根据不同情况乘以调整系数,就可以适用塔里木各地区不同变化的定额标价。由于时间紧、人员少(一部分人员走了),他们加班加点进行大刀阔斧地整改,又召开三次座谈会,征求意见。到4月底,拿出了定额标价送审稿。

5月上旬,塔里木石油勘探开发指挥部召开统一定额标价审查会。塔指领导、各处室长、专业技术人员和经营管理人员参加,逐项逐条地进行讨论审查,进行补充完善。

统一定额标价,是新体制,也是塔里木勘探开发的一项很重要的基础工作。合同谈判中最容易扯皮、甲乙方很难一致的就是价格问题,甚至为此影响了生产。有了定额标价,就是将合同标底公开,各参战队伍干同样的工作给同样的报酬,增加透明度,还可以促进参战队伍加强内部管理,降低作业成本。统一定额标价,既体现公平公开,又将过去不合理偏高的费用压了下来,钻井日费下降到1.8万元左右(南勘公司1988年是3.2万元),塔里木勘探钻井成本也会降下来。

▲ 1999年,塔指下发的《关于调整〈塔里木石油勘探开发统一定额标价〉的通知》

这次审查通过的"统一定额标价",只是初步的,在执行中要不断增加新项目,不断调整,原则上每年修订一次,遇到国家政策和总公司价格体系调整对有的项目价格影响较大的,塔指要及时调整提高。

这个"统一定额标价",在 1989 年 5 月,总公司以(89)中油财字第 312 号《关于印发塔里木石油勘探开发统一定额标价的通知》下发在塔里木探区执行。

与此同时,邱中建等同志主持制定了《探井决策程序》《合同管理暂行条例》《钻井单项工程管理暂行办法》《钻井预算编制办法》《钻井成本核算办法》等基础性管理文件,并对南勘公司时期 8 大类 27 种合同文本进行完善。短短一年内,基本形成管理的基本框架,规范和促进新体制的运作。

1989 年 5 月,有的同志向塔指反映,个别乙方队伍存在违反财经纪律的现象。总公司对此非常重视,立即让总公司审计局派人来塔里木探区调查,对审计出的问题,在探区予以公布,并对有关单位和责任人做出处理。此事对探区甲乙方震动很大,及时遏制了违纪违规的苗头。有鉴于此,总公司决定派出审计机构,负责探区勘探开发项目的审计,对总公司审计局负责并报告工作。

三、铁打的营盘轮换的兵

各油田队伍到塔里木参加会战的时候,动员工作曾存在很大难度。提起塔里木盆地,人们就和沙漠、戈壁、荒山联系在一起。有些人担心去参加会战被留在那里。甲方就派人去现场向各油田说明:总公司这次会战是新体制,甲方自己不养队伍,作业队伍是面向全国通过招标优选精兵强将。塔里木石油会战对乙方队伍采取的是"铁打的营盘轮换的兵"。不在塔里木建永久性生活基地,不带家属,不转工作关系,不迁户口,一律轻装上阵。参战人员干一个月,回去休息一个月,原则上三年一轮换。这和其他油田仍在实行的传统有关制度截然不同。

传统的钻井队实行的倒班制度是"四班三倒制"。钻井是一天 24 小时施工,井队工人分成四个工作班,每天三个班倒换,有一个班在休息。所以钻井工人要一口井打完后才可以休假。油田有时候突击勘探开发某个区块，自己搞"小型会战"，钻井任务紧，一口井没钻完，下一口井的任务又在等着。这样钻井工人就没有休假时间。石油行业艰苦，多是野外作业，这种情况决定了队伍中男多女少。特别是钻井队，常年在野外，女的更少。许多钻井工人的配偶在农村。几十年来油田流传这样的顺口溜："嫁人不嫁钻井郎，一年四季守空房。""石油工人一声吼，娶个老婆没户口。"记得当时天津市委书记李瑞环还当起了"红娘"，牵线搭桥使大港油田一线56名大龄青年同天津郊区农村姑娘喜结良缘，被传为佳话。

1986年6月，我到新疆石油工业战线考察调研时，在昆仑山前的柯克亚油气田看到钻井队的驻地是帐篷围成的院子，钻工家属带着孩子住在帐篷里。我问张毅（时任新疆石油管理局党委书记）北疆钻井队的情况。张毅说北疆的钻井队以前也是这样，这几年情况好一些。1955年发现克拉玛依油田，1960年新疆石油管理局机关从乌鲁木齐搬到这片"地上不长草，天上无飞鸟"的戈壁滩上，先是住帐篷、地窝子，后来有了简易平房，到了20世纪80年代初才开始在克拉玛依铺柏油路，盖职工住宅楼。

我清楚地记得，20世纪70年代在辽河会战的时候，钻井队驻地围成一个大院子，一家住一个简陋的板房或者帐篷，职工与他们的老婆孩子挤在里面，有的一间板房住了两户人家，中间用床单作"隔墙"。木板房或是帐篷外面，晾晒着各色衣服，飘扬着像"万国旗"。孩子们就在院子里跑。搬起家来，光运输卡车就需要近百辆，队伍浩浩荡荡，让人想起北方草原上的游牧民。钻井队非生产人员也由此增加了很多。孩子们在这样环境里成长，教育也成了大问题。

新体制探索期间，我们决心改革钻井倒班制度，严格控制一线钻井人员。甲方给钻井队定员80人，将"四班三倒制"改为"四班两倒制"，在井场的钻井人员（含带班干部）控制在45人以内；在沙漠腹地，甲方监督及民航、报务、固井、录井、吊装、生活服务等人员约26人，全井控制在70～75人。这样，钻井工人在现场工作一个月，回油田生活基地休息一个月。为了保证他们在轮休期间的身体健康，甲方按每人每天现场标准50%～60%，以轮休天数折算现金发给个人，供轮休期间吃用。轮休结束

返回塔里木勘探生产一线，现场医护人员对他们进行一次全面体检，发现疾病即予以治疗，并记入健康档案。

来自大庆油田3010钻井队的小伙子们集体创作的一封家书，从一个侧面形象地说出了这种新体制优越性。

> 孩子他妈：
>
> 你好！
>
> 在家把生活搞好，这里只见沙不见草，每餐"四菜一汤"一个不少。喝酒让监督知道了可不得了（塔指有规定，前线职工不准喝酒），工资收入比大庆只多不少，两个月轮休还可回家跑一跑……

这种改革深受钻井工人的欢迎。许多钻井队到了三年轮换期，不愿回去，坚持继续参加会战。这种充满人文关怀的改革，很有吸引力，内地各油田纷纷效仿，几年时间，都改成塔里木的"四班两倒制"模式。

四、两个实体一个目标

塔里木石油会战开始后，我们大力培育市场，加之国内市场经济不断向前推进，"油公司"体制的优势逐步显现出来：通过建立甲乙方两个实体，实现从"一无所有"到使用最好的队伍。

塔里木石油会战新体制是通过公平竞争优选队伍，不是传统会战那样，按行政指令调配队伍，队伍一到探区就有施工任务分配给你干，而是要同其他队伍去投标，通过公平竞争中标后，才能拿到施工合同。如果一支队伍来到塔里木连续一段时间拿不到合同，这支队伍就有了危机感。塔里木石油会战中，就有少数施工队伍在竞争中败北，不得不退出塔里木市场。留在塔里木参加会战的队伍都是经过磨炼能征善战的。

1989年，在塔里木探区曾经有这样一个故事。中原油田是最早参加塔里木钻探的单位之一，1988年第一支钻井队伍来到塔里木，其后陆续选拔精锐参加塔里木石油会战，到1989年钻井队达到4个。可是中原7014钻井队参战当年就被亮了黄牌，甲方向中原钻井公司下达了《备忘录》。

《备忘录》指出，7014钻井队参加会战以来，管理不善，精神状态不佳，停钻时间过长，需要限期整顿。平台经理也被点了名。《备忘录》等于向7014钻井队下了"最后通牒"。

中原油田领导及其在塔里木的钻井队感到十分震惊，因为7014钻井队是中原油田的王牌钻井队！

▲ 1989年9月，塔指给中原钻井公司的《备忘录》

在中原油田，7014钻井队确实是个一流钻井队，曾先后获得总公司铜牌、银牌钻井队荣誉称号。参加塔里木石油会战，他们满怀激情要在这片热土创造新辉煌，可是来到这里由于迎接挑战思想准备不足，一时"不服水土"，竟成了面临被淘汰的落后者。7014钻井队的问题出在不适应这个新体制，一踏上塔里木的土地，井队干部们被诸如甲乙方、合同制、现场监督、作业指令等弄得眼花缭乱，很不适应。设备屡出问题，钻井时效大幅下降，终于酿成被亮黄牌的局面。平台经理袁新，这年28岁，是全国五一劳动奖章的获得者。刚接到7014钻井队平台经理的任命，走马上任之日他就觉察到7014钻井队存在的问题。从适应新体制要求出发，袁新大刀阔斧进行了改革，而发展的惯性却在他一整套改革措施还没有发挥作用之际，出了事故。中原油田的袁新和7014钻井队发生的故事在探区引起了广泛的议论。人们深刻地感觉到竞争是严酷的。新体制要求靠实力、靠业绩说话，过去的光荣只能说明过去。

中原油田对此非常重视，为了加强力量，1990年，副局长杜成武到塔里木兼任塔里木中原钻井公司经理和书记，当年大庆会战"五面红旗"之一的段兴枝（局级调研员）协助工作。杜成武带领工作组进驻7014钻井队解决问题，进行整顿。组成技术培训组，按照塔里木石油会战要求进行全面培训，以适应塔里木科学钻井的快节奏、高水平，并在钻井队开展"我是会战主人"的大讨论。袁新背了"不白之冤"，却坦然面对，当工作组和他谈话时，他坚决表示，留下再干！从头开始，树立信心，科学打井，当好会战主人。7014钻井队伍经历这一次挫折，从头开始，1990年7月，成功钻完英买7井，在奥陶系获高产油流，接着又钻成英买9井，在古近系和白垩系获工业油气流。他们的井一口比一口打得好，速度一口比一口快，很快成为塔里木探区的一支劲旅。

7014钻井队将那次"黄牌"警告作为一次契机。

中原钻井公司7014钻井队部分员工在驻地留影
▼

袁新率领他的钻井队轻装上阵，敢打敢拼。在后来的库车山前攻坚战役中，先后承担东秋5井、克参1井、依南2井等高难度探井的施工任务，都取得了圆满成功。袁新被塔里木探区评为劳动模范，他感慨地说，塔里木是一场高水平的会战，无论你从哪里来，只要进了塔里木，就必须实现自我超越，否则，你就很难取得塔里木的会战资格。

五、宾馆化服务人性化管理

新体制蕴藏一种基本精神，就是"关心人，尊重人"。从1986年起，南勘公司及后来的塔指，在改善一线勘探队伍生活待遇上，采取与传统截然不同的措施，深受乙方队伍的欢迎。作为生命个体，工人们从中体会到"被关心，被尊重"。

首要的问题是钻井队伍到沙漠区钻井住什么。几十年了，野外钻井职工居住的房子我们都深有体会，过去住的是地窝子、干打垒、帐篷、芦苇棚，钻井工人在井上是水里来泥里去，一个简陋值班房冬不抗冻、夏不挡雨。我曾听说过，过去在沙漠里钻井队住帐篷夏天热得受不了，自己挖地窖，上头盖上胡杨树枝，躺在下面避暑。过去我们国家穷，没有办法改善一线工人居住条件，现在我们有了条件，就应当去做。

早在筹备再上塔里木的时候，我们提出要求，要借鉴海上石油的做法设计出既可防风沙，又舒适的野营房，首先让一线同志住好。再上塔里木时，对于一线工人的住宿问题，顾问组和南勘公司借鉴海洋钻井平台营房结构，参考石油物探局沙漠野营房的图纸，由新疆联合收割机厂设计制造出封闭式野营房。即由多套单式野营房组合而成，内部有走廊、住宿房、工作房、多功能厅、厨房、卫生间（洗澡、洗衣、工服洗涤房）、食品冷藏房，配有卫星电视地面接收装置和空调设备，内部用防火材料装修，每间有紧急安全门，住宿房内被褥、生活用品及餐饮用具一应俱全，工人们每天专心上班，房间卫生由服务员负责。工人们称之为"沙漠公寓"，外来考察的同志叫"沙漠宾馆"。

钻井队的生活服务，通过招标选择生活服务队伍，按合同要求提供各

项服务，由生活监督员进行监督。配备生活管理员、医生、电工、钳工各1人，厨师3人，服务员5人，要求吃够伙食标准，公布菜谱，一周副食不重样，接受由井队人员和现场监督组成的伙食委员会监督，每月公布成本账目。对封闭式野营房实行宾馆化服务。

总公司为此批准下发了塔里木探区一线勘探队伍的人员工作餐标准。沙漠腹地每人每天10元，沙漠边缘7.5元，机关后勤4元。后参照物价上涨多次进行调整；另加副食、菜蔬损耗，沙漠腹地为标准的30%，沙漠边缘为标准的20%，以保证一线人员吃到新鲜蔬菜。生活物资由飞机、沙漠车、冷藏车运送，运费由甲方承担。

沙漠腹地生活用水由淡化水处理装置提供。现场每天给个人配四五瓶矿泉水。

总公司还批准下发塔里木探区增加沙漠补贴、资金标准的文件。沙漠补贴分腹地和边缘两个档次，按实际出勤天数计发，轮休期间不享受。对钻井队等施工单位提前工期、质量符合标准要求、成本节约的，甲方还按照提前工期天数总日费的一定比例作为奖励职工资金。

这些办法、措施，深得人心，对于稳定探区队伍，会战多年而不松懈，斗志依然高昂，起了大作用。使过去塔里木石油会战职工"住帐篷、吃酱油泡饭"，妻儿老小常年守望成为历史。当年一位参加塔中1井钻探的乙方职工深有体会地说：我在原单位工作时，在野外钻井，一个月所有收入不到700元，一家四五口人全靠这点钱，井场上吃喝还要花一些。人在井队有家顾不上，只有一口井完钻后抽空回去看一趟。在塔里木钻井，井上吃用不花钱，一个月收入达到2000元，定期轮休，可以回去和家人团聚。这在过去做梦也不敢想，在塔里木干，再苦再累也值得。

这些改革，首先受到工人们的欢迎。长期困扰钻井工人的许多个人问题从根本上解决了。新疆石油管理局的同志就曾对我说，钻井体制这样一改革，石油行业内姑娘们择偶观都发生了变化，她们愿意找钻井队的青年小伙子做人生伴侣了，甚至出现女大学生嫁给钻井工人的新鲜事儿。1989年4月29日，塔里木石油勘探开发指挥部为勘探一线6对男女青年举行了集体婚礼。邱中建为新人证婚。此后，还多次与库尔勒市举办青年联谊会，让长期战斗在沙漠深处的单身青年能够找到中意的人生伴侣。体制变了,库尔勒姑娘的择偶观念也变了,她们中的许多人后来成为石油工人的伴侣。

1989年,我们和宋汉良、铁木尔·达瓦买提等自治区领导谈到我们的这些思路。我们说,将来塔里木生产油气上了2000万吨,全部员工不超过1万人。宋汉良说,克拉玛依油田现在年产600多万吨油,员工10多万人,要上2000万吨,按照传统模式至少要40万人,再加上家属孩子要上百万人,库尔勒市无论如何也养活不了这么庞大的队伍。

轮南油田作为塔里木石油会战后第一个投入开发建设的油田,总公司研究决定,不在生产一线建设生活区,将生活基地建在库尔勒市孔雀河南岸,充分依托库尔勒市。在库尔勒市政府大力支持下,我们买下孔雀河南岸的1800多亩土地,要求这个生活基地建设,要充分利用库尔勒市政设施系统,节约投资,提高效益,功能设施配套齐全,设计一次到位。要求是:园林化的环境,现代化的建筑,上不见线(电力和通信线路全走地下),下不见土(除道路外所有地面种草绿化)。这个基地1992年建成,作为员工的生活后勤基地投入使用,对员工生活公寓及公共设施实行宾馆化管理。

当时,也有同志曾批评这样做是丢掉了"艰苦奋斗"的光荣传统。我们认为,艰苦的年代,物质匮乏,住干打垒、吃野菜是不得已而为之。改革开放以来,我们经济有了大发展,生活有了大改善,思想观念也要与时俱进。塔里木石油会战,不能仅仅要讲"艰苦奋斗、克服困难",也要讲工作效率和经济效益。改善一线职工的生活和工作条件,使他们身体健康,精神愉快,干劲十足地在沙漠里找油,这对搞好会战是完全必要的。

六、三种用工制度

勘探开发会战方方面面都需要大量的人才,但我们又要求用人少,这是一对矛盾。怎么解决这个矛盾?塔里木采用灵活的"三位一体"的用工制度,面向全国油田招募人才,采取用人又不养人的思路,始终保持队伍的精干。三位一体的用工制度是:

(1)固定人员。塔指作为总公司派出机构和油公司有一部分相对固定的人员。这主要从三个方面考虑，指挥部副总师以上的领导采取由总公司委派的方式，相对稳定；机关、科研、生产运行、监督监理、大二线后勤、服务组织经营等方面需要一部分是固定的骨干人员，以保证各项工作的连续性。1989—1993年，总公司从国内各大石油院校分配给塔里木探区的毕业生有1400多人，大体占固定人员一半。20年后，这批大学生已成长为塔里木探区的主体力量。

对这些固定人员，在定岗定责的基础上，实行严格的考核任免，表现优秀、成绩突出者及时提拔重用。经过一段时间的锻炼，这部分人员中许多人走上了领导岗位或成为各类专家。

（2）借聘人员。塔里木探区需要大批富有经验的科研及技术专家，就采用借聘的方式，从总公司各单位吸纳这些人才为塔里木服务。所谓借聘，就是运用行政和经济手段，采取有偿服务的办法，吸引优秀人才参加会战。借聘人员按照副处级与高工以上、正副科级与工程师、一般干部与工人三个档次，按年度付给原单位一定的劳务费。借聘人员在受聘期由塔指管理，晋级、晋职、聘干、评先进、入党入团等与固定职工同等对待，每年还给予两次（合计90天）的轮休假期。塔指在总公司人教局支持下，1989—1993年，共从全国46个石油企事业单位借聘人员1811名（其中钻井、地质、测井、固井、试油、建设、生活等专业监督和监理近600人），到塔里木施展才华。借聘人员多数为35～50岁，年富力强、经验丰富，在最佳年龄段参加石油会战；少数为50～60岁的各方面专家。他们

▲ 1992年9月，塔指向总公司人教局呈报的《关于申请从胜利油田借聘八名工程技术人员的报告》

在推广应用先进工艺技术和培养中青年方面，发挥了重要作用。这些同志借聘期满后，带着塔里木的新经验回到原单位，又成为推动石油系统深化改革的骨干力量。

（3）临时合同用工。对生活服务行业和非技术性的辅助工种，塔指按照政府统一政策和标准，从当地社会上招收经过培训、由塔指与地方共同组织考核，合格的临时合同工上岗工作，每年根据需要大约招收2500人左右。合同一年一签，对工作出色、表现突出的，经双方选择，可以续签合同；会战头三年只要指挥部有少量招工指标，每年都拿出5～7个指标，经过群众评议推选，将最优秀的临时合同工转招为固定职工。一般临时合同工，在合同期满后，按规定解除合同，做到了能招能退、能进能出。后来随着勘探开发规模扩大，招收临时合同工的数量逐年增加。对于周边地区缓解就业压力，扩大就业渠道，起到了积极作用。2007年我曾听到过这样的故事：临时工队伍中有个叫周理格的小伙子，长期在油田工作，他先干普通工种，后来干起了输油工和采油工，由于他勤奋好学，很快掌握了技术，成为熟练的技术工人。后来又掌握了计算机使用技能，熟练使用各种办公软件，连续两年被油田评为优秀员工，还被评为新疆"十佳农民工"。

建立科研和技术服务的灵活用人机制，吸引科技人才。塔里木盆地地面、地下情况复杂，勘探开发难度大，必须加强科研攻关。聚集科研人员是开展石油勘探开发的首要问题。塔里木石油会战采取以下办法解决科研人才问题：塔指建立科研单位以固定部分骨干和借聘人员，开展地质和钻采研究工作；利用总公司各石油科研院所设立"塔里木研究组"（以后发展为分院、院），由借聘期满轮换返回原院所人员继续在本单位为塔里木工作，轮换新上人员则在现场为塔里木服务，以保持工作的连续性，如此循环往复；由总公司北京石油勘探开发科学研究院、石油物探局研究院在塔里木常设派出机构，整体联合攻关；采取合同承包形式，吸引石油系统内外的科研院所（校），就某一项目协同攻关或委托其研究，调动社会科研单位的积极性。塔里木在自己只有很少科研人员和科研设备的条件下，吸引上千名专家直接或间接为会战服务，取得大量科研成果，加速了塔里木油气勘探开发步伐。

对固定、借聘和参战队伍一视同仁。在人事管理上，提倡"五湖四海"精神，注重实际工作能力和业绩，并且注意在优秀工人中选拔干部。1989—1991年，经过考核，从甲方借聘人员中提拔正、副处级干部105人，正、副科级干部和各类监督545人，有43名优秀工人担任了科级以上领导职务。总公司还决定，借聘人员被提升职务的，任期满两年后向原单位介绍、返回原单位后按新职务（级）任职。这就形成了一个人才脱颖而出的良好环境，激发了借聘人员在塔里木石油会战中的积极性。

劳动人事制度改革与加强党的建设、思想政治工作相结合，三种人事制度、统一的思想政治工作、联合的科研室（按项目），不仅取得了丰硕的物质成果，还培养建设了一支符合"四有"要求、适应现代化建设的职工队伍。仅在头三年，参战的甲乙方队伍中有35队次被评为总公司的金、银、铜牌队和"双文明"一级队，49队次获省部级荣誉称号，204地震队次被评为指挥部级标杆、模范、先进集体。先后有11人获国家荣誉称号、48人次获省部级荣誉称号、49人次获指挥部标兵模范称号、698人次被评为探区先进个人。每年还从临时合同工中评比一定比例的先进个人，给予表扬、奖励，调动了他们的积极性。

第七节 中国特色的"油公司"

一、凝聚会战合力

塔里木石油会战,无论在时间、地点、外部条件和工作方式上,都跟我们石油工业发展史上的历次会战有很大不同。

在"油公司"体制下,如何加强和改善党对甲乙方队伍的统一领导,是一个崭新的课题,没有任何经验可以借鉴。我们开始在实践中探索塔指党工委对甲乙方队伍统一领导的有效途径。借鉴国际"油公司"的模式,建设中国特色的"油公司"。这个"油公司"与国外"油公司"不同,甲乙方会战队伍虽然在工作中划分不同的利益主体,但总的目标是一致的。党对甲乙方队伍的统一领导,就是按照党中央、国务院关于"稳定东部、发展西部"战略方针的总要求,为实现战略接替的奋斗目标,将几万名将士凝聚成强大力量,形成战无不胜的坚强堡垒。

1988年下半年,总公司党组在酝酿塔里木石油会战之际,认真总结1986—1988年南勘公司进行"油公司"探索的经验。整体上说,三年探索是成功的,但也出现一些新问题,引起我们的高度关注:甲方和乙方虽然都是石油队伍,但彼此之间没有行政隶属关系,甲乙方按合同要求履行各自的职责,南勘公司临时党委无权过问乙方党组织工作情况。乙方队伍,远离生活基地,分散作业,党组织鞭长莫及,思想政治工作容易被淡化,工人队伍的作风散漫了,社会上一些腐朽的东西也就容易侵入我们的队伍。

我们实行了甲乙方合同制，实行了轮休制，职工工作两个月回去休息两个月，工作中每天干12小时。这样，什么时间做思想政治工作，用什么办法做思想政治工作，思想政治工作是不能断线的。还有，抵制各种错误思想和腐朽思想侵蚀的工作也十分艰巨。首先从签合同开始，就会有糖衣炮弹纷纷打来，有重型的，有轻型的，有裹着糖衣厚一点的，有裹着糖衣薄一点的。手段上有露骨的，有不露骨的，各种形式都有。

在决策大上塔里木时，总公司党组认为，这次会战必须有党的坚强领导。为此成立了指挥部临时党委，在思想上、政治上对塔里木探区甲乙方队伍实行统一领导。总公司党组要求，乙方队伍必须建立、健全各级党组织，设立党委书记、总支书记和指导员，党员要划转组织关系。根据党支部建在连上的原则，在钻井队设两个平台经理职数，由钻井队的队长、指导员担任，又根据"铁打的营盘轮换的兵"的特点，支委由4个班的带班人，2个平台经理加大班干部，5~7人组成。平台经理任党支部书记、副书记，这样就确保在人员交替轮休情况下，现场和轮休人员都有党支部领导，从组织上保证生产一线、轮休途中、后方生活基地都不会出现党组织领导的空白。针对塔里木石油会战实行轮休的实际，各参战单位利用队伍交接，开好一次支委会，开好一次支部大会，开好一次职工大会，按照在岗上班、轮休途中和回原单位休假三个阶段，逐步建立一套与之相适应的规范化的思想教育和管理制度，消除思想政治工作的空白段，克服管理上的失控现象。胜利钻井公司在山东省东营市的胜利油田基地专门由一位副局长主抓轮休职工培训工作，根据塔里木石油会战的需要，分期分批对轮休职工进行业务培训。新疆、中原、华北等油田也相继在本油田基地开展轮休职工培训工作。

1989年5月17日，塔指临时党委召开扩大会议，甲乙方单位党组织负责人和党员领导干部参加大会，会议分析探区党员和职工队伍的思想状况，要求甲乙方各级领导干部改变领导作风，加强思想政治工作，带领探区全体职工集中精力搞好会战。

1989年12月7日，总公司召开关于进一步加强塔里木盆地石油勘探开发工作办公会。会议对塔里木石油会战中进一步加强党的领导问题提出明确要求：塔指临时党委对整个探区党的建设、职工队伍建设和思想政治工作，要实行统一领导。各参战单位要成立党委或党总支，各基层单位要成立党支部，各钻井队和地震队要设立指导员，加强党组织在会战中的政治领导地位。各参战单位的党组织有权接受新党员、处理违纪党员、解决党的建设中存在的其他问题。

1990年5月下旬，我和总公司几位领导同志到塔里木探区调研，邱中建汇报探区工作时，提到一个问题：全国各油田到这里会战的队伍很多，主要会战单位一定要有一位副局级领导坐镇塔里木，要兼任勘探公司经理、书记，还要参加到会战指挥部临时党委的班子中来。这样，乙方参战单位的领导力量加强了，甲乙方之间的协作更密切了。

1990年9月11日，总公司党组决定成立中共塔里木石油勘探开发指挥部工作委员会（同时撤销临时党委），党工委直接受总公司党组领导。我们在塔里木探区领导干部大会上宣布总公司党组决定，经中央组织部批准，邱中建任总公司副总经理、党组成员，兼任塔指指挥和党工委书记，党工委委员由塔指和乙方参战队伍（副局级单位）负责人组成。党工委统一领导塔里木探区甲乙方党的建设和思想政治工作。总公司党组要求：各参战单位都要建立正式党委或总支，并配备专职副书记，以及专职政工干部；要加强基层党组织建设，充分发挥党支部在基层独立作战条件下的政治核心作用。参加会战的党员都要接转党的正式关系。

根据总公司党组和塔指党工委的要求，总公司所属参战队伍（六大勘探公司、物探前指、塔里木运输公司、塔里木沙漠运输

▲ 1990年9月，中共中国石油天然气总公司党组下发《关于建立中共塔里木石油勘探开发指挥部工作委员会的通知》

▲ 1990年10月召开的塔指党工委全委（扩大）会议

公司、塔里木管道公司等）都成立正式党委，基层（钻井队、地震队和其他作业队）成立党支部，配备了专职书记（或副书记）。至1991年底，塔里木探区有党委18个、党总支16个、党支部198个、党员总数3935人。

1990年9月成立的塔指党工委，直属总公司党组领导。塔指党工委由甲乙方共同组成，会战的重大决策、重大工作部署都经过党工委酝酿讨论，乙方的利益和诉求及时反馈到党工委会议上来。20多年来，党工委统一领导已成为制度。甲乙方以党工委为平台，对塔里木石油会战重大事项做出决策，体现甲乙方共同意志，在工作中贯彻迅速、高效。

▲
1980年,王涛(右4)随同中国石油代表团在国外考察

二、关于"姓什么"的回答

1986年南勘公司开始新体制探索试验的时候,一些同志就在问新体制"姓"什么,一句话,姓"社"还是姓"资"?

在计划经济体制下,许多人头脑中存在着这样的观念,社会主义就是三条——共产党领导、公有制为主体、计划经济(或有计划的商品经济、有调节的计划经济)。在这样的大环境中,各方的质疑,暗中非议与消极观望等情况是客观存在的,大环境与小环境不协调,时时发生碰撞。新体制就是在这种碰撞中走过了一段艰辛、曲折的路程。

新体制不是天上掉下来的,也不是我们头脑中固有的。我们是借鉴海洋石油的做法。在海洋实行"油公司"管理模式，同志们都能理解，因为和我们合作的石油公司都来自西方资本主义国家。让"油公司"来到陆地上，一些同志就不理解了，资产阶级的管理模式怎么可以拿到社会主义企业内部来搞呢？提出质疑有两点：一个是工人阶级的主人翁地位，一个是坚持党的领导。

领导干部有这种想法，工人中也有。

1982年起，我们与美国地球物理服务公司合作开展塔里木盆地沙漠勘探，合作组建3支沙漠地震队，其中有两个队是由美方人员担任经理、中方人员担任副经理，施工期间要接受美方人员的管理和技术指导。石油物探局三处的工人听到这个消息，有人想不通，说怪话发牢骚，"我们是东方无产阶级，解放前搞资产阶级民主革命不还是要无产阶级来领导么？现在怎么叫西方资产阶级来领导我们东方无产阶级呢？"

一些人因此产生抵触情绪。石油物探局副局长柴桂林为此专门召开一次大会，毫不留情地批评这种情绪，过去我们关起门来搞勘探，自认为老子天下第一。现在买来的先进设备不会用，不懂技术原理，这就要虚心向人家学习，学习技术，学习管理，目的是为了搞好我们自己的工作，为了塔里木今后的勘探。技术和管理不存在无产阶级、资产阶级。今天，为了学习先进的东西，我们东方无产阶级就是要受西方资产阶级管几天！通过中美合作开展塔里木沙漠地震勘探工作，我们学到了许多原来不懂的东西，勘探技术有了很大进步。

塔里木石油会战最初几年，有同志批评我们新体制是西方资产阶级的那一套，工人阶级主人翁地位削弱了（主要指乙方），淡化了党的领导。1991年，有几位同志到塔里木探区考察调研，了解到塔指有个人事管理委员会，对于领导干部的选拔任用，最后由这个委员会讨论决定。他们提出质疑：我们党历来坚持"党管干部"的原则，应该由党工委常委会讨论决定啊。言外之意，新体制淡化了党的领导。塔指这个人事委员会，工委常委都在其中，而且工委书记邱中建就是主任委员，这怎么能说不是"党管干部"了呢？！

1992年，我在中央党校学习期间，结合实际学习邓小平南方重要讲话，有切身的认识和体会。按照小平同志提出的判断姓"社"还是姓"资"的三条标准，"是否有利于发展社会主义社会的生产力，是否有利于增强社会主义国家的综合实力，是否有利于提高人民的生活水平"，来对照塔里木的新体制，是完全符合姓"社"标准的。

新体制是未来中国石油企业改革的方向。这一点不仅得到党中央、国务院领导和石油工业高层领导的充分肯定，也在各油田管理层达成了共识。到 1995 年，新体制已形成相对稳定的基本框架。实践证明，塔里木的"两新两高"具有很强的生命力，符合我们石油工业的特点和现代化大生产管理的要求，既发挥了竞争机制、激励机制、约束机制的作用，又体现了全心全意依靠工人阶级管好企业的群众路线，充分发挥了社会主义制度的优越性，为我们在新形势下开展新区石油会战闯出一条新路。

1996 年 8 月下旬，吴邦国副总理到塔里木探区视察，认为"两新两高"有普遍意义，是国有企业体制改革的方向，不仅适合于石油行业，而且适合于其他类似国有企业，对塔里木"两新两高"经验是肯定的。

1996 年 9 月 13 日，负责经济体制改革工作的李铁映同志来塔里木探区视察时讲到关于体制的问题。他说，你们的做法反映了经济增长方式的转变和体制的转变。你们在环境条件非常艰苦的情况下，采取全新的投资体制、建设体制、生产体制乃至办社会的体制，实现了"两新两高"，我看在体制上带有突破性，带有新体制的许多特征，需要很好地总结和宣传，在逐步提高的基础上形成新的典型。

1996 年 11 月下旬召开的中央经济工作会议，提出在新建项目上再不搞"大而全、小而全"。对塔里木会战实行的新体制，不仅中央领导来塔里木实地视察后给予了肯定，而且中央在正式文件上对我们做了肯定。

塔里木石油会战的新体制，关键是新，有一个诞生、成长、壮大、不断更新完善的过程。从 1990 年以来，我们每一次到塔里木探区现场办公，都关注新体制的发展和成长，了解遇到的问题和矛盾，发现新问题、新矛盾，与塔指领导班子共同讨论如何推进新体制，完善新体制。可以说，每次在塔里木探区，都谈新体制建设必须坚持前进，坚持巩固和发展，实现不断完善、不断创新的要求。

三、两分两合

"两分两合"指甲乙方在具体工作中,"在合同上分,思想上合;在职责上分,工作上合"。江泽民同志曾对这四句话给予很高的评价:"你们的四句话,确实体现了社会主义的优越性,也只有社会主义制度下才能实行,应当很好地总结。"

这四句话,是基层同志在会战中创造发明出来的。

1989年5月,轮南10井开钻。承担轮南10井的钻井队是60151队(原番号6048队),这个钻井队是承钻新体制探索的第一口探井库南1井及功勋井轮南2井的队伍。对于甲乙方合同制,他们从不习惯到认识比较深刻,可以说,酸甜苦辣都有。他们在库南1井的时候,开钻没几天,设备出了严重问题,井架的天车轴发生偏磨,唯一的办法是换一根天车轴。这就要停钻,放倒井架,更换天车轴后,再将井架立起来。这样时间就超出合同的规定,更换天车轴期间,甲方不付费用,而且还有权中止合同。甲方也很着急,第一口探井刚开钻不久,就出了设备问题。他们开始怀疑6048钻井队的能力,确实在考虑中止合同、换队伍的问题。平台经理魏翊存想到一位退休的钻机维修专家,赶去将老专家请到井场上来。在老专家指导下,不放倒井架就将新天车轴换上了。这样,甲方没有做出中止合同的决定。魏翊存体会到合同制的厉害。不料,又出了第二次问题。一次下完钻具,钻进工作几十小时后,井下钻具发生刺漏。甲方认为,是下钻时钻杆丝扣没拧紧而导致的事故,责任在乙方。魏翊存不同意甲方的认定。他说下钻时我盯在井场,每一次上完扣我都要检查,我敢担保事故原因不在井队方面。他判断是钻杆质量问题。甲乙双方发生激烈争论。这件事惊动了南勘公司领导,钟树德赶到井上来,他听了双方陈述,对魏翊存说,如果责任在你们,根据合同,将对你们做出相应处罚。钟树德下令起钻。结果正是钻杆质量有问题,应该由钻杆供货方承担责任。

轮南10井的甲方监督来自华北油田,1978年到塔里木盆地参加西南会战钻井队用的就是6048番号,与魏翊存是老相识。如今又在塔北轮南10井相逢了。老战友相逢,与当年不同的是,一个是甲方全权代表,一个是乙方平台经理。

按照新体制的有关规定，乙方的一切作业行动都必须按照甲方监督的指令来进行。新体制的这些要求和规定，不光是魏翊存和他的钻井队一开始不适应，内地来的钻井队也大都不适应。针对这个情况，塔指党工委（临时党委）在会战队伍中广泛进行"两新两高"教育，并展开大讨论。魏翊存就经常和井队钻井监督一起交流心得。魏翊存说，他们钻井队从1986年到现在，在新体制下打了3口井，要说新体制好不好，从心里说好。好在哪里？乙方明确知道自己的责任范围，有人监督，由不得你责任心不强，出了大错，人家中止合同，让你走人！这样一来，蛮干乱干的现象基本没有了，干什么工作都要按科学的程序去做。不好的地方就是，乙方处处听命于甲方，对的要听，不对的也要听，感到特别窝囊别扭。如果甲方在下达指令前，能多与乙方协商，听听乙方的意见就好。从源头说咱们还是一家子，都在为国家找油啊！对方就琢磨经常说的"一家人""合同""共同目标""责任"这些词的具体含义。他带着这些问题，学习《实践论》《矛盾论》，还抱来马克思《资本论》读。他想，在社会主义制度下，我们石油行业内部已经不存在那种资本家和工人、剥削与被剥削之间阶级对立引起的监督劳动的社会属性，但是，监督劳动的自然属性仍然在起作用。劳动没有监督，劳动产品的质量和生产效率都无法保证。社会主义条件下的这种劳动监督，不体现阶级对立和剥削与被剥削的关系，而是责任的分工，同志式的监督，本质上是工人阶级自己对自己的监督管理。

理论上弄出了头绪。魏翊存说："社会主义企业无论实行怎样的管理制度，都要全心全意依靠工人阶级。不然，乙方就没有主人翁的思想。你把合同写得再细，工人眼里照样看不见活儿。乙方有了主人翁思想，工作就有主动性，合同不写，他们照样会积极去做。"

经过一段工作的实践，甲乙双方不断交流思想，最后总结了"两分两合"四句话，在轮南10井一次甲乙方生产会上念给大家听。大家都说好。轮南10井甲乙方"两分两合"的工作方法就传开来。王炳诚到轮南探区现场办公，听到了这四句话，与甲乙方领导深入讨论，觉得很好，值得在塔里木探区推广。他回去向邱中建做了汇报。邱中建专门在甲乙方领导干部大会

▲ 会战初期，甲乙方员工在塔中举行排球比赛

上介绍"两分两合"的经验，给予充分肯定。邱中建说：这是甲乙方关系的一个创新的解释，是处理甲乙方关系的正确方法，是我们开展"四项教育"的重要收获。

1990年5月下旬，我到塔里木探区搞调研，邱中建向我汇报了"两分两合"工作方法，说现在已在广大探区推广开来，效果很好。甲乙方关系比过去有了很大进步。我在探区领导干部大会上，给予了充分肯定。我说："我们在塔里木试行这种新的管理体制，有一条重要的指导思想，就是全心全意依靠工人阶级，依靠全体职工，努力搞好会战的各项工作。这是我们跟资本主义条件下的甲乙方合同制的根本区别。现在，在整个塔里木探区，不管甲方还是乙方，都是油田的主人，都对会战的任务负有责任，你们的'两分两合'概括得很好。只有这样，甲乙方共建两个文明，齐心协力打好塔里木会战，才能共同为开发建设大油田多做贡献。"

四、开展"四项教育"

塔里木石油会战一开始,总公司就在探区开展了"四项教育"。

一是以大庆精神为主体的优良传统教育。我们石油工人的优良传统,概括起来,就是"爱国、创业、求实、奉献"的大庆精神。在塔里木这样环境恶劣、条件艰苦的地方搞会战,甲乙方队伍是要有这种精神。没有这种精神武装,就不可能完成历史赋予我们的伟大使命。当年大庆会战,涌现出一批先锋和模范,树起了以铁人王进喜为首的"王、马、段、薛、朱"战区"五面红旗"。30年后,当年"五面红旗"中的段兴枝和朱洪昌又来到了塔里木参加会战,两位老劳模都已年过半百,但干劲不减当年,为会战队伍继承和发扬大庆精神,言传身教,一时传为佳话。

在塔里木石油会战中,英模辈出,涌现出铁人式的共产党员王光荣、青年楷模黎万林、大漠赤子王英豪等为塔里木石油事业献身的英雄人物。塔指党工委曾发出《关于在全探区开展向王光荣同志学习的决定》等文件,在塔里木探区掀起向英模人物学习的热潮。1989年,国家能源部授予为塔里木石油会战做出突出贡献的陈金良、魏翊存、梁狄刚、柴桂林等同志特等劳动模范的光荣称号。30年来,塔里木探区甲乙方队伍中,有上千人获得国家、省部级各种先进荣誉称号;30年中,无论是在沙漠腹地,在戈壁荒原,在山区高原,甲乙方队伍坚持战斗,奋勇拼搏,攻坚克难,坚忍不拔,将大庆精神植根于塔里木这片沙漠热土。

二是"两新两高"教育。一开始的时候,各油田来的参战队伍对新体制都很陌生,有很多不理解。如果甲方的同志工作方法不得当,更会使乙方的同志产生这样的想法,甲方是老板,乙方只是打工仔,觉得乙方低人一等,影响了工作的主动性和积极性。

有的乙方领导见了邱中建,称"邱老板",虽然带着开玩笑的成分,但也反映了一种心态。总公司党组认为,在甲乙方队伍中开展"两新两高"教育,增强会战职工的主人翁责任感,不仅是必要的,而且是非常迫切的任务。要通过这样的教育,在甲乙方队伍中树立正确的思想认识,明确甲乙方都是主人,工作目标一致,只是分工和职责不同。

▲ 1991年5月，甲乙方密切协作，制服轮南57井强烈井喷

后来邱中建总结概括出塔里木石油会战三种精神，其中之一是提倡五湖四海的精神，要求甲方和乙方团结一致，共同完成好上级交给的工作任务。

三是开展形势和任务教育。在参战队伍中进行形势和任务教育，这是石油工业几十年形成的一个好传统。通过经常性的形势和任务教育，使每一位参战的职工认清面临的形势和任务，统一思想，增强责任感和使命感。

四是进行民族团结和尊重少数民族风俗教育。南疆是少数民族聚居区，长期以来形成自己独特的风俗习惯。这项教育对于来自内地的会战队伍十分必要。会战30年，由于塔指党工委持之不懈地抓紧这项教育，塔里木探区的民族团结搞得很好。一线的队伍，每到一处，都主动为当地群众办实事，和当地少数民族关系十分密切。1990年5月，胜利钻井公司参加塔里木

塔里木石油人与当地各族人民团结互助

石油会战,许多职工是第一次来到少数民族聚居区,在"四项教育"活动中,胜利石油管理局领导提出几项"硬指标"——党员无违纪、职工无犯罪、任务无拖欠、生产无伤亡事故。强调抓"四项教育",突出"严",事事有章法、贵在常抓不懈、领导干部处处做表率。钻井队伍每到一个新井位钻井,与当地群众建立友好关系成了他们钻前第一课,受到各族群众一致好评。大家称胜利钻井公司为"南疆好八连"。一次,有一口预探井的井位,通过卫星定位系统被定在当地乡镇的学校校园里,钻井队通过现场踏勘后,立即报告塔指,及时修改了井位设计。而修改后的井位又定在了老百姓的麦田里,职工看见大片尚未完全成熟的麦子,不忍心上钻。村上的维吾尔族农民知道后,竟集体出动,提前收割麦子。他们对钻井工人说:"你们来打井找油,找到了油,我们就会富裕起来,少收点麦子算什么?"

当地人民纯朴善良和无私的举动感动着钻井队的职工，他们在钻井过程中，污水一律用罐装，钻井液不允许落地，垃圾集中处理。平时钻台用清水清洗，现在一律改用棉纱擦拭。这口井完成后，除了井口部分，井场又还原成原来的样子，把这片土地完好地交还给主人。

石油物探局的队伍从1978年进入塔里木，一直以来他们尊重少数民族风俗习惯，保护群众利益，宁可自己多受损失，也不损坏群众的一棵庄稼、一棵果树。一次，他们在库尔楚地区施工，那里有上千亩的果园。他们要求测线经过果园时，不碰掉一个果子，不损坏一棵果树，每一条测线都派人监督。监督人员甚至对碰掉树叶都提出批评。30多年来，他们从未发生过民族纠纷，多次受到新疆维吾尔自治区党委、政府的表扬和表彰。

1990年9月，塔指党工委成立后，根据总公司党组的要求，迅速做出《关于加强思想政治工作的决定》《关于在塔里木石油探区重新学习〈实践论〉〈矛盾论〉的决定》。在会战中，党工委始终坚持在思想上、政治上对甲乙方会战队伍的统一领导，将甲乙方队伍的思想凝聚起来，成功走出一条在市场经济条件下，充分发挥我党思想政治工作优势的新路子，成为塔里木石油会战的一大亮点。

五、倡导"三种精神"

经过历时6年的艰苦会战，1995年石油年产量上到253万吨，库尔勒石油小区也建设起来，塔里木探区悄然出现了一些变化。用个别同志的话说"守着二三百万吨油，4000多人，小日子过着很不错"。讲排场，论派头，个别人追求享受，加上1994年全国兴起"下海"热，塔里木的一些同志也受到了影响，"一心寻找大场面"的热烈气氛淡薄下来了，一些不良的现象显示出端倪。尽管这种现象仅仅是一些苗头，有的只是处于萌芽状态，但还是引起塔指主要领导的警觉和思考，进一步认识到加强思想政治工作的重要性。

邱中建经过一段时间深入思考，并与塔指党工委一班人交换意见，向总公司党组做了汇报。邱中建说，塔里木石油会战已经进行了6年，几万

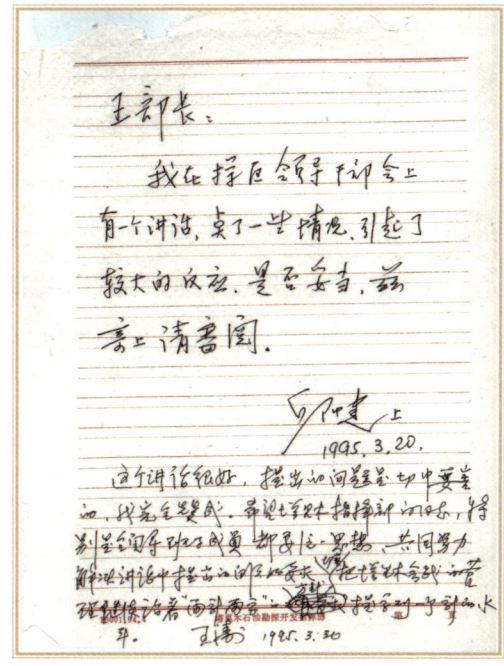

▲ 1995年3月9日，邱中建在探区领导干部大会结束时的讲话

▲ 1995年3月20日，王涛对邱中建在领导干部大会讲话的批示

▼ 《塔里木石油报》报道探区领导干部会议提倡"三种精神"

名甲乙方将士战斗在大漠戈壁和高山荒原，高举大庆精神的旗帜，形成了以大庆精神和铁人精神为内核的塔里木石油会战精神。1995年3月9日，邱中建在塔里木探区领导干部大会上，代表党工委提出"塔里木会战要提倡三种精神，即艰苦奋斗、真抓实干、五湖四海精神"。"三种精神"在探区甲乙方队伍中引起强烈共鸣。

总公司党组很快收到了邱中建同志的讲话稿。我读了之后，感觉这个讲话很及时，切中要害。我于3月30日做出批示："这个讲话很好，提出的问题是切中要害的，我完全赞成。希望塔里木指挥部的同志，特别是领导班子成员都要统一思想，共同努力解决讲话中提出的问题和要求，切实把塔里木石油会战的管理继续沿着'两新两高'的方针，提高到一个新的水平。"

邱中建就是"三种精神"的倡导者和践行者。他从1989年到塔里木探区，到1999年从塔里木石油会战主帅的位置上退下来，从56岁干到66岁，整整10年。塔里木探区56万平方千米，油气探井分布在上千千米的战线上，邱中建每年几次深入勘探一线现场办公，有时在重点探井上蹲点，一趟行程要一个月左右的时间。10年中，邱中建大多数春节都是在塔里木探区一线度过的。他带上领导班子成员到沙漠腹地和偏远的钻井队、物探队，给坚守岗位的职工拜年。邱中建家中有90多岁的老母亲，他是老母亲的独子，这位老母亲也同样盼望远在塔里木的儿子与她团圆。

1999年2月，邱中建把"发展更大场面"的接力棒交给下一届领导班子。他努力践行的"三种精神"也一直传承下来，成为塔里木的精神财富。

六、大漠奏响主旋律

1990年的春节，塔里木探区正是勘探十分繁忙的时候，整体解剖轮南的第一批探井开始陆续上钻。塔中1井获工业油气流后，塔中3井、塔中5井迅速摆上钻机。在轮南，在塔中，在英买力，钻机轰鸣，一派钻探繁忙的景象。

早春的塔里木，寒风呼号，到处还是严冬的样子。探区还没有盖一幢正式的房子，全是随时可以拆卸搬迁的野营房。会战的队伍在荒凉的戈壁上和沙漠里迎来了会战以来的第一个春节。

内地来的同志们心里头油然升起一缕思乡之情。这时候，正在承钻轮南 9 井的中原钻井公司 7012 钻井队，在忙着扎彩门，迎接新年。平台经理范智海和指导员高绍智商议，要在彩门上写一副春联。他们说，我们在西部这片热土上进行轰轰烈烈的大会战，这里虽然到处是荒凉的，但我们正在进行的却是壮丽的伟大事业。他们要写一副提劲头、长斗志的对联。大家商议后，写出了"塔里木只有荒漠的戈壁大漠，大会战没有荒漠的青春人生"，并把这副对联贴到轮南 9 井的彩门上。

春节过后的 2 月 27 日，在轮南召开交答卷动员大会上，范智海又把这句联语写进了表态发言稿。他在发言中说，这里只有荒漠的戈壁大漠，但这里没有荒

"只有荒凉的沙漠，没有荒凉的人生"成为塔里木石油人征战死亡之海的奋斗格言

漠的人生。我们要在这场难得的会战机遇中体现每一个人的价值，不仅向党、向国务院交出一份满意的勘探答卷，同时也交出一份合格的壮丽的人生答卷。后来这句话被修改为格言式的"只有荒凉的沙漠，没有荒凉的人生"。

半年后，江泽民同志到轮南视察，对这句闪烁时代精神的格言十分赞赏，给予高度评价。到塔里木探区采访的新闻媒体，也纷纷以这句格言为题，进行广泛报道。

这句话之所以能够很快在塔里木探区流传，很快上了国家各大新闻媒体，因为它是塔里木石油会战队伍集体精神状态的真实写照。

沙漠腹地环境严酷，风沙频繁，地表淡水奇缺，空气十分干燥。工作人员距亲人遥远，通信困难，消息闭塞；距城镇遥远，社交范围狭小；黄沙满目，没有绿色，室外活动受到限制，休闲和文化娱乐活动十分有限。石油工人这样形容这种自然环境和社会环境：气候干燥，生活枯燥，心情烦躁。

人究竟能在多大程度上适应沙漠环境？沙漠环境对人的心理究竟有些什么样的影响？人在沙漠相对长时期工作，究竟有些什么样的需要？塔里木石油勘探开发将"沙漠与人的心理"作为一项科研课题开展研究工作。

在这一课题的研究中，设计了三份问卷，一份了解沙漠腹地工作人员需求的情况，一份了解慢性疲劳和情绪状态，一份调查答卷人是否有需要治疗的心理疾患。在职工中，问卷调查的对象有司机、筑路工人、钻井工人、办公室工作人员等，大约100人。

调查的结果是，自然与物质需要方面，多数人对沙漠中的物质生活条件比较满意。每顿都有几种菜，肉菜蛋禽齐全，营养全面。虽然野外工作很辛苦，夏季酷热，冬季严寒，但宿舍有空调，能够休息好。沙漠中的物质生活条件与沙漠外不能相比，对此，大家都理解，认为在沙漠能做到这样，已经很不容易了。

社会精神需要方面，填写问卷的人员大都认为，沙漠中恶劣的自然环境与单调的社会环境对人的心理影响相比较，后者甚于前者。由于远离亲人、家庭和城镇，远离大社会的人群，虽然有各类集体的或者独立的有益活动，但是，过长时间在沙漠工作，也难免有烦闷的情绪。因而，对归属与爱护、理解与尊重、人际交往与文娱活动的需要更强烈。

心理健康方面，专题组研究人员在大量调查、访问和综合分析的基础上，获得的基本印象是，在塔里木看到和听到的，与在其他地方有很大不同，这里职工高尚的道德情操，纯朴的不受精神污染的心理世界给人留下深刻的印象。在问到"你的人生理想是什么"时，多数人的回答是"为了拿下大油田""做好本职工作""用自己的双手造福社会"。

在沙漠，职工之间的人际关系比沙漠外更亲密，更有人情味，人与人真诚相待，友善相处，没有污言秽语，没有消极拖沓，没有邪恶怨恨，没有虚伪欺骗。专题组研究人员对流传在人们口头上的"沙漠综合征"进行了考察。"沙漠综合征"就是所谓的"抑郁症"。一份被有关方面认可的综合研究评价报告说"不知是谁发明了这么一个名词"，"我们在那里（指沙漠）还没有发现和听说一个真正患有抑郁症的人"，"正常的抑郁反应和抑郁症是有区别的。这种区别在于正常的抑郁反应是有明显的相应原因的，而抑郁症的抑郁状态则无相应原因。抑郁症的抑郁状态持久而严重，而且在消除了相应原因后也不能恢复正常情绪状态，而正常的抑郁反应则不是这样。据我们分析，沙漠腹地有的职工出现的情绪抑郁状态还不能称作抑郁症"。

"沙漠与人的心理"研究以及科学地调适人的心理、情绪与沙漠的关系，是沙漠开发中一个系统的社会管理工程。"我们是沙海里的居民"所蕴含的事业感、奋斗情，是构筑了我们石油人精神生活的主旋律。

1991年8月22日，国家副主席王震在视察新疆工作期间，在巴州专门听取塔里木石油勘探开发汇报。他一边听汇报，一边兴致勃勃看原油样品。他说，非常敬佩你们！塔里木这个地方，是我们伟大祖国的一块宝地。两千多年前，张骞、班超他们就来到了这里，为维护祖国统一和东西方文化交流做出重大贡献。现在，你们继承我国工人阶级特别能战斗的精神，战斗在人迹罕至的大沙漠，涌现出一大批王铁人式的先进人物，找到了一批油气田。毛主席曾生动地把地质工作者称之为"土医生"，你们要不断提高诊断地球内部结构的"医术"，早日把新疆的石油储量搞清楚。

我在陪同王震副主席视察过程中，讲到我们在塔克拉玛干沙漠腹地打出一口高产油气井时，他听了非常高兴，坚持要到塔中上空看看在沙漠腹地勘探的钻井工人。

飞机飞临塔中上空时，从舷窗望出去，广阔无垠的沙海，根本看不到沙漠中的井架。飞机盘旋了两周，不断降低飞行高度，这才看见火柴盒大小的正在作业的钻机。王震紧贴舷窗，望着沙海中的钻机，脸上露出笑容，对我说，当年他们进军南疆的时候，正是冬天，有一支解放军部队沿沙漠中的和田河道，经过一个多星期急行军穿过大沙漠，到达和田。王震副主席深情地说，那支部队许多战士后来就在当地成了生产建设兵团农业连的职工，直到离休还在那里。听了王震这番话，我不由想起，1949年10月，正是王震率领中国人民解放军第一兵团从甘肃酒泉出发，西出玉门关，北出星星峡，向新疆展开气势磅礴的大进军，11月初到达新疆首府。这以后，王震率领他的部队又开始了屯垦戍边，开始了建设新疆的伟大艰苦的创业。我从内心深处涌起对王震将军和新疆生产建设兵团的将士们无限崇高的敬意。是啊，在这片荒凉的土地上，多少仁人志士为了国家和人民，将青春年华奉献给这片广袤的土地，无怨无悔。现在我们这支队伍在塔里木进行石油勘探开发会战，无论对于石油工业的发展，还是对开发建设新疆，以及对国防的巩固，都有着十分重要的意义。我们石油队伍和这里屯垦戍边的队伍一样，是发展新疆、建设新疆、稳定新疆的一支重要力量。

在塔里木流传着："寻找、建设大型油气田，是塔里木石油人的理想和为之奋斗的使命所在。""追求崇高的人生价值，是塔里木石油人心灵世界和人格精神的最高寄托。""人生能有几回搏？不到塔里木一搏等于白活！""只有荒凉的沙漠，没有荒凉的人生。"从领导干部到工程技术人员，从普通的员工到新分配来的大学生，会战全体将士把这些朴实的话语奉为战斗格言、行动的动力，在56万平方千米的广阔热土上投身于一场伟大的事业。

1996年12月，我又一次来到了塔中。随着这几年的建设，沙漠公路已经贯通沙漠南北，成为交通大动脉，新成立的塔中作业区几十名大学生管理着我国第一个高度自动化的沙漠油田。在这里，传统石油工人生产活状况已成为历史。借助信息化手段，可以对大漠深处的油气水井、场站和生产设备进行远程管理。生产数字自动录取和自动传输，电子巡井替代人工巡井，使油田的组织架构、生产方式和劳动方式发生了根本变革。更令人振奋的是，这些新时期的大学生说他们已经成为大沙漠里居民，深深地爱上了这片热土。

清晨，在沙漠公路一侧被称作"沙海广场"的平坦沙地上，庄严的五星红旗徐徐升起，在沙海的上空高高飘扬。高音喇叭里传出中央人民广播电台的新闻联播，职工开始出操锻炼。这里的业余生活丰富多彩，经常举行激动人心、争夺激烈的篮球、排球、拔河比赛。中央政治局委员李铁映同志来塔中视察时，还与塔指篮球队展开过一场别开生面的篮球友谊赛。李铁映对塔指领导说："沙漠里生活很枯燥，一定要把职工的体育活动搞起来，那样队伍才会有良好的精神面貌。"

一线员工以苦为乐，在沙漠腹地开展拔河比赛

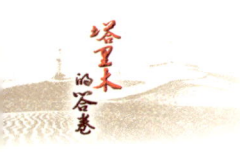

斗风沙、战酷暑的拼搏，与文娱生活的调节，组成了大漠深处和谐的人生进行曲。执行塔中地区意大利阿吉普石油公司合同区块反承包地质勘探任务的2220队，就是沙海里的一支特别能战斗的队伍。位于大漠深处的2220队驻地，200多只鸽子以及各种小鸟在天空自由自在地飞翔。队员们对这些前来落户的小生命特别喜爱，他们不仅在营房车上为这些鸟搭起漂亮的巢，还指定专人饲养。每到傍晚，收工回来的小伙子们在沙滩上打排球、踢足球、看书学习时，鸽子也从营房车上飞下，在四周神态雍容地观战、助威！

他们还把围成了方方正正的四合院般的营房车装饰得特别温馨。他们平场地，挖废井，修鱼池，栽花草，营地大门由钻机、太阳、油井等图案组成。五彩旗迎风招展，篮球、排球、羽毛球场地上青年们生龙活虎。队部门前五块黑板分别登载质量、安全、设备、后勤管理和好人好事。会议室里挂着彩带、油画，放着彩电、中外文学名著。在荒凉的沙漠中，有这样一个学习、生活、娱乐的小环境，青年们感到了家的温暖和愉悦。一位物探专科学校的女学生，暑假到这个队看望她的男朋友，她高兴地对队领导说，"这里非常美，比我想象的好多了，毕业后我很希望到你们这里来。"

一个温暖的"家"激发着2220队队员们的工作热情，大家都有一个共同的心愿——干好工作！他们勘探采集质量之好，令甲方赞不绝口。阿吉普公司驻地监督马歇拉里评价说，2220队这个"家"是最温暖的，职工素质、技术、队伍是一流的，施工质量是无可挑剔的，2220队是我们公司最好的合作伙伴！"死亡之海"深处，有许许多多个"家"。这些"家"常年经受风沙的袭击，却在严寒、酷暑的恶劣环境下演奏着欢乐的"家庭之歌"，温暖着成千上万的找油人，激励着他们为国家找油找气，奋力地拼搏着，无私地奉献着。

第八节 党中央的殷切希望

一、江泽民视察轮南探区

1990年8月2日，伊拉克大举入侵并占领科威特，美国迅速陈兵海湾。中东形势紧张，中央领导十分关注我国的能源安全。

8月23日，江泽民总书记视察塔里木石油探区轮南前线。这是他在当年2月视察大庆油田后再次视察油田企业。

随同江泽民总书记视察的有：中央军委秘书长杨白冰、全国政协副主席王恩茂、国家计委副主任兼国务院生产委员会主任叶青、兰州军区司令员傅全有、国家民委副主任赵延年、农业部副部长刘江、中共中央办公厅副主任曾庆红、自治区党委书记宋汉良、自治区主席铁木尔·达瓦买提等领导同志。中午12时，我和中央、自治区其他领导同志随同江泽民同志来到轮南探区时，塔指的同志已经在轮南前线指挥所前迎接。江泽民总书记与前线甲乙方队伍负责同志一一握手，在会议室里听取邱中建等负责人和地质矿产部西北石油局康玉柱的简要汇报。

江泽民总书记到探区看望和慰问基层干部工人。这时干旱少雨的轮南荒原下起霏霏细雨。江泽民总书记来到正在承钻轮南2-2井的中原7012钻井队，冒雨登上钻台，和钻井工人交谈，又到轮南2井试采现场，向试采队同志询问这口井油气生产情况。在轮南26井，江泽民总书记走进职工野营房，了解探区生活服务情况。他看了更衣室、冷藏柜和厨房，又到职工

寝室里，摸了摸床上被褥的厚薄。江泽民总书记对我们说，在这里搞石油勘探开发，要搞好职工生活，做到冬天不冷，夏天不热，吃得饱，吃得好。江泽民总书记对塔里木这种生产和生活服务分开的做法很满意，他说道，专业化服务好，要是每个钻井队都自己开灶吃饭，这边要钻井，那边又要照顾吃饭，不可能弄好。讲到乙方会战队伍，采用的是"铁打的营盘轮换的兵"时，江泽民总书记说，这样很好，省了好多事，我看这个可以总结一下。

江泽民总书记在所到之处，与工人、青年大学生、一线领导干部亲切交谈，了解到一线很多实际情况。

江泽民总书记在视察轮南探区过程中，对我们的工作做出了重要指示，提出了要求。他在讲话中，充分肯定了塔里木石油勘探开发会战一年多来取得的成绩，深刻阐明了石油在国民经济建设和国际斗争中的重要作用，并对会战工作提出殷切的期望。

江泽民总书记指出，"加快勘探开发塔里木石油资源有着重大的政治和经济意义。石油无论对于发达国家，还是不发达国家，都是一种经济生命线，是一种十分重要的战略资源。尽管还有其他多种资源，但都不可能替代石油。"

江泽民总书记说："我们国家的石油工业，目前的状况是，依靠东部的一些老油区，包括大庆、胜利、中原、华北等等，来维持现有产量水平，已经很吃力了。王涛同志给我讲，预计明年全国原油产量大体上只能与今年持平。中央领导同志都很着急，我可以表达这种心情。正因为这样，听到塔里木盆地石油勘探取得了重大进展，大家都翘首盼望，非常高兴。刚才听了你们的汇报，总的感到前景在望了，但是要注意把工作做得非常扎实。这个地区地下情况比较复杂，必须进行大量细致的工作，在时间上可能要比原来预计稍微推迟一些。看来明年年底，你们才能有把握地拿到一定规模的储量。"

江泽民总书记对我们的工作提出四点希望和要求。

第一，希望继续努力工作，争取明年年底交出一个明确的答卷，把现在还很不踏实的问题搞踏实。

第二，塔里木采用新的工艺技术、新的管理体制组织工业会战的经验，值得很好总结。

江泽民总书记说："你们讲的'两新两高'，即采用新的工艺技术、新的管理体制，取得各项工作的高水平、高效益，是个创造，是个好经验。当年大庆会战时期，头顶青天，脚踏荒原，以王进喜为代表的大庆工人阶级，靠人拉肩扛，用管子当滚杠，硬是把钻机卸下火车运到了井场。现在情况不同了，你们在勘探上配套采用了十项新技术，包括数字地震技术、综合录井技术、数字测井技术、优化参数快速钻井技术、深井酸化压裂技术，等等。这些新技术、新装备的应用，大大提高了工作质量和工作效率，解决了生产建设上的一系列难题。新技术必然带来高水平，这是毫无疑义的。你们的新体制，实行项目管理和甲乙方合同制，不搞'大而全、小而全'。你们指挥部不配备专业施工队伍，所有勘探开发、生产建设、施工作业和生产、后勤服务工作，都通过招标、签订合同，从全国石油企业选择各种专业队伍来承担，能够依托社会的，就发挥地方的力量。"

江泽民总书记还对全国各油田参战队伍实行"铁打的营盘轮换的兵"这种组织形式，给予了肯定，"这个做法很好，它标志着我国石油工业水平大大前进了一步，也标志着我们的管理素质大大前进了一步。这个变化前途无量。"

讲到新体制在甲乙方关系上，实行"两分两合"，即在合同上分，思想上合；在职责上分，工作上合，甲乙双方都是油田的主人。江泽民同志说："你们的四句话，体现了社会主义的优越性，也只有在社会主义制度下才能够实行，应当很好地总结。"

第三，要坚持学习和发扬大庆精神。江泽民总书记说："你们这里的会战跟当年大庆有很大的不同。在技术和物质条件上，现在有了新的仪器，有比较现代化的装备，跟当年大不一样了。不管物质条件怎么变，有一种精神没有变，那就是大庆艰苦奋斗的精神，你们始终保持下来。"江泽民总书记要求，会战中要把大庆精神保持和发扬下去，把塔里木这个地方变成锻炼人的大熔炉。

第四，要大力提倡社会主义协作精神。江泽民总书记指出，这次会战，总公司投入了主要的力量，同时还有地质矿产部等，自治区、南疆各地州也给予了很大的支持。要大力提倡社会主义协作精神，互相支持，协同作战，共同搞好塔里木的石油勘探。

1990年8月13日，江泽民总书记在离开轮南前线时，为塔里木探区

加快塔里木石油勘探开发，为实现国民经济持续稳定发展做出更大贡献

江泽民

一九九〇年八月廿三日题于轮南前指
一九九八年七月六日重写于塔指

▲ 1990年8月23日和1998年7月6日，江泽民总书记两次为塔里木题词

题词："加快塔里木石油勘探开发，为实现国民经济持续稳定发展做出更大贡献。"

江泽民总书记视察轮南前线，在整个塔里木探区引起强烈的反响。8月27—28日，总公司在塔里木探区干部大会上，传达了江泽民同志的重要讲话，甲乙方立即掀起学习、贯彻江泽民同志重要讲话的热潮。9月7—12日，为落实江泽民同志的讲话精神，总公司在库尔勒召开了加快塔里木石油勘探开发工作会议，我在会上提出要求，要把广大干部、职工的思想统一到江泽民同志重要讲话和题词精神上来，瞄准世界水平，发挥"两新"的优势，打一场硬仗，打出高水平、高效益来。这次会议经过研究，确定塔指要集中力量打好勘探"三大战役"，即以石炭系为重点的区域勘探仗、轮南地区整体解剖仗、以塔中为重点的沙漠腹地勘探仗，向党中央、国务院交上一份合格的答卷。

会战初期，会战队伍召开誓师动员大会

二、李鹏对塔里木提出要求

1989年11月下旬，李鹏总理到新疆视察期间，我陪同李鹏总理去克拉玛依。11月23日，李鹏总理听取新疆石油管理局、塔里木石油勘探开发指挥部、地质矿产部西北石油局三家石油单位的工作汇报。

李鹏总理问我："关于塔里木的问题，石油战线还有没有争论？"

我回答说："勘探开发塔里木油田，在远景上没有争论。具体说，哪一年达到什么水平，还有不同看法。"

李鹏总理说："对地下的认识，也有一些不同的看法。刚才地质矿产部同志在汇报中讲，还有些复杂情况。是否能形成一个大面积的油田，现在打的井太少，需要再多打一些井。"

我回答说："现在有两种可能性。这个问题要到明年（1990年）6月底以前，再打十几口井，才能明朗化。"

李鹏总理听取新疆三个主要石油勘探开发单位汇报后，做了简短讲话。

李鹏总理说，新疆石油工业希望很大。将来中国石油的发展，主要就靠塔里木了。塔里木石油的发展问题，现在还处于酝酿之中，已经做了一些地质勘探，打了一些井，而且见到了油气，有了一些初步的依据，但是井数还不够，有些问题还是设想性的。探井要多一点，才能形成一个完整的地质认识，拿到探明石油地质储量。

李鹏总理指出，石油工业由东部向西部战略转移，这是国民经济建设的一个重大决策。现在这个战略转移已经初步形成，将来要进一步深入地做好勘探工作，然后国务院再进行慎重决策，包括如何筹措资金等问题。按照国民经济发展的战略目标，20世纪末我国国民生产总值要实现翻两番，石油产量要达到2亿吨，现在才1.3亿吨，还要增加7000万吨。将来即使达到了这个目标，国内用油情况也还会很紧张。希望你们继续努力，为国家生产更多的油气。我国石油工业的发展是大有希望的。

李鹏总理非常关心塔里木盆地勘探资金不足的问题。他对我说，你们可以跟国外谈判，争取利用一些国外贷款，将来用生产的石油还贷。你们现在具备不具备对外谈判条件？

我回答说，我们已经开始与外商接触，正在进行这项工作。现在资源透明度还不那么高，勘探资金还是依靠我们自己筹措。

11月26日，李鹏总理在乌鲁木齐对自治区3000多名干部做了一个讲话。其中讲到新疆石油工业发展及油地关系的内容。

李鹏总理说，新疆油气资源是丰富的。特别是从1983年开始，进行了大量的地质勘探工作，现在基本上搞清楚了在塔里木有一个大油田，而且最近打了几口探井，获得了高产油气流，有日产高达500立方米油、几十万立方米气这样的高产井，这是一个特大的喜讯。因为我们中国要发展，石油是不可缺少的，随着人口的增加，农业机械化和交通运输的发展都离不开石油，而且石油是我们重要的化工原料。所以，今后中国的经济能否保持持续稳定的发展与石油工业发展有极大的关系。现在我国东部的油田，已经进入开采的中后期，要稳产和部分地增产要投入很大的力量，我们的方针还是要继续稳产，并且适当地有所发展。要发展中国的石油工业，就要找新的石油基地。现在看来塔里木油田是比较理想的、最有发展前景的石油基地。困难是有的，将来开采起来投资比较大。但是这也是一个大的战略决策，现在中央正在酝酿，要经过专家的论证，党中央和国务院要专门进行讨论，我看石油的开发有一个战略上向西转移的趋势。目前我们还只能说石油这个前景正在酝酿过程中。

石油应该有一个重大的发展，我们现在要为此做好准备。第一，我们要求石油的地质工作做得更细一些，更可靠一点，以避免我们过去在石油工业战线上所出现过的一些不成功的教训。几十年来，中国的石油开发是成功的，积累了一套找油的经验，开发的经验，但也有个别的例子，因为地质情况没有完全搞清楚就下了决心，结果造成了损失。既然是这样一个大的战略转移，要想再搞一个大庆式的油田，我们一定要把各种地质工作搞充分，把地下的情况基本搞清楚，然后选择重点首先突破，由小到大，逐步把油田开发出来。这个也需要筹备的过程，王涛同志他们是准备明年6月份以前做出结论。就是这样，石油勘探部门和地质部门也要进行大的论证才能做到。他们提出这样一个方针（指导油地关系"二十字"方针），我赞成，就是鉴于沙漠开采石油这样一种特殊的条件，今后不建设生活区，生活后勤服务社会化，他们

就是精兵强将上第一线，把生活区摆在沿天山以南的各个城市，从库尔勒到阿克苏这一线。这样既带动了石油工业的发展，也促进了城市建设，促进地方的发展。石油工业发展以后，石油的粗加工带动一大片，二次加工又带动更大的一片工业。所以，新疆经济振兴，石油是主导的产业。

李鹏总理非常支持我们塔里木石油勘探开发会战，同时有关的决策又是慎重的。他多次指示我们，地质工作要做得细一些，更可靠一点，要避免犯历史上一些盲目决策的失误。他的这些指示和要求，促使我们的工作做得更扎实了。

三、实施"三大战略"

进入20世纪90年代，国内外环境发生了新的深刻变化。中国石油工业也面临着严峻的挑战，油气资源接替紧张，石油建设资金入不敷出，原油产量的增长跟不上经济发展的增长速度。在这样的背景下，党中央确定了"稳定东部、发展西部"等一系列战略方针。

1990年12月，中国共产党十三届七中全会通过的《中共中央关于制定国民经济和社会发展十年规划和"八五"计划的建议》中，明确提出了石油工业要采取"稳定东部，发展西部"的战略方针，保持东部老油田稳产增产，适当集中力量加快西部新油区，主要是塔里木、吐鲁番地区的勘探和开发。

后来，在编制"八五"计划过程中，李鹏总理主持国务院总理办公会议，连续两次专门听取石油工业部门的汇报，确定对石油工业给予新的政策支持。1995年4月14日，李鹏总理在听取国家计委、中国石油天然气总公司、中国海洋石油总公司汇报"九五"计划和2010年远景目标规划时，再次强调，石油工业要坚持"稳定东部，发展西部"的方针。

1991年2月，总公司召开一年一度的石油工业局厂领导干部会议，会议重点研究陆上石油工业发展战略问题。我们就会议的有关情况向党中央、国务院做了汇报。

2月3日晚，江泽民同志做出如下批示：王涛同志，我明日即去外地，这份报告我带走看看。石油工业大家都非常关心，希望能把这次会议开好，促进我国石油工业的进一步发展，为国家多做贡献。同日，李鹏总理批示：

第二章 打开新局面

1990年,《中共中央关于制定国民经济和社会发展十年规划和"八五"计划的建议》中,对石油工业提出要求

矿的建设,特别是加强山西、陕西、内蒙古西部和宁夏能源基地的建设,同时促进地方矿和乡镇矿的整顿、改造和提高。到1995年和2000年,原煤产量要由1990年的10.9亿吨分别增加到12.3亿吨左右和14亿吨左右。电力工业,实行因地制宜、水火并举和适当发展核电的方针,充分发挥我国水电优势,积极发展坑口电厂和热电联产,加强电网建设。到1995年和2000年,全国发电量要由1990年的6150亿千瓦小时分别增加到8100亿千瓦小时左右和11000亿千瓦小时左右。石油工业,采取"稳定东部,发展西部"的战略方针,保证东部老油田稳产增产,适当集中力量加强西部新油区主要是塔里木、吐鲁番地区的勘探和开发,同时积极进行海洋油田的勘探和开发。到1995年原油产量要由1990年的1.38亿吨增加到1.45亿吨左右,争取到2000年有较大的增长。为了加快能源工业的发展,必须理顺能源价格,筹集能源建设资金,并争取利用一些国外资金,以稳定地增加资金投入。

(17)优先发展交通运输和邮电通信,适应国民经济发展和对外开放的需要。交通运输,要着眼于搞好综合运输体系的建设,以增加铁路运力为重点,同时积极发挥公路、水运、空运等多种运输方式的优势。铁路建设,要采用先进适用技术对旧线进行改造,在一些重

1996年9月20日,《中国石油报》转载国务院总理李鹏《石油工业要坚持稳定东部、发展西部的方针》的文章

希望你们认真贯彻党的十三届七中全会精神，继续艰苦奋斗，埋头苦干，努力发展石油工业，稳住东部，发展西部，生产更多的石油，为我国社会主义现代化建设做出更大贡献。全国人民热情期盼着你们。

2月3日，石油工业局厂领导干部会议在北京胜利饭店召开，国务委员邹家华参加会议并讲话。

这是一个极不寻常的会议，由于海湾战争的爆发，石油供应与安全越来越成为世界普遍关注的热点。伊拉克入侵科威特，海湾战争是世界上诸多矛盾的集中反映，这场战争实质上是一场争夺和控制石油资源的斗争。自20世纪60年代以来，石油在世界一次能源消费结构中的比重达到40%以上，成为现代工业和经济增长的主要动力。20世纪70年代的两次石油危机，导致了西方国家的经济衰退，诱发了多种形式的社会危机。进入20世纪90年代，国内外环境发生了新的深刻变化，尤其是围绕中东石油资源的争夺越演越烈，使人们更加深刻地认识到石油资源的重要战略地位。中国在这场危机中之所以始终处于主动地位，掌握并拥有国内生产的1.3亿多吨石油是一个重要因素。

可是，对11亿人口的泱泱大国来说，年产1.3亿多吨石油的人均占有量并不富有，对于高速发展的国民经济已经成为"瓶颈"。

党中央、国务院对石油工业给予高度的重视和具体的指导，做出了许多重要指示，寄予殷切希望，极大地鼓舞了150万石油职工的斗志。塔里木石油会战后的十几年里，江泽民、李鹏、乔石、朱镕基、尉健行、吴邦国、温家宝、曾庆红等20多位党和国家领导同志先后到塔里木探区视察。其中江泽民、李鹏、朱镕基、吴邦国都是两次到塔里木探区视察。我还记得，有一次，中央政治局常委宋平同志让秘书打来电话，说宋平同志非常想了解塔里木石油会战情况，希望我们送一张勘探图给他。我随即到宋平同志那里汇报，宋平同志说，你们一线的同志都很忙，派人送张图来就可以了。我说，中央领导这样关心塔里木石油会战情况，对我们是极大的鞭策和鼓舞。宋平同志还把身边工作人员叫来一起听我的汇报。我把塔里木油气勘探开发情况向他做了详细汇报，宋平同志听了很高兴。宋平同志一直关心塔里木油田的发展，2002年他来到塔里木油田实地视察。

我多次陪同江泽民、李鹏等党和国家领导同志到油田和探区视察，深切感受到党和国家领导同志对石油工业实现可持续发展表达的"雪中送炭""翘首盼望"的迫切心情，更加感到我们承担着不仅仅是重大的经济责任，而且还有重要的政治责任和社会责任，必须认清国际、国内的大环境，分析石油工业内部存在的有利条件和不利因素，全面地认识形势，才能制定正确的工作方针和部署。

面对扩大开放、深化改革的发展形势，总公司党组把党中央的路线、方针和政策同石油工业的具体情况相结合，从石油工业可持续发展战略出发，提出在继续挖掘东部油田潜力、积极组织"增储上产"的同时，必须加快西部地区，特别是塔里木盆地的勘探开发步伐，做好油气资源战略接替的准备。我们向中央财经领导小组都做了汇报，得到充分肯定。

在1991年2月召开的石油工业局厂领导干部会议上，我代表总公司党组提出了可持续发展的"三大战略"。第一个战略：稳定和发展以东部为重点的老油区生产，加快西部地区勘探开发工作，解决好油气资源的战略接替，保证全国石油天然气生产的持续稳定增长。第二个战略：在国家计划指导下，运用市场调节机制，积极发展油气加工和综合利用，开展多种经营，进一步增强石油工业自我发展的能力。第三个战略：按照中央关于对外开放的方针，积极扩大对外经济技术合作与交流，扩大各种形式的对外贸易，努力开拓国际市场，参与国外油气资源的开发利用，在国际竞争中发展和壮大自己。这就是后来概括的"稳定东部，发展西部"和"油气并举"的油气勘探开发战略；"一业为主，多元开发"的多种经营战略；充分利用"两种资源、两种资金和两个市场"的跨国经营战略。

围绕"三大战略"的实施，总公司要建设好三支队伍，即油气勘探、开发、工程建设和输油输气队伍；油气下游加工队伍；对外合作和外贸经营队伍，包括熟悉国际石油勘探开发合作业务、国际金融、国际贸易与市场、法律、外语等方面的专业人才队伍。要实现三个"良性循环"，即生产与资源接替的良性循环、资金投入产出的良性循环、人才接替的良性循环。

以实施"三大战略"为标志，中国石油的工作重点从以东部地区为主、以油为主，转变为东西部并重、油气并举；从只在国内进行作业转向进入国际竞争的新领域。

实施三大战略 建设三支队伍 实现三个良性循环[*]

(一九九一年二月四日)

一、石油工业是国民经济的一个重要支柱产业,又是一个具有国际性的行业。在扩大开放、深化改革的情况下,我们必须认真研究国际、国内的大环境,分析石油工业内部存在的有利条件和不利因素,全面地认识形势,才能制定正确的工作方针和部署。

最近爆发的海湾战争是世界上诸多矛盾的集中反映。这场战争实质上是一场争夺和控制石油资源的斗争,使人们更加深刻地认识到了石油的重要战略地位。中央领导同志指出,石油无论对于发达国家还是不发达国家,都是经济上的生命线,是一种十分重要的战略资源,世界各国都对石油非常重视。还指出,我们在这场危机中之所以始终处于主动地位,手里拥有1.3亿多吨石油是一个重要因素。所以,石油工业不发展不行,发展慢了也不行。

党中央、国务院对石油工业寄予殷切的希望。近年来,江泽民、李鹏和其他中央领导同志,多次亲临油田和探区视察,充分肯定了石油战线的工作,对石油工业的发展表达了"翘首指盼"的急切心情。在编制"八五"计划过程中,李鹏

[*] 本文摘自王涛同志在1991年度石油工业局厂领导干部会议上的工作报告。

▲ 1991年2月,王涛在1991年度石油工业局厂领导干部会议上的工作报告

1991年2月6日,《中国石油报》报道实施三大战略
▼

1993年12月9日，国务院研究室与中国石油天然气总公司共同举办了石油工业改革与发展高级研讨会。参加会议的有国家有关部门领导、国内石油问题专家、大型石油企业代表。我在研讨会上全面分析了石油形势：近几十年来，石油问题表现出了更强的战略性和政治性特征。石油的供需状况，不仅在相当大的程度上直接影响着一个国家的经济稳定和安危，而且往往成为影响一个地区以至全球政治、经济秩序的重要因素。

基于石油的战略地位和资源分布上的不均衡状况，近些年各国都在不断调整能源战略。美国、日本和西欧发达国家都把油气的稳定供应视为关系国家安危的战略问题并加强控制，增加战略储备，积极提高能源利用效率。大多数产油国家则普遍把石油作为经济命脉，采取越来越多的措施，维护本国资源主权，注重开发和利用。总之，无论是发达国家还是欠发达国家，产油国家还是非产油国家，都把石油作为国家安全和经济发展的重要保障。这是当今世界在石油问题上的基本态势。

进入"七五"以来，全国原油产量由1985年的12488万吨增至1992年的14203万吨，平均每年增长245万吨。这7年间在世界主要产油国家中，美国、苏联、英国、墨西哥的原油产量都有所下降。我国原油产量的增长速度仅次于沙特阿拉伯和伊朗。但从国内需求来看，发展速度尚不能适应国民经济迅速增长的需要，原油进口量逐年增加。1993年，出口与进口相抵后，中国成为石油净进口国。国家石油安全形势越来越严峻，油气供需矛盾日益紧张，面临的形势是严峻的。

综合分析陆上石油工业产量增长幅度减缓的原因主要是：投入开发的油田已多数进入高含水生产阶段，油井产量自然递减加大。到1992年底，陆上共投入开发的油田260个。从总体开发状况来看，大多数主力油田经过多年开采，已达到较高采出程度，综合含水率明显上升。1992年全国陆上油田平均采出程度达到60%以上，平均综合含水率达到79.57%，一年递减产量为2100万吨左右。正是通过新建的原油生产能力和井下作业增产的油量，在弥补递减之后，才保持了原油产量的逐年增长。然而增长幅度从1988年起逐年减缓，与上年相比，1988年为286万吨，1989年为47万吨，1990年为26万吨。原预测1990年以后原油生产会出现负增长，由于我们

认真贯彻执行党中央、国务院确定的"稳定东部、发展西部"的工作方针，在国家政策的支持下，依靠广大石油职工的艰苦努力，原油生产实现了稳中有升。1991年增长36万吨，1992年增长79万吨。

江泽民总书记多次听取有关石油情况的汇报，做出重要指示。1993年5月，我到中南海江泽民总书记办公室全面汇报了石油工业面临的形势和遇到的严峻挑战，包括塔里木石油勘探开发会战的情况。这是我第一次来到江泽民总书记的办公室，宽敞明亮而简朴。一张两头沉的老式办公桌，一张午休用的铺着单子的床。由于石油勘探图实在没有地方可挂，就把图铺到地上。我汇报了三个半小时。曾庆红同志提醒说已经到了中午。江泽民同志说，不急，等王涛同志讲完。江泽民同志一边听，一边不时地记录，他对石油工业倾注的热情和精力令我十分感动。

1993年12月27日，江泽民总书记主持召开中央财经领导小组会议，专门听取石油工业发展情况的汇报。这次，我和地质矿产部部长朱训都做了汇报。江泽民、李鹏、朱镕基、李岚清、温家宝等领导做了重要指示。这次会议提出了我国石油工业"稳定东部，发展西部，国内为主、国外补充，油气并举，节约开发并重"的方针。形成一个完整的石油工业发展方针。

1993年，陆上稳定东部，发展西部和油气并举的战略格局基本形成，石油工业发展进入到一个新的历史时期。没有出现人们预料的负增长，没有大起大落。

在东部，勘探、开发都具有较大潜力，原油产量保持稳定。在黑龙江三肇地区、吉林松花江—嫩江地区、辽宁辽西地区、山东临邑地区、内蒙古开鲁地区和二连盆地、渤海湾滩海地带，开辟了一批可增加储量的有利战场。提高老油田采收率的技术攻关和新技术的应用获得了积极成果，展现了良好前景。大庆油田实施"稳油控水"系统工程，提高采收率效果明显。在年产5000万吨以上水平已连续稳产18年。继续发挥着国民经济顶梁柱的重要作用。

在西部，新疆三大盆地比翼齐飞。塔里木盆地已发现6个油田、19个工业性含油气构造，探明和基本探明石油地质储量2.8亿吨，并已建成原油年生产能力160万吨。吐鲁番—哈密盆地已发现11个油田，探明石油地质储量1.6亿吨，建成原油年生产能力125万吨。准噶尔盆地年产量达到780

万吨,勘探开发工作正逐步向盆地腹部延伸,已在腹部沙漠地带探明了一个6000万吨储量规模的彩南油田,初步建成100万吨原油生产能力。

特别是天然气勘探取得了重大成果,正进入一个储量增长的高峰期。按照"油气并举"的方针,陆上石油工业加强天然气地质理论研究和勘探工作,新增天然气探明储量4095亿立方米,大体相当于前40年的总和,初步形成了陕西北部、四川东部、新疆三大盆地、青海柴达木盆地东部等几个新的大型气区,为天然气储量近1000亿立方米加快发展奠定了初步资源基础。

我国陆上石油工业"稳定东部、发展西部"战略实施以来,东部的大庆、辽河、吉林、华北等老油田产量总体保持稳定,而西部的长庆、塔里木、四川、青海、新疆、吐哈等油气田产量实现大幅度增长。现在我们完全可以说,"稳定东部、发展西部"战略已经见到实实在在的效果,西部已经平稳实现石油工业的战略接替。

1991年1月1日,塔里木探区原油首列火车发运

面对石油企业一般远离城市，缺少社会依托，每个企业近乎一个小社会的现实情况，在转换企业经营机制中，我们把一业为主、多元开发纳入陆上石油工业的发展战略，确立了"稳定发展农业，重点发展工业，加快发展第三产业"的基本思路。发挥石油行业整体优势，走产业化、规模化、集团化道路，逐渐形成"六大支柱产业"的格局，即化工、建筑及建材、机械电子、轻工、运输及商业餐饮服务、农副业。通过大力发展多种经营，一是调整了石油企业产业结构，打破单一的经营格局；二是为勘探开发主业服务，积极筹措资金，支持主业的发展；三是广开生产门路，妥善安置富余职工和待业职工子女，减轻了企业负担，稳定了职工队伍。1995 年，完成生产经营总值 257.6 亿元，实现销售收入 222.8 亿元，利税 16 亿元，从业人员达到 45.2 万人。与 1990 年相比，生产经营总值增长 4 倍，销售收入增长 3.6 倍，利税增长 2.1 倍，新安置就业人员 32 万人。1997 年全年新分流职工 5 万人，累计达到 55 万人。

实施跨国经营是总公司 1991 年制定的三大战略之一。我们抓住了难得的历史机遇开始"走出去"的各项准备工作，1993 年，我国再度成为石油净进口国，在党中央、国务院提出"充分利用国内外两种资源、两个市场"的方针后，我们加快了海外勘探开发步伐。面对海外特殊多变的环境和众多国际竞争对手的挑战，千锤百炼的铁人式队伍凭借敢为天下先的英雄气概与气魄，在风云变幻的国际石油舞台上大显身手，使海外石油事业实现了跨越式的大发展。

1993 年 3 月，总公司中标第一个海外油田开发项目是秘鲁的塔拉拉油田。在这个被西方石油公司认为已到了废弃边缘的百年老油田上，中国石油人打出了三口日产千桶井。这一消息在秘鲁石油界引起了轰动，秘鲁总统亲临现场视察。一时间，中国石油的名字占据了秘鲁主流报刊的显著位置，被媒体评为"20 世纪秘鲁石油界最大的新闻"。我们走出了国门，首先在南美建立了开拓国家石油市场的"桥头堡"和培育人才的基地，为中国石油全方位"走出去"奠定了坚实的基础。我们正是先后从几个小型项目，小额投资开始，国际业务实现从无到有、从小到大、从弱到强的跨越式发展。

到 2011 年，形成五大油气合作区、四大油气通道、三大油气运营中心的战略布局，国外年作业油气当量产量已超过亿吨，权益产量达到 5000

万吨油气当量,同时工程技术、工程建设、装备制造等业务也纷纷"走出去",在海外创业史上留下了坚实的足迹。

有人说,历史往往惊人的相似。从1958年石油工业战略东移,成立松辽石油勘探局,到1976年大庆原油年产量突破5000万吨,用了整整18年,矗立起大庆油田这座丰碑;从1993年迈出"走出去"第一步,再到2011年实现权益产量突破5000万吨,又是一个18年,中国石油创造了海外业务的辉煌,建成了"海外大庆"。

2013年以来,中国石油天然气集团公司(1998年成立,以下简称集团公司)以实际行动践行国家"一带一路"倡议,与"一带一路"沿线国家签订一大批合作项目,例如阿联酋陆海项目、俄罗斯亚马尔LNG项目、阿布扎比项目等,海外业务保持跨越式快速增长势头。2019年1月17日,我有幸参加集团公司2019年工作会议,从会议发言中得知,截至2018年底,中国石油海外累计探明了3个十亿吨级、4个五亿吨级、4个亿吨级、3个五千万吨级地质储量油气田,油气探明剩余权益可采储量当量超过40亿吨,具备再建5000万吨产能的资源基础。油气权益产量保持逐年大幅度增长的趋势,2018年原油生产能力1.6亿吨、天然气生产能力380亿立方米,油气产能规模当量为1.9亿吨油,在全球32个国家和地区经营着88个油气合作项目,海外油气业务权益当量产量达到9819万吨。2019年油气权益产量要突破1亿吨。此外,2018年国际贸易量达到4.8亿吨,贸易额2367亿美元,同比分别增长2.5%和28.4%;销售收入首次突破1万亿元,同比增长20%。集团公司在海外已有超过1200支工程技术服务队伍,其中工作量超过50%来自上游投资业务、技术服务和物资装备出口,2014—2018年年均收入保持在100亿美元左右,"中国制造""中国标准"正在加快进入国际市场。

这真是振奋人心和令人感慨的消息。与其他国外石油公司相比,中国石油"走出去"实施国际化经营比较晚,在很多方面先天优势不足,但通过几代海外石油人的拼搏奋斗和不懈努力,海外业务从无到有、从小到大,用25年时间快速赶超了国际石油公司几十年甚至上百年的国际化经营之路。我相信,随着"一带一路"构想蓝图徐徐展开,中国石油一定能够与海外合作方携手前行,共同书写出合作共赢的新篇章。

第三章

跨世纪之战

西部油气勘探已经进入一个大会战的前夕。这场会战是以塔里木会战为起始和主战场的,是一场跨世纪之战,对本世纪内保证陆上石油工业的油气生产持续、稳定的增长起到了重要的资源接替和保证作用,关系到下个世纪国民经济发展对油气的需求,以及国防建设和人民生活对油气的需求。

——摘自1995年11月29日在总公司西部油气勘探工作会议结束时的讲话

第一节

几经喜悦　几经困惑

一、塔北遇阻

以塔里木为代表的西部会战，碰到的问题和难度是世界级的。我们只有在技术上达到世界级水平，才能攻克世界级的难题，创造出世界级成果。

再上塔里木，我们第一个梦想是在奥陶系找到大油气田。寒武—奥陶系海相地层在塔里木盆地普遍发育，最厚达 7000 米，是盆地主要的生油层。

轮南 1 井、英买 1 井、轮南 8 井相继在奥陶系获油气流。我们分析，轮南 8 井是在轮南南倾鼻状潜山范围之外。获得高产油气流，说明轮南潜山含油幅度大，不受潜山局部构造控制，而是受到整个大型潜山古隆起的控制，有可能大面积含油。

轮南奥陶系是碳酸盐岩储层。碳酸盐岩是地球上分布很广的一类沉积岩，约占沉积岩总量的 20%，仅次于泥岩和砂岩。碳酸盐岩又是重要的生油岩和储层。全球发现的碳酸盐岩蕴藏的油气储量约占全球总储量的 50%，产量占全球的 60%。世界第一大石油生产区中东，80% 的含油气层来自碳酸盐岩。而海相碳酸盐油气田一般规模比较大，这与它当年所处的海洋沉积环境有关。并且碳酸盐岩油气田的产量比较高，日产万吨的油井全部来自碳酸盐岩油田，世界上日产千吨以上的油井，大多也分布在碳酸盐岩。例如在世界上，美国 1901 年发现的斯徒宾油田，为海相碳酸盐岩油田，发现井日产原油 1.4 万吨；发现于 1916 年的墨西哥黄金巷油田，也是一个海相碳酸盐岩油田。这个油田的塞罗阿苏耳—4井，日产量竟高达3.7万吨。

根据海相碳酸盐岩油田具有面积大、产量高的特点，我们判断轮南地区会有个大场面。但是，海相碳酸盐岩油田的特点和东部的一些砂岩油田不同，它的油气储藏于裂缝、孔洞之中。轮南地区的奥陶系地层裂缝、孔洞是否普遍发育？地下分布情况如何？于是我们部署了14口探井，整体解剖轮南地区碳酸盐岩含油的问题。

1989年下半年开始，这14口探井，分3批实施。其中在南部和北斜坡带6口，轮南断垒带和桑塔木断垒带上3口，中部斜坡5口。通过整体解剖了解轮南奥陶系潜山油气分布情况及规模。

1989年8月22—23日，我陪同国务委员邹家华到轮南听了塔里木的汇报，当时正在部署整体解剖轮南，要求初步搞清楚轮南奥陶系含油气情况，看看能不能拿到建设2000万吨产能的石油储量规模。塔指汇报说，这14口探井最快要到1990年6月底才能陆续打完。

1989年8月，王涛和总公司有关部门人员在塔里木现场办公。左3至左8依次为金燕凯、李长林、张毅、王涛、邱中建、王乃举

于是就有一个形象化的说法叫"交答卷"。8月底，我和总公司有关部门的人员又到塔里木现场办公，对1990年和"八五"期间塔里木盆地的工作专门做了研究和部署。

1990年8月23日，江泽民同志到轮南视察，从汇报中了解到"交答卷"的情况。当时轮南14口探井还没有全部打完，正集中力量会战。江泽民同志在讲话中将"交答卷"的时间推迟到1991年底，并希望轮南探区14口探井完成后，能够拿到一个"令人满意的结果"。

到1991年底，通过14口井的钻探解剖，在整个2450平方千米的轮南奥陶系潜山的不同部位，除北斜坡外，都获得了油气，基本上显示出潜山大面积含油的面貌。但同时也发现潜山油气藏具有异常复杂的情况，和我们原来想象的大不相同。油气井之间互不连通，产油气深度不受潜山控制，各探井油气水界面参差不齐，从油气井的平面分布上看不出明显规律。如获得

塔北地区重要探井
及油气田分布图
▼

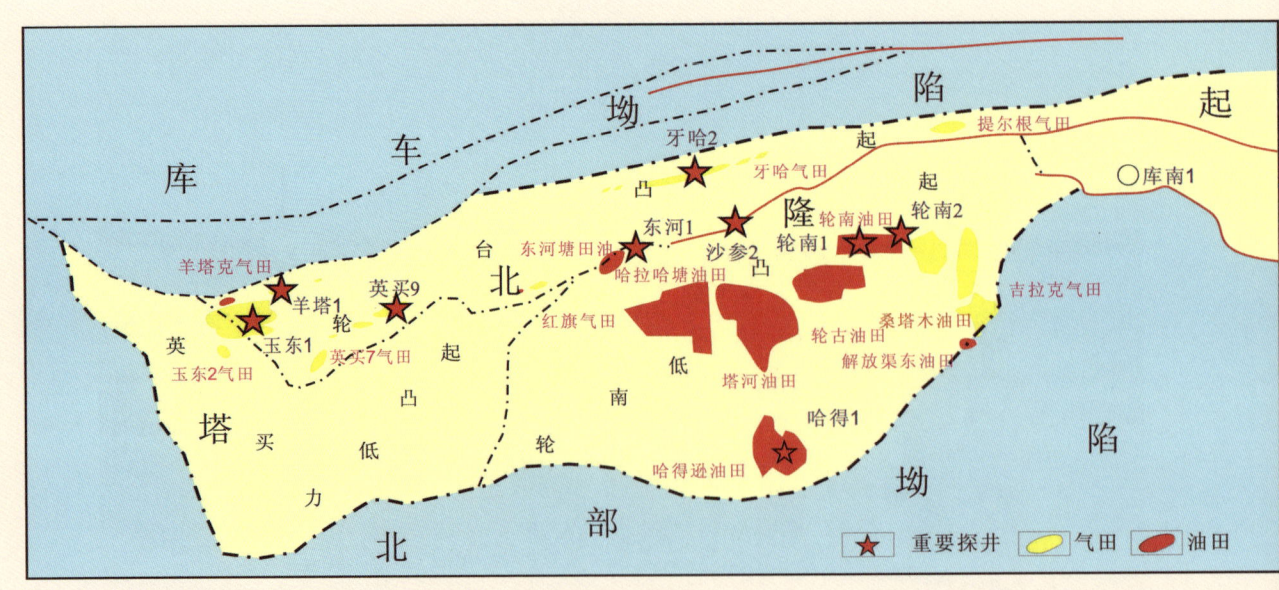

高产油气流的轮南 8 井，旁边打的一口探井就是干井。各油气储集体之间几乎不连通。从西往东，大致是：西部是稠油区，中部是正常原油区，东部是凝析气区。获得油气的探井，一开始高产，产量却下降很快，短时间内就开始见水。人们形象地说"前面产一吨，后面产一斤"，高产不稳产。大家很快从激动的高峰跌入困惑的深谷。

这种异常复杂的油气分布情况，是我们从来没有遇见过的。对于这种结果，地质家们事先谁也没想到，既感到失望，同时也陷入困惑之中。对于油气藏类型，众说纷纭，莫衷一是。这是一个目前我们还没有能力弄清楚的大型油气藏。由于当时勘探资金很紧张，会战目标必须指向很快可以探明的区域，以走上总公司预定的"以油养油"、资金良性循环的轨道。鉴于这种情况，只能将轮南奥陶系勘探暂时放缓。

无独有偶，第二个勘探重点英买力地区也出现与轮南相类似的情况。奥陶系顶面也是一个大型潜山隆起带，总面积 2400 平方千米，隆起上发育着 9 个局部构造，合计圈闭面积近 1000 平方千米。1989 年 2 月 14 日，英买 1 井在奥陶系获高产油气流。1990 年 5 月 18 日，英买 7 井在奥陶系获高产油气流。最初设想是在英买力也建设一个油气生产基地。但随后上钻的英买 3 井、英买 4 井、英买 5 井等几口探井却打空了。对获工业油气流井进行试采，产量递减也很快。

1991 年以后的几年里，在塔北其他地区的奥陶系也见到油气显示，有的井试获工业油气流。这说明，塔北奥陶系不仅仅局限于轮南和英买力两个地区，它极有可能是一个富含油气带，一个油气分布异常复杂的更大的油气储集体，油气资源量预计达 30 亿～40 亿吨，或者更多。

整体解剖轮南和英买力奥陶系勘探的失利，使我们没有能按时交出一份"合格的答卷"。但是我们已经发现了一个大的油气富集区，看见一个大场面的轮廓，要搞清其内部规律，还需要时间、资金和技术。

二、塔中迷惘

1989 年 10 月 19 日，塔中 1 井获高产油气流，让勘探界的同志感到十分兴奋。8200平方千米的巨型隆起,上钻第一口井就获得高产油气流,这难免让大家想入非非。专家预测,塔中1号构造至少能拿到十几亿吨的石油地质储量。一时间"又一个大庆""又一个科威特"的梦想,使人们陶醉于一片喜悦之中。

随后上钻塔中3井、塔中5井、塔中2井。勘探专家们信心百倍,希望像当年大庆"三井定乾坤"那样,一举拿下塔中大油气田。1990年9月,总公司在塔里木召开加快会议,做出部署,开展勘探"三大战役"。塔中勘探作为"三大战役"之一,10月10—20日,塔中3井、塔中5井相继开钻。

被誉为"青年知识分子的楷模"黎万林写下请战书,坚决要求到塔中去工作。1990年6月他从中原油田来到塔里木探区,在轮南当钻井监督。黎万林自动放弃条件较好的内地工作,到艰苦的塔里木,最大的梦想就是要亲自参加一场发现大油气田的会战。黎万林的请战获

1989年12月,塔指领导与科技人员讨论勘探难题。讲话者为邱中建

得批准后，来到沙漠腹地，在塔中 5 井当钻井监督。为了不漏掉每一个油气显示的蛛丝马迹，黎万林每次工作都做得严谨细致，一丝不苟，经常忙到深夜。同志们劝他休息，黎万林说，为了发现大油气田，苦一点累一点是值得的。他经常感到腹部隐隐地疼痛，年纪 27 岁的他没有多想，只是吃点胃药就扛过去了。有时腹痛难忍，他用手电筒顶住痛处坚持工作。1991 年 6 月 25 日，黎万林腹痛剧烈发作，被同志们发现，紧急送他上飞机返回库尔勒住院治疗。在深度昏迷中，黎万林被送进紧急手术室，切开腹腔，发现他肝上有一个拳头大的肿瘤，已经破裂。现代医术没有能够挽留住黎万林同志的宝贵生命，他去世时年仅 28 岁。他用短暂的青春年华，诠释了他对祖国和石油事业的无限忠诚。总公司党组根据黎万林同志生前的愿望，报请中央国家机关党工委批准，追认黎万林同志为中国共产党党员。

1992 年，让人失望的消息相继传来，塔中 3 井、塔中 5 井、塔中 2 井出人意料地全部失利。三口探井仅与塔中 1 井相距 30～50 千米，都未见到良好的油气显示，情况远比我们想象相差许多。

这是我们在东部勘探几十年所从未遇到过的情况。期望如同大庆油田那样"三井定乾坤"的梦想破灭了，地质家们被迎面泼了一瓢冷水，十几亿吨的石油地质储量设想转瞬间化为乌有，不知去向。面对一片困惑和迷惘，同志们根据东部找油理论和实践，无法做出解释。

后来，又在塔中 1 井周围打了几口评价井，尽管相距 2～3 千米，油气情况也不如塔中 1 井的好。地质家们问石油物探局的专家，能否用地震资料将塔中情况做一解释？地震专家无可奈何地回答：我们虽然用的是先进的数字化地震设备，但在流动沙漠里施工，得到的资料信噪比很差，分辨率低，解释结果只能满足普查和概查。要进一步搞清楚地下情况，我们水平还达不到。

沙漠区的巨厚沙层一般在 100 米左右，最厚处达 300 多米，是物探技术攻坚的一大难题。物探技术手段作为地质家认识地下的眼睛，被巨厚沙层遮挡，看不清塔中构造奥陶系油气藏的真面目。塔中首次勘探与大油气田失之交臂。

三、东河受挫

1990年7月，东河1井在奥陶系上覆地层中的石炭系海相砂岩中获高产油流。这套被称之为东河砂岩的高产层系的发现，使塔里木勘探家们又一次兴奋起来。塔指总地质师童晓光向总公司建议：塔里木勘探重点应当转移到东河砂岩上来。

1990年9月，总公司在塔里木召开的加快会议上，将"追索东河砂岩"勘探，作为三大战役一项重要内容来部署。童晓光、梁狄刚等同志认为，东河砂岩在塔北地区分布面积约6500平方千米，具备油源条件，有良好的储层和盖层，有希望找到大油田。1991—1992年，先后部署25口探井，开展对东河砂岩油藏的大范围追索。钻探的结果是：只找到3个小油藏和

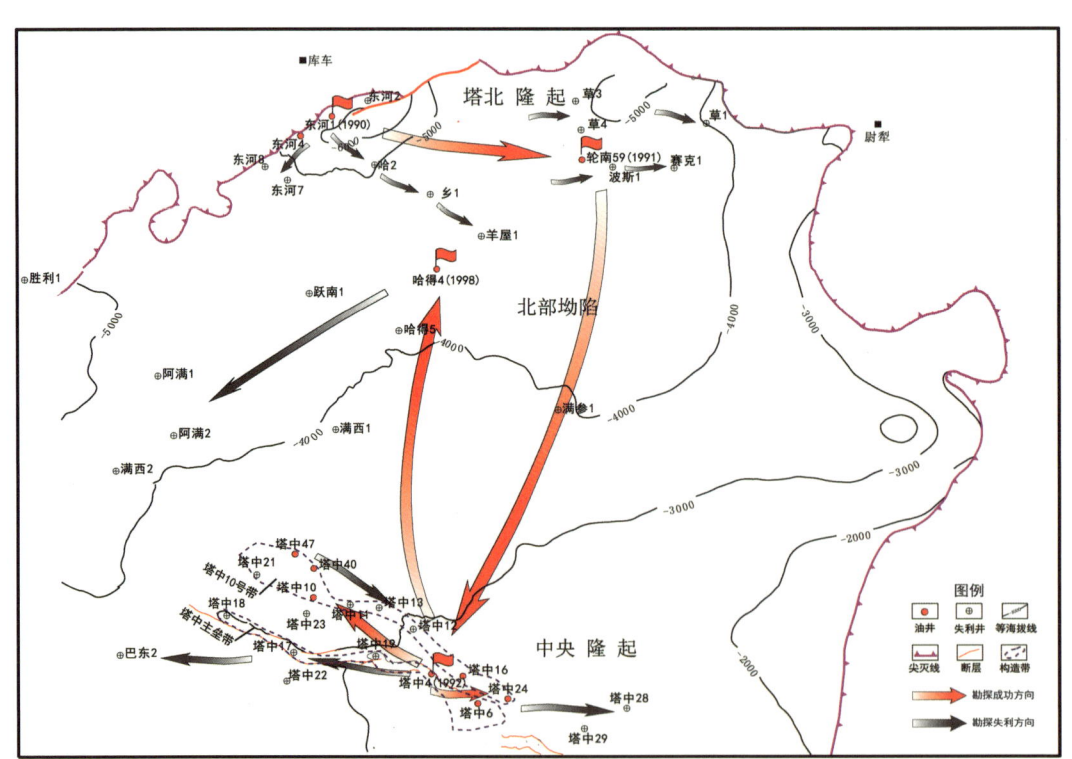

20世纪90年代，塔里木油田东河砂岩勘探路线图

1个小气藏，有21口探井落空。

这一结果使曾对东河砂岩追踪抱有热切期待的同志们大失所望。东河砂岩构造幅度很低，一般只有30～50米，当时地震技术手段很难发现，21口失利的探井大多打在了假构造上。如何准确识别东河砂岩超深低幅度构造和岩性地层圈闭，是地震工作者和地质研究人员面临的又一难题。

四、5亿吨大油田缩水

1991年11月16日，在塔克拉玛干沙漠腹地，沙山环抱之中的塔中4井正式开钻了。当时，出油呼声甚高的塔中3井、塔中5井双双落空，塔中勘探前景一下子变得扑朔迷离。不少人对塔中4号背斜构造上的这口预探井不敢寄予过高的期望。

塔中4井还在钻进时，1992年2月，塔指地质研究大队随钻编制了满西井—塔中4井—塔中1井石炭系对比图，发现前两口井尽管相距150千米，但石炭系发育齐全，厚度相近，标志层明显，化石组合相同，可以逐层对比，表现出海相地层的稳定性。林吉祥等研究人员根据随钻地层的精细对比和地震追踪，及时预告这口井很快将钻到第三套油层—东河砂岩油层，并且提前编出油藏预测剖面图，还绘制出东河砂岩的尖灭线。后来塔指总工程师张仲珉在会上这样评价塔中4井说："这口井是完全按照我们地质家的预测打下去的！"邱中建把塔中东河砂岩尖灭线称之为"林吉祥线"。

1992年3月8日，坐镇沙漠腹地塔中4井的邱中建给总公司打来电话，说塔中4井见到好消息了，在井深3598.10～3606.7米井段取出含油岩心8.6米，而且这次是在石炭系东河砂岩层段。随后，连续取出8筒饱含油岩心，每筒18米，一直取到井深3725米。

塔中4井在东河砂岩获重大发现，使勘探界又抑制不住兴奋起来。大家说，我们终于找到了一个大油田！塔中4油藏含油气面积近40平方千米，储层又是优质东河砂岩，已经取出120多米饱含油岩心。以这样油层厚度计算，塔中4油田的石油地质储量应该有3亿～5亿吨。这次找到的是优质砂岩油藏，开发砂岩油藏，我们还是富有经验的。

▲ 1992年4月,塔中4井在石炭系测试获高产油气流

▲ 1992年,从塔中4井石炭系3550~3565米井段取出的含油岩心

▲ 1993年4月编制的《塔里木盆地塔中4井单井评价》报告

在这一片喜悦气氛中，地质人员逐块进行岩心观察、荧光照射和滴水实验，发现中、下段"富含油"岩心都有不同程度的滴水渗滤。塔指测井解释中心的宋帆等几位青年解释人员却拿出一个让大家惊愕的结果，测井资料对照RFT压力剖面清晰地显示出，塔中4井3618米流体压力梯度有明显变化。他们由此得出结论：3618米为油水界面，而不是原来认为的3725米。这就是说，原来取出的含油岩心中的3618～3725米这段107米的井段是水层。当时，连塔指副总工程师、测井解释专家欧阳健都不敢相信这样的结果，取出的岩心明明是饱含油，而测井解释怎么会成了水层呢？欧阳健让宋帆等人再三核查是否读错了数据，结果常规测井电阻率在3618米处确实有一个微弱的电阻率下降。宋帆等同志认为，这就是油水界面的显示。

随后的试油证实，宋帆等人的结论是正确的。一个原来大家认为厚达128米的油层，现在一下变成只剩21米。

1992年4月19日，塔中4井在石炭系3597～3607米井段测试，日产原油285立方米、天然气5.3万立方米。对3610米以下井段分5段进行测试，全部出大水。突如其来的出水，一下子把人们的心绪冲乱了。当初取出岩心，肉眼看都是富含油，满屋子都能闻出油味，固井质量又无可挑剔，怎么忽地变成了饱含水，而且连点油花也没有呢？

正在现场的勘探处主任地质师王招明伸出舌头尝了尝，这水特别咸，特别涩，特别凉，一直凉到心头。原来希望的数亿吨储量的"大金娃娃"，一下子瘦身只有几千万吨。

更有一些特殊现象令地质家们百思不解：含油岩心出井后不久，他们即剖切成岩片，进行荧光照相，位于3618米层段上、下的岩心，不但砂岩荧光颜色、亮度显示不出油水界面，而且3618米以下的荧光更亮，颜色更显金黄，且越向下越亮越黄，只有到了3716米左右，才出现了灰白色的水层荧光显示，岩心中的油也变稠变黑。荧光照相是分辨油水界面的重要手段，油层部分呈金黄色，水层则显出灰白色；岩心出井10多天后，经过挥发损失，然后连续取样310多块进行热解，结果是，油层的70多个样品，每千克砂岩只蒸出3克烃类（油），而水层的121个样品，每千克却达到6.95～8.29克，最高达21克。这等于油层的含油量远远低于水层的含油量；

3618米以下被界定为水层的岩心，所含原油为黄褐色，没有氧化变重的迹象。

根据地质资料，地质家们对塔中4油田进行分析，认为是海西期（约2亿多年以前）形成油藏，油源来自下面的奥陶系，后期经历两次调整破坏，最近一次调整破坏大致在喜马拉雅运动时期（2700万年左右）。由于构造运动，造成油藏被水淹了一大部分。

一开始，大家认为发现一个3亿～5亿吨的大油田，后来测井解释大部分为水层，并且被试油结果所证实，这确实令人百思不得其解。

于是产生了两种意见：一种认为，塔中4油田出大水，塔中勘探的步伐要放缓；另一种则认为，无论如何，塔中4油田是一个重大发现，我们拿到了4000万吨的储量，应该继续加快步伐，扩大勘探。

1992年3—4月，塔中4井获重大突破的时候，我正在中央党校学习，得知这一喜讯，我也和一线同志一样倍感振奋。1991—1992年追索东河砂岩失利让我们心有不甘，终于在塔中有了新的收获！7月9日，我到塔里木探区现场办公，听了同志们关于塔中4情况的汇报。我说，地下的客观情况不是以我们地质家的主观意志为转移的，我们没有必要灰心丧气。我们

塔中4油田402井区CI油组过TZ4-17-5～TZ4-7-H22油藏剖面图
▼

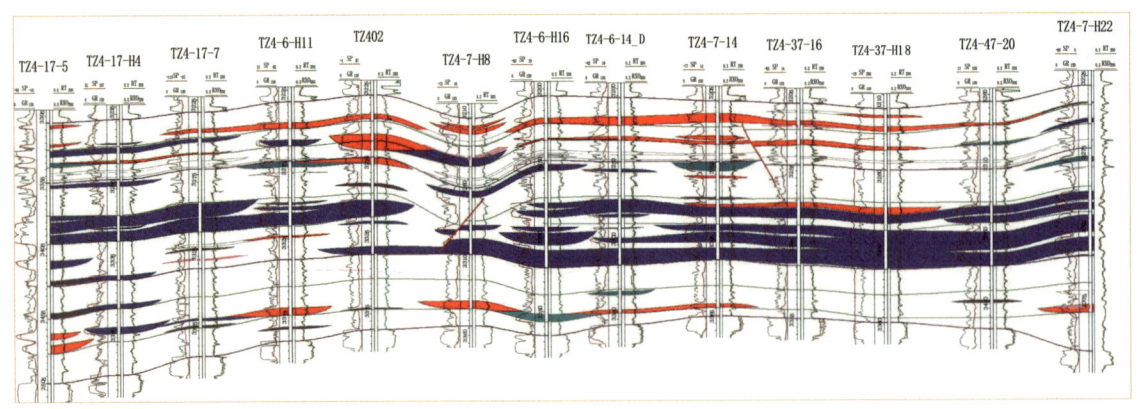

现在找到了一个储量 4000 万吨级的海相砂岩油田，初步测试单井获得日产 285 立方米的高产油流，是好事。从地震资料上分析和地质综合研究来看，塔中 4 井找到的石炭系油气藏，不是一个孤立的油气田，而是向西北延伸的一个含油气带，初步分析有三个带、十几个局部构造，整个有利的圈闭面积达 500 多平方千米，看来这个地方油源不成问题。有了圈闭就会有油，所以有可能是一个非常现实的高产含油气区。

就在塔中 4 井测试见水的第二天生产会上，邱中建说：同志们不要气馁，这口井石炭系Ⅲ油组已掌握的油气厚度 21 米，而且它在构造的腰部，顶部还有 40 多米，我们得到的不是零，只是比期望值小一点而已。

塔指总地质师兼地质研究大队大队长梁狄刚等人到京汇报工作时，我详细询问塔中 4 井出水情况。我在思索这个大油田是遭到了破坏，但是油又到哪里去了呢？应该深入研究。然后笑着对大家说：应该向你们祝贺，看来我们离找到大油田不远了！

梁狄刚做进一步阐述。他说：道理很简单，地质家们是把塔中 4 井这棵"树木"，放到整个塔中隆起区这片"森林"中去观察的，是把这口井的"局部"，放到塔中勘探的"全局"中去考虑的。见木不见林，就会被塔中 4 井下部出水搞得灰溜溜。见木更见林，方能为塔中 4 井出油而深受鼓舞。

五、会战面临严峻考验

会战的第一年，我们即在轮南、英买力、塔中的奥陶系获得重大突破。勘探界沉浸在一片喜悦之中，第二年又发现海相砂岩的东河塘油田，并初步证实，塔里木盆地有新近系、侏罗系、三叠系、石炭系、奥陶系五套含油气层系。然而接下来的几年，我们接连打了几场遭遇战、拉锯战，成功与失败反反复复，打得异常艰苦。喜悦与困惑相交替，成功与落空，希望与失望，兴奋与痛苦，一直缠绕着我们。一线同志们对此更有深切体会的。对此，梁狄刚有个形象的说法，他说那几年他是"横着站去找油"，意思是说像在战场上厮杀，不但要正面对着敌人（勘探难题），还要侧着身子应对各种来自外部和内部的压力。这种情形我们都感同身受。

记得 1994 年 11 月 25 日，大漠初冬，勘探开发技术座谈会刚一结束，我和邱中建、张永一、李天相等同志飞抵塔中调研。在塔中前线指挥部会议室里，地质监督办公室高级工程师王明宽向我们介绍了塔中 30 井钻获油斑岩心情况。塔中 30 井位于塔中中央断隆北斜坡长约 80 千米的鼻状构造带上，设计井深 5400 米，目标是探察奥陶系地质异常体。11 月 23 日钻至 4909 米时见到油气显示，随即在 4912～4915 米井段取心，获油斑岩心 2.38 米，油味很浓，还有荧光岩心。塔中前指的同志将钻获的岩心放在会议室里请我们看。

我拿起一块油斑岩心仔细查看，又询问起与塔中 30 井相邻的正在钻进的塔中 201 井、塔中 11 井、塔中 12 井情况。我觉得塔中 30 这口井的油气显示很重要，可能是我们企盼已久的大面积不整合油气藏。真是说曹操，曹操就到了。我们可能已经抓住了曹操的胡子。但是，现在这一地区的整个面貌还不十分清楚，还要认认真真、仔仔细细地做好这口井的录井工作，不要

▲ 塔中 30 井完井地质总结报告

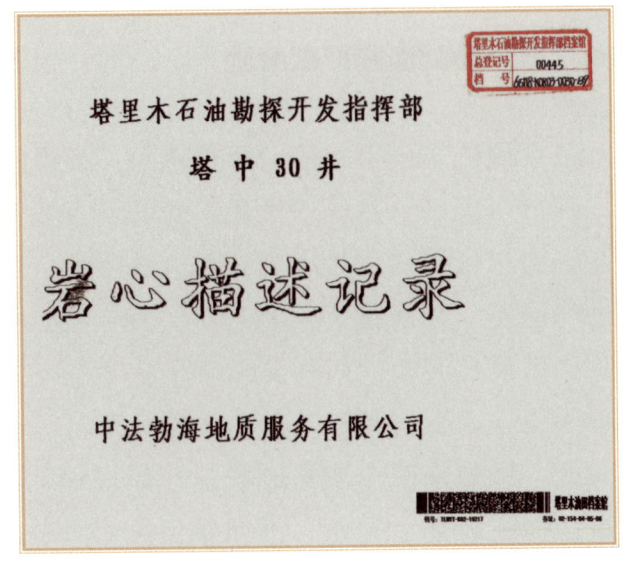
▲ 塔中 30 井岩心描述记录

漏掉任何信息。

汇报结束后，我恋恋不舍地蹲到岩心盒旁，拿起几块岩心，转过来又转过去，又看又嗅，再也没有比看到岩心上的油渍、油斑让人感到这样心情舒畅。根据多年的经验，我估计这种显示只能说明地层中含油，但是否获得工业性油气流，还要看周围的地质条件和钻井过程中对油层的保护措施。我们带着希望离开了现场。

当我们回到北京后，传来的是塔中30井勘探失利的消息。"曹操"的胡须捋了一下没有抓住又溜走了，"金娃娃"的小脚趾头碰了一下没抓住也溜走了。我和同志们一样，每当听到这样的消息，总是感到茫然，心情很沉重。根据地质条件分析，塔中一定有油气大场面，这一点我们从没有动摇过。但为什么却屡遭挫折，

1991年，王涛（左1）在塔里木井场与邱中建（右1）、钟树德（右3）、王炳诚（左2）观察岩心

问题究竟在哪里？

作为会战的决策者和组织者，我们多次分析，认为塔里木石油会战是一场条件非常困难、技术要求非常高的会战，体现在大、深、难、高等几个方面。大，指盆地面积大，56万平方千米的盆地中，被流动沙漠所覆盖的面积占33万平方千米，一下子不容易搞清楚，需要工作量，需要时间；深，指油藏埋藏深，是全国范围最深的，也是世界上比较深的一个盆地，主要目的层一般在5000~7000米，甚至更深；难，不仅地面条件非常困难，而且地下油气分布变化复杂；高，是指会战所要求的技术水平和人员素质都必须是很高的。没有必要的先进而实用的技术和高素质人才，这个油气田是很难啃下来的。

因此，我们必须顶住各种压力，坚定支持塔里木同志大胆探索，允许打空井，允许有失败，允许有不同的见解、怀疑，甚至是指责。但是，我们决不允许塔里木石油会战败下阵来。用邱中建的话说：我们就是过河的卒子，只能前进，不能后退！因为这是关系到国家能源安全的重大战略行动，是关系到石油工业长远发展跨世纪之战。

我听到有这样的一件事。一位外来人到沙漠腹地的塔中4油田，看见一群大学生长年累月驻守在油田上，就问一位大学生：你们舍弃在内地良好的工作条件，将青春交给这片荒漠，值吗？这位大学生回答：我们献身塔里木，因为塔里木是石油工业的未来，是石油工业战略接替基地。这位同志说，这些大学生是不是在沙漠里待傻了。塔中油田一年不过一二百万吨油，连大庆油田一个零头都抵不上，却在奢谈什么战略接替。我听了这件事后，认为这位先生说话不是"无知"就是"有意"，而我们这位大学生是有头脑有远见的，他说出了塔里木石油人的共同心声。我记得在1991年提出"一手抓500万，一手抓发展更大场面"的时候，也有人说过，500万吨不过是大庆的零头，有什么值得宣传的？我们说，不能小看这500万吨，有了这500万吨，勘探有了资金，我们的会战就能坚持下去。总会有一天这棵小树会长成参天大树，成为我国石油工业未来发展的顶梁柱。

当时，总公司领导层内部个别同志也有不同看法，党组就此专门听取意见。1993年，我们在给党中央、国务院的一份报告中，讲明了党组对塔里木石油会战形势的几个判断：塔里木石油会战是按勘探程序有步骤地展开的；塔里木盆地对外开放的方针及对外合作方式的选择上是比较恰当的；总体勘探成果和经济效益是比较好的。总的认为，"稳定东部、发展西部"是一个整体战略，二者相辅相成，要统筹安排，不能对立起来，两个方面都不能忽略。东部地区在今后相当长的时期内，作为我国石油工业的主体地位不会改变，生产必须稳中求进，工作丝毫不能放松。西部地区作为我国最为重要的战略接替地区，是我国石油工业的未来，不管勘探上遇到什么困难，工作上遇到什么曲折，都要锲而不舍地坚持下去。

1995年6月28日，总公司在听取塔指工作汇报会上强调指出：对部署本身的战略意义要突出，对部署中的局部意义要淡化。战略意义很大的井，哪怕风险大一点也要上。邱中建则在会议上强调：不要太注意一城一地的得失，不要为了一口井出了油就兴高采烈，一口井打空了就垂头丧气。我们不能急于求成，急于求成是兵家大忌。我们要树立一个比较长远的目标，要有长期作战的思想准备。

11月29日，总公司在库尔勒召开西部油气勘探工作会议。关于战略问题，我在会上进一步强调说：加快西部油气资源的开发，关系到20世纪第九个五年计划和21世纪国民经济发展对油气的需求，以及国防建设和人民生活对油气的需求，对于加快边疆经济建设、缩小东西部经济差距具有长远的经济意义和重要的政治意义。开发西部，对每个石油工人来讲，都是一个伟大而光荣的事业，任何一个人参加这场会战都是光荣的，任何一个为发展西部油气勘探开发做出重大贡献的人，都是要受到人民的尊重和应有的评价的，是全体石油职工都不会忘记的。在这场会战之中，塔里木是主战场，是举世瞩目的中心，也是发展西部的油气勘探开发的主导。塔里木创造出来的成果都具有方向性、战略性、全局性。

在勘探形势大幅波动、队伍情绪跌宕起伏的几年里，大家都在不断地探索、思考。我个人也有一些体会：

第一，创新必须解放思想，打破墨守成规，更不能把已有的成功经验变成框框来束缚自己的手脚。要以新思想、新方法迎接新的挑战。创新是个过程，在创新过程中要允许失败，失败后要总结经验教训，丰富自己的

智慧，才能使失败成为成功之母。勘探是一个"从实践到认识，从认识到实践"螺旋式上升的认识提高过程。在这个过程中会有反复，特别是在认识地下地质特点、评估勘探前景方面产生一些过于乐观或者悲观的不符合实际的观点，都是可以理解的。实践是检验真理的唯一标准，正确理论的产生往往就是在各种不同观点和意见相互碰撞中孕育产生出来，并为实践所证实。

第二，在一个个新发现之后，接踵而来的是一个个失败和挑战。它说明塔里木盆地具有独特地质特点和油气规律，我们已往的勘探理论和实践经验在这里遇到了严峻挑战。勘探初期，许多重要发现属于"歪打正着"，如轮南1井，设计目的层是"石炭—二叠系可疑礁"，却在三叠系和奥陶系取得突破；轮南8井是探油水边界的井，却获高产；东河1井钻探目的层是奥陶系，却发现了石炭系东河砂岩优质储油层，等等。这些都说明，我们的地质认识与实际情况不相符。而正是一连串的"歪打正着"，又在不断修正我们原来的认识。任何一个新区的勘探都是从无知到有知，从挫折走向成功。实践—认识，再实践—再认识，不断深化认识地下油气分布规律，形成正确的指导理论，这是勘探取得成功的必经之路。一个符合客观实际、正确的地质认识，往往不是"一次完成"，而要反复多次，对中有错，错中有对，"否定之否定"，螺旋式上升，才能逐步接近相对真理。而局部勘探的成功或失败都是正确认识地下油气规律的一把钥匙，必然会指引我们走向成功。

第三，从勘探初期所取得的地质资料分析，塔里木盆地具备形成大油气田的地质条件，而且不止一个。我所说的大油气田是指石油储量5亿～10亿吨单个油田（或油田群）或相当的气田。但塔里木盆地有利勘探面积太大，而我们每年的投资有限，尽管甩开的探井成功率很高，但由于工作量太少，如遇连片的大油气田还能发现，但一般遇到含油层系不连片的复杂大油气田，就要费很多周折，有时还可能错过。寻找大油气田不放松，是塔里木勘探坚定不移的战略方针。

第四，科技进步是塔里木油气勘探开发至关重要的因素。已有的勘探开发技术不能满足塔里木的需要，这是我们在勘探初期感到最急需解决的问题。如沙漠地震如何提供清晰准确的地质构造信息，如何提高深井钻井的速度和质量，都直接影响着勘探的进程和效果。科技进步，使用先进而适用的科学技术是塔里木勘探开发取得成功的关键，必须下大力气抓好。科技水平的全面提高，将给塔里木油气勘探和开发带来新的辉煌。

第五，塔里木盆地油气资源的勘探开发，需要几代石油人的不懈努力，必须在会战中注意培养锻炼年轻干部，造就一支高素质的石油队伍。塔里木条件艰苦，勘探开发地下油气资源面对的都是一些世界级技术难题，这为我们培养锻炼一支高素质、高水平的世界级的石油队伍提供了难得的机遇和平台。我们这些参加石油会战的老领导、老专家都应在努力完成本职工作的同时，自觉地承担起这一不可推卸的历史使命。

这些思想体会，使我对塔里木的勘探前景充满信心，我坚信只要我们坚持不懈，一定会在塔里木找到大油气田。

第二节 贷款搞勘探

一、会战资金严重短缺

1988年,随着国家经济体制改革的推进,石油工业管理体制发生了重大变革。国家决定设立能源部,撤销石油工业部,原石油工业部的政府职能移交能源部行使,并以原石油工业部为基础,成立中国石油天然气总公司,从政府部门变成国有企业,资金来源发生很大变化。根据财政部制定的财政政策,总公司筹措到的资金除保证东部油田生产需求和勘探费用外,很难满足塔里木勘探资金的大量需求。

国家没有钱,总公司又面临着政策性亏损的局面。这个时期,国家经济体制改革的力度不断加大,市场机制发育较快,但石油价格体制仍然处于"双轨制",即计划内外两种价格并存,市场价格与计划价格差距不断扩大。石油工业所用原材料由国家计划拨款的比例越来越少,由于老油田油气开发难度增大,物价上涨等因素,油气生产成本逐年升高,加之国内长期执行低油价政策,计划内原油价格仅相当于国际油价的三分之一,气价仅相当于油价的47%,致使陆上石油工业资金缺口也越来越大。石油建设资金严重短缺,90%的资金需要按国家现行政策进行自筹,筹措的资金仍然不能适应勘探的需要。吨油税赋增加,原材料价格上涨(按照价格计算,过去4吨原油换1吨钢材,当时要8吨原油换1吨钢材),长期负债经营。从1988年开始连续6年出现全行业政策性亏损。在"过紧日子"中求发展,塔里木油气勘探开发会战就是在这种资金严重短缺的情况下进行的。

二、国外贷款艰难

塔里木石油勘探开发会战，1989年花了5.3亿元，1990年我们大规模增加了工作量，投资猛增到16亿元。1991年预计要20亿元。计划投入开发的轮南、东河塘、桑塔木等油田，效益要在油田建成投产后才能显现出来。

1991年1月8日，国务院召开能源工作座谈会。李鹏总理听了我们汇报后，说："能源工业四个行业，我最不放心的还是石油。对原油生产，就要千方百计去借钱，下决心借钱搞勘探和开发。我跟日本的竹下、金丸信都讲了，要借钱。下决心借钱搞勘探开发，然后用油偿还。"

贷款发展石油工业是从20世纪80年代初开始的，经国务院同意，允许石油工业采用多种方式引进外资，用于引进国外先进工艺技术和设备、油田开发和化工建设，弥补石油工业资金缺口。1987—1995年为集中利用外资贷款时期，国家共批准总公司利用外资贷款项目72个，合资合作项目6个，分布于全国18个石油管理（勘探）局。贷款中有世界银行贷款、日本输出入银行商业贷款、日本伊藤忠和三菱石油公司补偿贸易贷款、英国政府贷款、西班牙政府贷款、西班牙出口信贷、芬兰政府贷款、意大利政府混合贷款，以及其他外国商业贷款和中国银行外汇贷款等。

总公司为争取国外贷款做了很大努力，但由于油气勘探是风险很高的行业，用贷款搞勘探当时尚无先例。加之塔里木盆地勘探程度低、技术难度大，国外投资方均采取谨慎态度。首先试着向我们的近邻而又缺油的日本的银行贷款。1989年11月，日本樱内义雄议长带领一个代表团来访问，我陪同李鹏总理去会见，会见前我向客人介绍了塔里木的情况。他们首先要了解的是塔里木资源前景怎么样，有希望才能借钱。另外，他们还问，塔里木的油能不能运得出来，油价会不会比别人高，等等。可见，塔里木借钱搞勘探，外国金融界是很有顾虑的。

1991年4月9—25日，我率领总公司代表团到日本、加拿大、美国访问。在日本，我向他们谈贷款进行塔里木盆地油气勘探开发的问题。日本每年消耗原油2.6亿吨，基本依赖进口，主要来自中东、苏联和印度尼西亚。由于中东地区政局动荡，苏联、印度尼西亚产量下降，日本极为关切油气的稳定供应，正在寻求供应来源的多元化。他们采取的一项主要策略是，向产油国家提供资金，并以原油偿还本息为条件。基于这种战略考虑，日方很重视与中国石油界的合作，以期增加我国对日本的原油出口，并能保证长期稳定供应。

他们再次询问塔里木油气资源前景，询问油能不能运出来，运出来后油价是不是很高等。日本人很精明，他们有钱，但他们的钱不是那么容易借到手的。他们担心塔里木盆地勘探风险太大，资金万一沉没了怎么办？我耐心向他们解释说，中国石油天然气总公司是国家公司，手里不光塔里木一块油区，还有其他油田，到还贷时候万一塔里木没有那么多油还贷款，我们会

1991年4月10日，王涛（右1）与日本石油公团总裁桥本利一（左1）签订借款协议

用其他油田的油还。借钱给我们是绝对没有风险的。尽管如此，最后在日本石油公团还是只借到了一亿美元。一亿美元当时尚不够塔里木一年用的。这一亿美元，我们用在了吐哈石油勘探会战。

日本之行告诉我们，向外国金融机构借钱搞塔里木石油勘探开发会战极其困难。世界上我们尚未听说过有靠借钱搞勘探的先例。

三、向总理借钱

国务院领导非常关心塔里木盆地勘探开发资金紧张问题。

我出访日本、加拿大、美国回国后，李鹏总理听了我这趟出访三国之行的汇报。李鹏总理问："王涛，你借来多少钱？"我回答说："只借了一亿美元。"李鹏总理问："一亿美元可以让塔里木支持多久？"我回答说："坚持不了一年。"李鹏总理说："那一亿美元够干什么的呢？算了吧，我让中国银行借给你一点吧！"

李鹏总理会随便借钱给我吗？当然不会。李鹏总理是非常负责的。几天后，他把我叫到中南海紫光阁，问我："打算由中国银行借给你12亿美元，这12亿美元你将怎么还呀？"我详细向他汇报了塔里木勘探开发工作的进展和我的看法。我说："塔里木会战刚开始两年，还没找到大油田，这个时候贷款搞勘探确实要承担风险。但是从我长期的勘探工作经验和掌握的地质资料看，我坚信塔里木盆地能够找到大油气田。"李鹏总理和我为了确定是否有能力还贷，何时还款，在中南海紫光阁后面的武成殿里整整算了两个多小时的账。算产量，算油价，算时间。算的结果是，如果到2000年油价一直保持在每桶20美元，产能建设达到500万吨，那么到2000年12亿美元连本带息就都能还得上。李鹏总理不愧是搞技术工作出身的，他问得特别细，对每一个细节都不放过，认真核算，觉得我说的有道理，算账是靠实的。听完我的汇报后，李鹏总理明确表态说："'八五'期间，塔里木实现建设500万吨产能的目标，就算交出合格答卷。你去找中国银行行长王德衍同志签合同吧，我批准！"李鹏总理在向中国银行行长王德衍打招呼时问："你们能借给多少？"王德衍说："不能超过30亿美元。"

李鹏总理说："那就借给王涛他们29亿美元。第一批先借12亿，需要了再借。"

此后，李鹏总理就贷款问题，在他的中南海办公室的小会议室又专门召开了一次有关各部委领导参加的会议，研究讨论贷款问题。朱镕基、邹家华出席了会议。我在会议上就塔里木盆地的实际情况做了汇报。在听取有关部委领导的意见后，我印象最深的是李鹏总理的总结讲话，他语重心长地说："现在国家有些外汇储备（记得当时国家有180多亿美元的外汇储备），我们不能总用这些钱去进口冰箱、电视什么的。我考虑了很长时间，应该将这些有限的外汇储备更多地投入到国家的基础产业、能源产业上去，这样对国家的发展后劲是有利的，对国民经济的增长是有利的，因此我们就拿塔里木油田的勘探开发建设做个首例吧！"这样，我们很快就和中国银行达成了协议。

1991年6月28日，中国银行向总公司贷款12亿美元用于塔里木油气勘探开发的签字仪式在中南海紫光阁举行。李鹏、邹家华、朱镕基、李贵鲜等国务院领导同志出席签字仪式，我和中国银行行长王德衍在协议书上签字。

国务院不仅给予贷款支持，还给予塔里木油田"借钱还油，以油养油"的政策，并给予使用美元贷款引进装备免征进口关税和增值税的优惠；允许塔里木原油作为计划外原油议价销售，这一政策一直延续到1998年原油价格与国际油价接轨。

中国银行给我们贷款12亿美元，使用期4年，分7亿美元和5亿美元两笔，还贷期9年，实行浮动利率，每半年付息一次。第一笔使用7亿美元的分协议，于1991年12月17日在乌鲁木齐签署。我和新疆维吾尔自治区党委书记宋汉良出席了塔里木油田和中国银行乌鲁木齐分行7亿美元贷款签字仪式，邱中建作为总公司和塔指领导也出席了仪式。我们共同见证了这个重要时刻。后来，邱中建经常对到塔里木探区考察参观的同志说："我们现在是打工者，为中国银行打工啊。我们搞勘探开发会战没有钱，就向中国银行借，借了钱是要还的。我们努力开发油田，用油还贷款。"

给塔里木12亿美元贷款，在国家有的部门和中国银行内部也引发了不

▲ 1991年12月17日,王涛(后排左5)在乌鲁木齐参加中国银行首批向塔里木油田贷款7亿美元签字仪式。中国银行乌鲁木齐分行、中国石油天然气总公司、塔里木油田的代表在协议上签字。站立者左6为宋汉良、左1为邱中建

▲ 1991年6月6日,总公司给中国银行《关于为八五期间塔里木勘探开发申请十二亿美元贷款的函》

▲ 1991年11月,总公司《关于塔里木一九九二年第一批使用中行外汇贷款引进石油专用管材计划的批复》

同反映，主要认为：银行贷款不能用于勘探，因为勘探是存在极大风险的。塔里木还处于勘探初期，以后能否有偿还能力？国内美元贷款按引进外资方式给予免税政策是否合适？1991年7月中国银行总行投资二部王环邦总经理来塔里木考察，得出的结论是塔里木还贷没有问题。1991年9月初，国家计委副主任李人俊（曾任石油部副部长）一行来塔里木考察及了解有关美元贷款问题，认为塔指还贷是没有问题的，给予了大力支持。

1993年夏季，国务院宏观调控措施下达后，银行紧缩银根，有的银行催促归还到期贷款和临时借款，甚至从总公司刚下拨给塔指5000万元勘探基金中划走3000多万元。当时塔指财务处银行存款只有不到2000万元，在所借美元贷款又不能立即转换为人民币的情况下，连发放参战人员的工资都不够，更不能保证与乙方正常结算支付。这时，时任中国工商银行总行行长张肖到库尔勒考察，听了塔指和巴州工行的汇报后，很快就安排解决了5亿元的短期贷款。

塔里木就是靠这12亿美元贷款起家的。我们的原油年产量还没到500万吨，贷款就还完了。1999年，我问邱中建，钱还得怎么样了？邱中建说：我们要提前还，人家还不要。中国银行的同志说，李鹏总理都大力支持塔里木石油会战，我们更应该支持你们，你们现在赚了钱先投入勘探开发，等你们发现大场面了，还担心还不了钱吗？

四、一手抓500万 一手抓大场面

1991年8月17日，我和李天相、吴耀文、周庆祖、李长林等同志在塔里木探区现场办公时，提出"要一手抓500万吨产能建设，一手抓更大的发展场面"。后来简化为"一手抓500万，一手抓大场面"。这次现场办公，总公司16个厅局负责同志，还有北京石油勘探开发科学研究院、石油物探局领导和专家，深入到探区一线调查研究，先后去了轮南、吉拉克、塔里木河南岸和库尔勒后勤基地，看望了钻井、采油、管道建设、输油、大二线、生活后勤、消防等16个基层单位和施工现场。这期间，我们和塔指领导班子共同商讨研究，落实有关工作任务。归纳起来就是：一手抓500

万，一手抓大场面。8月27日，我在探区领导干部大会上宣布了这一工作目标。

"八五"期间，塔里木建设年产500万吨油气生产能力，根据分析我们有把握完成。当时我们已经发现轮南、东河塘、桑塔木、解放渠东、吉拉克等油气田，以后又随着发现塔中4油田，英买7、羊塔克、牙哈等凝析气田。建设500万吨产能的资源基础是有保障的。

当时我们测算，如果塔里木实现年产原油500万吨，以每桶20美元计算，一年销售收入是8亿美元左右，还贷款和满足勘探投入都够了。

这并不是说，产量达到500万吨，就算完成任务了。建设500万吨原油生产能力，是为了偿还12亿美元贷款，并从此一举改变塔里木石油会战受资金困扰的被动局面，抓"更大发展场面"才是会战的主要任务。

我专门向塔里木的同志谈了"关于抓更大发展场面"的问题。

塔里木盆地有没有大油气田？经过"三大战役"以后，我们部分同志由于初步受挫，对此产生了怀疑，说塔里木盆地是一个具有6亿年历史的古老盆地，以前曾有过大油气田，可是后来经过几次地壳运动，受到破坏，油气散失了。我认为这一现象在局部地区可能存在，但就全盆地而言，这一结论为时尚早。

塔里木经过三年会战，我们已经发现盆地有寒武系、奥陶系、志留系、石炭系、三叠系、侏罗系、白垩系、古近—新近系8套含油气层系、3种圈闭类型，今后的工作就是对所有的地质信息进行认真综合研究，努力扩展勘探视野，精心寻找油气富集区，不宜因一时一地的得失，轻易做出定论。

大油气田什么时候找到？同志们说，这个时间能否放得长一点。塔里木盆地面积大、勘探难度也大，探索研究的时间长一点，勘探上的把握就更大一些。我没有给塔里木的同志限定时间。我说，按照国民经济发展的要求，我们又必须抓紧时间，慢了不行。石油工业要完成今后10年的发展规划，要求塔里木在"八五"期间探明8亿吨油气储量，控制12亿吨。这是一场具有重要战略意义的大战役，要坚决打好。完成这一重任，我们就要像当年大庆会战时期那样，以"两论"为指导，勇于实践，勇于探索，

通过实践—认识—再实践—再认识，努力掌握地下的客观规律，形成正确的地质理论；在工作部署上，按照科学的勘探程序，开展区域勘探；在地质综合研究工作上，围绕寻找"大场面"这个目标，解决油源、油气运移、聚集及保存条件等问题，努力搞清油气分布规律。对于地质综合研究工作，仅靠塔里木不行，有必要利用新体制的优势，动员总公司研究院、石油物探局等单位和石油高校的科研力量，按专题落实项目。

第三节 高举会战旗帜

一、下马风悄悄吹来

1992年初，北京有一些坐在研究室从事石油勘探研究的专家在得到塔里木探区轮南、英买力、塔中碳酸盐岩勘探遭遇挫折的消息后，给塔里木石油勘探开发会战吹起冷风。他们打趣地说：问塔里木大油田有没有？不知道；大油田在哪里？不知道；大油田什么时候能找到？不知道。结论：塔里木油气勘探走上了绝路。这显然是针对我1991年8月在塔里木探区领导干部大会上讲话来的。

1992年4月，一家国家级科研单位搞出一个研究报告来，这篇洋洋洒洒数万字的报告，以科学研究的名义，罗列了一些表面数据，然后得出了几条结论，无非是说塔里木石油会战搞得不行，耗费了不少资金，没有取得什么成果。还有曾参与过塔里木盆地科研工作的个别地质专家，在这时也给中央领导写信，说塔里木石油会战三年来出现了不少问题，一是技术不成熟，油气资源量不清楚，这种情况下做出上马的决定是错误的；二是三年会战并没有取得什么成果，而且打了许多空井；三是塔里木盆地条件差、技术要求高，应该交给外国人来干，我们自己干得不偿失。更有学者发表文章，认为塔里木生油资源量仅20亿～30亿吨，可采储量在13亿～17亿吨，"食之无味，弃之可惜"。指责塔里木石油会战陷入泥淖，难以自拔，等等。

◀ 1992年4月，王涛对某科研单位研究报告的批语

1992年上半年发生的这几件事联系到一起说明一个问题。会战前就有过争论，现在会战出现了一些暂时的挫折，还没有到秋后就开始算账了。无非是想证明他们的主张是正确的，造出一种舆论来，迫使塔里木石油会战下马。

其实塔里木石油会战并不是有人说的那样糟糕。1992年7月6—9日，我和李天相、吴耀文、翟光明等同志到塔里木探区现场办公。4天时间里，我们去沙漠腹地看了塔中4井，又去塔北英买9井和轮南油田产能建设工地，一共走了11个单位，听了塔里木石油会战指挥部关于勘探开发工作汇报。对于勘探开发形势总的印象是，塔中发现了塔中4砂岩油田，塔北发现英买7凝析气田，提尔根1井也在古近系、白垩系获高产油气流，原油产量有望在1991年55万吨基础上翻一番，达到100万吨。形势是好的。

我们离开塔里木探区不久，从北京吹来的下马风悄悄在塔里木探区蔓延开。有人说，王涛这次到塔里木，是因为会战支持不下去了，来解决问题的。有人跑到基层领导那里打听：听说会战要下马，要撤队伍了！还有人说：找不到大油田，留下几千人，年产200万吨油，日子过得也不错！各种说法都有。

二、"红旗"还能打多久

1992年上半年悄悄吹到探区的下马风,也吹到我的耳朵里。说什么"王涛当初向中央保证拿下大场面,1991年过去了,这个答卷交不了,受了批评,要让塔里木下马"之类的话。我听了之后对这些纯属子虚乌有的无稽之谈付之一笑。塔里木石油勘探开发会战是战略性的,勘探尚处于初期阶段,仅凭一时的形势做出论断,得出下马的结论,其结果必然贻误大事。

在塔里木盆地这样条件艰苦,甚至不宜人类生存的沙漠、荒原搞勘探开发会战,各级党组织用大庆精神铁人精神激励、鼓舞和凝聚人心,使甲乙方队伍在艰难困苦中团结战斗,是一件多么不容易的事。但是,一阵"下马风"竟吹得队伍人心浮动起来。

1992年8月下旬至9月,邱中建去乌鲁木齐参加西北五省经济规划会,并到北京向总公司汇报工作。在家主持工作的王炳诚感到事态的严重性,他感到把大家的思想统一到深化改革开放和发现更大场面上来,必须要正确地认识和评价塔里木石油会战,让大家看清塔里木石油勘探形势。他找到塔指总地质师梁狄刚商量。梁狄刚1989年会战一开始就到塔里木一线工作,对塔里木石油会战情况了如指掌。

塔指召开党工委扩大会议期间,王炳诚对梁狄刚说,你给大家讲一讲探区勘探形势,把天上的"乌云"驱一驱。梁狄刚从没有在大会上做过这样的报告,他要求王炳诚定几条原则。王炳诚说,我不定框框,你就实事求是地讲,该怎样讲就怎样讲。

9月18日的下午,探区一间可容纳200人的木板房大会议室里挤满了人,座无虚席。受"下马风"的影响,很多人的心里有了疑虑,产生了动摇,都想听听这场特殊的形势报告会。

梁狄刚没有写书面发言稿,只在一张小纸上列了提纲。他开篇先谈形势不利的一面:8个月以来34口探井打空了15口;塔中4井发现100多米油层下面出了大水;总公司要求我们一手抓500万,这500万吨产能,我们现在探明的石油资源量还不够,只够建设300万吨。作为地质家,梁狄刚丝毫不回避矛盾,把所有的情况都摆出来。然后他再讲塔里木勘探取

得的成果，讲会战三年探明石油地质储量1.2亿吨，讲勘探的风险性、周期性，讲世界上一些著名大油田发现的艰难过程，指出在寻找大场面过程中必然要经历艰苦探索和曲折。梁狄刚运用马克思主义哲学观点来谈塔里木勘探会战。这么大的勘探会战，总会有高潮、低潮，有周期性。打了几口空井，也总会有人提意见。勘探只能有高潮，有大胜利，不允许有低潮，打空井，哪有这样的道理？

梁狄刚讲起中国工农红军在井冈山的时候，一遇到打败仗，或被敌人四面包围，或被强敌追赶的时候，一些同志往往不自觉地把一时的特殊的小环境，一般地扩大化起来。仿佛形势概属未可乐观，革命胜利的前途渺茫。

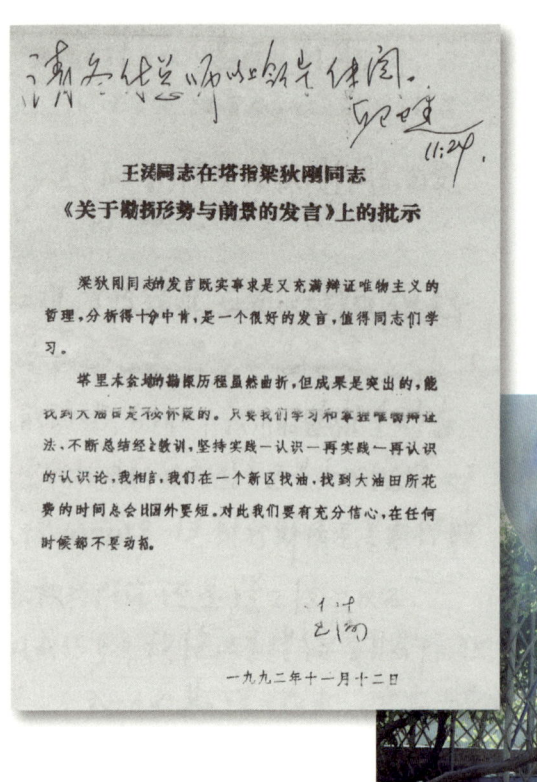

▶ 1992年11月12日，王涛对梁狄刚《关于勘探形势与前景的发言》做的批示

板房会议室旧址
▼

有人给毛主席写信，问红旗到底能打多久。毛主席写了一篇文章回答这个问题，这篇文章叫《星星之火，可以燎原》，毛主席指出："引起中国革命的社会矛盾一个也没解决，而且日益加剧""中国是全国都布满干柴，很快就会燃成烈火""革命高潮很快就会到来"。现在，我们搞了3年会战，形成大场面的有利条件一个也没有变：盆地大、资源量大，勘探的高潮也会很快到来。

梁狄刚的话，使会场的气氛逐渐活跃起来。他就这么站在主席台上讲了两个多小时，一下子把人们心头的疑问、顾虑全打消了。事实证明，对塔里木勘探会战形势，工作在一线的勘探家们才最有发言权。

邱中建回到探区，看到梁狄刚报告的记录稿，派人给我送了一份。我读了以后，感到讲得很好，当时在这份稿子上写了一段话：

"梁狄刚同志的发言既实事求是又充满辩证唯物主义的哲理，分析得十分中肯，是一个很好的发言，值得同志们学习。"

"塔里木盆地的勘探历程虽然曲折，但成果是突出的，能找到大油田是不必怀疑的。只要我们学习和掌握唯物辩证法，不断总结经验教训，坚持实践—认识—再实践—再认识的认识论，我相信，我们在一个新区找油，找到大油田所花费的时间总会比国外要短。对此我们要有充分信心，在任何时候都不要动摇。"

1993年7月，日本亚洲交流协会代表团访问塔里木探区，他们回到北京后向我谈了三点感受：一是在这样艰苦的环境下，感到队伍精神面貌好，士气高，工作有秩序，看到了中国经济发展的前景和社会政治的稳定。二是对塔里木实行的"两新两高"方针，感到这套办法很好，倍加赞赏。三是对塔里木石油勘探、开发速度之快，感到非常惊奇，说远远超过了他们的预料，要赶快摆到议事日程上来，加快合作步伐。这说明，塔里木石油人的辛勤劳动和创造的业绩，不仅受到国内人民的赞扬，而且也得到国外人士公认。

三、是"黄金铺路"吗

1993年初,批评塔里木石油会战的声音更强烈了。批评的意见说,塔里木石油会战事先没有经过充分的论证就匆忙上马,结果投资很大,没有取得实质性的战果。在东部稳产增产急需资金的情况下,将大批资金投到塔里木,是"黄金铺路"。甚至有人说,在塔里木打一口井花那么多钱,还不如到国外去买油。这些说法不知怎么都传到中央领导同志那里。

在一次中央全会期间,中纪委书记尉健行见到我,问起塔里木勘探会战是不是投入很大,生产成本很高。我说,塔里木盆地条件差,油气埋藏深,一般井深都在5000米左右,勘探成本是比较高,但是油气井的单井产量高,一口井相当于东部十几口井的平均产量,总的算下来,投资效益是好的。

事实上,1989—1993年,塔里木石油会战4年中发现6个整装油气田、19个工业性含油气构造,找到了塔北、塔中两个大油气富集区,探明和基本探明油气地质储量3亿吨,建设500万吨产能的油气资源基本落实。1993年生产原油160万吨。这些成果,与当年胜利、辽河石油会战前4年的成果基本相当。塔里木每探明1亿吨油气地质储量的费用为13.9亿元,建成100万吨原油生产能力的费用为10.5亿元,均优于同期全国陆上平均水平。

这些数字说明,塔里木石油会战的效益是比较好的,今后还会更好。4年来总公司拿出46.6亿元投入塔里木石油会战,占自筹资金总数5.33%,平均每年11亿多元,对东部的稳产增产的影响不大。

1995年9月中旬,朱镕基副总理在新疆吐哈油田视察工作期间,我曾建议他去塔里木看一看,后因时间关系未能成行。我安排邱中建、梁狄刚到乌鲁木齐直接向朱镕基副总理汇报塔里木石油会战情况。这是朱镕基副总理第一次听塔里木石油会战工作汇报。邱中建、梁狄刚向朱镕基汇报塔里木石油会战以来5年(1989—1994年)中取得的成果,投入65亿元人民币,发现9个整装油气田和26个工业性含油气构造、16个工业性出油气井点,探明油气地质储量3.86亿吨,共生产原油517.78万吨,等等。朱镕基听完汇报后,评价说:6年投入勘探费用65个亿,发现近4亿吨的油气储量,另外也把盆地的基本情况搞清楚了,还是大有希望的。你们做了前人没有做过的工作，成绩很大！65个亿划得来，从战略上看，投入65个亿（勘探投资）不算多。我们有的项目一投100多个亿，什么也没得到，连资金也收不回来。这么大的一个战略资源，这么艰苦的条件，这么大的盆地面积，投入了65个亿不算多。认识这个盆地是要花钱的，现在有了一个初步认识，是很大的成绩。谢谢你们！你们辛苦了，做出了很大的贡献！

5年之后的2000年9月，时任国务院总理的朱镕基到塔里木轮南油田现场视察西气东输天然气资源落实情况。他感慨地说："过了13年（1987年朱镕基同志到过库南1井），再到这个地方一看，面貌换了新天地，有了很大进步，很大改变。"朱镕基再一次充分肯定了我们的工作"取得了很大的成绩"，开发塔里木天然气，为建设西气东输工程提供可靠资源，在党中央、国务院实施西部大开发战略中打响了第一炮。

1995年10月，中央派慰问团参加新疆维吾尔自治区成立40周年庆祝活动，国务院副总理、中央慰问团团长姜春云在听取塔里木石油会战情况的汇报后，讲了这么一段话：新疆油气田的开发，党中央、国务院非常关心，非常重视。这次我们中央代表团临行的时候，江泽民总书记、李鹏总理特别嘱咐，要看望油田的同志、工程技术人员和全体职工，要进行慰问。今天，我们来到塔里木石油勘探开发指挥部，在这里，我代表党中央、全国人大常委会、国务院、全国政协、中央军委，向参加新疆油田开发建设的全体干部、工程技术人员和职工同志们，表示亲切的慰问。这6年你们取得了这样大的会战成果，是非常值得祝贺的。说实在的，国家确定的塔里木石油勘探开发会战，当时有一些同志还有点担心，也还有点看法，觉得这个会战怎么样？效益怎么样？结果会怎么样？有些同志是表示担心的，我是听到了的。我看，你们塔里木石油勘探开发指挥部的全体同志用6年来的实践，很好地回答了这个问题，证明了中央对这个会战的决策是完全正确的，也是非常必要的。如果没有这个会战，没有新疆，包括克拉玛依和吐哈油田的开发，增加了580万吨的原油，那么我们整个国家的原油生产是要下来的，要出现负增长。大家都知道，我们现在的石油需求量在不断地增大，如果没有石油的增长，将影响整个国家经济建设的发展，也影响社会生活。在这一点上应该说，我们新疆油田的同志，特别是参加塔里木会

战的同志，为国家，为我们的经济和社会的发展，做出了重要贡献。

正是由于塔里木石油勘探开发会战，使得中国石油成为西部大开发的先锋。

四、是"骨头"还是"肥肉"

1979年8月4日，康世恩同志就"关于同外商合作勘探开发我国石油问题"给中央领导写信，提出和外国拥有先进技术的石油公司用补偿贸易的办法，签订风险合同进行勘探，对我国来说是有利的。8月12日，邓小平同志阅后做出批示："我赞成，并主张加速进行。"邓小平同志的大力支持，使海洋石油的对外合作得以顺利进行，并将对外开放逐步扩大到陆上。1985年开始，首先在南方11个省（自治区）对外开放，之后扩大到了北方10个省（自治区）。

1986年4月13日，我陪同邓小平会见来访的缅甸总理吴貌貌卡。邓小平在谈到中缅关系时说，我们之间的"胞波"关系要长期坚持下去，中国对任何朋友的帮助都是真心诚意的，也许再过14年，我们的力量增强了，对朋友就可以更多地尽点力量。根据邓小平同志的谈话精神，我们积极寻求与缅甸的合作。1987年10月，石油部与缅甸能源部签订《中国石油工程建设公司与缅甸缅玛石油公司为在缅甸中部盆地进行地震勘探的服务合同》，石油物探局作为先锋队率先走出国门承担国外物探施工任务。

同时，我们加快陆上对外开放的步伐。1992年，我们认真学习邓小平同志南方谈话，贯彻落实中共十四大提出的"进一步扩大对外开放，更多更好地利用国外资金、资源、技术和管理经验。积极扩大我国企业的对外投资和跨国经营"的战略方针，开始考虑中国西部地区油气勘探开发对外开放的问题。1993年，我们决定在塔里木盆地划出几块勘探程度相对较低的区块与外国公司合作开展风险勘探国际招标。

塔里木石油勘探对外开放经历了三个阶段。第一个阶段是以中苏合作方式进行的。1950年，中国和苏联两国政府签订《中苏关于在新疆创办中苏石油股份公司协定》，新中国成立后第一批中外合资企业之一的中苏石油股份公司在迪化（乌鲁木齐）成立。1952年开始在塔里木盆地的库车、喀什地区进行石油勘探，直到1954年末中苏石油股份公司结束。那时候正在冷战时期，以美国为首的西方国家封锁我们，对苏联等社会主义国家开放、搞技术合作是我们唯一的选择。通过与苏联开展合作，我们学习技术，培养了一批技术人才。像王炳诚、张毅这些石油界的老同志都是那个时期成长起来的。

第二阶段是改革开放后，我们与西方技术发达国家交往日益广泛，技术合作增多。1983年，中美合作队进塔克拉玛干沙漠地震勘探，这是中美两国在勘探作业上的合作。1986年，第一期合同结束，我们感到这种合作有必要继续开展，又与他们续签三年合同。中美合作一直干到1989年。

▲ 1992年6月，《石油工业通讯》刊载王涛撰写的《以邓小平同志重要谈话为指导，在改革开放中加速石油工业发展》

第三阶段是塔里木石油会战开始以来的对外合作。1989年1月13日，李鹏总理在听取塔里木盆地勘探情况汇报时，就明确了勘探开发工作的总方针："主要依靠我国的队伍来干，自己进行勘探，自己开发油田。当然，我们不是闭关自守，还要搞对外开放，积极采用外国先进技术和装备，引进一些外国资金，还可以雇用外国队伍，聘请外国专家。"

我们引进外国的数字地震设备和计算机处理技术，钻机是国外进口的F-320-Ⅱ系列（6000米）、E-2100电动钻机（7000米）、C-2-Ⅱ（7000米）、C-3-Ⅱ（9000米），还有日本生产的S135钻杆、美国休斯公司的牙轮钻头、美国克里斯坦森公司的金刚钻头，以及相应的钻探配套设备、仪器。一些中外合资公司、外国技术服务公司进入塔里木提供专业服务，像麦克巴泥浆公司、英国 IDF 泥浆公司、中法录井公司等。斯伦贝谢公司有一个机构常驻塔里木，为我们提供专项技术服务，并且还建立了长期合作伙伴关系。他们的垂直导向钻井技术，在塔里木钻井中得到了广泛应用。

1989—1995 年，有美国、英国、法国、联邦德国、加拿大、比利时、瑞士、挪威、意大利、日本、苏联等国的 78 个公司与塔里木开展技术合作或提供技术服务。塔里木对外签订合同 307 项，总金额近 2.2 亿美元，用于购买国外先进的勘探开发设备和技术。塔里木先后与美国阿莫科石油公司、英荷壳牌石油公司、美国埃克森—美孚公司等合作进行有关项目的科学研究。

塔里木石油会战一直是对外开放的，而且从某种程度上说，塔里木石油勘探开发是我国陆上石油对外开放的先行者。而正是这种开放的格局，使我们一直跟踪世界石油勘探开发先进技术，及时引进和消化吸收，促进了石油会战的高水平、高效益。

1993 年 10 月 7 日，国务院总理李鹏签署第 131 号令，发布《中华人民共和国对外合作开采陆上石油资源条例》，授予中国石油天然气总公司对外合作开采

麦克巴泥浆公司技术人员与中方交流（左图）
▼

中外技术人员在塔里木现场技术交流（右图）
▼

▲ 1994年4月2日，中国石油天然气总公司与美国哈里伯顿公司签署石油仪器购买合同

陆上石油资源专营权，并对外国合作者的权利和义务做出规定；明确"陆上石油资源"是指蕴藏在陆地全境（包括海滩、岛屿及向外延伸至5米水深的海域）范围内的地下石油资源，为开展国际招标和一系列双边谈判提供了法律依据。

经过几年工作，我们对塔里木盆地地质情况有了进一步了解，在塔北、塔中地区取得了一系列新的重要发现，后备战场接替有了现实的基础。同时随着勘探、开发的进展，开展了各种基础设施和后勤基地建设，交通通信条件有了很大改善。这些都降低了勘探的风险程度，创造了有利于对外开放合作勘探开发的条

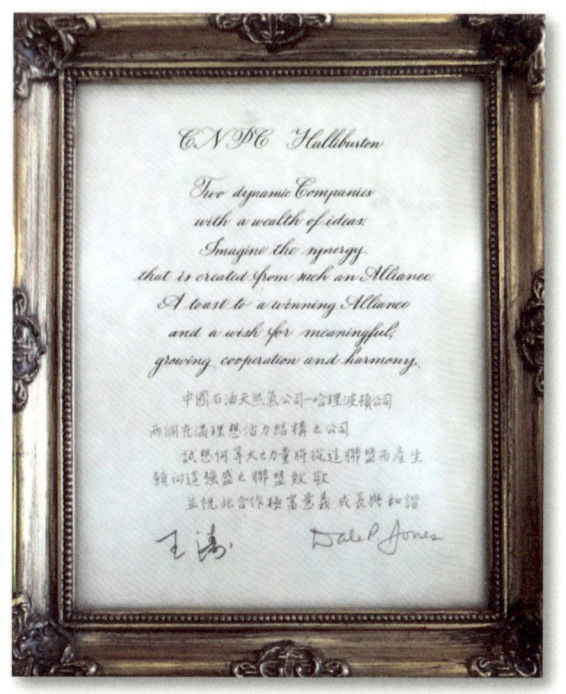

▲ 1994年4月2日，中国石油天然气总公司与美国哈里伯顿公司合作纪念牌："中国石油天然气公司—哈理波顿公司两个充满理想活力结构之公司，试想何等大之力量将从这联盟而产生，愿向这强盛之联盟致敬，并祝此合作极富意义、成长与和谐"

件。为了加快塔里木盆地勘探开发进程,总公司决定划出部分新区,一方面动员大庆、胜利、大港、河南等油田参加勘探,另一方面对国际招标,进行合作风险勘探。

1992年9月22日,总公司向中共中央、国务院呈报《关于扩大陆上石油对外合作的请示》。1993年1月20日,国务院批复同意扩大陆上石油对外合作,并分两种类型进行。一类是找油前景、地区条件比较复杂的地区,由中方与外国石油公司进行风险勘探与合作开发。另一类是提高老油田采收率的区块,由中方与外国石油公司合作开发,引进先进技术和装备。原则上,陆上石油对外合作采取国际招标的办法,并可分为几轮对外国际招标。每轮对外国际招标的区块划分和招标安排,由中国石油天然气总公司报国家主管部门审批。

1993年2月17日,总公司在北京人民大会堂举行新闻发布会。新闻发布会前,李鹏总理在人民大会堂接见了出席发布会的外国驻华使节、外国石油公司代表,并发表简短讲话。新闻发布会上,我代表总公司宣布:经国务院批准,从1993年起,中国陆上石油工业进一步扩大对外合作,这是加快石油工业发展的一个重大步骤。这次陆上石油扩大对外合作,是在已开放南方11个省(自治区)的基础上,又开放北方10个省(自治区、直辖市)的12个地区,新开放地区总面积41.79万平方千米。总公司确定分几轮进行国际招标。第一轮国际招标在1993年3月举行。招标区域是新疆塔里木盆地东南部地区。

2月27日,能源部批准陆上石油对外合作第一轮招标区域、区块划分和招标安排。3月1日,总公司就已确定的5个勘探区块向33个国家的352家石油公司发出招标通知。本次招标的5个区块分别是:塔里木盆地塔东南地区牙通古孜(T1,面积9814.3平方千米)、硝尔堂(T2,14698.1平方千米)、且末(T3,14475.4平方千米)、吐拉北(T4,14475.4平方千米)、瓦石峡(T5,19267.2平方千米),总面积72730平方千米。总公司副总经理张永一任招标领导小组组长,国际公司筹备组刘颂威任工作小组组长,童晓光、曾兴球任工作小组副组长。

10月31日,第一轮招标截止。在本轮招标中,共有17个国家的68

▲ 1993年2月17日在人民大会堂召开中国陆上石油扩大对外合作新闻发布会

家公司报名,其中阅读资料包54家,购买资料包18家。美国埃索中国公司与日本住友商事株式会社和日本印度尼西亚石油公司组成的埃索集团;意大利阿吉普(海外)有限公司与美国德士古(中国)有限公司、法国埃尔夫石油中国公司、日本石油资源开发株式会社和株式会社日本能源组成的阿吉普集团;英国石油公司(BP)与日本新日石开发株式会社、日本三井物产株式会社、日本三菱商事株式会社和日本伊藤忠石油开发株式会社组成的BP集

> **中国陆上石油扩大对外合作新闻发布会上的讲话**
>
> 中国石油天然气总公司总经理　王涛
> (一九九三年二月十七日)
>
> 尊敬的各位来宾
> 女士们、先生们、同志们:
> 　　今天,我们很高兴同中外各界的朋友们、同志们见面,欢迎大家参加中国石油天然气总公司举行的中国陆上石油扩大对外合作新闻发布会。
> 　　遵照邓小平同志南巡重要谈话和中国共产党第十四次全国代表大会精神,经国务院批准,中国石油天然气总公司从今年起,进一步扩大我国陆上石油对外合作。这是我国石油工业加快对外开放的一个重大步骤。
> 　　我国政府对扩大陆上石油对外合作十分重视。刚才国务院领导专门会见了前来参加新闻发布会的部分
> 　　　　　　　　　　　— 1 —

▲ 1993年2月17日,王涛在中国陆上石油扩大对外合作新闻发布会上的讲话

▲ 1993年10月31日，阿吉普集团参加中国陆上第一轮国际招标投标

▲ 1993年11月1日，中国陆上石油对外合作第一轮招标启封报价书

团；英荷壳牌石油（中国）公司与日本等公司组成的壳牌集团分别投标。

11月1日，中国石油天然气总公司在北京举行中国陆上石油对外合作第一轮招标启封报价书仪式，总公司领导及对外贸易经济合作部有关负责人出席见证。

竞标结果，埃索集团、阿吉普集团、BP集团中标。经过合同谈判，总公司于1993年12月20日与埃索集团签订《中华人民共和国塔里木盆地第三区块石油合同》。这是中国陆上石油合作国际招标签订的第一个合同，也是塔里木盆地石油资源勘探开发的第一个对外合作的合同。国务院副总理邹家华、全国人大常委会副委员长铁木尔·达瓦买提出席了签字仪式。双方代表在合同上签字。

1994年2月8日，与阿吉普集团签订《中华人民共和国塔里木盆地第一区块石油合同》。签字仪式前，国务院副总理李岚清会见外方客人，表示欢迎外国公司来华投资合作。同年3月22日与BP集团签订《中华人民共和国塔里木盆地第四区块石油物探协议》。至此，中外合作进行塔里木盆地风险勘探油气资源进入实质性阶段。

1995年6月8日，总公司在北京钓鱼台国宾馆举行新闻发布会，我代表总公司宣布第三轮国际招标的消息（1994年1月17日总公司进行了其他地区的第二轮国际招标），国家计划委员会副主任叶青出席会议并讲话。次日，总公司发出陆上石油第三轮招标通知，招标区块为塔里木盆地和准噶尔盆地的12个风险勘探区块，总面积11.27万平方千米。其中，塔里木共8个区块，总面积99679平方千米；准噶尔13060平方千米。

在第三轮招标中，共有28家外国石油公司报名，其中12家公司购买资料包。10月31日投标截止。阿吉普—德士古集团、埃索中国—住友石油—日本印尼石油集团、阿莫科—莫比尔集团以及埃索（中国）公司共投标7个区块。

评标结果，埃索（中国）公司、阿吉普—德士古集团中标。经过合同谈判，中国石油天然气总公司于1996年2月5日与阿吉普（海外）有限公司（作业者）和美国德士古（中国）有限公司（伙伴）签订《中华人民共和国塔里木盆地第六区块石油合同》和《中华人民共和国塔里木盆地第七区块石油合同》。同年3月19日，与埃索（中国）公司签订《中华人民共和国塔里木盆地第十二区块石油合同》和《中华人民共和国塔里木盆地第十三区块石油合同》。国务院副总理吴邦国在签字仪式上会见外方客人。

塔里木盆地第一、三轮对外国际招标签约一览表

公司名称	区块名称	合同面积（平方千米）	签约日期	终止日期	合同款项（万美元）	完成投资（万美元）	完成工作量
美国埃索公司	T3	14475	1993.12.20	1998.4.1	11300	7218	二维地震采集2331千米；钻且北1井，井深2750米；钻古城1井，井深3872米。未见油气显示
	T12	10892	1996.3.19	2000.4.30	3200	1541	钻乔参1井，井深2535米，层位下奥陶系；在志留系见稠油显示
	T13	10571	1996.3.19	2000.4.30	3400	1525	二维地震采集502千米，并进行评价研究
意大利阿吉普公司	T1	9814	1994.2.8	1998.4.30	4000	3600	二维地震采集2086千米；钻安1井，井深4290米。未发现油气显示
	T14	892.5	1996.8.7	1999.7.30	300	440	二维地震采集300千米，并进行地质研究
	T6	14207	1996.2.5	2000.7.31	4200	1751.4	二维地震采集1250.5千米；钻尼雅1井，井深3184米；进行区块综合地质研究
	T7	15335	1996.2.5	2000.7.31	2900	1664.5	二维地震采集1450.6千米；进行区块综合地质研究
日本石油公团	米萨列侬	7397	1997.7.23	2000.9.10	1500	2965	二维地震采集1154千米。钻玛东1井，井深4250米。未见油气显示
英国BP公司	T4	14475.4	1994.3.22	1996.5.20	500	373.88	完成二维地震采集204千米

1996年8月7日，总公司与意大利阿基普（海外）公司签署了《中华人民共和国塔里木盆地第十四区块石油合同》。面积892.5平方千米，是塔里木盆地一区块的扩边。

1997年7月23日，总公司与日本石油公团所属的日本能源株式会社、日本石油资源开发株式会社、印度尼西亚石油株式会社、住友商事株式会社签署《中华人民共和国塔里木盆地米萨列依区块石油合同》，面积7397平方千米。

综上所述，塔里木盆地已经划出180698.5平方千米的勘探面积对外合作，实际合同签约面积98148.9平方千米。合同签约利用外资31300万美元，有的合同只完成第一阶段义务工作量，没有进入第二阶段即终止了，实际利用外资20078.78万美元。

为什么我们要划出18万多平方千米的勘探面积，进行国际招标与外国公司合作呢？

截至1995年底，我们已经找到了9个整装油气田，发现26个工业性含油气构造。特别是1993—1994年这两年，我们一举拿下牙哈凝析气田和羊塔克凝析气田。但是我们也清醒地看到，塔里木盆地勘探的复杂性和长期性，虽然国内有我们和地质矿产部两家队伍在盆地工作，但面对56万平方千米的庞然大物，我们的资金有限。许多地方进行勘探还有许多技术问题需要解决，所以我们要把一部分有油气资源潜力、我们尚力不能及的地区划出来，对外进行招标，与外国石油公司合作。这样做可以加快塔里木石油勘探开发进程，更可以相互学习，特别是我们向国外大石油公司学习先进的勘探技术和管理经验。

从1994年起，主要在塔里木盆地从事风险勘探的外国作业者有美国埃索公司、意大利阿吉普公司和日本石油公团。7年之后，到2000年，这三家世界著名大石油公司都没有商业发现，选择了撤出塔里木。

关于外国公司退出的原因，有人归结为我们把塔里木难啃的"硬骨头"都给了外国公司，也有人反映到中央领导那里。曾经在中国工作过的一个外国公司雇员在国外的有关杂志上发表文章，也谈到上述意见。有人将该文章送到邹家华副总理那里，批转到总公司来。在一次记者招待会上，一位记者也提出过类似的问题。

关于这个问题，当时我做了这样的阐述：

塔里木盆地地面条件十分困难，地下情况千差万别，勘探难度都是世界少有的。至于哪里是"骨头"，哪里是"肥肉"，不经过艰苦的勘探工作，

谁也不知道。从总体上来看，塔里木油气勘探尚处于初级阶段，除我们作业区以外的其他地区，我们做的工作很少，没有动口啃，怎么知道哪里是"骨头"，哪里是"肥肉"呢。我们虽然在塔里木地区找到了油田，但是，我们认为塔里木盆地这么大，不能因为找到了油田，就认为这个地区是塔里木最好的地区，同样也不能认为我们没有勘探的地区就是最坏的地区，没有经过工作的地区也可能是最好的地区。这个问题只有经过大量艰苦细致的工作以后，才能得出正确的结论。我们划出的招标区块都是我们认为有前景地区。我们希望合作能够成功，以加快塔里木石油的开发，同时在对外合作中可以近距离学习外国公司一些好的做法和先进技术。

石油勘探是一项风险事业，是科学探索的过程，要求勘探家必须具有坚定的信念、锲而不舍的追求和艰苦细致的工作作风。特别是像塔里木这样恶劣的自然环境和地下极其复杂而又面积巨大的含油气盆地，不能期望一镐头就能刨出个"金娃娃"。只有在积累必要资料基础上反复研究，对地下油气藏形成的基本条件有了一定认识后，才会取得成功。

世界石油勘探史上不乏这样的例子。像世界最富油的沙特阿拉伯，在勘探初期，油田是在钻完第 7 口探井时才发现。世界著名的北海油气区，从 20 世纪 60 年代开始勘探，在 32 口探井全部落空后，石油公司正在准备退出时，第 33 口井却发现油田。

国内这样的例子也很多。海南福山坳陷面积只有 1100 平方千米，其中陆地占 800 平方千米左右，早期勘探集中在西部美台等地区，打了不少探井，发现了一些稠油，当时认为无工业价值放弃了。1985 年与澳大利亚 CSR 东方石油等四家外国公司合作勘探，完成钻探井 5 口，评价井 1 口，获得工业油流井 2 口，发现了金凤含气构造。因产量递减快，不具工业开发价值，1988 年，外方放弃合作。1993 年开始，我方开始自营勘探，经过四年努力，发现了花场油田，后又发现了花东、白莲、红光等油气田。2008 年，油气产量当量已过 30 万吨，并为年产 50 万吨油气当量产能建设奠定了资源基础。我举这个例子，不是说我们自己的队伍就比外国公司高明，而是说明，勘探具有高风险，风险与机遇并存，没有一定工作量支撑是很难取得成功的。

事实不正是如此吗？

1996年6月1日对外合作风险勘探且北1井开钻典礼

1993年12月，美国埃索（中国）公司在第一轮国际招标中，拿到塔里木盆地东南部一个区块，没有获得突破，1996年又拿到塔里木盆地西北部两个区块总面积21553平方千米。其中一块在盆地北部库车山前的乌什凹陷，我们是真心希望与他们合作取得成功，把他们留在塔里木，留在中国。但是他们在那里做了520千米地震测线，钻了1口2535米深的井就打算放弃了。塔里木油田地质人员经过研究分析，认为下面存在含油气圈闭，建议美国公司再钻一口探井。埃索公司研究了塔里木地质人员的建议，最终还是选择了放弃。

塔里木油田公司决定自己干。2002年，在美国公司放弃的地区上钻乌参1井。井钻到5800多米时，井下有显示，加深钻进，到6000多米时，井里出了天然气，不多，日产气5万～8万立方米，还有凝析油。

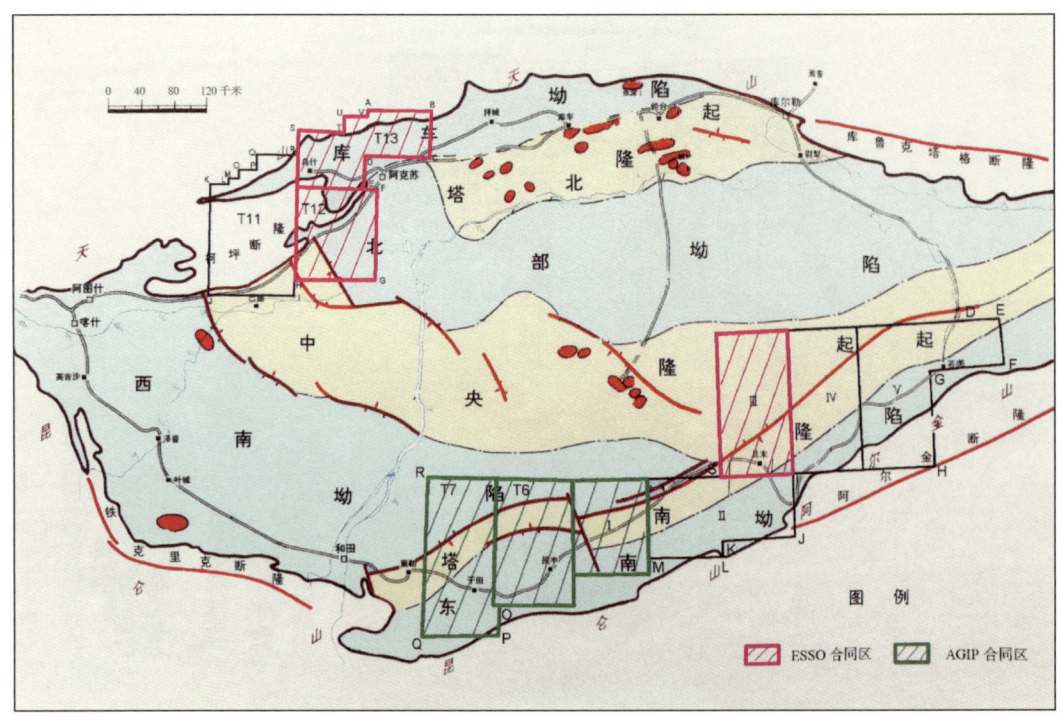

▲ 1996年，埃索、阿吉普公司在塔里木合作区示意图

钻到6394米时试油，出水后完钻。

2003年10月下旬，我来到乌参1井上调研。井上聚集了油田几位专家，正研究下一步措施。他们对我说，由于井太深，山前地下构造复杂，常规试油技术难以奏效。我拿起一截岩心，仔细嗅了嗅，对他们说："我嗅见油味了。这下面肯定有东西！"

现场有的同志说，下面可能有油，但不会很多。我建议他们继续试油，不管有什么困难，都要继续试下去！

陪同我在现场的塔里木油田公司领导表示，他们一定坚持试下去，一有好消息，就打电话给我。我回到北京不久，11月21日，塔里木油田公司打电话给我，说乌参1井出油了，日产凝析油173.32立方米、天然气19.63万立方米！

听到消息，我向塔里木油田的同志们表示祝贺。

第四节 大打科技攻坚战

一、上下求索

塔里木石油会战以来，我们每年在塔里木探区召开一次塔里木盆地勘探技术座谈会，邀请国内的科研机构、高等院校、油田科技战线上的专家们在一起座谈研讨。塔里木探区的勘探资料对大家公开，会议不定框框，不设禁区，畅所欲言，充分发扬科技民主。每次座谈会时间在一周左右，发言的有专家、教授，也有二三十岁的年轻科研人员。

总公司把每年一度的勘探技术座谈会，打造成民主气氛十分浓厚的平台，让各种观点充分交流、平等对话。

每一次座谈会，都会有不同的认识，不同的观点，不同的建议。各种新观点、新思路的交流碰撞，使会议开得十分活跃和富有收获。这和我们坚持"不避争论、平等对话、敞开心扉、畅所欲言"是分不开的。我在每次座谈会上，都鼓励大家"要敢于发表不同意见，敢于有不同的思想，只有在认识上的不同见解，充分交流和讨论，甚至争论，才会使我们的认识不断深化，座谈会更有实际意义"。

发言的人很多，形式也自由。有德高望重的老专家，也有风华正茂的年轻人。因为要发言的人很多，会议主持人不得不规定每个人发言时间。发言的人都十分珍惜自己的发言机会，在限定的时间里争分夺秒，力求在有限时间里阐明自己的观点和主张。

▲ 1994年11月召开的塔里木石油勘探开发技术座谈会会场

总公司领导同志每次都争取放下手里的工作，参加座谈会。我和几位在北京的领导每年都抽时间争取参加座谈会，邱中建则是场场不漏。我们和与会同志都是平等的一员，更多的是学习，听取大家的意见和建议。有一次，物探专家吴奇之正在发言，我插了几句话。吴奇之待我讲完后郑重地向主持人说："王涛总经理插话的时间要刨去的。"这使我认识到发言人是多么珍惜会议给他的时间。后来在另一位专家发言中，我插了几句话，我首先向主持人声明："我只讲两分钟，这两分钟算我的。"

塔里木石油会战经历了"几番喜悦，几番困惑"，每年的勘探技术座谈会上的各种观点、认识，在会上亮出来。交锋、碰撞，新的认识就是在论辩中产生。我鼓励和支持勇于探索、开拓进取、乐观奋进的地质家们。作为地质家面对新问题，否定自己的观点是非常痛苦的。当一个重大勘探战略目标受挫,我也感到过茫然。觉得事物发展,和自己几十年掌握的知识、长期积累起的找油经验发生冲突。这时唯一的出路就是从实际出发,从实践做起,研究新问题,总结新经验,找出新规律,形成新认识。这样循环往复,不断实践,不断探索,不断提高,就会使失败越来越少,成功越来越多,勘探渐入佳境,局面也就越打越大。

在1992年勘探技术座谈会上,我提出这样一个问题:"塔里木盆地究竟属于什么类型的盆地?如果这个问题不搞清楚,我们很难对照世界已知盆地进行对比,进一步研究它的规律,甚至从哪个方面寻找研究其规律的途径都很困难。我们仅仅谈一个地区一个发现,或者谈一个现象或多个现象,都是很难抓到这个盆地油气分布的实质性问题的。"

参加会议的贾承造博士当时正在研究这个问题。他没有在座谈会上谈,觉得还不成熟。贾承造是改革开放后国家培养出来的第一批博士,他的专业是构造地质—地球物理专业。1987年获得博士学位后,到塔里木盆地从事地质综合研究,一直在现场科技攻关第一线。贾承造当时40多岁,正是人生干事业的大好时光。1987—1994年,贾承造对塔里木地震剖面、每一口重要探井都进行深入细致地分析,并对比世界各个含油气盆地的特征,运用板块构造理论剖析塔里木盆地地质结构的普遍性和特殊性,七年磨一剑,1994年写出了《塔里木盆地类型与盆地构造》的科研报告。我把这个报告读了好几遍。这个报告回答了我在1992年提出的问题。贾承造在结论中说,塔里木盆地是一个古生界的海相克拉通盆地和中、新生界陆相前陆盆地组成的叠合—复合盆地,克拉通油气受古隆起控制和斜坡构造控制,前陆盆地油气受前陆逆冲带控制。这个结论抓住了盆地的实质,明确了盆地油气地质研究的方向,使人豁然开朗,对下一步怎么去研究、去部署、去寻找大油气田的分布规律终于心中有数了。

1996年12月中旬,总公司在库尔勒召开的塔里木勘探技术座谈会,气氛热烈,话题很多。200多位各路专家在6天时间里,纷纷发言,各抒己见。塔指勘探开发研究中心副主任胡云扬在会上发言,重点谈到了塔里木盆地"三个不配套"和"七个不整合"问题。由于胡云扬过于强调这两大不利因素的影响,发言中流露出一定的悲观情绪,这也代表了部分地质家在当

时勘探遇到挫折不能如愿时产生的一种片面认识。我意识到，看起来这是个学术问题，但更是地质家的找油信念问题。

我听过一位一生从事石油勘探和研究工作的苏联专家（也是我的老师）讲过一个基本观点，他说作为一个地质家、勘探家，证实哪个地方有油是容易的，而若要否定哪个地区没有油是很难的，要慎之又慎。如果说一个地质家脑子里没有油，那就是最大的悲哀。由于一个人的认识水平是要经过不断深化的过程，所以绝对不要轻易下否定的结论。这个观点对我影响很大，使我受益终身。记得有一个油田年产量从700多万吨降到了400多万吨，亟需寻找后备储量。有一次，我们听取油田主管勘探的总地质师汇报后，我就问了他一句：现在你脑子里面还有没有油？他回答说已经没油

▼ 1991年，召开塔里木石油勘探技术座谈会，塔指总地质师梁狄刚介绍情况

了。我说我很佩服你，能说老实话，但是作为总地质师，再让你领导大家去找油，就太为难你了。后来换了总地质师，这个油田还不断有新的发现。

我在塔指干部会议上批评了"三个不配套"的悲观论点。胡云扬听到后，背上了思想包袱，心情很沉重。胡云扬从事油气勘探几十年了，从四川到华北，会战初期又来到塔里木。"文化大革命"期间，他因为在业务上和单位领导有不同意见，顶过牛，结果被挂上"反动学术权威"的大牌子批斗过，到如今还心有余悸。我知道这个情况后，找到胡云扬谈心。

我说，我认为地质家看问题不能只看一个方面，只见树木不见森林。在勘探初期就把个别的局部的现象当成全局和整体性来认识，得出的结论容易片面，偏于主观，没有普遍性，对盆地勘探的指导也缺乏科学性。"三个不配套"和"七个不整合"是塔里木盆地局部地区存在的地质现象，但也不是绝对的。比如寒武系—奥陶系是好的生油层，缺少好的储层，但在沙参2井、轮南8井、塔中1井，都获得高产，说明也有好的储层，不是铁板一块。通过那次交谈，胡云扬放下了思想包袱。后来在库车山地攻坚战役部署讨论中，他敢于发表自己的看法，坚决上钻克拉2井，并为此做了很多具体工作。胡云扬退休后，又担任塔里木勘探方面的地质顾问，每年都到塔里木探区协助工作。

正确的地质理论是指导勘探成功的一把"钥匙"。多年的勘探实践告诉我们，一个新区的勘探成功与否，必须有正确的地质理论来指导。塔里木盆地油气地质的复杂性，是国内独一无二、世界少有的，存在一系列世界级技术难题，要靠我们在实践中探索和创新。塔里木勘探充分发挥"油公司"体制的优越性，从"三个层次"入手，采取"三种模式"，会集强大科研力量，形成了长期联合攻关机制，建立了具有塔里木特色的开放式、多层次、科研生产一体化的科研攻关团队。

1990—1991年，总公司根据塔里木探区提出的重大理论课题，向国家科技管理部门汇报，将"塔里木盆地油气资源"列入国家"八五"重点科研攻关项目。由国家科委牵头，总公司、地质矿产部、中国科学院的2000多名科研人员组成多部门联合的攻关团队。1991年10月，列入国家"八五"重点攻关课题"塔里木盆地大型油气田形成条件研究""塔里木盆地勘探目标评价""塔里木盆地油气勘探技术研究"等重大项目,就是利用"三种模式",即以塔里木科研队伍为主的自有研究机构模式,以石油系统内部的研究机构、石油院校为主的技术创新联盟模式,以国内其他高校、科研机构、国外公司为主的合作研究模式,与全国57个科研院所1315名科研人员组成攻关团队,塔指为此投入科研资金1.83亿元,成立"八五"攻关项目办公室,贾承造担任办公室主任。作为塔指总地质师的梁狄刚担任"八五"项目领导小组成员,与我国著名生油研究专家黄第藩教授共同承担"塔里木盆地油气生成与演化"专题研究,以现代地球化学理论为指导,进行原油对比和生油评价,得出多油源的认识,证明塔里木盆地有三套海相烃源岩。

1993年8月8—15日,程裕淇、李德生、欧阳自远、刘光鼎四位学部委员到塔里木检查国家"八五"

1991年10月24日,塔指召开塔里木探区首届科技进步大会

攻关项目"塔里木盆地油气资源（85～101）"中评估情况。程裕淇老先生已81岁高龄，早在1942年，他与黄汲清、杨钟健、卞美年等地质学家到塔里木盆地做地质调查，编写出《新疆部分油田地质调查报告》。51年过去了，程老先生看到塔里木油气勘探开发的大好形势，心情激动，说：同志们在如此艰苦的条件下，做出如此巨大成绩是不容易的，为国家做出了贡献，我对参加会战的同志们表示敬佩！科技发展同国民经济发展关系密切，国家有计划地组织科技攻关是非常英明的。你们的"两新两高"体制，汇聚了大量优秀人才，而且充分调动了社会上科技力量的积极性，很好！

石油会战的主战场在塔里木，而科研攻关的战线却延伸到了全国各地，甚至国外。总公司北京勘探开发科学研究院、地质矿产部地质科学院、中国科学院兰州地化所和广州地化所，以及北京大学、南京大学、中国石油大学、西南石油大学、天津大学等上百所院校，几千名科研人员直接参与塔里木科技攻关。这些攻关项目的完成，及时解决会战中的重大地质理论问题，有效地指导了盆地勘探，如叠合—复合盆地油气理论、前陆盆地超高压天然气成藏理论、海相寒武—奥陶系古风化壳储层油气理论、油气晚期成藏理论等。可以说，这些理论是凝聚了全国石油地质界的智慧，在物探与钻探的反复实践中孕育诞生的。

二、成败系于物探

塔里木盆地遇到世界级难题，首先是地震技术遇到了大难题。沙漠里克服不了巨厚沙层对地震勘探的影响，轮南和英买力的奥陶系潜山不能准确地预测储层，山地膏盐层下的构造显示模糊，等等。地震技术不过关，提供的信息不准确，地质家无法搞清楚地下真实的地质情况，他们无可奈何地形容物探队伍提供的资料是"构造带轱辘""高点带弹簧"，导致勘探主攻方向扑朔迷离。一次次满怀希望，钻下去得到的却是一个个"干窟窿"。

1994年11月，在总公司召开的塔里木盆地勘探技术座谈会上，有的同志提出近年来地震资料滑坡的问题。总公司科委主任李天相告诉我，美

地震钻机在沙漠钻炮井

国埃克森公司和意大利阿吉普公司到塔里木投标风险勘探区块，他们给总公司一份报告，报告说我们的地震资料达不到做地震地层学研究的标准，1992年以后的塔里木盆地地震资料不如1992年以前的好。李天相对我说，目前世界上，高分辨率地震3000米深度可分辨地层厚度为3～5米，国内只能达到15～20米，5000米深度之下效果更差。这说明我们与国际水平还有不小的差距。会议期间，我与石油物探局党委书记李玉超交换意见。我说，塔里木盆地每一个油气田的发现都凝聚着物探人的心血和汗水，每一项物探技术的进步，每一个"瓶颈"技术问题的解决都会带来新一轮油气储量和产量增长的高峰，而物探技术的停滞不前往往带来的就是勘探低潮。并说明我在会上强调

"成也物探，败也物探"，不是把失败的责任都推给物探人，而是肯定物探在油气勘探中的关键地位和作用，要求总公司有关部门、塔指充分重视物探工作。这几年大家说"构造带轱辘""高点带弹簧"，这说明物探技术还满足不了塔里木勘探的需要，要进一步抓质量和上水平。

这时候发生了一个故事。一天，正在沙漠腹地施工的地震队队员，发现他们中间多了两个干活的中年人。他们身着和大家一样的红色工服，都戴着一副近视眼镜，默默地和放置检波器的工人一起奔跑在沙山上。地震队领导发现这两个中年人原来是塔指副指挥兼总地质师梁狄刚和地质监督办公室的一位同志。他们经过"微服私访"，发现了施工质量存在问题：有的工人埋检波器不认真，在沙坡上扒个窝，用脚一踩就完事，小线图形也不规则，等等。

石油物探局领导对此高度重视。1995年3月，李玉超到库尔勒，决定召开石油物探局塔里木探区工作会议，解决地震资料质量问题。我得到这个消息后，给邱中建通电话，我说地震质量非常重要，现在发现了施工中出现的问题，要组织专门小组，聘请有关专家从抓质量入手，对采集、处理、解释的全过程进行研究评定。加快工作节奏，必须以提高质量为基础。

石油物探局对近年来地震资料滑坡问题进行认真剖析，参加塔里木石油会战的地调一、二、三处负责人在会上进行了反思。邱中建代表总公司在会上讲话，提出要"以洋为镜"，学习外国公司的管理经验和监督体制，以实现地震质量的大飞跃。

1993年，美国埃克森公司和意大利阿吉普公司相继在塔东南地区开展地震勘探，石油物探局的地震队通过竞争，击败其他对手，获得了地震施工合同。以埃克森公司为例，这个公司对石油物探局中标的地震队人员、设备都做出详尽的要求。每个队派出了2～5名现场监督，对质量、生产、HSE管理进行严格监督。他们实行的是4级监督，管理网络，一级管一级。在地震队设有质量控制监督、测量监督、资料解释监督、HSE监督，各司其职。

邱中建在会上说，同是石油物探局的队伍，为什么给外国人干活被人竖大拇指，给自己人干活却质量滑坡了呢？关键是人家现场派驻了监督，你偷工减料，不按照合同施工，就会受到严厉的处罚。

　　石油物探局立即决定，在塔里木前线指挥部成立监督办公室，从全局抽调30名青年技术骨干，经过专业培训，获得物探监督资格证书，被派往地震队做监督。就这样，石油物探局的监督队伍建立起来。到年底，有一支地震队地震资料经过验收被定为"不合格"。石油物探局领导"挥泪斩马谡"，宣布取消这支地震队投标的资格。

　　2255地震队于1995年初从内地调到塔里木沙漠腹地塔中北斜坡6号工区施工。他们施工前反复试验，得出最佳施工参数，为了获得高质量资料，放炮前测线上的人员全部停止活动并撤出，汽车全部熄火。在施工中，这个队建立起包含6大项内容的质量管理体系，每天收工后，有队长、操作员、解释员进行质量

▲ 1995年3月下发《关于设置"石油地球物理勘探局塔里木质量监督办公室"的通知》

▲ 1995年10月召开的塔里木探区物探质量监督工作座谈会纪要

分析评估，测线质量分析，人人互相监督、工序与工序之间相互监督，使所有工作都围绕质量这个中心进行。甲方验收2255地震队的剖面图，评价说，已经有几年没有看见质量这样好的剖面了。

建立起监督制度，根本解决资料质量滑坡问题后，科技攻关被摆上重要日程。台盆区地震勘探面临的四大勘探"瓶颈"问题：信噪比太低，信号能量弱；主频只有15～18赫兹，不能满足解释要求；长短波长静校正量不准；同相轴上叠加能量不稳定。所有这些都是大沙漠地区地震勘探遇到的新问题，要求物探技术专家进行攻关。

三、钻井技术的挑战

再上塔里木，我们考虑到塔里木钻井难度大、要求高，给钻井队伍先后装备了6000米、7000米、9000米的进口深井钻机，配备当时属一流水平的大功率钻井泵和钻井液净化系统，引进国内外最先进的钻井液体系。当时人们说，塔里木的钻井装备，真可算"武装到牙齿了"。

但是，并不是换了"洋枪洋炮"就能打胜仗。塔里木盆地油气藏埋藏深、高压和超高压，给钻井带来了许多技术难题。如何打下去、打得快，还要保护好油气层，这也是世界级钻井技术难题。为了加强钻井技术力量，1987年，我们聘请四川石油管理局工程公司副经理张仲珉为石油部塔里木沙漠钻井顾问组成员，1989年任指挥部总工程师。另外从各油田聘请70多名具有高级技术职务的钻井专家，组成很强的钻井工程技术队伍。张仲珉长期在四川石油管理局从事钻井技术工作，对深井和高压气井钻探富有经验。1966年，四川气田一口高产气井爆炸起火，他和32111钻井队队员奋勇抢险，保住了国家财产，张仲珉脸上和身上多处被烧伤。后来他作为钻井队代表应邀到北京参加国庆观礼，受到毛泽东主席和周恩来总理的接见。1977年，张仲珉参与四川石油管理局超深井关基井钻井工程技术工作，这口井钻达7175米完钻。张仲珉对该井工艺技术进行全面总结，1978年发表了《我国最深的超深井关基井（7175米）的钻井工艺》一文，同年获四川省科学技术进步奖一等奖。

张仲珉在抓钻井技术工作中,热爱自己的工作,注重调查研究,收集整理每一口井的资料。他把这些资料详细分类,工整地书写下来,然后装订成册,内容包括地层变化,不同井段的钻井参数、时效、措施,事故发生原因和处理方法等,然后逐个分析、总结、归纳,逐步上升到理论高度。张仲珉为了掌握塔里木不同区域地层特点,完善和发展深井、超深井钻井配套技术,经常到沙漠区组织、指挥超深探井钻探,以及复杂情况和事故处理。由于沙漠气候干燥,张仲珉烧伤的疤痕复发,浑身伤痕奇痒,每天靠涂抹药膏坚持工作。同志们劝他回四川成都,张仲珉回答:"我快60岁了,塔里木是我人生最后一班岗,我要站好这班岗。"1988年,南喀1井发生下部套管落井事故。张仲珉赶到井上,和专家们协商制订处理事故方案,只用12个小时解除事故。这起事故引起了张仲珉的思索。他认为,这起事故是由于套管强度不足造成的。针对塔里木探井很深,地层复杂,起下钻频繁等因素,张仲珉与俞新永、金维一、阎建富等专家提出引进高强度抗挤套管的建议及优选方案,被采纳。他组织工程技术力量开展深井、超深井钻井及试油10项专题技术攻关,推广8项钻井工艺技术,和钻井专家们一起,完成《沙漠腹地钻井装备综合配套技术》和《沙漠腹地钻井工程配套技术》,初步形成塔里木自己的钻井技术体系。正是有像张仲珉这样一批钻井专家,塔里木深井、超深井和沙漠钻井闯过了一道道难关。特别是沙漠腹地钻井工程综合配套技术攻关的成功,不仅创造了沙漠钻井15项国内纪录,还为后来的沙漠腹地深井钻探打下坚实的基础。

随着勘探向碳酸盐岩领域发展,钻探工作面临新的挑战。由于碳酸盐岩储层裂缝、溶洞发育,又极不均质,1993年以前,碳酸盐岩的钻探采用常规的直井方式,探井成功率往往不高,效率仅为25.6%。主要原因是钻井过程中频繁发生井漏和溢流,往往导致钻不到设计井深,难以取全取准地质资料,完不成地质任务,严重制约碳酸盐岩勘探进程。1993年以后,山地钻探中又出现许多新的钻井技术难题,成为制约勘探的"瓶颈"。

我在一次塔里木工程技术座谈会上说,如果说物探是地质家的眼睛,钻井则是地质家坚强有力的"一双手"。塔里木盆地油气层埋藏深,地质情况复杂,要求我们"这双手"不仅坚强有力,并且灵巧高效。这就要求钻井技术必须不断创新，不断提高水平。

四、打响科技攻坚战役

1994年底，总公司决定给塔指"松绑"，不要求他们上交探明储量，让他们放开手脚，大范围甩开勘探，寻找油气大场面。争取打三轮探井，通过实践、认识、再实践、再认识，把"困惑"的问题搞清楚。1995—1996年，按照"区域展开，重点解剖"的思路，塔里木勘探大胆跳出原来熟悉的塔北、塔中，在30多万平方千米范围内部署了34口探井，其中区域探井16口。

我在1995年11月29日总公司西部油气勘探工作会议上提出，西部油气田勘探会战首先是一个科技大会战，要发挥研究院、石油大学等院校的力量，积极组织技术攻关，扩大石油科研的范围。

1996年12月召开的塔里木勘探技术座谈会上，过去困扰地质家们的几个重大问题，通过1995—1996年的勘探，提供了回答这些重大问题的第一手资料。这两年的勘探，从油气发现角度看，属于低潮期，但从勘探认识上来说，则是一个质的飞跃期。经过两年的勘探，塔里木盆地已经发现三套（有的专家认为有四套）区域性优质盖层，找到中上奥陶统及寒武系两套优质生油岩层。

现在生油问题解决了，又有好的盖层。存在的问题是面临地震、钻井等找油技术手段满足不了会战的要求。这次会议上，我们提出塔里木要大打科技攻关战役。

会议期间，我们谈起在俄罗斯考察尤罗勃钦大油气田情况。通过对比分析，我们认识到轮南潜山油气藏和尤罗勃钦大油气田地质条件极为相似。俄罗斯的尤罗勃钦大油气田是个巨型潜山隆起，面积8352平方千米。在有利的1500平方千米面积上，有60%的井是干井，在勘探程度最高的400平方千米面积上，只有50%的井获工业油气流，而且这些井产量变化在每日6～610吨之间，干井与高产井交替出现。尤罗勃钦大油气田发现后的15年里，探明可采地质储量只有6800万吨，绝大部分是控制与预测油气地质储量，约28亿吨。俄罗斯人开发尤罗勃钦大油气田的思路是：打评价

▲ 1990年9月下旬离开塔里木探区时，王涛（左）与送行的邱中建（右）留影

井控制含油范围，打开发实验井组试生产，先拿产量，后交储量，获得很好效益。大家从尤罗勃钦大油气田的开发受到很大的启发。

我和邱中建交换意见，都认为我们的思想还不够解放，要敢于瞄准勘探难题，下决心打一场科技攻关战役。

邱中建1989年参加塔里木石油会战，1990年9月担任总公司副总经理兼塔指指挥、党工委书记。1994年7月，总公司考虑他年龄已经61岁，把他调回北京兼任北京石油勘探开发科学研究院院长、党委书记。1994年12月，塔指指挥、党工委书记谢志强返回新疆石油管理局主持工作。塔指指挥的重担又责无旁贷地落在邱中建肩上。

我们对邱中建说，老邱啊，你这次回去，不要考虑退休年龄，你就坐镇塔里木，寻找大场面，什么时候找到大场面，什么时候退休。

邱中建作为地质家,他坚信塔里木盆地有油气大场面,找到它们只是时间问题。1996年12月,总公司在勘探座谈会上提出塔里木石油会战要大打科技攻关战役要求后,邱中建立即开始研究部署,他将塔里木遭遇的世界级勘探难题归纳为两大课题:台盆区(含沙漠区)碳酸盐岩勘探和山前高陡构造勘探。1997年,开展了大规模科技攻坚战役。这场科技攻坚战役持续打了若干年,从沙漠腹地到天山山前高地,到处是攻坚战场。邱中建尽管已是60多岁了,他身上仍然洋溢着当年参加大庆会战时的那股干劲,经常深入到重点探井去掌握第一手资料,一次行程5000多千米,跑十几口探井和地震施工现场。为了集思广益,他经常召开勘探界各种讨论会,一个部署、一口探井上钻,都和大家讨论,有时一口探井上还是不上要反复讨论许多次,争论很激烈。他坚持认为天山山前、塔北和塔中的奥陶系有"大名堂"。邱中建风趣地将大场面比喻为敌方的"老帅",自喻为小卒子。卒子过河,是不能后退的,只有勇往直前,直逼九宫,捉住敌方的"老帅"。他在探区干部大会上宣传自己的卒子精神,说:"我们塔里木两万多名甲、乙方会战职工都要勇当过河卒子,誓不回头,迎着大场面的曙光,向着既定的目标前进!"

1997年,塔里木石油勘探开发指挥部将这一年确定为"科技攻关年"。他们瞄准"台盆区碳酸盐岩勘探"和"库车山前高陡构造勘探"这两大世界级勘探难题,列出了10项勘探攻关目标。1997年3月,邱中建带领塔指班子主要成员到总公司汇报。总公司对科技攻坚战役非常支持,要求这场战役不能只打一年,最少要一连打三年,用三年

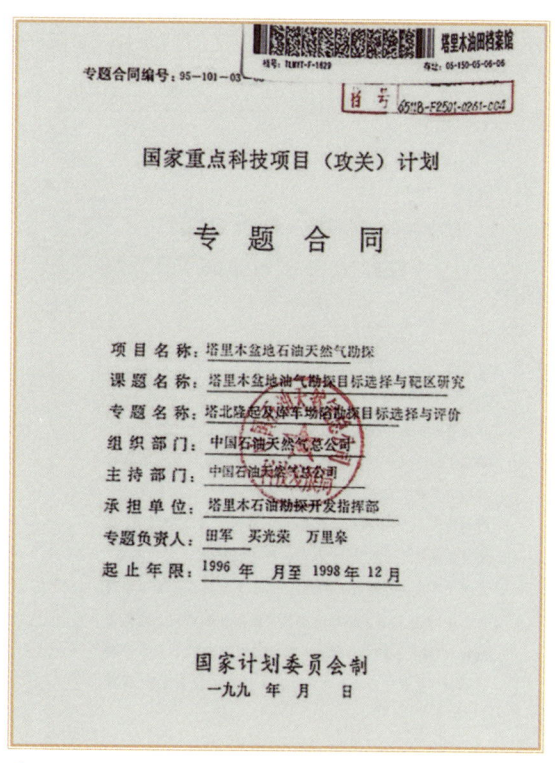

▲ 1996年,总公司与国家计委签订的塔里木相关国家重点科技项目(攻关)计划专题合同

《塔里木盆地石油天然气勘探》——"九五"攻关主要勘探成果专题片

时间把塔里木油气大场面明朗化。总公司在这三年里不给塔里木探区压储量和产量任务，三年后要拿到10亿吨油的储量或者5000亿立方米的天然气储量。并明确：这场科技攻坚战役总指挥是邱中建，塔指代表总公司要下大决心，集中精力，集中各个方面专业技术优势和人才，用三年时间针对两大世界级勘探难题，打好这场科技攻坚战役。

4月16日，塔里木探区召开了科技攻关誓师大会，号召会战全体职工支持攻关，将攻关任务落到实处。会上副指挥梁狄刚代表塔指公布了勘探10大攻关项目，以及这些项目的负责人，要求做到项目负责人、组织管理、攻关内容、攻关试验区、攻关目标、攻关进度、经费七落实，对科研经费实行"保底不封顶"政策。

以1997年科技攻关年为标志，塔里木油田持续开展了山地超高压气藏勘探和台盆区复杂海相碳酸盐岩

▲ 1997年4月，邱中建在探区1997年科技攻关誓师大会上的讲话

引进的先进震源车在山地施工作业

勘探两大配套技术攻关，带来了1998年以后库车山前带盐下大气田和轮南古潜山、塔中奥陶系非均质复杂碳酸盐岩大油气田两大领域的重大突破。

石油物探局是这场科技攻关的主力军。他们引进了法国制造的世界最先进的震源车，租用了由加拿大生产的专用直升机，用于库车山地地震攻坚。塔里木石油勘探开发指挥部通过招投标，把金牌、银牌钻井队摆到攻关重点探井上。在攻坚科研项目上，面向全国广招贤才，与国内外科研院所、石油院校协作，用这样的方式，吸纳了1000多名科技人员投入到这场科技攻坚战役中来。

五、解放思想的杰作

塔里木石油人寻找"大场面"是从轮南起步的。会战伊始，就在这里开始了与轮南古潜山碳酸盐岩油

气藏的较量，但始终处于惊喜与困惑、挫折与希望的轮回之中。

这片古潜山到底是什么样子？是属于什么类型油藏？这是解开轮南碳酸盐岩之谜的关键所在。人们为此进行了数年的探索，也曾经出现过地质家们的不同看法。

1990—1991年，整体解剖轮南奥陶系潜山油气藏没有得手后，邱中建一直思考攻克轮南奥陶系潜山油气藏问题。1994年塔中4油田第一口水平井开钻，1995年1月1日试采获日产油上千吨。邱中建从中受到启发，碳酸盐岩储层主要是裂缝、溶洞、空隙，用常规的直井钻探，只能够穿过一个油气单元，如果用水平井，则可以穿过更多互不连通的油气单元，捕获油气的面积要大得多，有可能实现高产、稳产。真是"英雄所见略同"，在1995年11月总公司西部勘探工作会议上，中国工程院院士、石油勘探界专家翟光明也提出相同主张。总公司同意在轮南奥陶系潜山油气藏已经获得工业油气流井附近打一口水平探井，做一次试验。

专家们经过反复讨论，将这口水平探井定在桑塔木3号潜山上，名为解放128井。这口水平探井设计井深6001米，垂直井深5331米，在井深5060米时开始造斜，水平钻进，水平位移803米。地质家们认为用水平井钻探碳酸盐岩油气藏是一次思想解放，有可能闯出一条新路子。钻井专家则心中没底。在轮南碳酸盐岩地层用水平钻井技术打超深井，国内尚属首次，国外也没有成功的经验。这里地质构造复杂，油气埋藏深，裂缝发育，甚至同一井段存在多套压力系统，在以往的钻井中多次发生事故和复杂情况。

果然不出所料，解放128井钻探过程中险关重重。8月31日，这口井钻至5000多米奥陶系灰岩时，由于地层裂缝发育，钻井液漏失严重；地层压力高，随时有发生井喷的危险。严重时，钻井液只进不出，每小时漏失量最高达52.5立方米；后来随着钻遇高压天然气，井口压力高达39兆帕，形成了"上吐下泻"、又喷又漏、喷漏共存的复杂局面。

7033钻井队员工累计搬卸各类钻井液材料近万吨，实施堵漏近百次，大型堵漏34次，配制钻井液2.3万余立方米。如果将配制的钻井液用35立方米的罐装，一字排开长达6千米。有的员工平均每天要搬卸20多吨钻井液材料，还要配制成钻井液。许多人手指尖磨出了血，就用自制的铁钩勾；搬不动了，就用肩膀扛；腰累疼了不能下蹲，就固定一个姿势用后背驮。有的人疲倦得嘴里嚼着馒头就睡着了。

碳酸盐岩储层大量漏失钻井液会污染油气层，然而一旦减轻钻井液比重，又会发生井喷。在进退两难之际，邱中建来到井上。他看到总工程师俞新永，钻井处处长李志厚，以及监督办、总调度处的领导和专家都盯在井上。邱中建对俞新永说："老俞啊，要想办法打成这口井。总公司领导可都关注解放128井啊。报废了，你我都要去北京讲清楚的。"俞新永深感责任重大，他向总公司钻井专家孙振纯请教。孙振纯告诉他，国外采用欠平衡钻井技术，需要安装旋转防喷器，采用低密度钻井液有控制地边喷边钻，可以解决井漏问题。俞新永请来美国威廉姆斯公司技术人员，现场向他们进行技术咨询，确认这项技术可行。1997年初，塔指决定引进威廉姆斯旋转防喷器，在解放128井实施国内首次水平探井欠平衡钻井技术，开展了"碳酸盐岩地层欠平衡钻井配套技术"重点项目攻关。

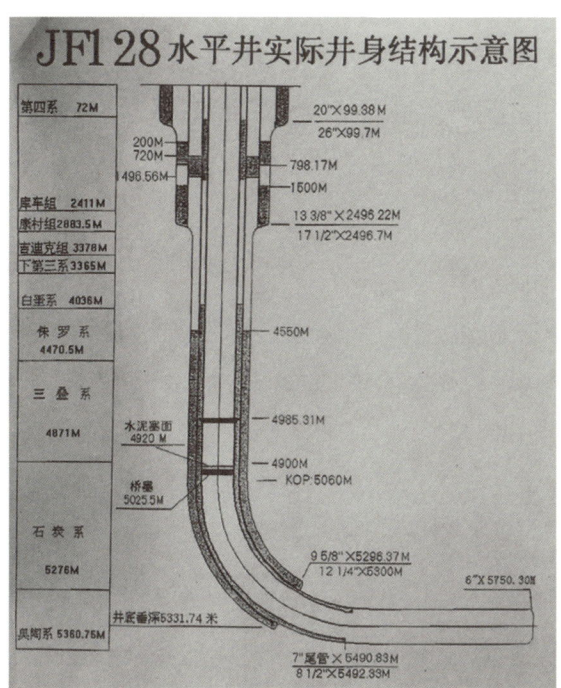

▲ 解放128水平井井身结构示意图

▲ 1996年，解放128井首次引进美国威廉姆斯公司旋转防喷器采用欠平衡钻井技术获得成功

"钻头不到，油气不冒。"然而，钻头到了，如果进入井筒的油气通道被堵住，油气也无法冒出来。欠平衡钻井，就是通过人为打破井筒环空中循环介质的井底压力、地层孔隙压力本应保持的平衡，避免油气进入井筒的通道堵塞，使"只要地下有油气，就能冒出来"的愿望成为现实。既解决了灰岩裂缝—孔洞性储层钻井液漏失和油气层污染的问题，还可以提高机械钻速，降低钻井成本。

解放128水平井深度进入5000多米后，井下温度高达150摄氏度，普通动力钻具和测量仪器失去功效，改用高温动力钻具和高温测量仪器才使问题迎刃而解。引进美国威廉姆斯公司旋转防喷器，采用欠平衡钻井技术，使解放128水平井钻探获得成功。这口探井在水平井段共穿过7个含油气裂缝—孔洞发育带，创造了9项国内纪录。最重要的是首次采用欠平衡钻井技术，攻克了奥陶系灰岩油气层不喷即漏的难关。

1997年5月4日，解放128水平井测试，用9.525毫米油嘴求产，日产油168吨、天然气108万立方米，并实现了稳产。

1997年10月，在北京召开的第15届世界石油大会上，中国石油天然气总公司北京勘探开发科学研究院发表了《中国的水平井》的论文，向国际石油界介绍了解放128井创出中国陆上石油水平井钻探最好水平的情况。

六、再探古潜山

被人称为"塔里木寒武—奥陶系碳酸盐岩有大场面"的"顽固鼓吹者"柴桂林，自1995年参加塔里木盆地勘探技术座谈会以来，接连在会上发言，专题讲在寒武—奥陶系碳酸盐岩找大油气田问题，一论、二论、再论。

柴桂林1982年兼石油物探局塔里木前线指挥部的指挥，1985年又兼任塔里木综合研究队副队长。1988年动了大手术，一直在治病休养。但他心里牵挂着塔里木。1994年柴桂林听到一些人议论，说塔里木勘探会战走入了困境，塔里木盆地空有其大，其实并没有多少油气资源。柴桂林心里很着急。1986年他们辛辛苦苦对塔里木盆地做出油气资源评价，油气总量191亿吨的60%集中在古生界，而古生界的分布面积占全盆地的70%。像沙参 2 井、轮南 8 井、塔中 1 井的高产油气流，都产自古生界碳酸盐岩地层。他得出一个结论：塔里木的石油埋藏在古生界，要向古生界要大场面，向碳酸盐岩要大油气田。

1995 年塔里木盆地勘探座谈会期间，柴桂林在石油物探局库尔勒研究中心，获悉两位青年研究人员李琳、冯许魁根据相干基本原理编制出的 KCF 软件，用来识别地下断层效果很好。柴桂林如获至宝，如果把 KCF 软件识别的地下信息收集起来，编制成图，就是一张地质现象分析图，可以显示出地下断层裂缝的分布。有了这样的构思，柴桂林和苟量跑到四川油田学习考察，在石油物探局副局长兼塔里木前指指挥殷会祥的支持下，他们和张玮、夏义平、林吉祥、时卫东、冯许魁等青年研究人员一起，与四川油田测井公司合作，把轮南 1000 多平方千米三维地震作相干分析处理，形成了轮南奥陶系裂缝岩溶相干切片图。

1996 年 12 月的勘探技术座谈会上，柴桂林根据相干技术处理分析资料，提出三口探井的井位建议。大家争论得很激烈，认为同时上三口探井风险太大，可以先打一口井验证一下。最后确定为轮古 1 井。

轮古 1 井设计的是一口大斜度井，1997 年 5 月开钻。柴桂林的相干分析技术到底行不行？谁心里都没有底。身体虚弱的柴桂林亲自参加钻井设计，钻井期间到井上去了 14 次。1997 年 12 月 15—20 日，总公司在塔里木召开技术座谈会期间，我和邱中建等几位总公司领导都盼望能听到轮古 1 井的好消息。会场一直见不到柴桂林的身影。轮古 1 井正在完井电测，有希望在会议期间出油。可是几天下来一直不见动静。我们都盼望柴桂林能在会上给大家讲一下轮古 1 井的情况。而此时，柴桂林正守在井上。

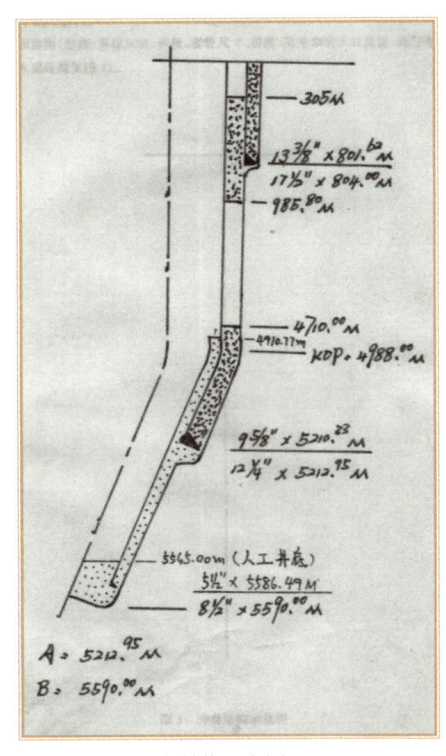

▲ 轮古 1 井井身结构示意图

到了 12 月 31 日，轮古 1 井终于出油了，日产油 364 立方米、天然气 13.7 万立方米，而且试采产量稳定。轮古 1 井进入奥陶系储层后，共穿越 238 条主要裂缝和 4 个大型溶洞，该井揭示的地质状况和含油气特征实在令人振奋和激动，这就是我一直期待的、想听到的好消息。到了 1998 年 2 月 14 日，轮古 2 井在中途测试中，获日产油 493 立方米、天然气 6.55 万立方米。总公司向塔里木探区发了贺电。

解放 128、轮古 1、轮古 2 相继获高产、稳产，让我们看到攻克碳酸盐岩油气藏的希望。经历多年困惑，我们终于向前跨出了坚实的一步。

七、贵在坚持

发现东河塘油田和塔中 4 油田以来，从总公司到塔里木勘探界的同志们，都渴望再找到像东河塘、塔中 4 这样的砂岩油田。但是，东河砂岩构造幅度低，一般只有 30～50 米，难以准确圈定；东河砂岩之上覆盖的二叠系火成岩和石炭系盐岩又往往形成地震"速度陷阱"，地震资料显示的构造往往是假构造，种种因素造成寻找东河砂岩油藏十分困难。1990—1992 年在塔北追索东河砂岩的战役中，有 20 多口探井打空了，吃的就是上述问题的亏。

但是，多年来，有位地质家一直不死心，在默默坚持探索，他坚信自己能找到这样的砂岩油田。他就是塔里木勘探研究中心地质家蒋龙林。

1997 年上半年，蒋龙林在指挥部召开的探井井位讨论会上，提出了钻探哈得逊 1 号井的建议。哈得逊构造位于沙雅县境内，附近有个村子名为哈得逊，在塔里木河以南沙漠边缘地带。1991 年，地震解释发现有构造存在，因为地震资料品质差、构造圈闭幅度很低，一直没有上钻。1995 年、1996 年又加密地震测网，对不同年度的地震测线进行连片消除闭合差处理，进一步落实构造。由于圈闭幅度很低，井位论证会上未通过。这一次蒋龙林重新提出上钻哈得逊 1 号井的建议。大家关心的是构造幅度，当蒋龙林汇报中提到构造顶面埋深 5000 米、幅度为 37 米时，他的建议因为构造幅度低而被否定。

2002年，蒋龙林（前排中）与同事们在工作室留影

　　主持会议的邱中建看到蒋龙林的建议被否决，很为他这种坚持的精神所感动，安慰他说，再做工作，下次讨论再议。下一次井位讨论会上，蒋龙林又提出上钻的建议。与会同志问他圈闭幅度还是只有37米吗？蒋龙林说认真核实了全部资料，虽然幅度还是37米，但认为圈闭确实存在，建议上钻。他的建议又一次被否定。当蒋龙林在下一次讨论会上又一次提出建议时，其他专家都不发言，蒋龙林的建议面临第三次被否决的命运。因为一个埋深达5000米，而面积仅40多平方千米的构造圈闭，幅度37米是地震速度允许的误差范围，37米极有可能是个误差。最后，邱中建提了一个建议，说这片地区很大，打的探井太少，现在打一口探井了解一下这片地区的地下情况，打空了也没有关系，大家看怎么样？会议采纳了蒋龙林的建议。

　　哈得1井1998年2月21日测试，获日产油116

▲ 1998年2月23日,《塔里木石油报》报道哈得1井喜获高产油流

▲ 哈得1井井场

▶ 1998年3月哈得1井投产时取出的油样

　　立方米,完井后试采,日产原油50多吨,产量十分稳定。随后立即上钻哈得4井,于1998年12月获高产油流。哈得逊油田就这样被发现了。投入开发后,实行勘探开发一体化,石油地质储量达到亿吨级,石油年产量突破200万吨,成为塔里木石油生产的主力油田。

　　2003年,蒋龙林去世了。他去内地住院前,向党组织交了最后一次党费,去研究室与同事告别,去看他朝夕相处的地震剖面图。去世前,他向领导提出请求:死后将他的骨灰一半撒在哈得逊油田上,另一半撒在他曾战斗过的塔西南柯克亚油气田上。邱中建多次在不同场合讲起这位老地质家的故事，令我十分感动。蒋龙林身上体现出一位勘探家的优秀品质，他敢于坚持自己的观点，敢于负责，工作严谨细致。一生埋头做一件事，他成功了。这是多么了不起的事业啊。

八、创新赢得突破

1997年塔指制定了"搞活轮南、塔中两大片碳酸盐岩"的工作方针，在轮南8井区建设200平方千米工业实验区。1998年钻探了6口探井，效果不甚理想。原因在于老的三维地震资料不能满足岩溶缝洞型储集体的描述、预测和评价的要求，问题又回到提高地震资料质量上来。

地震勘探从二维到三维是技术上的一次飞跃，三维地震资料可以使地质家立体地看清地下构造形态。1989年，在轮南—轮西区带首次开展328平方千米的三维地震野外采集试验，效果一直不很理想。1999年，在轮南8井工业试验区部署70平方千米高精度三维勘探。石油物探局首先对轮南奥陶系碳酸盐岩油气藏三维地震项目开展采集、处理、解释一体化攻关。

承担施工任务的是石油物探局二处247地震队，1999年10月，开赴工区开始施工。他们施工的区域，沙丘、浮土以及砂砾地层，是影响信噪比的关键因素。沙土层会使检波器与地层耦合的条件变差，影响高频信号的接收，而胡杨、红柳丛等灌木会造成部分空道，影响剖面叠加效果。他们为解决地震激发这一关键问题，组织技术人员编制了分区激发应用程序，通过调用测量数据和浅层折射数据库资料，经过计算，将地震激发细化到最小单元，为优质、高效、低耗施工创造了条件。

石油物探局组织专家和技术人员对资料处理和地质综合解释进行攻关。青年科技人员夏义平为了攻克塔里木奥陶系碳酸盐岩储层的处理和解释难题，一头扎进办公室里，不分白天黑夜地钻研。在一次物探技术座谈会上，我听物探塔里木前指负责人苟量说，物探专家们为了攻克这道难题，许多人头发都熬白了。

▲ 东方物探公司研究院塔里木分院机房

地震资料处理方面，以"保幅""反褶积""叠后时间偏移"为主导的常规处理技术已得到广泛应用。以叠前时间偏移、高保真、各向异性处理等为代表的处理新技术的诞生，极大地提高了地震资料处理质量和成像精度。在地质解释方面，形成了一套碳酸盐岩地震解释及储层预测技术，如基于古地貌研究的古岩溶分析技术、基于储层精细标定的振幅信息评价与预测技术、基于地震数据体相干分析的裂缝预测技术和基于地质成因法的裂缝预测技术等。采集、处理、解释一体化攻关，形成了具有塔里木特色的台盆区三维勘探技术系列，台盆区海相碳酸盐岩油气勘探进入了大发展阶段。随着三维地震采集、处理技术的日趋成熟及三维地震解释技术的不断进步，塔里木下大决心在轮南地区大规模地部署三维地震，新三维资料品质较以前有明显提高，储层预测精度大幅度提高，轮南奥陶系钻探成功率不断上升。至此，奥陶系碳酸盐岩勘探进入良性循环。

地质家们在此基础上，加大了复杂碳酸盐岩潜山油气藏的综合地质研究。塔指勘探研究人员杨海军、潘文庆、罗春树和物探研究院的温声明、冯许魁等向这一世界级难题开展攻坚，这批青年人挑起科研重任，充分利用各种先进理论和技术手段，进行深入细致研究。经过艰苦的工作，他们终于发现：轮南奥陶系碳酸盐岩油气藏，是一个受古潜山形态控制的大型准层状缝洞型油气藏，其油气分布不受构造控制，主要受碳酸盐岩储集体控制，油气沿着古隆起及斜坡富集，局部构造对油气藏没有控制作用，而在岩溶斜坡部位，储层发育区油气富集；储集空间以溶洞及裂缝为主，储集体发育极不规则，储量分布极不均匀，优质储集体的分布区在地震剖面上常常表现为"串珠状"强振幅反射特征。

地质认识的飞跃，必然带来实践上的大突破。

根据这一地质新认识，塔指确定了相应的高产稳产井部署原则。2000—2008年，共布探井35口，有29口获工业油气流。采用大型酸化压裂技术，实现了高产稳产。大型酸化压裂是缝洞型油气储集体获得高产的重要技术手段，就是通过强大压力，将井下5000多米深处的地层压裂，使油气更好地连通，并将酸液注到井下对储集层进行腐蚀。实践证明，缝洞型油气储集体经过这一技术手段处理，油气产量会成倍增加。2001年，轮古15井在轮南奥陶系西斜坡获得高产，塔里木再次掀起轮南奥陶系碳酸岩盐油气勘探新高潮。先后部署轮南11井区、桑塔木、轮南东三块地区的三维地震，总面积865平方千米。新三维地震资料品质及储层预测精度大幅度提高，探井成功率随之上升，轮南奥陶系碳酸岩盐勘探不断取得新进展。

塔里木轮南奥陶系碳酸盐岩到2004年拿到6000多万吨探明石油地质储量，探明加控制石油地质储量达到12126万吨。2004年全年生产原油达到25.8万吨，累计产油超过100万吨。

从最初弄不清楚油气藏类型、主控因素、流体分布规律，油气井高产稳不住、拿不到储量，到实现油气井高产稳产，建设规模产能、拿到1.2亿吨石油地质储量，勘探家们用了10年时间，付出了大量心血。

塔里木地质家们对于轮南—英买力奥陶系碳酸盐岩油气藏的认识，

得到集团公司决策层和专家的认同。2008年,集团公司把"塔里木盆地碳酸盐岩开发"列入重大科技专项,给予相应政策支持,争取近期内达到300万吨原油生产能力。2009年以来,兼任英买力—哈拉哈塘勘探开发项目长的张丽娟和同事们勇敢挑起重担。他们从基础资料入手,一口井一口井地具体分析,采取"一井一策"方法,解决碳酸盐岩高效勘探开发难题。2009—2018年,哈拉哈塘地区油气勘探连续9年持续获得突破,先后在哈6、新垦、热瓦普、金跃、跃满、玉科等12个区块获得新发现,控制含油气面积达5420平方千米。原油产量每年都有规模递增,2014年突破100万吨,2018年为136万吨。探明了英买2油田,探明含油面积62.44平方千米,石油地质储量近5000万吨,建成产能45万吨。到2018年,塔里木碳酸盐岩油气藏油气当量产量达到225.1万吨。

2011年,中国石化西北石油局的主力油田塔河奥陶系碳酸盐岩油田年产油达到572万吨。西北石油局自20世纪90年代在轮南发现奥陶系碳酸盐岩油气藏后,多年来集中技术力量在这一地区攻关。有一口探井完钻后是干井,但是他们不放弃,组织地质专家反复研究。前后花了8年时间,试出了工业油流,不仅使塔河油田面积扩大了许多,而且获得了对碳酸盐岩油藏勘探开发的深刻认识和宝贵经验。记得1999年,塔河油田产量不到100万吨,由于他们多年坚持不懈地研究攻关,突破一个个难关,产量规模这些年以几何级数增长,到2018年探明石油地质储量13.8亿吨,发现迄今为止塔里木盆地最大的油田。他们的经验告诉我们,塔里木油气富集,只要有锲而不舍的精神,努力进行科技攻关,就一定能拿下大场面。

2010年在一次塔里木勘探有关会议上,邱中建提起轮南—英买力奥陶系碳酸盐岩油气藏。他说,从会战开始到现在,我们奋斗了20年。现在发现的含油气面积有15000平方千米,在这个范围内都有油。现在这片油气区,有中国石化西北石油局的塔河油田和塔里木的轮古、哈拉哈塘、英买力等油田。西北石油局上交探明储量大体是每平方千米60万吨,塔里木油田大体每平方千米50万吨,储量丰度都不高,算贫矿。如果我们按每平方千米40万吨计算,15000平方千米就会有60亿吨油气储量,这是个大油田。我们花了20年时间才初步认识它,确实非常复杂,有正常油、凝析油和天然气。西北石油局年产量已经达到700万吨,塔里木油田经过努力也可以达到这个目标。

这样规模的一个大油田,现在终于看到了她的真面目。

九、大漠里初见曙光

塔中勘探,我们曾几次兴奋过。塔中1井出油,塔中4井取出100多米东河砂岩含油岩心,曾让我们兴奋得彻夜难眠。为什么?因为无论从国际上的找油理论,还是我国东部找油理论,塔中都应该有大油气田。但是,塔中勘探一次次走入迷魂阵,让地质家们陷入迷惘之中。之后战略转移到寻找砂岩油藏,找到了几个规模不大的油田,在志留系钻获工业油气流井。但这些都远远未达到我们的工作目标。

大家把目光关注到物探上。1994年,物探专家熊翥指出,沙漠地震信噪比不高,主频达不到要求。沙漠地震关键在提高采集资料的质量和处理解释的准确度。

为什么地震资料一直达不到地质家的预期呢?问题的症结到底"结"在哪里?地面震源激发、静校正、速度场精度、低信噪比和复杂构造成像等都是"症结"所在。所谓"构造带轱辘、高点带弹簧",其实都是这些技术问题没有得到突破造成的。针对这些关键问题,石油物探局总工程师钱荣钧组织了科研技术攻关。

1989—1995年,钱荣钧主要负责塔里木盆地等地区的石油物探技术工作。他是塔里木石油地球物理勘探技术研究与实践的领军人之一。根据塔克拉玛干沙漠的特点,沙漠流动沙丘高度一般在50～250米,多数含油气构造埋深大于4000米,构造隆起幅度很小,在50米左右。这就要求有高精度的静校正和准确的速度模型。为此,钱荣钧主持制定了系统的解决方案:即通过建立静校正、速度数据库提高全盆地地震处理解释精度,这项技术在国内外地震勘探上也属首创。应用这些技术,提高了地震剖面质量和大深度、低幅度构造的解释精度。在大于4000米的深度,构造幅度的勘

探精度可达 20 米，为塔中 1、塔中 4、哈得逊等一批油田的构造描述提供了比较准确的地质信息。

如何解决沙漠地面震源激发，也是困扰物探人的关键问题。在大沙漠里搞地震勘探，就如同给盖着棉被、又穿着棉袄的人做 B 超，所得到的信息怎么能准确？其原因说来既复杂又简单，就是如何解决用以填埋炸药的钻井井深。在沙漠使用常规钻杆打井，钻杆提出后，井孔很快被流沙掩埋，井深只能达到两米左右。炸药的激发能量不但得不到充分利用，还制造出强烈的干扰波，从而影响了地震剖面的质量。要想真正获取准确信息，就必须解决一种能在沙漠腹地勘探施工、钻井深度延伸至"潜水层"以下的技术装备，将炸药放到井底激发，提高信噪比。

1994 年，石油物探局工程师侯海水研制的沙漠钻具，井深能达到 4 米，使资料采集质量有了提高。这一创造使石油物探局领导和专家为之欣喜，称之为"侯氏吹沙筒"。领导说：搞物探的侯海水能研制出 4 米吹沙筒，你们搞机械的人就不能搞出 8 米吹沙筒来？搞机械的工人技师尹凤权决定进行科研攻关。石油物探局给他配了一个班组作为助手，划拨了经费。1995 年春节刚过，他们来到塔里木，用了两年多的时间，试验了 30 多次，终于研制成功 8 米吹沙筒。

这一钻具经研制小组不断改进和完善，使新钻具可以广泛地应用于沼泽、戈壁滩、砾石区、沙漠等地区深井钻井，解决了特殊地区复杂地层深井坍塌及浅水面以下难以下药的问题，提高了深井钻井能力，进一步改善了激发效果，提高了地震采集资料质量。

1994 年，通过地震攻关发现了塔中 I 号断裂带。这条近南东—北西走向的断裂带，延伸超过 300 千米，断距达 2000 米。1995 年，又在塔中 12 井等探井的上奥陶统灰泥丘相发现优质生油岩，厚约 80～150 米，最厚达 300 米，有机碳含量在 0.5%～5.54% 之间，正处于生油高峰期，广泛分布于塔中北斜坡。这就启发地质家们形成"逼近烃源岩，寻找原生油气藏"的想法。由此又进一步发展为"断裂控油、逼近断裂带"找油的思路。

1996 年起，沿塔中 I 号断裂带长约 220 千米的战线上，先后上钻塔中

26 井、塔中 44 井、塔中 45 井、塔中 162 井。1997 年 8—9 月，4 口探井都获得工业油气流。证实勘探家们当初的预想：塔中 I 号断裂带是一个油气富集区。西起塔中 45 井区，东至塔中 26 井区，距离约 220 千米，当时有 7 口探井获工业油气流，产层均为奥陶系良里塔格组颗粒灰岩段内，东西两端油气层高差达 1800 米。

塔中奥陶系碳酸盐岩勘探露出了令人期盼的曙光。

十、10 年攻坚路

1996—1997 年再上塔中勘探，塔中北坡 I 号断裂带从东到西先后有 4 口探井获工业油气流，控制了东西相距 220 千米、高差 1800 米的奥陶系含油气带，当时估算储量至少在 1 亿吨以上。随后又部署 4 口探井，希望能够控制塔中 I 号断裂带的整体含油气规模，这 4 口探井却又打空了。塔中勘探又一次在低谷中徘徊。

1998—2002 年，塔中勘探工作量锐减，勘探战线不断收缩，由于塔中勘探屡屡受挫，使人们对塔中信心倍受打击。特别是 10 年塔中勘探，没有一口碳酸盐岩探井能够稳产，没有一个碳酸盐岩油气藏能够探明，没有一个区块能够投入开发。当时看来，塔中勘探几乎到了"老虎吃天，无从下口"的地步。

勘探界对塔中 10 年勘探进行冷静的反思，提出了这样的问题：塔中有没有大油气田？大油气田在哪里？塔中勘探怎么办？到了新旧世纪之交，西气东输工程已经通过国家立项，建设在即。人们在思考塔里木长远发展。地质家们一致认为，大气田在山前，寻找油的大场面还应当在台盆区，塔中是绕不过去的话题。2001 年，已经退休离开塔里木三年的原塔指副指挥梁狄刚，写信给塔里木油田公司领导层，明确提出："现在除老油区外，找不出第二个像塔中 I 号带那样长 220 千米、高差 1800 米、从东到西共 7 口井都获得工业高产油气的富集带。"极力主张重上塔中 I 号带。一些老地质家们认为：塔中是一个长期稳定发育的古隆起，具有比轮南更优越的油气保存条件，塔中不可能没有大油气田；塔中下古生

界碳酸盐岩紧邻寒武系—奥陶系烃源岩,储盖组合与油气的运聚具有良好配置,且大面积分布,应该是塔中勘探主攻方向。

经过一段时间的冷静反思,塔里木油田勘探界提出关于塔中勘探的"三个重新认识":一是重新认识与评价塔中的勘探潜力;二是重新选择主攻方向;三是重新优化勘探技术与措施。

2002年,听完塔里木油田勘探情况汇报后,我向他们建议重新用高精度三维地震覆盖塔中,以加深对塔中地质情况的认识。

塔里木油田公司重新组织力量对塔中进行地震勘探攻关,向地震施工队伍提出:"每一条生产线都是攻关线,每一片工区都是试验田。"

沙漠地震,攻克地表黄沙对信噪比的严重影响,高精度三维地震是塔中碳酸盐岩勘探关键技术手段。4米、8米吹沙筒诞生后,石油物探局又研究出气水两

▼ 钻井车在沙漠施工作业

用钻机，加水的目的就是防止沙子回流。气水两用钻机的使用虽然大幅度提高了资料品质，但是每台气水两用钻机要配备一辆拉水的罐车，在极其干旱的沙漠地区大规模应用成本很高。

1998年，石油物探局派人到塔吉克斯坦考察，看到该国石油公司在沙漠地区物探钻井使用一种螺旋钻机效果很好，决定自行组织力量研制开发螺旋钻机。这种被物探工人形象地称为"麻花钻"的钻机改写了沙漠物探的历史，成为塔中碳酸盐岩勘探突破的助推器。

"麻花钻"从诞生的那一刻起，就肩负着实现潜水面以下激发和解决震源药柱沿井壁上浮难题的历史使命。由于钻机使用螺旋钻具，钻头在钻进的过程中，泥沙被螺旋钻杆带到地面，不需要水和泥浆之类的循环介质，特别适应干旱缺水的沙漠地区。更为关键的是，炸药柱经由中空的螺旋钻杆内可以直接下到底部。只要钻井深度达到设计的激发要求，炸药就会准确无误地到达设计点位。当钻杆上提时，四周的软沙会迅速填满井筒，从而将炸药柱紧紧固定在激发点位上。而此前的气水两用钻机利用泥浆带出泥沙，也同样能将炸药柱下到设计深度，但是由于炸药不能及时激发，药柱在泥浆中时间一长就会自然上浮，这样一来，实际激发效果就会比预计大打折扣。这也是影响地震资料品质的一个重要因素。"麻花钻"彻底解决了这一难题。

2002年，塔里木部署了塔中16井区三维地震勘探项目。石油物探局将在轮南奥陶系碳酸盐岩高精度三维地震勘探技术和经验首次应用到塔中。为了取得成功，从三个处各选一支优秀的队伍进行攻关。二处的239地震队曾在轮南70平方千米三维地震施工，具有实践经验，这次投入到塔中16井区项目攻关中来，在队长吉承带领下，采用偏移的办法，沿沙沟钻井，保证了100%潜水面以下激发。2001年5月，"麻花钻"在塔中投入现场试验成功（后申请了国家专利），到12月在塔中有24台"麻花钻"投入使用。塔中16井区三维地震勘探项目，实现100%潜水面以下激发，首创了表层数据库+沙丘曲线静校正技术，解决了沙漠区的静校正问题。石油物探局技术专家们对塔中16井区新三维地震资料进行精细解释，运用地震地层学和层序地层学的方法，利用多种地震属性、频谱分析、相干

数据体研究等多种技术，发现并精细刻画了塔中 16 井区以北塔中 I 号带礁滩体的面貌。

塔中三维地震技术在塔中 16 井区获得重大突破，塔中勘探进入"整体部署、分步实施"的大规模连片三维勘探战役，到 2008 年，先后部署实施三维偏前满覆盖 4671.57 平方千米。

石油物探局 2165 地震队在这场攻关战役中，在队长汤明启带领下，以"100% 的测量合格、100% 的潜水面以下激发、100% 的道正常、100% 的静校正、100% 的资料优级品"的五个 100% 的承诺，中标了塔中高精度三维地震施工任务。2165 地震队早在 2001 年"麻花钻"试制成功后首批装备了这种先进钻机，2002 年就开始进行 100% 潜水面以下激发试验，大获成功；2003 年，他们又进行高覆盖试验，覆盖次数达到 200 多次，而且将检波器放在潜水面以下接收；2004 年，他们又进行把沙山堆平一米的试验。这支地震队多年来一直通过各种试验，以获得更多更新的技术储备。237、2165、2208 地震队承担塔中 I 号带高精度三维地震施工，他们获得的高精度三维地震资料使塔里木地质家大为兴奋。2002 年以前，塔中 I 号带的地震资料一直很差，而这批新三维地震资料将 5000～6000 米深处的缝洞清晰地展示在地质家面前。

地质家发现，这个塔中 I 号带原来不仅是一个断裂带，而且是一个断裂坡折带。塔中 I 号带不是晚奥陶世末形成的，而是晚奥陶世良里塔格组沉积期形成的大型断裂坡折带。地质家的认识出现新的飞跃，这个坡折带可能形成大型的礁滩体岩性油气藏。由此逐步构建成塔中坡折带控油、整体含油的大油气田模式，实现了勘探思路从断裂潜山带勘探向坡折带礁滩体岩性油气藏勘探的重大转变。

石油物探局在塔中三维地震攻关中，从 4 米吹沙筒、8 米吹沙筒到气水两用钻机、"麻花钻"，以及资料精细处理、解释，整整用了 10 年时间。他们在摸索中前进，物探技术的进步为地质家打开地下油气藏"大门"提供了一把"金钥匙"。

十一、撩开大漠神秘面纱

2003年,塔里木勘探界根据塔中16井区新三维资料精细解释成果,在仅有1.83平方千米的局部构造上部署了塔中62井。以验证"坡折带控油,整体含油"的认识。到11月下旬,塔中62井进行酸化压裂后,测试获日产油32.95立方米、天然气3.64万立方米,并且实现了稳产。2004年,又在东端高部位部署塔中70井。塔中70井完钻之后,试油却没有人们期望的那样获重大发现。塔中70井的失利,让一些同志想起1997年塔中1号带4口探井得手后的大起大落,这次塔中62号礁滩体的钻探会不会重蹈当年的覆辙?

地质家们经过多方分析,认为塔中70井的失利,是由于储层物性较差造成的。奥陶系礁滩体具有形成高产、稳产的物质基础,塔里木油田公司领导决定对塔中70井进行侧钻,并另上钻两口探井,后来这三口探井都获得工业油气流,而且油气产量和油压都比较稳定。塔中奥陶系碳酸盐岩勘探,突破了不能稳产的难关。

塔中62井区钻探取得了初步战果,但仅仅局限在塔中I号带礁滩体台缘外侧宽0.5～1.5平方千米的狭窄范围内,其勘探潜力有限。塔中I号带的勘探潜力究竟有多大?专家们提出疑问。对于一些同志的乐观想象,他们质疑成分居多。因为自1989年塔中I井获高产油气流以来,人们几次乐观地想象塔中的未来大场面。结果,冷酷的现实总是无情地将其砸碎,期望越大,失望越大。这期间,部署在塔中潜山中央垒带上的塔中4-7-38井也获得工业油气流。是主攻I号带礁滩体还是潜山中央垒带?大家意见不一。

塔中勘探项目组项目长邬光辉,研究生毕业来塔里木工作不到10年,当项目长才1年多时间,30岁出头,那张娃娃脸上还透着天真和稚气。他和项目组同志们在古地貌研究基础上,通过对沉积储层的精细分析和老井复查,发现塔中62井区以西,在上奥陶统良里塔格组沉积时的古地貌是西高东低、西宽东窄。他们认为西部可能发育比较宽阔的台缘礁相储层,向西勘探是有利的。2005年,这个项目组在塔中62

井以西约 30 千米处确定了塔中 82 井的井位，目的是探索塔中 I 号带西段低部位与台缘内侧奥陶系的含油气性。塔中 82 井风险性很大，但又是打开礁滩体勘探新局面的关键井。在井位讨论会上，专家们对塔中 82 井储层是不是大面积分布、塔中 82 井是否可能有水等问题展开激烈辩论，邬光辉一一做答，以充足的依据消除了专家的疑问。会议终于确定上钻塔中 82 井。塔中 82 井关系到塔中 I 号带能否打开新局面。从塔里木到北京，地质家们充满期待。

2005 年 8 月，塔中 82 井传来重大喜讯，在奥陶系礁滩体储层获日产油 485 立方米、天然气 72 万立方米。

2005 年 8 月，塔中 82 井试油获高产，发现塔中 I 号气田

8月下旬，邱中建和贾承造两位院士到塔里木去，专门到塔中跑了一趟。回到北京向我详细介绍了塔中82井和塔中I号坡折带勘探情况。我感到格外高兴和振奋。

2005年，美国《勘探家》杂志将塔中82井列为2005年全球石油勘探重大发现之一。

2006年，塔里木在发现塔中奥陶系礁滩相高产油气井后，决心将塔中油气规模加快做大，地质家们将目光转向另一个潜力巨大的勘探领域：塔中下奥陶统鹰山组风化壳油气藏。他们通过塔中12、塔中162等老井在下奥陶统风化壳获得低产油流的线索，对老油井复查和重新认识，认为塔中潜山部位油气保存条件差，而斜坡地区下奥陶统风化壳熔岩储层可能更发育，是晚期油气充注的有利部位。通过区带评价，塔中16号构造带北部斜坡区成为首选方向，部署了塔中83井。2006年3月27日

塔中地区重要探井及油气田分布图
▼

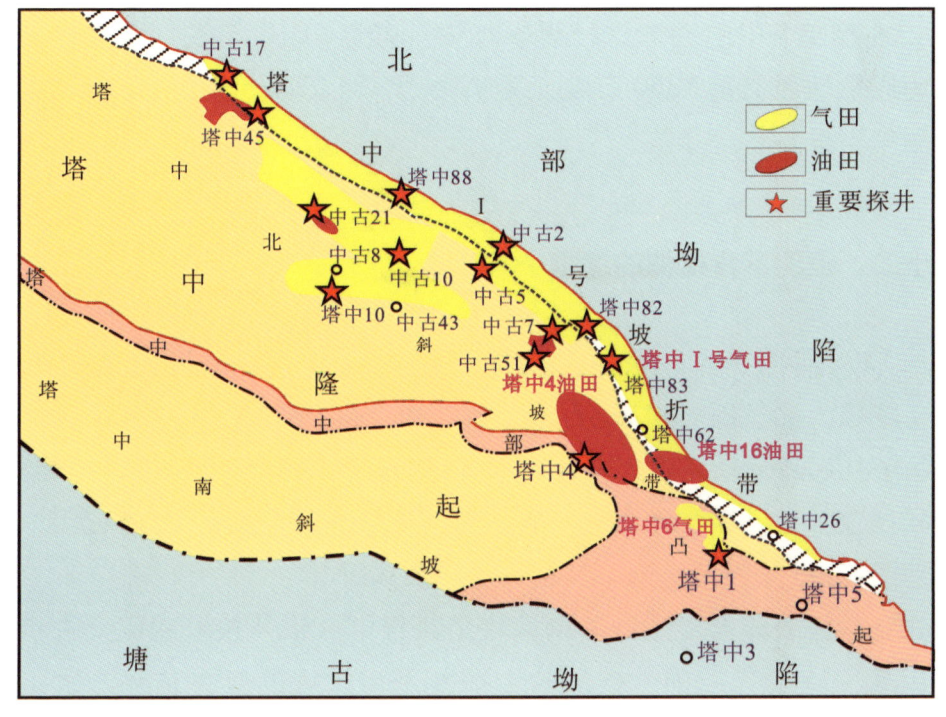

开钻，9月8日中途测试获日产油10.6立方米、天然气63.92万立方米，随后塔中721井也获高产油气流，证实了地质家们此前的认识和判断。

下奥陶统风化壳的重大突破，开辟了塔中勘探新领域。此后又有中古5、中古7、中古21等10口探井取得突破。2009—2011年，在下奥陶统风化壳这一领域，相继发现中古8、中古43、中古51三个超千亿立方米的油气区块。由此启动了塔中400万吨产能建设工程（油120万吨、天然气36亿立方米）。建成产能170万吨，一个储量规模达10亿吨的油气区逐步明朗呈现。通过重上塔中碳酸盐岩，重上塔中I号带，我们进一步认识到，塔中碳酸盐岩油气成藏条件优越，但地层年代老，成岩作用强，储层类型多，变化大，分布复杂。面临的主要难点是，井点优选难，油气稳产难；如何预测储层、改造储层就成为制约碳酸盐岩油气勘探的主导因素。只有通过技术攻关，形成沙漠超深层地震采集与处理技术、奥陶系内幕碳酸盐岩油藏地质建模技术、内幕礁滩型储层预测与描述技术、低孔低渗碳酸盐岩储层与流体识别的测井评价技术、超深层碳酸盐岩储层深度改造技术等一整套大沙漠区内幕碳酸盐岩油气藏综合勘探技术系列，突破了技术难关，才能使塔中的勘探进程得以加快。截至2018年底，塔中奥陶系累计探明原油地质储量6850万吨、凝析油15134万吨、天然气3941亿立方米，油气当量5.33亿吨。

十二、锲而不舍精神的颂歌

从1989年塔中1井获得突破算起，到2005年塔中82井发现塔中奥陶系亿吨级大油气田（塔中I号油气田），花了近17年时间。塔里木石油人经历了几起几落，几度兴奋几度困惑，锲而不舍，勇于探索，大胆实践，坚持科技攻关，不断创新思路，从几近"山穷水尽"到"柳暗花明"，终于找到了塔中I号大油气田，其勘探历程发人深省。

在台盆区碳酸盐岩油气藏勘探攻坚过程中，钻井技术的巨大进步也是关键因素。1996年以前，碳酸盐岩探井采用常规的直井钻井方式，成功

中美技术人员在塔中合作开展精细控压钻井技术实验

率不高，原因在于钻探过程中频繁发生井漏和溢流，事故多，经常造成中途事故完钻，不能钻达设计井深。1996年，解放128井首次实现欠平衡钻进，钻成第一口水平探井，随后又钻成轮古1井、轮古2井两口大斜度井，实现了碳酸盐岩的高产、稳产。2000年以来，国内外欠平衡钻井技术快速发展，全过程欠平衡钻井、空气钻井、泡沫钻井、气体钻井等新技术不断涌现。2003年，塔里木开展全过程欠平衡钻井技术研究，2006年7月在塔中62-27井开展MPD注气控压钻井技术试验取得成功，为高风险、压力敏感性碳酸盐岩油气层的勘探开发提供了新的技术手段。塔里木海相碳酸盐岩储层裂缝和溶洞发育，钻井过程中发生又喷又漏等复杂情况，严重时钻井液有进无出。采用控压钻井技术，对于大裂缝和孔洞连通较好的碳酸盐岩储层，效果较好。塔中62-27井所采用液氮控压钻

井技术，是在钻井液中有控制地混入氮气，有效地调控井下压力平衡，基本实现不喷不漏。从 2006 年 7 月 14 日起，在塔中 62—27 井 4929～5016 米实施这项技术，使这口井顺利钻达设计井深。后来又发展到精细控压钻井技术，这项技术能在钻井过程中通过仪器及时精确测量到井下井漏、井涌，精度达到 0.05 立方米，根据测量数据及时调整压力系统，确保安全钻井。

可以说，面对众多世界级勘探技术难题，塔里木勘探工作者从引进到自主研发，从模仿到集成创新，基本形成了能适应塔里木油气勘探的地震、钻井、试油、测井，以及地质评价等勘探技术系列。整体向前飞跃，是塔里木碳酸盐岩勘探突破的关键。

塔中 I 号油气藏长 220 千米，宽 2～5 千米，奥陶系良里塔格组沿 I 号带发育大型镶边台地边缘相带，发育生物礁、粒屑滩、灰泥丘的多旋回沉积组合，是一个大型准层状非常规礁滩型油气藏，要拿下这个大家伙尚需时日，开发难度也不小。

塔中地区是一个长期发育的继承性古隆起，多期构造演化造成了这个古隆起内部呈现极其复杂的储集空间，预测油气资源在 29 亿吨以上。现在，勘探的序幕刚刚拉开。塔中 82 井发现了塔中 I 号带礁滩体整体含油，规模近 5 亿吨。2006 年，塔中 83 井获高油气流，则是塔中下奥陶统风化壳勘探的重大突破，之后中古 5 井、中古 7 井、中古 21 井等 10 多口探井在这一领域获得工业油气流，拿到了 3 个千亿立方米的油气区块，资源规模也在 10 亿吨油气当量以上。

我和邱中建每次到塔中去，看到这样好的形势，总是兴奋不已。他想到当年塔中 1 井，这口探井在白云岩获得高产油气流，念念不忘提醒塔里木的同志要注意塔中白云岩。白云岩是碳酸岩盐中的好储层。我说，塔中面积很大，现在才打开局面，是大场面就跑不掉！好戏在后头！

2005 年 10 月 21 日，集团公司党组用了一天时间，听取塔里木油田公司勘探工作汇报。党组根据塔里木勘探出现的新形势，做出认真打好三个阵地战的战略部署，要求塔里木油田要坚持打好塔中、塔北、库车山前三大阵地战，集中力量攻克制约勘探的科技难题。塔里木油田按照这一部署，坚持解剖塔中、塔北、库车山前三大油气富集区，现在三个阵地都取得了重大成果。勘探实践证明：中国陆上石油储量的增长，将主要依靠6大盆地，其中以塔里木盆地面积最大，勘探程度最低，资源量最丰富。以史为鉴，塔里木勘探不论再遇到多少曲折，都应当坚持下去，还会找到更多更大的油气田。

　　我想，塔中油气勘探，是几代石油人，地质、物探、钻井多条战线，在"死亡之海"谱写的一曲雄壮的锲而不舍的精神颂歌。失败了，再干下去，再次失败了，还要再干下去，历经坎坷，坚韧不拔，终于迎来成功的一天。不仅雄壮，而且悲壮，回首往事，催人泪下。

石油人不懈征战塔克拉玛干沙漠

第四章
开启天然气时代

加快天然气的开发与利用既是石油工业发展的一项重大战略，也是优化能源结构、保护生态环境、缓解石油供应不足矛盾的一项重大措施。

——摘自1997年10月13日在第十五届世界石油大会上的讲话

第一节

油气并举

一、吉拉克气田发现

塔里木石油勘探开发会战初期实行的是贷款搞勘探，是以油起步的，轮南油田及其他油田开发，是我们偿还勘探贷款的物质保证，实行的是以油养油的方针。1991年发现吉拉克凝析气田后，引起了我们对天然气的重视和思考。

1991年10月19日，塔里木轮南探区的轮南59井正在试油。总公司的同志都在盼望这口探井传来好消息。出人意料的是，第一次开井没有成功。第二次开井，井口压力很低，1.3兆帕，只冒出少量的天然气。轮南59井在钻入石炭系地层后，曾取到21.17米含油东河砂岩，我们判断将有重大油气发现。果然不出所料，在第三次开井时，强大的油气流突然喷发，致使井口失去控制，发生强烈井喷！现场指挥测试的钟树德给北京打来电话，报告这一喜讯，电话里可以听见油气喷发震耳欲聋的声响。钻井专家钟树德、张仲珉、杜成武、俞新永、秦刚组成一个抢险团队，群策群力，用了31小时制服井喷。经测试，日产天然气118.9万立方米、凝析油97.47立方米，油气当量超过1000吨，堪称塔里木的"千吨井"。

轮南59井喜喷天然气，发现了吉拉克东河砂岩凝析气藏（1991年5月3日，轮南57井发现吉拉克三叠系凝析气藏），这是会战以来发现的第一个工业性凝析气田，有三叠系、石炭系两套油气储层。第一批投入开发的油田中，我们计划将吉拉克列入其中，但在实施过程中又放弃了。考虑的关键因素是，吉拉克的天然气如何利用？由于天然气受下游利用能力和运输等条件制约，在油田开发生产中，原油伴生气只能放空烧掉，伴生气白白地烧掉，真是令人心疼。我曾和邱中建等同志研究是否将伴生气回注地下，但存在的技术和经济问题都比较多，一时难以彻底解决。有一部分天然气回注到地下去了，但注不了那么多，一部分只能放空烧掉。

二、英买9井启示

1991年6月，英买力地区的英买9井在钻到4710米时进入白垩系，取出两筒含油岩心，含油岩心长14.05米。这是一个意外发现。6月24日，对4947.65~4980.32米井段进行中途测试，日产稠油160立方米、天然气1500立方米。英买9井在完井测试中，又在古近系获日产凝析油43.6立方米、天然气15.73万立方米。

▲ 英买9井钻井地质设计书　　▲ 英买9井测试资料早期评价报告

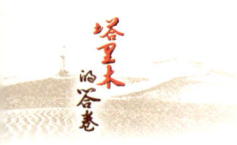

白垩系和古近系不是英买9井设计的勘探目的层，却意外获得高产油气流。所产的凝析油品质好、密度小，由于易挥发，钻探过程中不易被发现。

英买9井设计的目的层是奥陶系，却意外地在上部中新生界获工业油气流。塔指地质研究大队的科研人员提出一个疑问：一年前完钻试油的英买7井与英买9井处在同一构造上，为什么在白垩系、古近系没有发现油气显示呢？

地质专家带着这个疑问进行分析研究。英买7井和英买9井相距2.3千米，具有相同的储盖组合，地层埋藏深度也相近，为什么录井在两个层段没有发现油气显示呢？总地质师梁狄刚组织大家对测井资料进行复查，在英买7井古近系4672.5～4712.5米井段发现35米厚油气层。1992年9月，指挥部重上钻机试油，在4707～4712.5米和4690～4700米两井段测试均获得高产油气流，从而发现了英买7号凝析气田。

由此，地质专家重新审视塔北地区。截至1992年6月，塔北地区已有几口探井在白垩系—新近系获高产油气流。如1992年4月，位于轮台县城以东15千米处的提尔根1号井，在新近系中新统吉迪克组获日产凝析油108立方米、天然气13.4万立方米，在白

1992年石油物探局三处编制的轮台断隆T8构造图

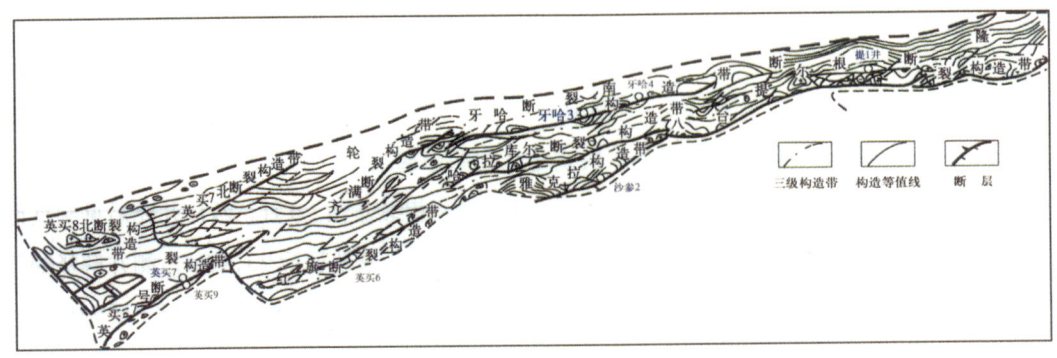

垩系地层获日产凝析油10.7立方米、天然气2.2万立方米，但含油气面积只有7.6平方千米。他们认为有必要对塔北地区中新生界含油气性重新认识。

1992年5月，石油物探局塔里木研究中心，在物探专家严伦、苏吉祥等同志带领下，首次做出面积约为1200平方千米整个轮台断隆古近系底砂岩顶面连片构造图。这张图上清晰地显示出新生界有3排9个断裂构造。地质专家发现轮台断隆北侧存在一个富气带，而且中段的牙哈断裂构造带，和已获高产凝析气的英买7号、提尔根构造带的地质条件相似，并且优于这两个构造带，可能是轮台断隆油气最富集的地带。

三、一举拿下牙哈凝析大气田

1993年3月9日，位于塔北红旗构造的英买6井在新近系吉迪克组试油获日产凝析油98.8立方米、天然气10.2万立方米，发现红旗凝析气田。

这样，塔北轮台断隆东部发现提尔根气田、中部发现红旗气田、西部发现英买7气田。根据这一地区勘探成功率高、单井产量高的现象，地质专家通过分析，认为：轮台断隆上的中新生界是一套红层，不具备生油条件，油源来自北面的库车坳陷三叠系、侏罗系湖相沉积和煤系地层，通过断层运移到红层中，形成"中生新储"的次生陆相油气藏。两条北东—南西走向的断层就像两道"拦截大坝"，控制形成了两个中新生界油气富集带。由此总结出一个规律：轮台断隆只要有断层向上通到古近—新近系，只要有南倾正断层形成"反向屋脊"状圈闭，就会有油气田。

位于轮台断隆中段北侧的牙哈构造带进入勘探专家的视野。

塔指研究中心（原地质研究大队）绘制出大比例尺牙哈构造带新近系吉迪克组底砂岩顶面、古近系底砂岩顶面和奥陶系潜山顶面三张构造图，发现古近系较大的圈闭有6个，圈闭面积合计56平方千米；新近系吉迪克组较大的圈闭也有6个，面积44平方千米。其中位于构造带中段牙哈3号构造面积最大、位置最高。

塔指决定首先钻探牙哈3号、4号构造。

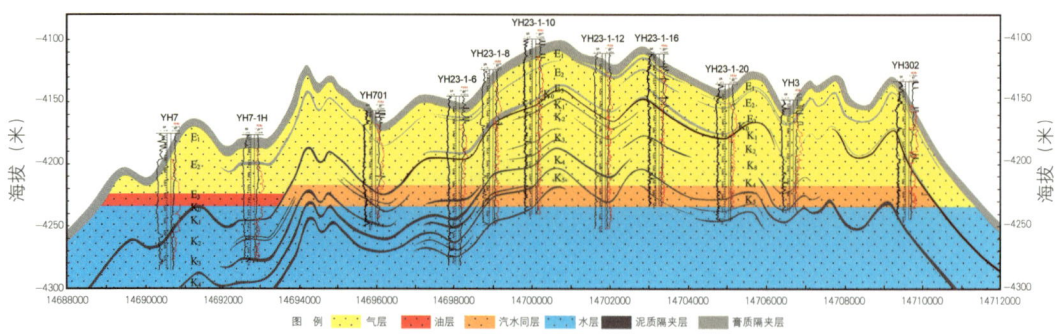

牙哈凝析气藏东西向气藏剖面图,其中黄色为气层、蓝色为水层、红色为油层、橙色为气水同层

1993年2月26日和3月5日,牙哈4井、牙哈3井相继开钻。到了6月,两口井均见到良好油气显示。牙哈3井取出含油岩心69.34米,测井显示油气层8层52.5米,牙哈4井取出含油岩心30.62米、测井解释油气层4层22.5米。说明牙哈构造带是一个油气富集带,印证了地质专家先前对牙哈的地质评价。

塔指决定加快勘探进程,迅速部署第二轮4口探井,上钻牙哈1、牙哈2、牙哈8、牙哈6,同时在整个构造带部署660平方千米的三维地震。到了10月,又部署了第三轮4口探井及评价井,上钻牙哈301、牙哈302、牙哈7、牙哈5,对整个构造带进行全面解剖。

1993年11月,牙哈3井在古近系5160～5166米井段测试,日产油110立方米、天然气16万立方米。接着牙哈4井也测试获高产油气流。

到1994年底,除牙哈8井落空,其余9口探井均获高产油气流。基本查明,牙哈凝析气田自西向东由6个含油气构造、2套油气层、12个油气藏组成,叠合含油气面积60.2平方千米,探明天然气地质储量392.92亿立方米、凝析油和原油储量4189万吨,油气当量8119.1万吨。

牙哈凝析气田是当时我国最大的整装凝析气田,含凝析油的比例也是最高的,凝析油含量为790克／米^3。

牙哈凝析气田从发现到探明只用了一年零两个月时间，共钻探井14口，探明油气储量当量8119.1万吨，单井探明油气储量当量579.9万吨，相当于1994年全国平均水平96.4万吨的6倍。此外，还发现浅层康村组和深层寒武系潜山白云岩两套工业含油层系。

牙哈凝析气田的发现，使全盆地天然气探明储量达到了1500亿立方米。塔里木盆地一跃成为当时仅次于四川和陕甘宁盆地的第三大气区。此后，在塔北地区又相继找到羊塔克、玉东2两个中型凝析气田。

1994年，塔里木盆地已具备年生产天然气25亿立方米、凝析油100万吨的能力。为此，邱中建在塔里木探区干部大会上明确指出："塔里木不只有石油一笔财富，而是有石油、凝析油、天然气三笔财富，油气并举，势在必行！"

牙哈凝析气田

第二节

咬住库车山地不放松

一、绝不能"望山兴叹"

被地质专家称为库车坳陷的地方，紧邻天山南麓，是一个狭长的弧形地带。库车坳陷地表基本上都是山地，山壁陡峭，沟壑纵横。地表相对高差达到600～2800米，山与山之间几乎没有人行走的道路。千万年的风沙磨蚀，形成了独具一格的"雅丹"地貌。许多小山包变化出大象、骆驼、蘑菇及许许多多无法

库车山地地貌
▼

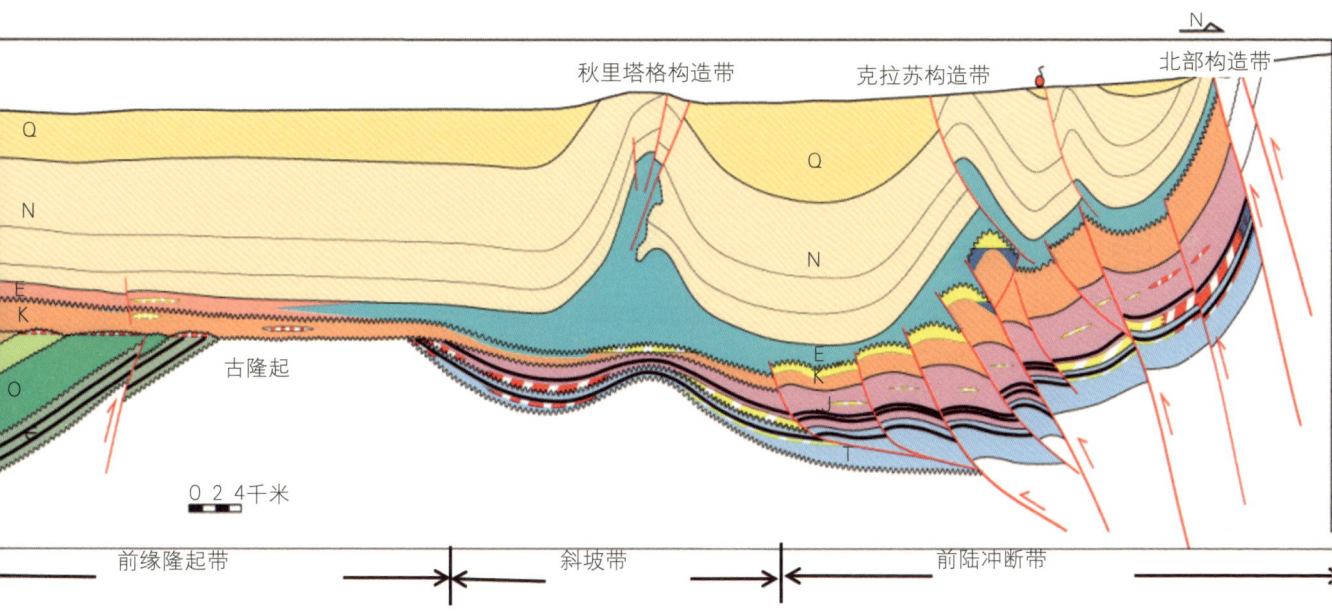

库车前陆盆地地质结构与油气藏模式图

形容的模样，在呜咽的风声中，仿佛是魔鬼建造和居住的"城堡"。

库车坳陷，人们又称它为库车山前或天山山前。东起库尔勒，西到阿克苏，东西长约550千米，南北宽30～80千米不等，面积约2.9万平方千米，地质上属于富油气的前陆盆地。预测油气资源量不少于50亿吨。

1952年，中苏石油股份公司的苏联地质专家曾在这里做了大量地质勘测工作，甚至动用苏联第十三航测团进行航空磁测。他们发现了天山山前成排成带的构造，但是他们看到山地险恶的地貌，望而却步，把它称之为"勘探禁区"。

后来的30多年，我们自己的队伍在这里艰苦攻坚，除1958年发现依奇克里克油田外，再无新的收获。关键原因是，地震拿不到合格资料，井钻不下去。

多年来，我们的地质专家对这个未知的含油气区只能"望山兴叹"！

塔里木石油会战开始后，勘探专家一次次面对塔

里木盆地勘探部署图,望着库车坳陷成排成带的构造圈闭,真是诱人。可是,地震和钻井这两道世界级难题,像两道"铁门关",让多少英雄好汉败下阵来。我说,是肥肉就要想办法吃到嘴里。库车山地再难也要想办法上,不能把难题留给后人。库车山地勘探一定要上去,为了加强山地地震探测的力量,我们决定从国外引进一批山地地震装备。

1992年,在库车东秋里塔格构造带部署了东秋5井,1993年2月上钻。从此开始了一场跨世纪的库车山地攻坚战。

二、从弯线到直线的跨越

由于造山运动,作为山前冲断带,库车山地构造高陡,地层的推覆滑移距离大,造成上下构造不吻合。要准确搞清地下构造,必须利用数字地震。塔里木地震主力是石油物探局的队伍。1991—1993年,石油物探局投入四个地震队,在拜城至依奇克里克的山地开展山地地震方法试验和试生产。山地地震是一门专门技术,石油物探局1978年曾在昆仑山前做过攻关试验,总的来说还没有成熟的施工技术和经验。总公司为了支持石油物探局掌握山地地震技术,1994年设立"山前带山地勘探技术"攻关课题,在资金上对石油物探局给予支持。石油物探局利用这笔资金开展技术攻关。

与此同时,塔指与四川山地地震公司协商,引进四川山地地震队伍。四川山地地震工作从20世纪70年代就开始了,由于四川气田均处于大山底下,山地地震是四川石油人寻找大气田的第一道关口。长期以来他们不断探索实践,山地地震技术逐步走向成熟。1992年9月,总公司召开专门会议,听取四川山地地震工作的汇报,特别对于四川山地地震队伍多年来走出四川盆地,在陕甘宁、新疆开展山地地震工作给予表扬。总公司决定在他们原有三个队的基础上,再组建三个队,成立四川石油山地地震勘探公司,总公司一次性出资1.66亿元,装备这个勘探公司,让他们承担总公司勘探项目中的山地地震工作。

1991年10月,塔指总经济师李大华与四川山地地震公司领导商谈,希望他们能够参加库车山地地震施工的投标,四川山地地震公司也表达了参加塔里木石油会战的愿望。1993年，塔指副指挥兼总地质师梁狄刚向四川山地地震公司发出投标邀请。他们到塔里木参加投标的第一个项目就是秋里塔格东段—依奇克里克项目。参加投标的还有其他油田的四家地震队伍。投标前大家一块去现场踏勘。到了工区看到到处是陡峭的高山，峰峦叠嶂、沟壑纵横。他们询问在附近居住的维吾尔族老人，老人摇着头说，远处那些陡峭高山他们从来没有人爬上去过，黄羊也上不去。这次现场踏勘后，其他四家选择了退出。"秋里塔格"，由维吾尔语翻译而来，意思就是"穷山"，山上光秃秃的什么也不生长。

四川山地地震公司中标了。他们下决心要在这片山地做一条山地地震直测线，这是库车坳陷第一条山地直测线。所谓直测线，就是在山地沿一条直线开展地震勘探，遇沟过沟，遇山翻山。由于库车山地一些地方，沟很深，山壁陡峭，做直线困难很大。之前石油物探局在山地做攻关试验，做的是弯线，测线沿着冲沟走，遇见高山绕过去，这是变通办法，但对地

▼ 地震队在陡峭山壁上放线　　　　　　▼ 地震队在陡峭山壁上放线

震测线质量,特别是处理解释的精度有很大影响。

第一条直测线全长 20 千米,通过正在钻进的东秋 5 井井区,其中山体区占 15 千米。由于是过井区测线,地表条件基本上没有选择余地。山地物探人用绳子和钢钎,在峭壁之间架起了索道,在悬崖上下搭起了软梯,钻机的轰鸣和地震的炮声随之响起。

为了攀山,队员们带上保险绳和钢钎,攀山的时候,将钢钎打入山壁,保险绳拴在钢钎上,人抓着绳子往上攀。有一次,一个测量组攀到山顶,下山时钢钎用完了。他们用 4 块竹片捆在一起(竹片原是作测量标记用的,3 厘米宽,50 厘米长)插入山壁裂缝里代替钢钎,就这样下了山。为了做

▶ 地震队在山顶钻炮眼

这条测线，队员们 10 天就磨坏一双工鞋。

在山里搞地震施工不光工作艰苦，生活条件同样艰苦，用水要从山下运来，队员每天饮水是定量供应。洗澡就谈不上了，时间长了，身上和衣服里有了难闻的气味。一次他们下了山，到了附近的县城，想住招待所，却被婉言拒绝，原因就是看他们蓬头垢面，浑身浓重的汗味，怕把房间弄脏了。他们提出多给钱，人家还是不答应。

一次，测量导线小组长张久国带着 34 名队员，以及充足的干粮和水进入测线施工。进山的第三天下午，突然一阵风暴刮来，帐篷被吹翻了，水桶、干粮袋等物品全被刮跑了。第二天，风停了，太阳却暴晒得厉害，员工们饥渴难忍。又过了一天，背水的人终于回到山上。可是，4 桶水竟然让一路又累又渴的 4 个背水人喝掉了一桶半，剩下的两桶半水，每人只分了一小水壶。张久国深有感触地说："那种滋味，真像电影《上甘岭》一样。"

东秋里塔格二维地震施工结束，告别大山回营时，四川山地队员在山崖上刻写了一首打油诗：勘探上东秋，川军赛神仙，攀登上九天，禁区全踏遍，风采血染就，高歌唱凯旋。四川山地地震公司很快取得了成果，他们所做的这条库车东部测线，揭示了东秋里塔格新近系盐下、古近系盐下和依奇克里克地区侏罗系构造的起伏形态，发现了位于秋里塔格东段的迪那构造，为后来发现迪那大气田立下头功。

竞争带来了进步。石油物探局面对闯入塔里木山地地震市场的四川山地队，感到了压力。他们要改变自己的山地队只能钻山沟，不能走直线的现状。1993 年 3 月，石油物探局将在广西十万大山施工时荣获"铁军"称号的 2201 地震队调到塔里木。这一年，从未做过直线的 2201 地震队面对库车山地，感受到了从没有过的挑战。第一条线仍然做成了"穿山沟测线"。1994 年，2201 地震队和 238、2200 山地队下定决心，塔指把测线划到哪里，他们就沿线施工到哪里。1995 年，他们承担克拉苏构造带第一条山地地震直测线施工，工区有一座高 260 多米的悬崖，重近 1000 千克的山地钻机只好拆成十几部分，人扛着抓住绳索攀崖送上去。仅迁往距离 60 米的下一个炮点，全队职工搬迁就用了三天时间。工区有许多地方被砾石覆盖，钻机无法打井，他们手执钢钎向胶结着泥土的砾石层开战，一个人一天只能挖一个

2米深的炮坑。有人不由唱起"翻过九十九座山，跨过九十九条河"的歌儿来。为了这一条直测线，他们记不清翻了多少座山，冒了多少次险，吃了多少次苦。经过几个月的艰苦施工，2201地震队也完成了一条山地二维地震直测线。这一勘探成果，揭示了克拉苏构造带古近系盐下构造的起伏形态，发现了克拉2构造。

竞争也带来了巨大的技术进步。石油物探局在总公司物探技术力量最强，装备最精良，是总公司物探主力军，被誉为总公司物探的"皇家部队"，现在看到四川山地队走到他们前头，有了危机感。石油物探局进军山地，步子走得很大。他们派人到兄弟单位学习山地施工方法，安排技术人员研究山地施工技术，花巨资引进了最先进的地震仪器，接收道数从96道增加到120道，再增加到240道以上。而且在激发上，由坑炮作业改为井炮作业，以提高资料品质，出色地完成了山地测直线采集任务。

从弯线到直线，是一次革命。由于山地物探技术不断进步，地震资料品质上了很大一个台阶。

三、钻穿"鬼门关"

库车山地，不仅地表重峦叠嶂、沟壑纵横，而且地下地质情况复杂。这是经历了多期构造运动，尤其是喜马拉雅期运动造成天山山前地带强烈隆升，冲断挤压剧烈，断层发育。山前地下构造十分高陡，地层倾角在10～87度之间，钻进中极易造成严重井斜，要不断钻进、纠斜，如此往复循环，使井筒内部异常复杂，容易造成卡钻、断钻具等恶性事故。20世纪60—70年代，天山山前的依奇克里克油田曾打了一口深井，用了两年多时间打了2700多米，井斜达17度，这口井终因打不下去而提前完钻。

地层深处还有高压盐水层、盐层、膏盐层、复合盐层，钻井过程中钻井液使用不当会发生井壁坍塌、井眼缩径造成卡钻。由于山前地带挤压剧烈，地层存在巨大挤压应力，还会造成井眼变形。东秋里塔格地区过去曾打过4口探井，钻井过程中工程技术人员针对井下各种复杂情况做过顽强努力，但4口井都因无法克服的技术难题而中途完钻，最大井深未超过

3000米。曾在库车山前钻井一线打拼过的钻井专家形象地将山地钻井称为闯"鬼门关"。

要想在库车山前发现大油气田,这道"鬼门关"非过不可。

1992年1月,塔指地质研究人员对东秋里塔格构造重新认识,认为构造面积大、圈闭幅度高,有希望获得油气发现,由此确定了东秋5井。塔指选择具有丰富打深井经验的中原钻井公司7014队承担钻探任务。1993年2月4日开钻。总公司把东秋5井列为重点攻关项目,塔指还成立了由总工程师俞新永为组长的领导小组,派出各方面的专家驻井指导,选择中法录井公司、麦克巴泥浆公司为这口重点探井提供技术服务。7014钻井队平台经理袁新明知这口"硬骨头井"很难啃,他还是满怀信心接受挑战,决心要把这口井打好。到了4月,邱中建到东秋5井去,看到两个月

20世纪60年代,石油钻井队伍在库车山前召开钻井攻坚大会

时间钻井进尺只有 700 多米。钻井队因为怕井斜，不敢把钻压加大。他鼓励现场甲乙方人员："东秋 5 井不仅是重点探井，而且是科学探索井，要按照科学规律办事，既要稳扎稳打，又要有速度。"有一位当年曾在东秋里塔格打过探井的工程技术专家，听到了东秋 5 井开钻的消息后说：我们当年闯"鬼门关"是吃过大苦头的，东秋 5 井的好戏在 2000 米以后呢。他讲起过去在这里打过一口探井，井没打多深，井斜超过 20 度。别的钻井队编笑话讽刺他们：说一位维吾尔族老乡骑毛驴从井旁走过，累了要歇一歇，就把毛驴缰绳拴在一个铁家伙上，原来这铁家伙是从地下钻出来的钻头，讽刺井斜得太厉害，钻头绕个弯钻出地面来了。

针对东秋 5 井井斜问题，开始采用钟摆钻具组合和塔式钻具组合，在井眼稳定、地层可钻性较好的层段与 PDC 钻头配合，采用高转速、低钻压取得了好的效果。但在井深钻达 2440 米时，新的情况出现了，钻遇到复合盐层段。

东秋 5 井的复合盐层段厚达 1840 米（后来在克深 5 井，钻遇复合盐层厚达 5000 米）复合盐层在塔里木盆地有多种类型，东秋 5 井属于以盐岩、含盐膏软泥岩、石膏盐、膏泥岩为主，中间夹薄泥岩、泥质粉砂岩类型。

▲ 东秋 5 井井位设计　　　　　　▲ 东秋 5 井补充设计

深部盐岩的塑性变形，软泥岩的蠕变，遇水发生盐溶，石膏吸水膨胀等因素会造成井眼变小、井壁坍塌、套管受挤压变形等复杂情况。这些技术难题是山前探井打不下去的关键因素。

1993年6月7日，针对塔里木盆地高压盐水层和盐膏层成为钻井"拦路虎"问题，总公司在塔里木召开了塔里木地区高压盐水层、膏盐层钻井技术讨论会。80多位钻井专家聚集塔里木，讨论如何战胜这只"拦路虎"。当时国内尚无现成的技术储备，专家们只能根据高压水层和复合盐层的特点，提出建议和设想。有专家提出，确定合理的钻井液密度是很重要的措施。东秋5井重点科技攻关项目成为专家们关注的焦点。

进入复合盐层后，东秋5井事故不断。井眼缩径严重，钻具阻卡，常常是钻进20～30厘米，就要退回来划眼，钻井进度十分缓慢。特别是含盐膏软泥岩的约30米井段，接连发生两次恶性卡钻事故。解除这两起事故耗费了大量时间。这种情况，早在1987年，四川钻井公司的钻井队在南喀1井就曾遇到过。因为钻遇复合盐层，这口探井费时两年多，最后没有打成。大家对此深有体会，看来拿到油气大场面不仅是勘探专家的事，钻井等工程技术同样重要。

总公司为了攻克东秋5井复合盐层难关，由钻井局局长王关清带领工程技术人员到塔里木现场指导科技攻关。塔指总工程师俞新永一直蹲守井上，召集钻井工程技术人员讨论。会上出现两种相互对立的意见，一种认为要加大钻井液密度，另一种意见则相反。两种意见都有一套理论根据，争论好多天，谁也说服不了谁。俞新永说，实践出真知，先按一种方法试，不成功再换。先按加大钻井液密度方案开展试验，结果钻井液密度加到2.0克／厘米^3，井下情况开始好转，再加到2.3克／厘米^3，井下就正常了。这一试验成功，使甲乙方工程技术人员松了一口气，进入"鬼门关"的通道被打开。钻到5000米深度时，钻井液密度升到2.4克／厘米^3，井底温度达130多摄氏度，使用的高温高密度钻井液固相含量达60%，自由水极少，导致可加入的处理剂量非常有限，维护处理很困难。麦克巴公司和7014钻井队密切合作，克服困难，保证钻井液在深井高温下的性能稳定。

东秋5井使用钻井液密度是普通井的两倍。在如此高密度钻井液重压下，气测显示的监测受到制约；加上地层垮塌严重、岩屑中成分杂乱，难

以辨别新地层。地质责任监督赵绍新和同事们与钻井队密切结合，全井地质循环60次，多次避免了井下复杂事故发生，发现了两段重要的含油气显示。

在"高压盐水层、钻井液密度大及环空间隙小"的挑战前，华北固井作业队迎难而上。经过10次摸索试验，他们优选出适合于高压盐水层的水泥浆配方，研制出一套水泥浆密度加重装置，事先进行了4次模拟固井演习。1995年4月13日，东秋5井12.7厘米尾管高难度固井施工圆满完成，创造了华北固井作业队在塔里木石油会战6年来3项固井新纪录。

东秋5井历尽艰难终于闯过复合盐层这道"鬼门关"，也付出了巨大的代价。1995年4月5日钻至5316米完钻，历时792天，全井发生卡钻5次，断钻具2次，钻头事故1次，事故时效12.99%，耗资超亿元。发现39个试气层，测试未获工业产能。

里塔格南天山山前东秋地区钻井
▼

第三节 特大型气田横空出世

一、面对三口探井的失利

1995年4月，东秋5井完钻后，克参1井、克拉1井又相继打空了。东秋5井上部存在构造圈闭，钻到下部，却发现圈闭消失了，这是因为造山运动及盐构造造成了圈闭的上下不一致，下部构造高点滑移。克参1井1993年11月开钻，1995年12月30日完钻，井深5700多米，上部地层倾角52～69度，下部裂缝发育，仅大型堵漏就有17次，曾在白垩系见到多层油气显示，却没有获得工业油气流。1996年，在距克参1井不远的克拉1号构造上钻克拉1井，这口探井钻到白垩系舒善河组，发现构造保存条件差，油气没有保存住，遂决定完钻。

库车山地攻坚，四年打了三口探井，全部失利。（经过20年勘探攻关，我个人认为现在应该对东秋5井、克参1井的含油气性进行重新认识，是圈闭不落实？还是钻井工艺有问题？）

大家的心情都很沉重。但是，初期探索的失利并没有动摇塔指领导和地质专家们在库车拿下大场面的信心。从某种意义上说，这是一次科学探索的实践。它突破了高陡构造、软泥岩、巨厚复合盐膏层段，以及高压含气水层等重重钻井难关，为开辟高陡构造高压层钻探领域积累了很有价值的经验。他们在对东秋5、克参1、克拉1三口探井随钻研究后，发现三口井都在盐下砂岩中见到油气显示，都钻遇了古近系巨厚膏盐岩（盖层）和

白垩系砂岩（储层）。他们敏锐地做出判断：库车山地盐下有大油气田。

世界上大油气田多位于盐膏层之下，因为盐膏层是非常优质的盖层。因此，他们提出"打盐下"的战略方向。分析东秋5、克参1、克拉1三口井失利的主要原因是圈闭不落实，圈闭落实是核心技术难点。

库车山地一直是塔指地质研究大队关注的重点。1989年以来，大家对它进行了艰苦深入的分析研究。塔里木盆地自中生代以来是中亚油气富集区的一部分，与帕米尔高原以西的卡拉库姆盆地和阿富汗—塔吉克盆地曾是一个统一的整体，具备了形成大气田的地质条件。他们预测：库车—阿瓦提—塔西南发育一个巨大的新月形富天然气带，是中亚富气带的东延部分。并且预测这个富天然气带最终可探明天然气储量规模达2万亿～4万亿立方米。在塔里木盆地西部新月形富天然气带中，库车前陆冲断带是首选勘探对象。1994年，他们明确提出把库车前陆冲断带作为勘探的主攻方向。在这之前，库车山前勘探一直以侏罗系为主要目的层，因为1958年发现的依奇克里克油田，其石油储层是侏罗系。贾承造在1988年野外测量库车中生界剖面时，却发现白垩系巴什基奇克组砂岩厚度大、物性好，是库车坳陷最好的储层。在塔北发现了英买力、牙哈等凝析气田后，地质研究大队通过研究认为，油气来自北部库车坳陷侏罗系，同时又在牙哈发现古近系膏岩盖层与白垩系砂岩的优质储盖组合。他们进一步推测：距油源区最近的库车山前构造带更具有形成大油气田的条件。

1995年石油物探局2201、238、2200地震队历经千辛万苦，完成了一条穿越克拉苏山地的地震测线。经过处理，石油物探局库尔勒研究中心的张玮、温声明、冯许魁、王贵重和同事们发现了克拉2构造的存在。他们重新整理石油物探局三处过去所做的一条试验测线，也显示克拉2构造大致形态。塔指研究中心对此非常重视，开展对克拉2构造的研究。双方通过精细研究，都看好克拉2、克拉3等构造所在的克拉苏构造带。

二、上钻克拉2井争论

克拉苏是一条河的名字。克拉苏是维吾尔语：意为黑水。克拉苏河发源于天山深处的冰川，流入拜城县境内，克拉苏构造带位于克拉苏河东畔的一片山地，遂以之命名。这片山地是典型的雅丹地貌，长年累月的大风和洪水的冲刷剥蚀，形成鱼鳞状的刀片山，奇形怪状。山山相连，之间是洪水冲刷的深沟，最深达 30 多米。地震队员在这片山地施工，取得的地震资料是十分宝贵的。

为了确定克拉 2 构造的探井井位。塔指召开多次论证会。为了将井位定好，塔指将资料分别交给石油物探局研究中心和西北地质所两家背靠背做构造图。两家分别用叠前深度偏移和叠后时间偏移两种不同方法做出来的构造图大的轮廓相似，但构造高点在平面上相差 500 米。邱中建将两张构造图交给大家分析讨论。在上与不上的问题上形成两种意见，争论激烈。要求上钻的同志提出在克拉 2 号和克拉 3 号构造同时上钻，即克拉 2 井和克拉 3 井。

1996 年 10 月编制的克拉 2 井钻井地质设计书

2001 年，克拉 2 大气田的发现和山地超高压气藏勘探技术获国家科学技术进步奖一等奖

当时，三口探井失利的阴霾尚未散去。特别是对东秋5井提出质疑。这口探井打了700多天，井深5300多米，花了上亿元的投资，钻井进尺每米的代价是一台29英寸的日本画王电视机，这口探井就是用5300多台画王电视机堆起来的。现在，在库车山地勘探形势尚不明朗的情况下，又一次性在克参1井、克拉1井所在的同一个构造带上上钻两口探井，风险实在太大了。克拉2号构造成了争论的核心和焦点。

支持上钻克拉2井的同志们认为，克拉2号构造与克参1、克拉1号构造相比有三个有利条件：一是圈闭落实程度比较高；二是储盖组合条件比较好；三是埋藏深度、褶皱强度适中，构造的保存条件比以前钻探的构造好。与此同时，他们更进一步开展三个方面的工作：一是以新的山地二维地震偏移成果剖面精细落实了克拉2号古近系盐下圈闭；二是认真分析克拉1号构造与克拉2号构造的差别，认为克拉2号构造盐盖厚度大，自成背斜完整，构造范围内断层消失于盐层之中，不具有破坏作用；三是落实了克拉2号构造圈闭高点位置。

邱中建组织同志们开展一轮又一轮分析讨论。最后上钻的意见占了多数。1996年9月中旬，井位论证会上决定：同时上克拉2、克拉3、依南2三口探井。

当时邱中建思想斗争是很激烈的。后来他说，当遭遇一连三口探井的失利之后，又一口气上三口山前探井，如果再失利了该怎么办？他作为塔里木石油会战一线指挥者，承受很大压力。这个压力一部分是来自外部。这一时期，由于塔里木两年来没有获得令人振奋的突破，有的同志又开始写信给中央领导同志，说塔里木石油会战以来，1989—1996年，一共打了140多口空井，该收场啦！不了解情况的人一听，打了140多口空井，一口井动辄几千万元甚至上亿元，加起来白花了多少钱？是该收场啦！其实，会战8年共钻探井253口，其中获工业油气流井107口，平均探井成功率42.8%，在复杂地质条件下，应该说是不低的。但是，压力有没有？有。我们知道塔里木石油会战正处在攻坚阶段，这三口井的成败意义重大，在这紧要关头一定要顶住。我们总公司领导同志每次到塔里木探区现场办公，总是肯定取得的成绩，强调要坚持不懈，鼓励他们敢于承担风险。邱中建下了大决心,一口气在天山山前部署三口井,大有"舍得一身剐,敢把皇帝拉下马"的精神。总公司坚决支持了这一决策。

三、山地精神

1997年开始的科技攻坚战役,地震勘探技术攻关是重头戏。塔指将台盆区碳酸盐岩勘探和山前高陡构造勘探作为两大攻坚课题,确定了10个攻关目标。明确指出这些任务的完成,都有赖于地震技术的进步和水平提高。山地地震攻关成为重要的主战场之一。石油物探局总工程师钱荣钧挂帅组织科研力量开展物探技术攻关,针对山地复杂情况,他提出"混合式"三维观测设计和多种震源联合作业的方法。他还通过复杂地表区地震数据处理中基准面选取的研究,提出了以水平面为基准面,以近地表圆滑面作为偏移参考面的处理方法和解释方法。通过山地物探攻关,山地地震技术取得很大突破。

山地地震资料野外采集是第一道最复杂困难的工序,也是至关重要的基础环节。为了拿到高质量的地震资料,地震队开展了多种类型的激发方法攻关,同时加强勘探装备的引进和升级改造。18吨、20吨、28吨可控震源,18米、30米、50米山地钻机,30米、50米、100米砾石钻机及1万道数字地震仪等重大设备相继投入使用,逐渐消灭了坑炮和浅井组合激发,实现大吨位可控震源与井炮高速层联合激发。GPS导航定位等辅助技术大量投入应用,进一步提高了勘探精度。首次租用山地专用直升机提供

▲ 山地专用直升机空运地震队员

▲ 山地专用直升机支持地震勘探

空中支持，为提高地震资料野外采集质量做了大量工作。用直升机支持山地地震勘探作业，在国内尚属首次。石油物探局在1998年与加拿大北岳直升机有限责任公司签订1999年库车山地地震采集支持合同，又从南方航空公司深圳分公司聘请了领航员。加拿大籍驾驶员安德烈和机械师西蒙在库车山地进行首次试航后，带着一脸困惑走下飞机。他们想不通，这片山区没有直升机支持，中国人在过去许多年中是如何进行山地地震勘探的。驾驶员安德烈曾登上万里长城，认为那是一项十分艰难、令人不可思议的浩大工程。他在驾驶直升机支持山地地震期间，把遇到的困难与万里长城相比较，认为地震队完成的300千米测线，相当于又修了300千米的万里长城！一次我乘直升机在库车山地施工现场看到，物探队员在沟壑纵横的山地搞勘探，不亚于登山运动员。他们翻山越岭放大线，打眼放炮，埋置检波器，不畏艰险努力工作的画面深深地打动了我。我想，我们这支物探铁军是多么可亲可爱啊！当我们在这里找到油气的时候，一定不要忘记他们呀！

地震队山地营地
▼

石油物探局山地队和四川山地勘探公司山地队在东西长 200 多千米，南北宽约 50 千米的天山山区开展艰苦卓绝的山地地震攻关。每年石油物探局山地队保持 9 个以上，四川山地队 4～6 个。刚进山时，石油人靠人海战和疲劳战支撑着物探作业。那时，一支山地二维地震勘探作业队人数达千人，一台钻机从一个物理点搬运到下一个物理点，得靠 30 多人喊着口号搬运 7 天，而且每台钻机每两天才能打一口井。石油人吃大苦、流大汗，换来的是极其低下的劳动生产率。

由于山区大部分是无人区，地震队在工区扎营，满山坡全是小帐篷。工人白天施工翻山越岭，晚上住在这样两个人一间的小帐篷里。为便于空中识别，他们住的是带花道的帐篷，让人联想起东部海滨浴场的小帐篷。

山地地震队伍的艰苦卓绝和顽强拼搏精神，没有去过现场的人们是无法体会到的。这十几支地震队伍中，石油物探局 2201 队是一个典型。

1998 年夏天，2201 队开进吐格尔明山地施工。塔指部署吐格尔明的山地二维地震，目的是了解克拉苏—依奇克里克构造带东延情况。这片山区地表复杂：南部是巨厚砾石、中部是泥岩和石膏层、北部是高耸云霄的黑色断崖。那些大小冲沟两岸，全是陡崖峭壁，平均海拔 1600 米，最高 3500 米，相对高差 2000 米，区内有大小冲沟 500 多条。由于坡度很大，一旦暴发洪水，沟内人听见洪水咆哮声有时来不及躲避，就有葬身洪水的危险。1958 年 8 月，库车山前连降暴雨，在库车山前进行野外调查的地质队员戴健、李越人、李乃君、杨秀龙、周正淦就曾在同一天遭遇洪水而英勇献身，他们的工区分布在西起喀拉玉尔衮河、东到吐格尔明的南天山山区。为了纪念这些勇士，人们把他们牺牲的地方命名为"健人沟"（戴健、李越人在同一条山沟里牺牲，此沟即以二位烈士名字命名）。

▲
原新疆石油地调处 113/58 地质队女队长戴健烈士遗像。1958 年 8 月，戴健带领队员们在依奇克里克地区野外施工突遭暴雨袭击遇难，时年 24 岁

2201地震队施工前，石油物探局局长钟辛生到工区踏勘，看到这样复杂的地貌，当即对全队562名同志说，局里决定租用一架直升机来支持吐格尔明工区的地震施工。2201地震队同志听了都很高兴。可是，钟辛生去乌鲁木齐航空部门联系时，人家一看吐格尔明山区地形图，说这么复杂的地形，直升机的飞行安全得不到保障，婉言谢绝了。

面对没有直升机支持的情况，2201地震队专门召开战前动员大会。这支曾在广西十万大山施工中荣获"铁军"称号的队伍，提出："继续发扬2201地震队吃苦耐劳、艰苦奋斗、英勇顽强、敢于拼搏、不怕牺牲、决战决胜的光荣传统，没有飞机，照样上山，把山踩在脚下，胜利完成任务。"

天山山区的夏季，气候多变。刚才还是晴空万里，偶尔飘来一朵云彩，顷刻间就会下起大雨。1998年的夏季，天山山区的雨水明显多于往年。6月15日，2201地震队开始施工后，就遭遇暴雨侵袭，6月下旬的一场大暴雨持续了一天一夜，8月中旬特大暴雨下了三天三夜。施工期间，不断遭受暴雨侵袭，引发洪水30多次，被迫停工28天，有4次特大洪水造成山体滑坡，刚修的道路被毁。暴雨造成区内河水暴涨，运输车辆和推土机被洪水围困三天三夜。这一切没有把2201地震队逼退，他们边抗洪水边修路，共打通道路500多千米，抢修简易便道1000多千米，攀登陡崖用去绳索5万多米，用700多米钢管在工区内搭起50多处云梯，最高一处云梯高100多米。

在困难面前和危急关头，队长李明岭、指导员张庆生、副队长刘宝林和王长林总是走在最前头，全队的11名共产党员、23名共青团员发挥着骨干和先锋作用。最危险的陡壁，首先是干部、党员第一个爬上去。撤出洪水，又是干部和党员断后。工区里有一条长20千米的冲沟，两边峭壁高200多米，沟底全是乱石，两边山体已经风化，随时会发生大面积塌方，人称"死亡谷"。为了打通道路，张庆生、刘宝林、王长林带领队伍五进五出"死亡谷"。7月15日，"死亡谷"突降暴雨，张庆生等领导迅速组织队员外撤。洪水很快下来了，张庆生、王长林和5位工人被洪水围困，一开始他们站到汽车驾驶室顶上，没一会儿洪水漫过车顶，到了人的胸部。他们手拉手爬上断崖，水已到了他们脚下。漆黑的夜，洪水奔腾，浪头高达3米多,一不留神就会被浪头裹进洪水里卷走。他们这样坚持着,直到洪水退去。

走进天山,石油人就必须面对各种困难和危险甚至死亡的威胁。物探作业所需电子设备和钻井机具等需要他们人抬肩扛负重上山,个人所需的帐篷、饮水等生活物资也需要他们背负上山。为取全取准每一个物理点的地质资料,弄清地下地质情况,他们不得不在悬崖峭壁、高山峻岭中摸爬滚打。为充分利用日光作业,多少人爬上悬崖打井、放线、埋置检波器,太阳一落山,便不敢下山,而是孤独一人在荒山野岭中,饱经料峭寒风和漆黑夜色的考验。

▲ 山地地震队登梯子攀上陡崖

1998年6月15日到10月22日,2201地震队经历了50天暴雨恶劣天气,30多次洪水袭击,战胜数不清的艰难险阻,完成142千米测线的野外资料采集,原始资料一级品率达86.25%。塔指党工委将2201地震队在吐格尔明施工中体现出"一不怕苦,二不怕死,团结协作,敢于胜利"的精神,命名为"山地精神"。为了表彰2201地震队这种精神和取得的优秀成绩,集团公司将其命名为"甲级山地地震队"。

塔里木的探井都很深,钻井时间很长,成本很高,在这种情况研究地下地质和成藏规律更多的是发挥地震勘探的作用。事实上,物探队伍没有辜负我们的期望,在克拉2这样困难复杂的地质条件下能把井位定准,应该说他们在发现大场面方面是立了头功的。

四、天然气大场面出来了

克拉 2 气田含油气面积 48.1 平方千米，探明天然气地质储量 2840.29 亿立方米。其主力气层为古近系底砂岩—白垩系巴什基奇克组砂岩，物性很好，孔隙度 12.30%，渗透率 17.57 毫达西，气层厚度 286.5 米。从气水界面到白云岩段顶气藏高度 443 米，天然气资源丰度每平方千米近 60 亿立方米。像克拉 2 气田这样特大型天然气田，我国历史上还没有找到过。此前最大的气田是南海崖 13-1 气田，克拉 2 气田规模是南海崖 13-1 气田的 3.18 倍。克拉 2 气田不仅储量规模巨大，而且天然气品质优良，组分简单，甲烷含量达 95% 以上，为干气，基本不含凝析油、水和硫化氢，单井平均日产天然气能力在 300 万立方米以上，非常有利于高效开发。

克拉 2 气田的发现和探明，经历了一段曲折难忘的历史。

克拉 2 井钻井条件十分困难，地下为一高陡构造，地层倾角大，极易造成井斜偏离钻探目标。气层上部覆盖的膏岩层，如果钻井液选用不好，就容易造成卡钻事故。打穿膏岩层，下面的气层是超高压的，气层压力相当于静水柱压力的 2.3 倍，处理不当，非常容易造成井喷事故，即便全井钻井安全，对高压气层的测试也是一个严峻的考验。

钻超深超高压气井，在这方面总公司有过沉痛教训。1990 年 9 月 4 日，我和李天相等总公司领导参加了塔西南石化厂竣工验收及正式投产仪式。回到北京，李天相向我建议说，这个石化厂的后备资源问题现在要考虑，距离该厂约 70 千米的柯克亚油气田在深部可能蕴藏有更多的油气，上一口探井很有必要。总公司决定上钻柯深 1 井。这口探井位于昆仑山前，地下很复杂，1991 年 12 月 27 日开钻，到 1994 年完钻，完钻井深 6481 米。在深部发现超高温高压凝析气层，井下压力高达 110 多兆帕。李天相到上海与有关方面联系，专门进口一台超高压防喷器，装到柯深 1 井上。又从美国进口了超深、超高压气井测试设备，花了一年多时间进行准备。总公司对这口井抱有很大期望，每星期听一次汇报，派测试专家到井上指导测试。1995 年 10 月 12 日，测试放喷，日产凝析气 160 万立方米。只一个星期时间就出了问题，井下套管大段出现裂缝，高压凝析气窜入地层。只好关井，在井下注入水泥报废。花了上亿投资，终于打成了一口超深超高压气井，却在最后环节出现了大问题。后来调查到，这口井使用的不是高强度套管，而是一般的套管，固井时又没让水泥浆返回地面。一个环节出问题，导致全盘皆输。

1997年3月25日，克拉2井开钻。设计井深4100米，克拉2井钻探目的层为古近系底砂岩—白垩系巴什基奇克组砂岩。承钻克拉2井的二勘6088钻井队平台经理陈启华向公司党委立下军令状：打不好这口井，带着全队的弟兄退出塔里木钻井市场，返回四川。

陈启华和战友们忠实履行了自己的诺言。在技术攻关组指导下，通过高密度钻井液技术攻关和优化钻头选型，6088钻井队在地质结构复杂、可钻性极差的库车山前高陡构造，用18个月时间，成功钻完克拉2井。

这是一场攻坚战。位于天山山区的克拉2井，冬季天寒地冻。每年即使在6—9月，昼夜温差也很大，夜间值班得穿上厚厚的棉衣。进入1998年的元月，逼近年关，克拉2井钻井工地上，气温骤然下降到零下30多摄氏度，一场大雪使天山山区一片银装素裹。钻机上的所有铁器冻得人不敢碰它，一碰会被粘下一层皮。井场锅炉烧出高温蒸汽，送到钻台、机房和钻井液循环系统，使所有系统维持正常运转。工人们冒着零下30多摄氏度的严寒，进行超强度的体力劳动。在这口井钻进过程中，防沙棚就被寒风吹破了三次。但6088钻井队做到了生产一刻不停，进尺一米不减。

1998年1月20日，首先在古近系3499.87～3534.66米井段中途测试，获日产天然气27万立方米。这一喜讯极大鼓舞了勘探界的同志们，他们之前的预测是符合实际的。

然而，当钻至3561米，突然发生井漏。在地质循环中，又出现钻井液溢流，还伴有井喷。出现这种"上吐下泻"的症状，皆缘于井下伏着一只气老虎！

要控制这种"上吐下泻"症状，就必须把钻井液的密度大幅度提高。陈启华和大家每天扛着重晶石袋，一趟趟地往钻井液罐里加料，不分昼夜地压井。每天少则100多吨、多则300多吨的钻井液加重材料，让所有人都付出超强度体力。陈启华腰伤复发了，工人们的脸冻得红紫，手指冻得针扎似的疼。农历大年三十，为了抢换加重泵，钻井大班张小平被弹起的钢管砸裂了下巴，打碎了一颗牙齿，一整天几乎滴水未进。但他仍然坚持工作到次日凌晨，直到把加重泵修好才休息。工程师徐鸿鹄一直待在井场上，密切注视井下情况变化。

据统计，克拉2井全井消耗的钻井液材料，高达5000多吨。这5000多吨钻井液材料，都是队员们用肩膀，用手臂，一袋一袋扛到12米高的钻井液罐上，又一袋一袋加入不断循环的钻井液之中。

克拉2井由于井下情况比较复杂，高压、高钻井液密度，采用了高效PDC钻头钻进，导致返出的岩屑很细，呈粉末状，很难挑选出颗粒状的岩屑。地质监督从井深3574.5～3714.28米一直误报地层以泥岩为主，砂岩很少，但气测一直都有显示，全烃基本为4%～6%。

副指挥兼总地质师贾承造觉得有问题，克拉2井

库车山前克拉2气田钻井现场

现在应该进入白垩系大套砂岩了。3月中旬,他赶到克拉2井实地观察。地质监督向贾承造报告说,现在井下钻的是白垩系泥岩段,同时认为气测显示不好,全烃仅为5%左右,最高为10%。贾承造感觉到地质监督对山前高压气井钻探缺乏经验,是以台盆区的录井经验来判断的,而没有意识到PDC钻头在砂岩中钻进,返出的岩屑本来很细,同时含气好的砂岩在高密度钻井液搅动中岩屑不易完好,会散成砂粒。

贾承造带着疑问在采集的砂屑中仔细挑选,还是发现了一两颗褐色砂粒。贾承造对地质监督说,现在钻井液密度高达每立方厘米2.2～2.4克,气测异常值能高吗?高密度钻井液压着打井是为了避免安全事故发生,在这样条件下,气测显示一般为5%,高的可达10%,已经是很好的气测显示了,这绝对是气层。贾承造立即决定停钻,首先进行一次对比测井,然后取心。最后确认:前面一直认为的泥岩井段全是砂岩,认为显示不好

1998年冬,塔里木勘探科技人员深入生产一线探讨攻关课题。前排右2为贾承造

的层段也全为气层，由此发现了白垩系巴什基奇克组巨厚主力气层。

粗枝大叶的工作作风，差一点漏掉了大好的气层。

6月25日，克拉2井转入完井试油。参与这场钻探攻坚战的人们既兴奋又紧张。兴奋的是艰辛的劳动即将变成胜利的果实，紧张的是这必将是一场惊心动魄的大决战。因为这是一口超高压气井，井口压力在50兆帕以上，最高时达到64兆帕。在这么高的压力情况下试油，称得上是"虎口夺食"。1998年1月，克拉2井第一次对古近系气层进行中途测试时，采用的是常规测试工艺。在测试过程中，井口钻杆螺纹发生天然气渗漏，迫使测试人员用6.35毫米油嘴测试，仅开井285分钟就结束了测试。虽然没有发生安全事故，但让人们认识到高压气井测试作业的巨大风险。

地层压力高达75兆帕，常规测试工艺无法满足克拉2井的测试要求。已经在塔里木工作了近8个年头的"老试油"阎根岐考虑了一套又一套方案，反复和同事们讨论研究，每天只能休息四五个小时。高温、高压油气井在国际石油界被认为是高投入、高风险作业，国际上专门成立高温、高压（HPHT）协会。这个协会规定，地层压力大于或等于68.9兆帕为高压井，大于或等于103.4兆帕为超高压井，井下温度大于或等于150摄氏度为高温井，大于或等于177摄氏度则为超高温井。国际协会制定了一系列标准和规范。我国此前极少钻到高温、高压油气井，油气测试对此缺乏认识，工具设备不配套，也没有制定作业标准和规范。我想起1996年完钻的塔里木西南地区英吉沙的一口科学探索井（英科1井），这口探井完钻井深6406米，地层压力146兆帕，地层温度高达150摄氏度。总公司吸取了柯深1井的教训，集中全国的试油、测试方面的专家，召开三次大型试油方案论证会，三易其稿，形成了《英科1井试油方案》。1997年5月实施测试作业，顺利下入测试管柱，并坐封点火射孔成功。这口高温高压井的试油设计和施工方法，对塔里木乃至全国超深超高压高温井试油具有重要指导意义。克拉2井完井测试，吸取了此前高温高压井测试的教训和经验。阎根岐和同事们摸索出了一整套适用于高压高产气层的测试工艺，用钻杆加井下压力控制阀形成最佳组合，充分发挥原钻机试油的优势，实现了安全、快捷、优质试油，确保了测试资料的录取成功率达到100%，开创了钻杆测试完成一口多层高压高产天然气井系统试油的先例。

中油测试队、江汉测试队、海洋射孔队、四川压裂队来到了克拉2井。大家每天工作十七八个小时，射孔、设计、下工具、测试、起工具、保养、出资料，周而复始的工作程序，每个人做得十分小心，每时每刻都有专人盯在关键岗位上。

1998年6月至9月，85天完成了14个层系的试油任务，平均6天一层。在完井测试中，在古近系砂岩段—白垩系巴什基奇克组砂岩段获得7个高

1998年9月17日，塔指领导到克拉2井现场祝贺测试成功
左起：罗春熙、俞新永、邱中建、贾承造

1998年9月17日，克拉2井放喷。邱中建在照片上题诗纪念

产气层，其中有5层无阻流量超过百万立方米，7层共获无阻流量1307.74万立方米，是我国少有的高产高丰度整装优质大气田。专家们在评审验收时，一致评价：克拉2气田构造完整，是一个高丰度、高品质、可以形成高产的特大型优质整装气田。

9月17日，邱中建、贾承造、俞新永等同志到克拉2井祝贺现场测试成功。夜色降临，克拉2井呼啸汹涌的天然气，像天上的彩虹一样，令人热血沸腾。在现场的邱中建即兴作了一首诗："彩虹呼啸映长空，克拉飞舞耀苍穹。弹指十年无觅处，西气东送迎春风。"

邱中建对甲乙方参加施工的同志们说，克拉2气田是我们10年来一直苦苦寻觅的大场面，有了克拉2，我们就要搞西气东输了，到了2003年这里又是人欢马叫了！

1998年是塔里木探区油气双丰收的一年。1月30日，依南2井中途测试，在下侏罗统获日产天然气10.9万立方米，发现依南2气田，含油气面积98平方千米，初步测算天然气储量1635.24亿立方米。2月6日，克拉3井完井测试，在白垩系测试获日产天然气30万立方米。克拉3号构造，含油气面积56平方千米，初步测算天然气储量71.64亿立方米。到了4月5日，在沙漠腹地的巴楚隆起玛扎塔格构造带上的玛4井获工业气流，相继又有玛5井、玛401井获工业气流，发现了沙漠区第一个大气田——和田河气田。后经评价勘探，和田河气田含油气面积143.4平方千米、探明天然气地质储量616.94亿立方米。和田河气田的发现，进一步增强了地质专家们在沙漠区寻找大油气田的信心。和田河气田不仅规模大，而且主要产层为台盆区普遍发育的奥陶系碳酸盐岩。这说明，在台盆区不但可以找到大油田，而且可以找到大气田。同年，在塔里木河南岸满加尔凹陷北坡的哈得1井、哈得4井在石炭系砂岩层段获高产油流，发现哈得逊油田。这个油田通过滚动开发，含油面积不断扩大，最终探明（加控制）石油地质储量11000多万吨，生产规模达到年产200万吨。

1998年12月，集团公司在塔里木探区召开勘探开发技术座谈会。这是塔里木打破自1995年以来沉闷局面，油气勘探获得丰收的一年。集团公司、自治区领导同志都参加了座谈会。我见到邱中建，对他说：克拉2大气田算得上一个大场面。当年我们向党中央、国务院做出的承诺，如今可以交卷了。

2000年4月4日，克拉2气田探明储量得到国家储量审查委员会的批准。4月6日，《人民日报》头版刊发了《塔里木克拉2气田探明》的消息。石油界许多老专家读了以后，纷纷打电话向塔里木表示祝贺。国家西气东输建设领导小组组长张国宝到塔里木，问贾承造储量计算是否经得起历史检验。贾承造回答：我们计算时就考虑到这一问题，各方面工作做得很周密、细致，是留了余地的，请放心，克拉2气田开发可采储量只会比我们算的多，不会少！

克拉2井获
重大突破视频

第四节 西气东输梦想成真

一、天然气发展战略

天然气作为当今一种理想的能源，具有清洁、高效、运输方便等特点，同时又是一种优质的化工原料，用途十分广泛。20 世纪 70 年代以来，世界天然气工业发展很快。尤其在当前人类面临保护生态环境的情况下，许多国家更加注重天然气的发展。对于我们国家来说，加快天然气工业的发展，努力改善能源结构和供需平衡，适应国民经济日益增长的需要，并为保护环境做出自己的贡献，不仅有它的迫切性，而且有它的可能性。

发展天然气工业的一个重要特点，就是上游工程与下游工程必须配套建设，形成综合的生产能力。我国由于陆上天然气资源主要埋藏在中西部，而消费市场主要分布在东部，资源和市场的矛盾突出，加之认识不足、价格体制不完善以及资金短缺等一系列原因，天然气工业的发展相对滞后，一些油田的伴生气资源被点"天灯"，白白地浪费了，令人心疼。

我国的天然气资源非常丰富，但是到 20 世纪 80 年代中期，探明的储量只占资源量的 2%～3%，仅相当于石油储量的 3.7%。年产原油 1.25 亿吨，天然气还不到 128 亿立方米，天然气年产量仅相当于原油产量的 10%，油气生产比例只有 1∶0.1，天然气生产处于落后状态。而美国、苏联等国已达到 1∶1。这种状况不符合我国天然气资源的客观地质条件，也不符合世界油气发展的客观规律。

我到石油部任职后，针对上述情况，在 1985 年 10 月 14 日召开的第一次油田领导干部会议上，提出要把天然气发展放到与石油同等重要的位置上来，加强天然气形成机理和富集规律的研究，加强天然气钻井工艺技术的研究，在继续发展四川天然气的同时，积极开展新地区的勘探，力争在周口、塔里木、准噶尔、陕甘宁西部和辽东湾等地区发现新的含气区和含气带。

1986 年 1 月，石油部在研究制定《石油工业"七五"计划发展纲要》时，明确提出了"油气并重、油气并举"的工作方针，提出了"加强勘探，多拿储量，逐步形成一套独立的勘探开发理论体系、技术体系和管理体系，并在产品分配、产品价格等方面进行必要的调整和改革"等一系列加快天然气发展的措施，还提出了"天然气实行专探"的政策保证。

1987 年 2 月，根据我国天然气工业发展现况以及"七五"发展规划和"八五"设想，我们向国务院汇报，提出加快发展天然气的几点建议，请求国家给石油部一些低息贷款，作为发展天然气的专项基金。国家提升了对天然气工业发展的支持力度，3 月，国务院批转国家计委、国家经委、财政部、石油部等四部门《关于在全国实行天然气商品量常数包干办法报告》，走"以气养气"的路子。国家每年对石油部确定包干基数，其中四川石油管理局为一定包干基数，在包干基数内的按各地现行价格结算；超过包干基数部分，每立方米按平价高一倍的价格结算，差价收入转为天然气专项基金——勘探开发基金。所提天然气专项勘探开发基金中，88% 用于天然气勘探开发建设，8% 作为职工奖励基金，4% 作为职工集体福利基金。"以气养气"的政策，符合当时的实际情况，核心是"养"。通过"养"，勘探投入增加，开发资金有了保证，科研经费有了提高，装备更新速度加快，队伍培训力度进一步加大。为贯彻落实国务院的通知精神，10 月，国家计委、国家经委、财政部、石油部四部门联合颁发了《天然气商品量管理暂行办法》，对天然气商品量的分配和管理、输送管理、商品气供应合同管理等工作进行了规范。

1987年3月，国务院批转国家计委等四个部门关于在全国实行天然气商品量常数包干办法报告的通知

1987年10月，国家计委、国家经委、财政部、石油部四个部门《关于颁发《天然气商品量管理暂行办法》的通知》

同月，在河北省涿州市召开的中国石油勘探工作会议上，我做了加快天然气勘探的总体部署，对四川盆地、鄂尔多斯盆地、柴达木盆地、塔里木盆地以及海上莺—琼盆地等新区，明确了"七五"期间新增天然气地质储量的要求。

1988年，国务院进行机构改革，石油工业部撤销，成立国家石油公司。为了突出油气并重战略方针，国务院以"中国石油天然气总公司"命名，把天然气与石油并重放在战略资源的位置上。

1993年12月27日，江泽民总书记主持召开中央财经领导小组第8次会议，专门听取石油天然气工业发展情况的汇报。我在汇报当中说，天然气工业必须实行上下游同步发展，才能形成配套的生产能力。建议国家在明后两年内，立足于现已形成的四川、陕北、莺歌海、新疆等4个大气区，把天然气利用规划和项目确定下来，同时相应规划和建设输气管道，形成输气管网。还要考虑我国原油供应的紧张状况，鼓励以气代油，利用天然气顶替一部分燃料用油。

江泽民总书记、李鹏总理等党和国家领导人做重要指示。这次会议强调，石油天然气工业的发展必须继续贯彻"稳定东部、发展西部，国内为主、国外补充，油气并举、节约与开发并重"的方针，形成完整的石油工业发展方针。"油气并举"被党中央确定下来。

"油气并举"工作方针的贯彻落实，从陕甘宁盆地的勘探突破和"气化北京"开始起步。

陕甘宁盆地面积 23 万平方千米，石油和天然气蕴藏量都比较丰富。1986 年 1 月和 10 月，我两次听取长庆石油勘探局的工作汇报，要求他们从区域着眼，加快天然气勘探步伐，立足盆地掩冲带 1 万多平方千米有利地区，寻找大的含气区。这一年，他们大打天然气勘探硬仗，取得较好成果。

1987 年，石油部为加大陕甘宁盆地天然气勘探，专项增拨了投资，并确定打一口科学探索井——陕参 1 井。1989 年 6 月该井获日产 13.9 万立方米高产气流。同时，部署在距陕参 1 井 40 千米的榆 3 井也获日产 9.5 万立方米高产气流，由此发现靖边气田。

1990 年，在靖边气田共钻探井 11 口，8 口井连连告捷，均获工业气流，控制含气面积 600 平方千米，这是"七五"期间中国天然气勘探的重大突破。11 月中旬，我到长庆勘探前线现场办公，看着呼啸的"气龙"，非常高兴

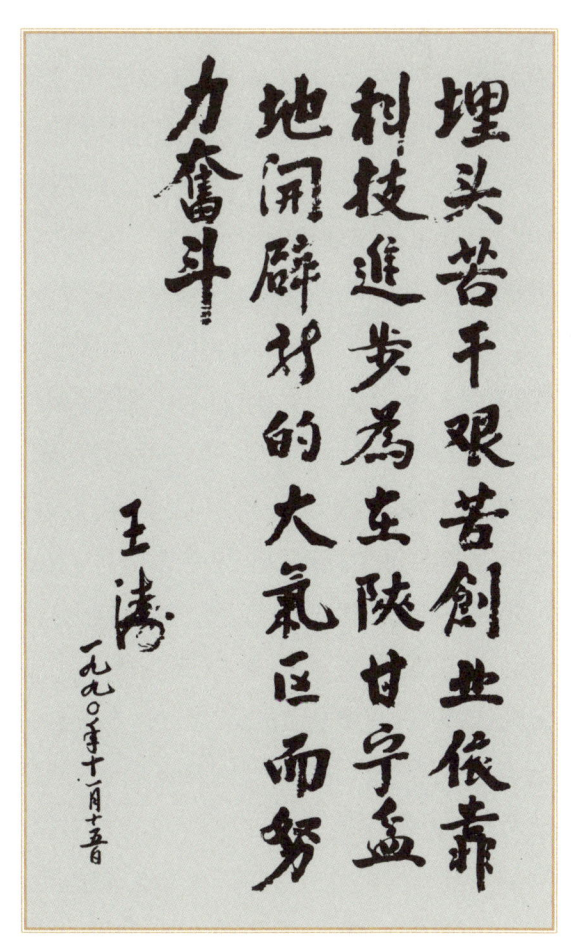

1990 年 11 月，王涛为长庆油田题词

地对现场的同志们说:"看来陕甘宁盆地是大气田在握,大气区在望了。"并要求加快天然气勘探步伐,组织大规模的天然气勘探会战,早日拿下大气田,向党中央、国务院交上一份合格的答卷。

1991年7月,总公司决定抽调其他油田和石油物探局的地震队伍,连同长庆油田的地震队,开展地震会战。在长庆油田5000名将士的鏖战下,经过坚持不懈的努力,于1994年底成功探明了我国最大的整装气田——靖边气田,从此打开了我国西部找气的新局面。

总公司在坚持继续加大长庆油田勘探的同时,提出天然气下游利用的规划,设想建设天然气管道,向西安、银川和北京供气。

我们时刻铭记着周恩来总理"气化北京""让祖国的天空更蓝"的夙愿。1986年1月,在制定"七五"计划时,我们就设想建设华北地区输气管网,把几个产气区联结起来,搞好相互之间的调节,在规划中优先考虑增加北京的供气量,为建设清洁美丽的首都做出贡献。

早在1985年10月,华北油田日输气40万立方米的天然气管道进了北京。这条长达70千米的管道,把石油工人的心与首都紧紧地联系在一起,也为即将举办的亚运会增添了光彩。

1991年,北京市申办2000年奥运会,为了减轻空气污染,我们提出"输气进京,争办奥运"的口号。1996年3月,陕京输气管道工程试验段开工建设,一期设计年输量13.2亿立方米(首站不增压)。这是国家"九五"重点基本能源建设工程和我国第一条跨3个省、1个直辖市的长距离输气管道,其建设的意义非同寻常。同月,李鹏总理为陕京输气管道工程题词:"建设好陕京输气管道,为发展经济保护环境,提高生活水平做出新的贡献。"总公司党组要求把陕京输气管道工程作为发展我国天然气工业重大战略部署的重要组成部分,作为陕甘宁天然气引入东部地区的主干线,作为直接为首都人民造福、实施国家"九五"计划可持续发展战略的重大工程,认真组织建设好。

1997年9月,陕京一线建成投产,陕北的天然气送到了北京,实现了石油人对党中央、国务院和北京市人民的庄严承诺。

对于新疆地区特别是塔里木盆地的天然气问题,1995年11月,我在总公司召开的西部油气勘探工作会议上谈道：几个含气盆地的预测资源量为 21.2 万亿立方米，长庆、四川、新疆 3 家，看谁家能先累计探明天然气储量为 1 万亿立方米。在 1996 年 12 月西部勘探开发会议上，我进一步强调：新疆有 1 万亿立方米就可以建管道了。有气不出，就等于把人民币压在地下，什么效益也没有，要规划好新疆天然气发展目标问题。

二、西气东输构想

塔里木石油会战 5 年后，我们看到这样的趋势：天然气储量增长速度大大超过石油增长速度。天然气的出路问题成为我们思考的一个重心。

1994 年 7 月 11—13 日，国务院副总理邹家华到塔里木给沙漠公路第一期工程竣工剪彩并为塔中 4 油田开工建设奠基。这期间，邹家华听取了总公司及新疆三大油田的工作汇报。

总公司向邹家华汇报了天然气的利用问题。我们由李鹏总理担保向中国银行贷款 12 亿美元，这是事先签了协议的，建成 500 万吨原油生产能力，卖油还贷。现在投入开发的轮南、东河塘、桑塔木、解放渠东、塔中 4 等油田，已具备还贷能力。但每年生产的溶解气有 7 亿~10 亿立方米，如果再开发吉拉克、英买力、牙哈等凝析气田，天然气就要达到 25 亿~30 亿立方米，如何有效利用尚待解决。我们计划，油田伴生气留在当地发展化肥和天然气加工厂，规划在库尔勒建设一座包括两套 30 万吨合成氨装置、年产 104 万吨尿素的大化肥厂。关于气层气，总公司认为，从目前新疆三大盆地的勘探情况看，气层气的发展前景很好，塔里木在塔北地区连续打出一批高产气井，展示了良好前景，预计到 20 世纪末最少能拿到 5000 亿立方米左右的储量，加上准噶尔和吐哈盆地，有望拿到 6000 亿~7000 亿立方米储量。设想，这部分天然气可着手规划送到东部沿海发达地区，这对于改善当地能源结构，促进经济发展，搞好环境保护，具有重要意义。我们建议国家有关部门将这项工程纳入"九五"计划和 15 年规划。

邹家华听了汇报后说，管道建设问题，决定于勘探能拿到多少天然气储量。储量拿不到手，这些问题都难以做出最后决策。只要把天然气储量

中国石油天然气总公司1994年工作会议简报刊载《天然气大发展的时机已经到来》

拿到手,管线就可以建。

人们不会忘记:20世纪70年代初,四川地区先后发现了19个气田,1974年天然气产量达到30多亿立方米,在没有充分对比论证的情况下,用容积法算出四川地区天然气三级储量(为1万亿立方米),预测1980年天然气年产量达到300亿立方米。据此计划修建由四川气田到上海的输气管道,全长2940千米,并展开了部分前期工程。后来由于四川气田经过3年的勘探开发,天然气产量和储量都与当初预想情况相差甚远。1978年6月,国务院果断决定停止"川气出川"工程。

加快天然气的开发与利用,既是石油工业发展的一项重大战略,也是优化能源结构,保护生态环境,缓解石油供应不足矛盾的一项重大措施。天然气是我国尚未进行充分勘探、开发和利用的一种优质、高效、清洁的能源和化工原料,更是连接着千家万户、牵扯到老百姓的重要民生资源,所以气源地地质储量问题既是民生问题,更是政治问题。我亲历的三件事真是刻骨铭心。一件事是1976年春节,我当时在辽河油田欢喜岭前线指挥部,从杜4井接一条气管线到"前指"供生活、取暖用。除夕那天,二线单位把包好的饺子送到了前线。可原定临时输送的天然气井却因故障无法供气,饺子没办法下锅。我们赶到井上处理完故障,结果半夜才通上气,大家热热闹闹地吃了一顿热乎乎的饺子,庆贺新春的到来。第二件事是20世纪80年代末,大港油田向天津供气,每到春节时,天津市领导到油田慰问的一个议题就是要保证天津市民过年能吃上饺子。那个时候,我们要求大港油田压缩生产和生活自供气,也要千方百计确保天津市民用上天然气。第三件事是1990年初，总公司筹划建设陕京管道时，当时北京市领导说，你们可要保证有足够的资源，如果出现"川气出川"供不上气，北京市民上街排队买面包，我这个市长也成为"断气市长"了。这给我们的压力特别大，特别是当时北京市申办 2000 年奥运会，而北京就是世界空气污染最严重的十大城市之一，我们提出"输气进京，造福人民，改善环境，争办奥运"就是为了减轻空气污染。总公司机关所在地六铺炕就有一个锅炉房，高耸的烟筒排放着浓黑的烟雾，我每天路过时心头就像压着一块大石头喘不上气。记得 1991 年冬天格外寒冷，有几天，为了减轻日益严重的大气污染，为申办奥运做准备，供暖锅炉停止供暖，听到这一消息，我的心头更是雪上加霜。落实天然气资源的压力使我们这些决策者寝食难安。手里有"粮"心里不慌，只有拿到足够的天然气储量，我们的天然气管道规划才有"底气"。

根据邹家华副总理的意见，我们开始思考这样一个问题：塔里木盆地要拿到多少天然气才可以建设通往东部的天然气管道。塔里木周边是经济欠发达地区，消化不了多少天然气。东部发达地区与塔里木距离遥远，如输到上海，是 4000 多千米。根据年输气 100 亿～150 亿立方米这样的目标，新疆三大盆地找到 1 万亿立方米天然气就可以建管道，塔里木起码要找到 5000 亿～6000 亿立方米。

1994 年 8 月，在新疆石油资源论证会上，国家计委副主任叶青讲到，对于西部地区的油气，不能轻易排掉伴生气。出疆管道工作可以积极地去做，如果确实实施的话，那就得有一定的储量，尤其是以探明储量为基础。邱中建代表总公司发言时提到，要把全疆的勘探、开发、运输、下游作为一个系统工程来研究，整体规划、分步实施、分散风险、滚动发展。同时加强对天然气利用的研究，重视天然气的地位，特别是注意对伴生气的利用，多做一些管道的前期研究工作，包括各种方案和运输方式的比较。11 月 23 日，总公司召开塔里木石油勘探开发技术座谈会，我安排邱中建同志在会上讲一下油气管道建设问题。邱中建在会上提出："塔指在塔里木探明的天然气储量已经达到了 1000 亿立方米，地矿部找到的储量是 240 亿立方米，塔西南已经找到 280 亿立方米，加到一起已经探明了 1500 亿立方米

天然气储量。如果下游还在那里慢慢腾腾、漫不经心，我们的领导机关会犯官僚主义的错误。"

1994年11月5日，我们在向党中央、国务院的汇报中提出"九五"期间，陆上要逐步建成四川、陕甘宁、新疆三大天然气生产基地。其中新疆天然气区（包括青海在内），现已探明地质储量1500亿立方米，2000年要达到5000亿立方米，可以形成年产气100亿立方米的生产能力。我们将组织论证建设一条从新疆至长江三角洲的天然气长输管道，增加东南沿海地区的天然气供应量。

同年的11月14—17日，总公司在库尔勒召开塔里木勘探技术座谈会。塔指研究中心在会上提出勘探工作要"四个并举"：海相克拉通盆地与陆相前陆盆地并举、古生界与中新生界并举、构造与非构造圈闭并举、油气并举。总公司很赞同"四个并举"勘探思路，这是根据塔里木近几年勘探取得的地质认识提出来的，比较符合塔里木盆地实际，并强调了"四个并举"中要突出"油气并举"。

鉴于塔里木勘探发展趋势，我们特别强调了要加强天然气勘探，有油要油，有气要气，如果我们能先找到5000亿立方米天然气，就可以先铺输气管道了。

会议期间，邱中建在谈到"关于勘探方向问题"时，也一再强调说，天然气在今后的一个不长的时期内，还会有大幅度增长。关于天然气的下游工程要及早考虑。我与邱中建（这时邱中建已卸任塔指的职务，回到总公司兼任北京石油勘探开发科学研究院院长、党委书记）商量了一下，从1995年开始，塔指要集中力量，从科研、生产到技术，都要集中精力围绕寻找与塔里木盆地规模相称的大油气田开展工作。争取用三年时间，搞三轮勘探，通过实践—认识—再实践—再认识，不断深化现已认识的盆地结构、地质特点、油气分布基本规律，初步确定这样一个目标，即再奋战三年，争取有重大突破，拿到大场面。

我们决定给塔里木"松绑"：1995年总公司不给塔里木探区压储量任务指标，让勘探界的同志一心一意去寻找大油气田。不压储量任务，就是让勘探家们进一步解放思想，跳出塔北、塔中已发现的油气区带，着眼全盆地大范围地展开区域勘探，同时重点解剖已发现油气地区，获得重大新发现。我们清楚地认识到寻找气田，如果仅发现一些200亿、300亿立方米的中型天然气田，是花了钱，解不了渴，实现不了天然气东输的大目标。如果找到至少两个千亿立方米以上的大气田，我们的目标就有可能实现。

1995年8月7—18日，总公司召开"九五"计划专题研讨会，总公司领导层、有关司局负责人以及一些院士、专家分专题参加了研讨。计划局、石油物探局和几位专家认为"八五"期间国内天然气业务发展很快，1994年国内陆上探明的天然气储量超过1.8万亿立方米、产量达到160亿立方米，预计"九五"期间天然气储量将有较大幅度的增长，建议加快开发，

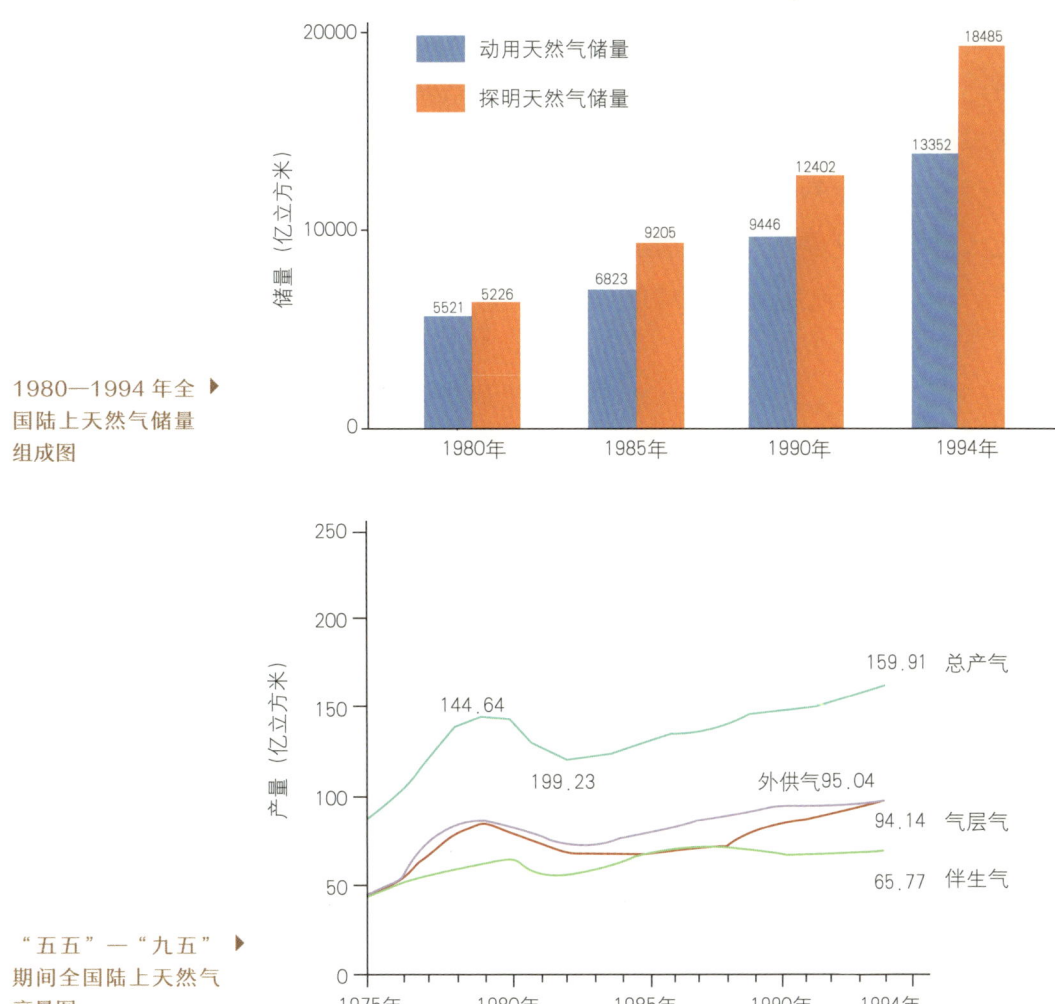

◀ 1980—1994年全国陆上天然气储量组成图

◀ "五五"—"九五"期间全国陆上天然气产量图

在增加气产量的同时，也有利于增加油的产量。加快天然气上下游一体化发展，既可为改善我国能源结构做贡献，也是总公司壮大经济实力的需要。关于塔里木的天然气问题，大家也在会上做了讨论，建议在塔里木寻找大气田，为今后"疆气东输"做好前期准备工作。

关于天然气的发展问题，我一直在思考，"八五"时期我们已打下良好资源基础，"九五"期间发展天然气是我们非常重要的战略措施。在听取天然气发展规划的汇报后，我谈了几点看法："过去我们研究气比较粗放，建议对气的规划要认真研究，'重油轻气'的做法要改变一下。'九五'往后，从世界的趋势看，气多于油，气的发展快于油，我们相差太大，应跟上这个发展。对气的问题要科学研究，把储量搞准。一方面我们没钱，一方面气又大量放空，现成的效益不抓。气的用途很广，是宝贵的原料、燃料，现在地方要气的积极性非常高。今后10年天然气应进入快速增长，加快发展。搞气争取时间是非常大的问题，时间就是金钱。"

"发展天然气的市场取向究竟是什么，国家很重视化肥生产，我们是农业大国，化肥需求很大，但搞化肥要离市场近，如离市场太远，加上价格不合理，发展化肥就很难，就没有大的效益。国家进口化肥2000元/吨，

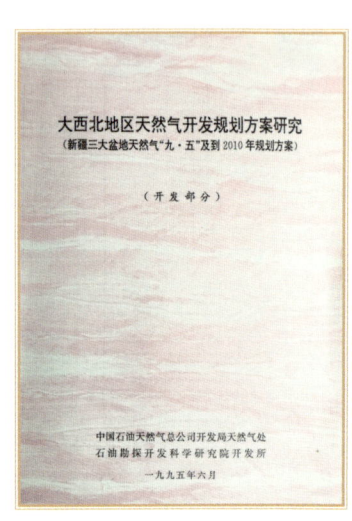
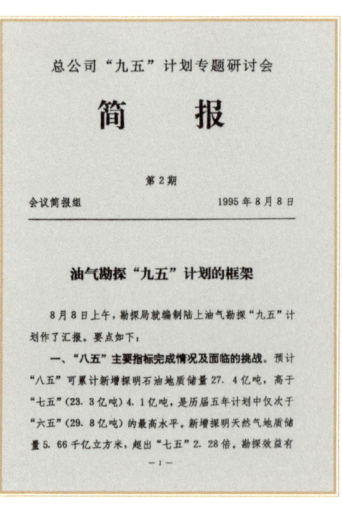
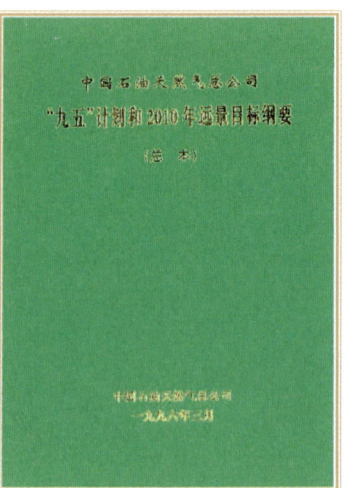

▲ 左图：1995年6月，总公司开发局和石油勘探开发科学研究院联合编制的《大西北地区天然气开发规划方案研究》
中图：1995年8月，总公司"九五"计划专题研讨会简报
右图：1996年3月，总公司"九五"计划和2010年远景目标纲要

而国内生产1400元／吨，生产还亏本，这不能干，今后应按进口价鼓励一下，国内生产，不解决价格问题不行。"

"天然气发展一定要上下游同步。我国资源配置的格局是东部有市场，西部有资源，西气东输价格要多高，值不值，要算这个账，究竟什么是经济合理、是可行的。"

"现在靠东部的气来保东部市场很难稳定，要增加供气，怎么保。东部可能有动态生成气藏，到哪儿找，包括深层、浅层煤层气，东部含煤盆地不少，但我们研究不够。东部需要气却没有，西部有气又用不了，外输有个数量问题，规划不扎实说服不了人。东部到底有没有气，能否打开局面，能否突破，给我们的地质家提出了一个历史课题。"

"现在的规划高不就低不成，上不来下不去，解决不了问题。西气东送是大格局、大战略，需要什么条件，到2000年搞到多少才算够。另一方面，我们也想利用国外的气，东亚、西伯利亚等地的气，但不能马上解决问题。还有天然气发电，现在能不能摆上位置，这也是大路子。现在人们关心更多的是民用气，搞化肥是有限的，但民用气市场更大，我们究竟能气化几个城市，建几个电站，放在什么地方，气怎么输，下游部署不好，上游就开发不了。'九五'石油要振兴，气是我们重要的一张牌。油只有1.4亿吨，气再上不去，石油还有什么政治地位。因此要规划好、与各方面协调好，大的格局实施下来，不能只管三五年，我们'九五'一定要细致研究。"

"天然气的规划一定要从长远考虑，不仅考虑5年，'九五'只能消化现有找到的资源，气的发展一定要考虑到2010年，规划要着眼于2010年。今后15年勘探上要把资源落实下来，勘探要走在前。气的管网很重要，管网骨架搞5～10年时间也不长，还要有地下储气库。气和油要放在同等的位置上，单独搞规划，搞科研，组织实施，专门来落实，真正扭转'重油轻气'。"

1996年，总公司加快了西部地区天然气资源开发利用战略研究工作，石油规划设计总院联合有关部门，先后完成"我国天然气开发利用战略研究""我国西部天然气开发利用研究""全国天然气利用规划"等长远性的研究课题。这年8月，中国第一条沙漠天然气管道，全长302千米的塔中至轮南天然气管道建成竣工。1997年3月,全长301.6千米的鄯善至乌鲁木齐输气管道正式供气。同年7月1日,轮南至库尔勒市天然气管道开工建设,管道全长192.4千米,年最大输气量25亿立方米,1998年建成输气。由此拉开塔里木天然气管道建设的序幕。西部地区天然气管道建设工作,促进了西部天然气勘探开发和下游加工业的发展,并为自身城市供气提供了有效保证。

在立足国内天然气资源的前提下,为确保天然气稳定供应,总公司也在考虑国外补充引进天然气的问题。20世纪90年代初,总公司就开始派专家到俄罗斯考察,探讨合作的可能性与可行性,考虑油气运输的问题。"九五"期间,我们还计划从东西伯利亚贝加尔湖地区和中亚地区,从北面和西面两个方向引进天然气,建成联结我国南北、东西的天然气管网。

三、西部大开发第一炮

克拉2气田及其他一系列气田的发现,使塔里木探区原来的1000多亿立方米的天然气储量,一下子攀升到近6000亿立方米,具备了1994年总公司向邹家华副总理提出的天然气东输设想的条件,也提前实现了1997年总公司提出的"通过三年科技攻关战役,使大场面明朗化"的目标。

1998年7月5—6日,中共中央总书记江泽民一行再次视察塔里木。邱中建代表塔指向江泽民汇报。讲到天然气的出路问题时汇报说,塔里木丰富的天然气资源尚未得到利用,我们油田的伴生气一年就放空烧掉7亿立方米。江泽民说,天然气一年放空烧掉7亿立方米,烧得人心疼啊。石油和天然气是我们梦寐以求的资源,看了李四光同志的地质理论,我们找到了大庆油田,现在这里一年像点"天灯"似的烧掉真让人心疼。他指示要加快解决天然气利用问题。

克拉2气田的发现,促进了西气东输工程前期工作的进程,1998年8月起,国家计委同意中国石油加快西气东输工程的预可行性研究工作,全面开展《塔里木天然气东输规划方案》《西气东输工程可行性研究报告》的编制。初步确定,西气东输工程初期输气量为每年120亿立方米,逐步形成西气东输工程规划方案。

按照国务院的要求，中国石油天然气集团公司召开研究西气东输工程会议，提出"必须抓住机遇，加速启动西气东输工程，把西部资源优势和东部市场优势紧密结合起来"。

1998年12月中旬，我应邀参加集团公司在库尔勒召开的塔里木盆地勘探技术座谈会。自治区领导王乐泉、张文岳，集团公司领导马富才、黄炎都来参加这个会议。会议洋溢一片喜悦气氛。塔里木探区从1995年以来一直沉闷，处在低潮期，反对意见说什么的都有，现在一扫而空！

▲ 1998年，国家计委关于开展天然气"西气东输"建设项目预可行性研究的批复

会议期间我对邱中建说，克拉2算一个大场面。像克拉2这么大规模，这样整装，品质这么好的大气田，中国目前还没有第二个。我初步计算了一下，塔里木石油会战10年来，总公司投资是135亿元，李鹏总理担保中国银行贷款12亿美元，折合人民币约100亿元，总投资将近235亿元。我们就是靠这些起家的。现在，12亿贷款还得已经差不多了，油气大场面初步打开了。西气东输工程一上马，就把塔里木推到一个重要战略位置上。

进入新世纪的2000年，中共中央贯彻邓小平关于中国现代化建设"两个大局"战略思想，全面推进社会主义现代化建设，做出实施西部大开发的战略决策部署。当年3月，我作为全国人大常委会委员，环境与资源保护委员会副主任出席了全国人民代表大会。这一年的"两会"，举世瞩目的西部大开发成为会议的焦点、热点，西部大开发的标志性工程"西气东输"更是热中之热。一些代表也非常关心资源能否保证，李鹏委员长在和新疆代表座谈时又关切地询问资源的落实情况。这么大的工程，大家担心是可

以理解的。事实上，基于当时塔里木已经探明的资源，未来确保稳定供气30年没有问题。如果再考虑可以利用的国外资源，陕甘宁、青海、四川等地天然气，以及山西的煤层气资源，"西气东输"可以说是上了多重保险。所以，我在会上郑重承诺："请全国人民放心，'西气东输'工程的天然气储量是完全有保证的！"

2000年9月7日，朱镕基总理亲自到轮南实地视察塔里木天然气资源情况。朱镕基总理评价说，经过实地考察，我们认为塔里木盆地天然气资源是落实的，不会出现当年"川气出川"的情况。

朱镕基总理说，时隔13年（1987年他随李鹏、胡启立同志到塔里木视察），再到这个地方一看，面貌换了新天地。在这里找到了中国最大的天然气田，取得了很大的成绩。应该充分肯定中国石油天然气集团公司的工作。你们不管是在全国还是在塔里木都取得了很大的成绩，应该向油田的同志表示衷心的敬意和感谢。

朱镕基强调说，最近江泽民总书记谈到西部大开发时说，力争在5年到10年内，在基础设施建设和生态环境改善方面有突破性的进展，新疆的开发要有突破性的进展，必须做两个大题目，做两篇大文章，做大手笔。在未来10年内，要完成两个大的工程，一个就是水资源开发，一个就是"西气东输"，将新疆的天然气送到东部去，这个项目国务院已经批准立项，根据考察，今天我们又亲眼看到，我们认为不会有当年"川气出川"的命运，资源是比较落实的。这个项目不但要马上启动，而且要尽快地建成，这是一篇大文章、一个大手笔，要投资1200亿元，其中管道建设400亿元，配套建设800亿元。建设4000千米管道，这是要在中国的地图上画上浓重一笔。朱镕基总理殷切希望加快石油天然气勘探开发的步伐，为国民经济持续稳定发展再做贡献。朱镕基总理说，现在油价涨到这个程度，得克萨斯的油价达到34美元1桶，折合人民币2000多元1吨。现在全国可能要进口7000万吨原油，3000万吨成品油，一年要花200多亿美元进口石油。所以我们的石油、石化公司真是要加快勘探步伐，找油找气，尽快开发。这对国民经济发展的意义非常重大。要加快可行性研究，加快西气东输建设，这样就打响了西部大开发的第一炮。

国家计委批准了西气东输工程立项报告书，并要求，塔里木油田要在今后两年内再找到2000亿立方米的天然气。

克拉2气田发现后，塔里木油田领导班子为西气东输早日立项做了大量工作。从1999年起，多次向国务院和自治区汇报，并成立塔里木油田公司西气东输领导小组，加大天然气勘探力度，短时间内相继发现了迪那、大北等气田，进一步夯实了西气东输的资源基础。

2001年，迪那2井和迪那11井先后喷出高产气流，发现迪那大气田，探明天然气地质储量1752.18亿立方米、凝析油1338.9万吨，提前实现了国家计委提出的要求。而1999年储量超千亿立方米的大北气田的发现，使地质家们意识到，从东部克拉2大气田到西部大北气田之间100多千米的范围内，有可能是一个大的天然气富集区，由于发育大面积良好的盖层，只要有圈闭就会有气田，场面会越来越大。

在天然气勘探和开发加快发展的同时，一批国家重点建设项目陆续开始建设投产。以1996年陕京天然气输气管道启输为标志，中国天然气输气管道建设进入快车道。这期间，建成了新疆鄯善至乌鲁木齐和长庆气田至银川、西安、北京四条输气管道，合计2000多千米，新增年输气能力约50亿立方米。同时，开工建设涩北—西宁—兰州输气管道，对增加全国能源有效供给，改善能源结构，搞好环境保护，都有深远影响。

1999年下半年，根据资源量与市场需求，国家初步确定西气东输管道初期供气量为每年120亿立方米，基本形成了较为完整的西气东输规划方案。

2002年7月4日，被视为西部大开发标志性工程的西气东输工程建设全线开工，开工典礼在北京人民大会堂隆重举行。国务院副总理吴邦国宣布工程建设全线开工。江泽民总书记在贺信中说，西气东输是一项举世瞩目的宏大工程，是实施西部大开发战略的重要举措。他希望沿线各省（自治区、直辖市）党委、政府、参与工程建设的全体员工，精心组织，加强协作，群策群力，科学施工，把西气东输工程建成一流工程。

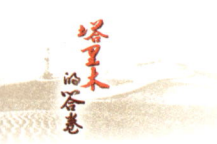

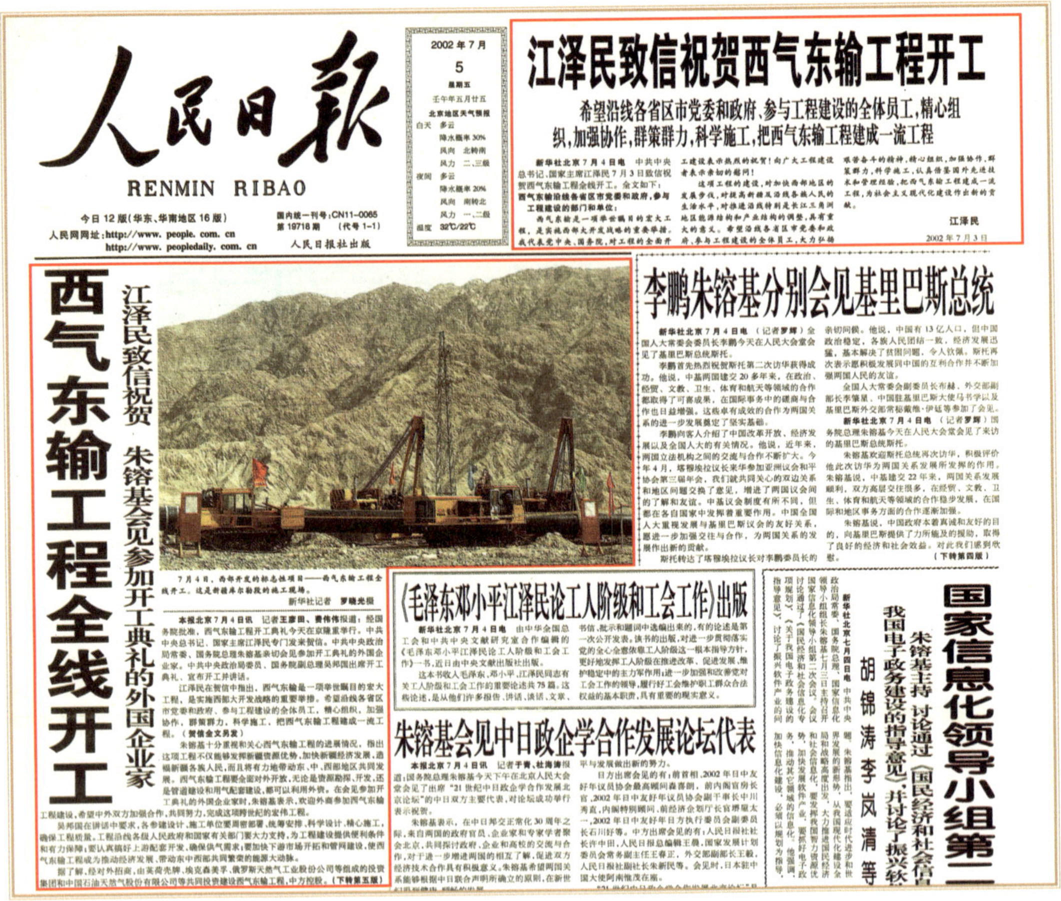
人民日报
RENMIN RIBAO
2002年7月 5 星期五
江泽民致信祝贺西气东输工程开工
希望沿线各省区市党委和政府、参与工程建设的全体员工，精心组织，加强协作，群策群力，科学施工，把西气东输工程建成一流工程
西气东输工程全线开工
江泽民致信祝贺 朱镕基会见参加开工典礼的外国企业家
李鹏朱镕基分别会见基里巴斯总统
《毛泽东邓小平江泽民论工人阶级和工会工作》出版
朱镕基会见中日政企学合作发展论坛代表
国家信息化领导小组第二
朱镕基主持 讨论通过《国民经济和社会信息
我国电子政务建设的指导意见》并讨论了振兴软
胡锦涛 李岚清 等

▲
2002年7月5日，《人民日报》头版报道西气东输工程开工

四、改善国内能源消费结构

西气东输工程包括上游气田开发、中游管道铺设和下游天然气利用等建设项目，静态总投资约1400亿元。其中管道干线西起新疆塔里木的轮台县轮南镇，东至上海青浦区白鹤镇，自西向东途经新疆、甘肃、宁夏、陕西、山西、河南、安徽、江苏和上海等9个省（自治区、直辖市），全长3843千米，年设计输量120亿立方米，是中国当时距离最长、输气压力最高、管线口径最大、钢管强度最高、具有世界一流水平的高压输气管道。管道沿线地貌类型繁多、地形复杂、环境脆弱，管道穿越长江1次、黄河3次、淮河1次、其他大型河流8次，建设陆上隧道16条，工程难度之大可想而知。

工程立项的时候，因为我们自己缺乏经验，曾考虑过与外方合作，然而由于外方要价太高，合作最后没谈成，后来走上自主创新之路。面对各方面的困难和挑战，数万名参建者在两年多的时间里，紧密配合、顽强拼搏、科学攻关，解决了大量疑难问题，经受住了一个个严峻考验，高质量完成这项世纪性庞大工程。

2004年10月1日，西气东输工程全线投入商业运行。12月30日，西气东输工程投产庆典暨表彰大会在北京人民大会堂隆重召开，胡锦涛总书记向大会发来贺信，代表党中央、国务院对西气东输工程全线胜利建成并成功运营表示热烈祝贺，向广大工程建设者致以诚挚的问候和衷心的感谢。他在贺信中说：西气东输工程的建成，开通了我国横贯东西的一条能源大动脉，对于推进西部大开发，加快中西部地区的发展，造福新疆及沿线各族群众，对于推动产业结构调整和能源结构优化、保障国家能源安全，必将发挥重大作用。

2004年建成投产的西气东输工程轮南首站

　　西气东输工程的顺利建成投产和成功商业运营，让我欣喜不已。从1986年石油部提出"油气并重"的发展方针以来，中国石油人以新的担当和勇气，加大天然气的勘探和开发，就是希望加快天然气业务的发展，以适应世界能源的发展潮流，改善国家的能源结构。西气东输工程的建设投产，解决了东部市场和西部资源之间的矛盾问题，一定能够对国内天然气的生产消费产生巨大推动作用。随着国民经济的持续高速发展，天然气作为化工原料、工业燃料、城市燃气和发电等方面的优质能源，必将发挥越来越重要的作用。

　　西气东输工程投产后，国内天然气消费需求不断增长，天然气业务迎来大发展，国家及时启动西气东输二线、三线工程建设。西气东输二线以中亚天然气为主力气源，西起新疆霍尔果斯口岸，与中亚天然气管道相连，南至香港、东达上海，包括1条主干线和8条支干线及其配套支线，全长8819千米，年输气量300亿立方米，途经14个省（自治区、直辖市）以及

2012年12月，西气东输二线香港支线建成投运现场
▼

香港特别行政区，于 2008 年 2 月开工建设，2012 年 12 月全线建成投产。西气东输三线以中亚天然气为主供气源，新疆煤制天然气为补充气源，西起新疆霍尔果斯，途经 10 个省（自治区、直辖市），终于福州，全长 6840 千米，包括 1 条主干线、5 条支干线，设计年输气能力 300 亿立方米，工程于 2012 年 10 月 16 日开工建设，中卫—靖边联络线于 2017 年 11 月 27 日建成投产，全线预计 2019 年完工。西气东输一线、二线和三线通过中卫、靖边、枣阳、吉安等枢纽站实现互通互连和集中调控，实现了塔里木、长庆、川渝和青海四大气区的联网，为全国天然气管网的形成和平稳供气奠定了坚实基础。

截至 2018 年底，中国石油的输气管道已达 5.43 万千米，尚在建设的中俄天然气管道东线中国段 1370 千米。中国四通八达的天然气网络正在形成。

塔里木油田作为西气东输的主力气源地之一，继克拉 2、迪那气田投入开发后，库车山前地区天然气

塔里木油田累计向西气东输供气超过 2200 亿立方米新闻

2017 年 12 月 31 日，中央电视台报道"塔里木油田西气东输供气突破 2000 亿立方米"

持续获得新突破，大北、克深、博孜气田陆续投入开发，塔里木天然气产量持续增长。塔里木油田向西气东输管网累计供气量于2012年7月达到1000亿立方米，2017年底又突破2000亿立方米，新华社对此都做了重要报道。我从新闻中了解到，西气东输工程惠及下游15个省（自治区、直辖市）、120多个大中型城市，3000余家大中型企业，近4亿人口从中受益。以2000亿立方米天然气替换相同能量当量的煤炭计算，可以减少排放有害物质1.8亿吨。

  2010年，我到上海观看世博会，白天看到上海的天空湛蓝湛蓝，感到空气质量很好。想起从塔里木东输过来的天然气终点就在上海，不由得感叹塔里木的天然气为上海、为东部地区做出了巨大贡献，而将祖国东部和西部紧密联系起来的就是这条横亘东西的西气东输管道。前一些年，以京津冀地区为代表的雾霾问题受到社会各界的广泛关注，党中央和各级政府大力推进包括普及天然气在内的减排措施落实，雾霾问题有所好转。有的同志对我讲，如果不是西气东输工程的及早启动和实施，优化了国内能源结构，减少了污染物排放，一些城市的空气污染问题将更加棘手。从这一点来说，塔里木天然气业务的发展、西气东输工程的实施对改善国家能源结构、促进清洁能源使用、提高人民生活质量是做出了贡献的。

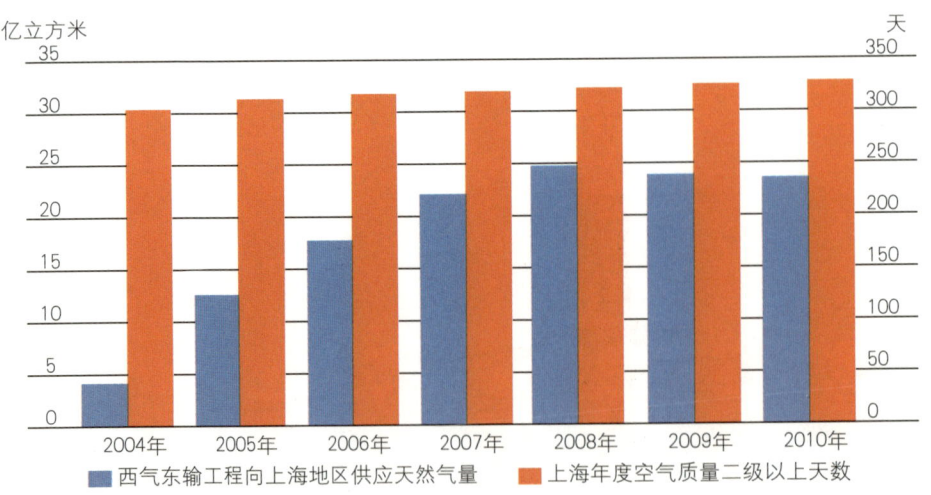

2004—2010年西气东输工程向上海供应天然气量与上海年度空气质量优良天数柱状图

第五节 更大场面逐步呈现

一、迪那大气田之后的沉寂

2001年,迪那大气田发现后,地质专家们对库车坳陷抱有热切的期望,认为有了克拉2、迪那两个大气田勘探的技术和经验,在不太长的时间里,再发现几个规模千亿立方米的大气田,是可以期待的。但是,事与愿违,库车坳陷勘探却走入低谷。直到2007年以前,克拉苏构造带再没有新的突破。难道克拉2大气田是克拉苏构造带的"独生子"?

库车坳陷从1952年开始勘探,从1958年发现依奇克里克油田,到1995年发现大宛齐油田,之间有近40年没有新发现。昆仑山前1977年发现柯克亚油气田后,到2001年发现阿克莫木气田,中间有24年没有新发现,人们将其称为"独生子"现象。

迪那大气田发现后,库车山地勘探遭遇到新的挑战。之前大规模山地勘探攻关战役,储备了大量有利构造和圈闭。这些构造和圈闭埋藏多在5000米以下,由于构造主体和深层地震资料品质仍然比较差,造成钻探屡屡失利。从钻井技术上看,由于钻探目标向更深层发展,带来了更高难度的技术问题:井深达6000~7000米后,事故和复杂情况频繁发生,钻井周期过长,技术套管磨损严重,曾多次发生套管磨穿现象;异常超高压对钻井装备和井控等方面提出更高的技术要求。塔里木深井钻机的钻探能力多为六七千米。这一时期很多探井深度已经接近钻机的极限能力。

这一时期在库车山前打了近 20 口空井。有些是由于地震资料不过关，地下圈闭不落实造成的，有些是钻井遇到严重困难而使工程报废。如 2005 年 9 月上钻的克拉 4 井，由于构造建模不准，导致目的层识别有误，这口井实钻与设计误差大，经过 3 次加深后，钻达 6392.5 米井深时发生严重卡钻，被迫事故完钻。

塔里木油田勘探开发研究院库车项目组项目长雷刚林由此患上失眠症。晚上一闭眼，库车山地一口口失利的探井就在他脑海里浮现，挥之不去。一些风言风语也传到他耳朵里来：库车山前还有没有勘探潜力，还能不能找到像克拉 2、迪那这样的大气田？这是他和项目组的同事们必须回答的问题，用事实来回答。雷刚林反复思索，认为库车勘探潜力巨大，关键是克服技术难题。他和同事们认真分析失利原因，重新落实圈闭，提出"向大北—克深构造带进军"的勘探目标。

库车山地勘探进入新一轮技术攻关阶段。

2005 年初，塔里木油田公司向石油物探局和四川山地勘探公司提出要求：山地和山前带地震攻关要采取革命性措施，确保山地地震剖面一级品率由过去的 20% 提高到 60% 以上。石油物探局和四川山地勘探公司面对甲方的高要求，提出：技术上要敢于否定过去，敢于否定自己，对以往不过关的地震资料要"推倒重来、重新采集"。首先是地震资料采集方面，在激发问题已基本解决的情况下，要大幅度提高地震资料信噪比，想办法引入新技术。石油物探局塔里木前指副总工程师严峰想到东部黄土塬地震勘探中采用的"宽线技术"。

严峰 1981 年大学毕业就在塔里木从事物探技术工作。他从不把自己关闭在研究室里，而是深入地震采集第一线，在实践中发现问题、研究问题。1996 年，首次在克拉 1 号构造实施三维地震，结果资料品质很差，没有达到预期效果。他认真分析其中的原因，发现这是仪器接收道数少、激发技术不过关等因素所致。后来他主持设计克拉 2 气田、迪那气田的三维地震，与甲方积极配合，采用先进的采集设备，挑选好的施工队伍，获得了高品质的三维资料，为克拉 2 气田、迪那气田的开发做出了贡献。严峰在塔里木 30 年，一心扑在物探技术攻关上。物探人称他为"活资料库""活地图"，因为每一次技术攻关都有他的参与，把有关数据记在脑子里。一般人看来，严峰是个没有什么业余爱好、不善社交和应酬的人，而只要他站在地震剖面前，人们立刻会看见一个思维活跃、敏捷、话语滔滔不绝的物探专家。2004年，美国著名地球物理专家伊尔玛兹，听说中国塔里木盆地山地地震是世界级难题，慕名而来。严峰陪着伊尔玛兹到库车山地走了一遭。伊尔玛兹临离开前对严峰说："这里的物探确实是世界级难题。我认为，既然是世界级难题，还是把它交给世界吧！"严峰认真地回答说："这道世界级难题既然是在中国，还是让我们中国人自己来攻克吧！"

严峰面对新一轮山地地震技术攻关，想到把"宽线技术"引入山地勘探中来。他向甲方建议，先在昆仑山前巨厚黄土层区做试验。他的建议获得甲方支持。

勘探人员在山地艰难地进行地震施工作业
▼

严峰带着自己的技术团队和施工队伍，在山区进行宽线技术试验。石油物探局有的同志反对，认为引入宽线技术不一定适合塔里木山地实际，而且成本很高，这样会造成物探工作经济效益下降，认为严峰在"胡折腾"。野外施工中，试验方法有多种，要求施工变来变去，少数地震队员也不胜其烦，有不少抱怨，严峰耐心向大家说明试验的重要意义。2004年，在昆仑山前试验取得明显效果后，2005年又在库车山地克拉苏构造进行试验。试验结果，资料品质有了一定改善，但效果不显著。严峰并不灰心，他和大家进行分析，认为是单线覆盖太低。2006年继续进行试验。他们一方面增加单线覆盖次数，大幅度改善深层资料信噪比；另一方面，进行横向大组合检波试验，将单个检波点由30个检波器增加到90个，横向最大组合距离由常规的不到40米增加到近120米，提高信噪比。将宽线和大组合两种方法联合应用，形成了宽线+大组合地震勘探技术。2007年后，这项技术在库车山地和昆仑山前广泛推广应用，获得一批高质量深层地震资料，实现了甲方提出的一级品率60%以上的目标。同时在地震资料处理解释方面形成6项新技术，其中处理方面4项、解释方面2项。

钻井攻关也在艰苦探索中前进。塔里木油田勘探事业部经理田军得知克拉2-3井引进斯伦贝谢公司Power-V垂直钻井技术，效果很好，立刻投入关注。这套技术经过塔里木钻井技术专家、垂直钻井服务商、钻头制造商和科研院所共同进行技术攻关，形成适合塔里木山地特点的垂直钻井系统技术，应用到山前钻探后，钻井速度提高了2～3倍。他们还与国内科研院校、宝钢、天钢等大型钢厂合作，开发出6套非常用井身结构，形成新型井身结构设计技术，与西安管材研究所等科研单位合作，研制出套管防磨、减磨技术等。地震、钻井技术的新突破，为库车山前天然气的新一轮突破提供了技术条件。

二、大北3井揭示的秘密

2007年7月下旬，我和邱中建、贾承造等同志到塔里木油田参加"塔里木盆地大中型油气田形成的地质条件与勘探方向"课题汇报会。会议期间，听说库车大北地区的大北3井打到了7090米，钻开了30多米气层，还没有全部钻穿，显示非常好，不久就要进行测试。这个气层与克拉2气田是相同的。两者相距100多千米，气层相同，说明是一个富气带，估计这个富气带能拿到上万亿立方米天然气。

会议结束后，我赶到了大北3井。塔里木油田领导和工程技术专家正在井上指导测试准备工作。他们向我大致介绍了大北3井的情况。我说，7000米以下还有油气，还能找到大油气田，了不起！7000米深井搞测试，要做好充分准备，没准备好就不要放喷，不要因为我来看就放喷。现场的试油专家对我说，井下还有4300米钻井液没有排放。我叮嘱说，你们还没有安装正式井口。有了正式井口，再放喷吧。我说，和大家一样，我这个老石油也很高兴，我已经打电话给我老伴说了，塔里木又发现一个大气田。

承钻大北3井的70148钻井队

　　我了解到，这口井从 2006 年上半年开钻后一波三折，问题不断。根据地质预测，钻至井深 6140 米就可进入白垩系巴什基奇克组砂岩主力气层，可是钻到 6140 米却仍是大段复合盐层。在钻到距离设计井深只有 14 米时（设计井深 6550 米），仍然没有见到目的层。塔里木油田领导和专家们研究分析，认为圈闭是落实的，不能就此罢休，决定加深到 6950 米，比原设计加深了 400 米。钻到 6950 米时，目的层仍没有钻到。有人开始怀疑，圈闭是否落实，这样一次次加深下去，对钻井工程来说是要冒很大风险的。

　　承钻大北 3 井的 70148 钻井队是塔里木第四勘探公司（渤海钻探）的队伍。经理李才民 1990 年参加塔里木石油会战，长期战斗在大漠戈壁和山区。十几年来，李才民以塔里木为家，在甲乙方共同为寻找大油气田的奋斗生涯中，他深刻认识到，甲乙方的利益是一致的，那种打"小算盘"，为追逐蝇头小利而在工作中斤斤计较，是一种目光短浅的行为，最终受损害的是甲乙双方利益。为此，李才民提出"一切为适应甲方需要"的理念，要求队伍在施工中为甲方提供"超值服务"。70148 钻井队中标大北 3 井后，李才民要求把这口高风险探井（日费制）当作总承包来施工，动用公司主要技术力量为大北 3 井"保驾护航"，坚决将这口探井打成功！70148 钻井队平台经理檀大冰说，以大北 3 井为重，想甲方之所想，我们要给大北 3 井交一份优秀答卷！勘探专家研究分析协商后，认为圈闭是落实的，决定再加深到 7400 米，一定要把目的层打出来！井又继续打下去。地质监督卢文平是 1989 年参加会战的老同志，为了不漏掉目的层，连续 14 天守在值班房。钻井监督彭建传年近 60 岁，现场经验丰富，他在关键的 40 多天里始终驻守在井场上。当钻到井深 7060 米后，只能用 60.33 毫米小钻头钻开气层 30 米，钻机能力达到了极限。在这关键时刻，彭建传守候在钻台上，精心指导着钻进。大北 3 井在钻探过程中，甲乙方密切合作，在钻井工程上创造当时塔里木探区"五个之最"：钻穿砾石层最厚、钻穿盐层最厚、使用钻头直径最小、气层最深和关井压力最高。

　　我从塔里木回到北京后，8 月 10 日，塔里木的同志打来电话，报告大北 3 井测试的好消息，用 6 毫米油嘴，日产天然气 41.69 万立方米。一个深度超过 7000 米、储量预计超千亿立方米的大气田出世了。

◀ 2007年8月10日，大北3井获高产天然气流

早在1999年，大北1井所揭开的古近系砂砾岩与白垩系砂岩厚度只有46.5米，当时因为天然气产量达不到高效开发的标准，没有引起人们足够重视。大北2井日产天然气达到45.5万立方米，而且砂岩气层变厚，显示大北气田的储层由南向北增厚的趋势。大北3井获得高产气流后，人们开始设想，西起大北气田，东到克拉2气田，两端都在古近系砂砾岩与白垩系砂岩中发现天然气藏，这100多千米的地带应该是天然气富集带。

大北3井在井深7090米气层用小井眼只钻开30米的情况下，获日产46万立方米高产天然气流，事实告诉我们7000米以下仍有高产气藏存在。大北3井到了7000米深井钻机能力极限，仍然发现高产天然气藏，这让人们大大解放了思想。我们听中国石化西北石油局勘探专家说，他们要在塔河油田下面再找到一个塔河油田。我想，此话并非妄言。现在塔里木在

6000～7000米井中获得高产油气，已不在少数。邱中建这些年和我一样，密切关注着塔里木勘探的发展，一次他对我说，塔里木真正的大油气田是不是在6000～7000米之下？我想这是有可能的。

三、克深2井的回答

克拉2大气田发现后，地质专家希望继续找到新的克拉2大气田。他们在少数地震剖面上发现在克拉2大气田的西南方向（即克拉2号构造下盘）深部还有古近系盐下构造的显示。但大多数地震剖面上反射比较杂乱，很难看出构造轮廓。

地质专家坚信这个构造的存在，并且认为其石油地质条件和克拉2气田一致。

2007年，在克深2构造区实施5条宽线大组合的攻关采集。东方物探（原石油物探局，战略重组改称东方物探公司，简称东方物探）派出247地震队承担施工任务。247地震队是东方物探的特级队，集团公司"百面红旗"队，经理吉承、董刚都是东方物探的模范先进人物。为了取得高质量的采集资料，东方物探给这个队配备了全新的装备，塔里木和东方物探联合进行了野外采集设计，施工实施"五个一工程"：测准每一点、搞清每一个控制点、埋好每一个检波器、钻好每一口井、采集好每一炮资料。通过采集—处理—解释一体化攻关，资料品质有了质的飞跃。发现了克深1、克深2、克深3、克深7、克深8等多个构造圈闭及构造显示。又通过多条宽线大组合攻关采集剖面，准确地落实了克深2圈闭，面积66.4平方千米，预测天然气资源量超过2000亿立方米。

在讨论上钻克深2井时，多数地质专家认为克深2构造地震资料品质好，圈闭落实程度高，面积大，又位于克拉2号构造下盘，存在的挑战是克深区带还没有一口探井钻穿古近系进入白垩系，钻探存在一定风险。讨论结果是坚持上钻。上报集团公司后很快获得批准。

克深2井位于克拉2大气田西南方向，距克拉2井11千米。2007年6月19日，克深2井开钻，至2008年8月，对白垩系巴什基奇克组

6573～6697米井段测试，用8毫米油嘴求产，日产天然气46万立方米。克拉2井、克深2井和大北1井、大北3井虽然获工业天然气流的深度不同，但都是同一地层。克拉2气田与以西的大北气田，它们之间在盐下叠瓦状似的埋藏着一批构造圈闭。邱中建和塔里木同志们经过分析，有一个共识：如果大北3井和克深2井都获得工业气流，就证明了从克拉2气田到大北气田是一个天然气区带，只要构造圈闭落实，就会钻获天然气。

地质专家们的这一判断很快得到了证实。

2009年在克深1号圈闭上钻获工业气流后，2010年上钻克深5井，同样获工业气流。通过对克深1-2号气藏评价勘探，探明天然气储量规模超过3000亿立方米。克深区块有望拿到8000亿立方米天然气储量。继克深2井之后，克深1井、克深5井相继钻探成功，让人们看到大北—克拉苏区带气藏连片的前景。

2007年上半年，集团公司召集出自石油战线的"两

2008年8月31日，克深2井获高产天然气流
▼

院"院士开了一个座谈会,请院士们给中国石油的发展出谋划策。邱中建提出,天然气大发展是中国石油工业的第二次创业,经过一段时间努力,天然气年产量如能达到1100亿立方米,就和石油产量平起平坐了。

2018年,中国石油国内生产原油1.01亿吨、天然气1094亿立方米,天然气产量占油气当量产量的半壁江山。中国石油的天然气年产量达到了1100亿立方米,从保障我国能源安全、保护环境这个意义上说,是一个大亮点。塔里木盆地经过同志们努力,建设一个"气大庆"是完全有可能的。

四、勘探不息　攻关不止

库车山地天然气勘探历史,是一部艰苦卓绝地向科技高峰英勇攀登的历史。从1992年部署上钻东秋5井起,到2012年整整20年。当年我们面对曾被苏联专家称为"勘探禁区"的库车山地,开展库车山前勘探,这个决心下得很不容易。20年的历程,就像山地地震队员攀登陡峭山壁,前人没有上去过,前进每一步都要靠勇气和力量去开辟、登攀。1954年苏联钻井队在库车山地钻了两口井,最深钻到1302米,钻不下去了。到了20世纪60年代,我们自己的钻井队终于把井深钻到3700多米,事故多、耗时长,主要是构造高陡,易发生井斜,钻遇盐层、高压盐水层,发生井壁坍塌、缩径卡钻等事故。1952—1992年的40年中,老一辈石油人在这片山地奋斗,遭遇一次次挫折不气馁。1993年起,这个历史任务落到20世纪末会战甲乙方勘探队伍肩上。我们之所以有信心,只凭三条:一是我们有一支特别顽强、特别能吃苦、特别能战斗的队伍;二是依靠科技的引进和创新;三是依靠新体制,调动甲乙方勘探队伍奋勇争先、团结奋斗、锲而不舍的精神。

库车山地勘探第一阶段中,我们先后钻探了东秋5井、克参1井、克拉1井,虽然没有在勘探上取得突破,但在钻井技术取得了初步成果,为下一步钻探提供了技术储备。以东秋5井为代表的一批探井失利,让我们看到攻克山地高陡构造这一世界级难题的挑战性。从而在1997年发起了一场大规模的科技攻关战役,动用国内外科研力量,包括自己创新和引进国外先进的技术装备,向科技难题攻坚,并坚持连续三年,使科技作为第一

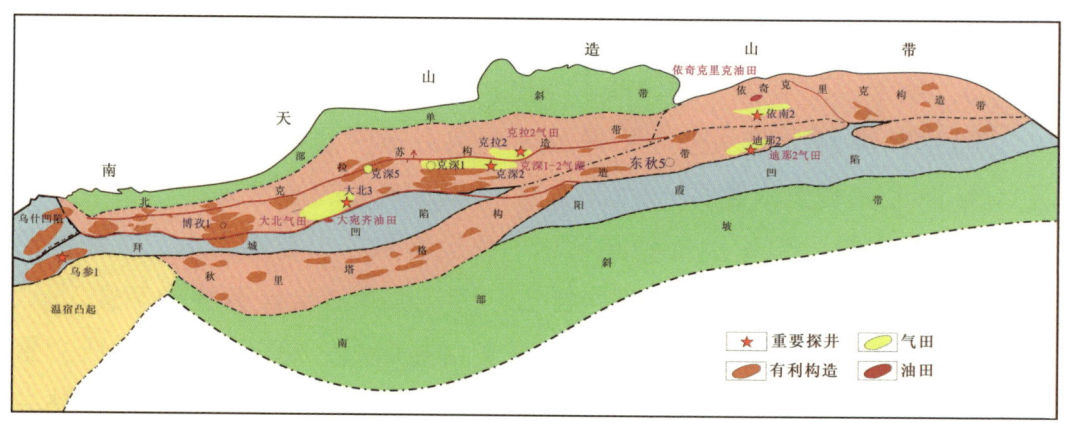

库车坳陷重要井位及油气田分布示意图

生产力在库车勘探中发挥出关键性的作用。克拉2和迪那2两个大气田的诞生，具有划时代的意义。随后第二阶段又进入以超深井钻井及高压钻井完井技术为主要内容的新一轮科技攻关，大北、克深、博孜等大气田相继问世。现在2万亿立方米天然气储量已经在握。

我们的勘探技术水平与30年前相比发生了翻天覆地的变化。

地震技术方面。山地地震采集从只能沿山沟作弯线到直线上山，到山地宽线加大组合的地震采集办法和相应的资料处理解释技术；三维地震从窄方位低覆盖，到宽方位高覆盖又到高精度三维。地震仪器由最初的不足100道到2007年超过10000道，山地钻机能力由最初的30米发展到100米，砾石钻机由最初的50米发展到300米；可控震源由最初的12吨发展到40吨。处理技术从叠后时间偏移发展到叠前深度偏移，由时间域发展到深度域，从各向同性发展到各向异性；解释技术从盐上断层相关褶皱和盐下构造变形与滑脱褶皱，发展到复杂构造建模与变速成图，又发展到现在的三维可视化立体解释技术。在长达20年的山地地震技术攻关中，东方物探公司（石油物探局）钟辛生、李玉超、王铁军、王小牧、赵瑞平、殷会祥、接铭训、

张玮、阎万朝、苟量、夏义平等领导亲临一线组织指挥。李庆忠、吴奇之、钱荣钧、凌云、王卫华等物探技术专家，对攻克世界级难题发挥关键性作用。2011年12月，我从东方物探公司一次汇报中了解到，这个公司领导层60%以上在塔里木勘探一线工作过，50%以上的技术专家是在塔里木锻炼成长起来的，70%以上的国际化项目运作人才出自塔里木。这期间培养出1名院士，有6名同志获得全国五一劳动奖章或全国劳模的荣誉。

钻井技术方面。东秋5井成功钻穿复合盐层后，总公司集中科研力量（包括塔里木甲乙方），开展"塔里木复杂地质条件下深井、超深井钻井科学研究"课题攻关，大量引进、消化、吸收国外高新科技，通过进一步创新，形成适应塔里木山前特点的高陡构造防斜打快技术、井身结构优化技术、复合盐层钻井技术、深井超深井钻井液技术、钻井提速技术和超高压油气井井控技术，1998年开发了冲旋钻井和减速涡轮+PDC钻头技术，1999年在却勒6井应用了地面移位钻中靶井技术，2002年开发了预弯曲动力学防斜打快技术。1997—2000年，逐步形成PDC钻头个性化设计与选型技术，随着PDC钻头逐步推广使用，开始使用黑冰齿的金系列PDC钻头代替普通复合片R系列PDC钻头，使钻头使用寿命进一步增加。2000—2004年，针对不同地层岩性特征，联合国内外的钻头厂家，有针对性地设计、开发适合山地不同构造，不同地层特点的新型钻头，形成适合不同井段、不同岩性特征的高效钻头系列。针对库车山地普遍发育一套古近—新近系复合盐层，从1993年起在东秋5井进行技术攻关，逐步形成古近—新近系复合盐层钻井技术，将复合盐层的平均钻井周期从150天缩短到50天左右。测井、固井、试油等配套技术也相应发展起来。2011年1月，塔里木库车山前的克深7井成功钻达井深8023米，成为世界上第13口超过8000米的超深井。这口井的复合盐层厚达5000米，井底温度达到180摄氏度。克深7井，集合了塔里木近年来形成的超高密度油基钻井液技术，超深复合盐层、超高压盐水层钻井技术，超高密度钻井液堵漏技术，9000米大功率钻机配套技术等多项技术，创造了11项国内外钻井新纪录。克深7井在7945.5～8001米井段做了常规测井，测井解释气层和差气层19.5米。完井测试，见到少量天然气，日产水348立方米。完井测试时目的层白垩系是整体打开的,由于水层物性好,产水量大,天然气难以产出。克深 7 井由于构造解释不准,实际向东偏离 13 千米,因此没有获得重大油气发现。但从这口探井也看到了在 8000 米深处,仍然存在很好的储层,并且有天然气存在。8001～8023 米井段,据说测井得不到数据。这里我们看到挑战来自两个方面,地震技术如何克服浅层巨厚砾石层的影响;测井、测试等技术如何向深度 8000 米以下进军。

在台盆区和山前,初步勘探表明在 8000 多米深度仍有油气藏存在,如何发现它,把油气拿到地面上来?这是我们面临的新的科技攻关任务。战斗正未有穷期,勘探攻关仍需努力向前。

◀ 承钻克深 7 井的塔里木第四勘探公司(渤海钻探)90007 钻井队

第五章
建设现代化大油气田

按照总公司提出的要求,塔里木石油会战要努力成为石油工业的"三个基地":一是新体制的试验基地,二是广泛使用新技术的基地,三是人才培养的基地。

——摘自1990年5月30日在塔里木探区处以上干部大会上的讲话

第一节

瞄准世界一流水平

一、建设样板油田

塔里木油田开发建设，我们的总体思路是，塔里木地区条件艰苦，油田开发必须用人少，自动化程度高。主要标准是，做到一人一年生产万吨油。油田建设要达到两种水平，即轮南油田要达到国内先进水平，东河塘油田要达到国际先进水平。塔里木油田开发建设要按照"三高两少"的原则进行，三高：高速度、高水平、高效益；两少：井少、人少。

由总公司开发局牵头，在局长王乃举的带领下，举全局之力，全面抓塔里木油田开发建设工作。大庆油田、管道局、管道设计院、华东设计院、规划设计总院、基建工程局都参与到这项工作中来，可以说动用了陆上石油工业开发建设的精锐。

轮南油田是塔里木石油会战后第一个投入开发的油田，含油面积 31.1 平方千米，探明石油地质储量 4191.4 万吨，天然气 56.98 亿立方米，设计建设产能 100 万吨。要把轮南油田建成具有国内一流水平的油田，当时有很大难度。油田在戈壁荒原上，紧邻沙漠，周围没有人烟。在这样地方怎么建设现代化油田？当时国内年产 100 万吨的油田，用人最少的采油厂是 2600 人。按总公司要求，轮南油田建设要大力采用国内外新工艺、新技术、新设备、新材料；创立新的管理体制，实现全油田生产计算机管理，做到"遥控、遥测、遥信"自动化，把生产岗位和管理人员减少到最低限度。年产

100万吨，只需要500人，其中管理人员仅100人，其他主要是维修人员。

开始时，搞设计的同志感到很困惑，设计思想没有突出"三高两少"原则，而是把东部大草原、大平原的一套东西搬到了轮南油田的设计上。1992年7月，我们去轮南联合站建设现场调研，看到设计思路基本上还是老套路，要求工程设计和建设单位一定要解放思想，打破旧框框。从沙漠油田的实际出发，采用先进技术和自动化管理，做到少人、高效。他们立即进行整改。100万吨产能工程，采用了46项新技术、新装备，实现了各工艺技术单元与电子计算机同步投产。

按照开发公司—作业区两级管理，职工人数也得到了控制。东部老油田一般都是厂管矿、矿管队、队管站、站管井，局机关还设有开发处，为五级管理。而塔指实行的是开发公司集管理和生产组织为一体，采油作业区按油田划分，主要进行油水井站生产管理，不设机关和采油队，取消班组（站）长等中间环节，作业区三名正副经理直接管到岗位。同时，专业技术、生产后勤和生活服务采取委托承包服务的方式解决，让作业区集中精力搞好油气生产。由于实现了遥控、遥测、遥信，油气生产数据收集、传输实现了自动化管理，年产百万吨的轮南作业区，总共只有75人，基本上达到了"三高两少"的要求。轮南油田的探索取得成功，为东河塘、塔中4等现代化油田的建设积累了经验。

东河塘油田是我国陆上第一个埋藏深度达6000米的海相砂岩油藏，为陆上油田埋藏平均深度的3倍。油田面积仅有22.36平方千米，探明石油地质储量3323.16万吨，是一个小而肥油田。

东河塘作业区按照国际一流油田管理模式筹建，设计年产原油60万～80万吨。我们对东河塘油田开发总要求是，"必须稀井高产，一级布站，现场生产管理人员控制在50人，而且其中20人主要是进行培训，为开发其他油田做好准备。"要求将这个油田建成具有国际水平的一个样板油田，要少井、高产、高速度、高效益、高度自动化。

1980年下半年，我跟随石油工业部秦文彩副部长到挪威、英国、美国考察。在英荷壳牌公司阿伯丁生产部的中心控制室，看到员工可以随时从电视屏上看到各厂站平台全部生产情况的数字显示和直观示意图，所有数据都自动储存在计算机中，可供随时查用，让我惊叹科技的力量。在美国大陆公司新奥尔良公司分部中心控制室里，发现他们点击键盘就可以远距离控制平台油井的关闭，更让我感到新奇。当时就意识到，在生产管理中，采用先进的数字通信和自动控制系统，可以大量减少岗位操作工人。

　　1992年，东河塘油田在进行产能建设设计时，就借鉴国外先进的经验，把概念设计首次引进塔里木，广泛采用具有20世纪90年代国际先进水平的工艺技术和设备，实现生产系统的自动数据采集、处理、远传，自动生产调节，自动生产控制。生产系统采用分布式计算机控制方案，安全消防系统采用可编程序逻辑控制方案。

　　地面工程建设指导思想上坚持科技进步，优选国外成熟的先进工艺技术和设备，油气集输处理系统、注水系统、供配电系统的设备均为世界一流产品，做到工艺上求精，技术上求新，又简单可行、便于施工、便于管理，安全可靠，经济实用。设计上打破传统模式，按工艺流程实现油、气、水有机结合，一级布站，做到工艺流程顺、流程短，设计上还满足现场施工"模块化、组装化"要求，使联合站布局紧凑合理，占地要比国内平均水平降低11.5％。油田生产管理实现了遥控、遥信、遥测；作业区实现了微机联网，除联合站主控室外，油田生产实现无人值守，自动化程度达到了国际先进

东河塘油田

东河一号油藏开发概念设计

水平。而且是在国内第一次实现联合站油气集输系统和自动化系统的同步投产。

1994年6月,东河塘油田建成投产。投产的当年生产原油42万吨,生产井仅7口,注水井5口,现场管理人员21人,自动化程度在当时是一流的。

东河塘油田开发的显著特点是油井少、单井产量高(日产原油177吨)、自动化程度高、创造经济效益高(人均产值上千万元)。投产后,形成了以电潜泵、注水、油层保护、动态监测等一系列超深井开发的配套技术,创造了电潜泵下深2500多米、平均井温120摄氏度,正常注水压力达30兆帕的纪录。投入开发后,连续12年生产原油保持在40万吨以上,最高年产达到63.47万吨,对陆上油田起到了样板的作用。

1994年11月25日,我和邱中建、张永一、李天相等同志到东河塘油田调研。看到从主控室到采油阀组,从集输泵组到罐区和消防系统,整个作业区只主控室有2名值班人员,印象非常深刻。东河塘油田负责人介绍说,东河塘油田在开发方式、技术设备、管理模式、队伍整体素质、综合管理、整体效率等6个方面都达到一流水平。现在的21人,绝大部分是毕业于油田开发专业的大学生,他们不仅懂技术,而且熟悉电脑操作,每人配备通话机,会驾驶汽车,做到了一专多能。我们经过现场参观考察,认为东河塘油田从整体上可称为国内样板油田,有些方面达到了国际水平。我对东河塘作业区的同志说,你们不要就此止步,还有许多需要提高、完善的地方。真正要达到开发上的一流水平,主要看你们的开发效果。这还需要加强油田的地下动态研究,保证设备一直完好地正常运行,确保长期安全生产。

我对其他油田搞开发的同志说,要学习考察现代化油气田,可以不到国外去了,塔里木有个东河塘油田,就是一个井少、高产、高速度、高效益、高度自动化"一少四高"的样板油田,你们去那里看一下。推广东河塘油田的经验比到国外进行一般性参观要有效得多。东河塘油田的经验让大家开阔了视野,转变了观念,提高了水平。新疆石油局在北疆的准噶尔东部发现一个储量6000万吨级的彩南油田,就是学习东河塘的模式。人少、

高度自动化，专业化服务依托准东公司，年产100万吨，现场管理油田的人员只有100多人，开发效益很好。

二、从水平井到双台阶水平井

塔中4油田是1992年发现的，含油面积38.6平方千米，探明石油地质储量3834.4万吨、天然气101.8亿立方米，是我国发现的第一个位于沙漠腹地的油田。那里是流沙覆盖的无人区，自然条件非常恶劣。怎样才能将塔中4油田建设成世界一流的沙漠油田呢？还是要"三高两少"。

1993年1月，我们要求塔中4油田在正式开发建设以前，要搞开发试验，包括地下工艺和地面流程，都要认真论证，搞好规划和设计，进行早期开发试验，以暴露沙漠油田开发可能遇到的问题。沙漠油田开发要实现更好的效益，在技术上就要提前组织攻关，在开发方案上因地制宜。

1993年7月，总公司开发局在塔指召开塔中4油田地面建设总体规划方案研讨会，总公司科技局、规划设计总院等16家单位近百名专家和有关人员参加会议。总公司要求，由塔指牵头，由北京石油勘探开发科学研究院、西北地质研究所、石油物探局等单位共同合作，开展塔中4油田开发方案的编制工作。地面工程建设方案由大庆油田研究院承担设计，塔指和北京石油勘探开发科学研究院共同进行开发方案的编制。在听取有关同志关于塔中4油田开发建设初步设想时，我们提出，塔中4油田地处沙漠腹地，地面上全是流沙，油田开发关键是井一定要少。现在海洋石油和胜利油田已经采用水平井进行油田开发。水平井的优点是产量高，打的井少，这项技术非常适用于沙漠区的油田开发。塔中4油田是不是也考虑用水平井技术开发？对此，钻井工程技术人员表示担忧，他们说：东部油田打开发水平井，完井深度在2000米，塔里木的井太深了，我们的水平井技术还达不到这个水平。我说：可以先做试验。

胜利油田得知塔中4油田要进行丛式井、水平井试验的消息后，立即派出钻井总公司负责人带队到塔里木推介他们的丛式井和水平井技术。这个公司丛式井和水平井技术具有很强的竞争力，曾获总公司特等奖和国家一等奖。1994年3月，胜利钻井总公司中标承钻塔中水平一井（塔中4-17-H4井），由塔里木胜利钻井公司60161钻井队承担施工任务，胜利定向井技术服务公司驻塔里木现场提供技术支持。

1994年4月16日，塔中水平一井开钻。设计井深4273米，从井深3300米处开始造斜，水平井段长500米，是当时国内最深的水平井。60161钻井队承担塔中水平一井施工任务后，塔里木胜利钻井公司领导班子高度重视，多次上井协调组织，并派技术专家驻井指导。60161钻井队在水平井技术专家指导下，仅用202天22小时，就高标准、高水平打成了这口水平井。

1994年11月25日，我在库尔勒参加完塔里木勘探技术座谈会，乘飞机到了塔中，听说塔中水平

塔中4油田丛式井

一井刚刚完钻，就到井上向60161钻井队祝贺。我对60161钻井队的同志们说：塔里木盆地是世界级的。现在我们寻找大油田的难度也是世界级的，你们现在干的工作也是世界级，希望第二口、第三口水平井打得更快更好！塔中水平井日产原油600吨是及格，800吨是良好，1000吨是优秀。

1995年1月1日，塔中水平一井正式开井试采，获得日产油1175吨，最高日产达到1260吨。我在北京听到这个好消息，非常振奋。这充分说明，依靠新技术，不仅打成了国内最深的水平井，而且实现了日产超千吨的高效益。1995年，另外4口水平井相继开钻。1996年，塔中4油田5口水平井全部投产，经试采，5口都具有日产千吨的能力，被人们誉为"五朵金花"。按日产650吨配产，5口水平井年产107万吨，占塔中4油田总产量一半以上，实现了总公司提出的"稀井高产"的目标。

1997年12月1日，我再一次到了塔中，看到昔日沙山起伏的不毛沙漠，如今矗立起一座现代化的油气处理联合站，我为这里发生的巨大变化而由衷赞叹，不少人来到这里也都称赞不已。这是我国在沙漠腹地建成的第一座大型现代化联合站，也是会战以来建成的最大产能建设项目。它大量采用国际、国内的新工艺新技术，实现了站外无人值守，站内集中控制的集输油自动化作业，达到了20世纪90年代国际先进水平。

塔中4油田开发建设方案是油藏工程、采油工程、地面工程三种方案同时编制，相互穿插，相互优化，实现了总体方案的协调性和高水平。在联合站主控室，我了解到，作业区的员工已由原来的70人减到了50人，员工中年轻人多、大学生多。20世纪90年代初大学毕业生分配到塔里木就在塔中工作，我对他们说："你们都是跨世纪的人才，要有跨世纪的管理能力，创跨世纪的水平。现在有一个观念要改变，搞开发，光讲产量是不够的，要讲合理开发，科学开发，要以效益为中心。讲效益，就是要讲科学开发。"邱中建向我介绍说："塔里木油田的开发，这几年从轮南到东河塘，再到塔中4油田，迈出了三大步。"我说："塔中作业区由70人减到50人就是进步。过去我讲塔里木年产油500万吨时不超过5000人，将来上产1000万吨时，也不要超过5000人，这就是先进水平。这要靠高素质的人才和高水平的管理，再加上高科技。"塔中 4 油田开发，不仅实现了高水平、高效益，而且培养和造就了一批跨世纪的杰出人才。现在塔里木大部分油气作业区，都有塔中培养出来的人才在那里担任骨干。

我到塔中 4 油田的那天晚上，看到塔中联合站的灯光与夜空的星斗相辉映，现代化科学技术的成果在荒凉的大漠拔地而起，真是一种奇妙的和谐。塔中 4 油田就像镶嵌在盆地中央的一颗璀璨的明珠，熠熠生辉。

塔中 4 油田的水平井开发，让塔里木开发战线的同志们看到巨大的效益。先后在塔中 16 油田、牙哈凝析气田推广水平井开发技术，并在东河塘、轮南、桑塔木、解放渠东等油田调整挖潜中大量使用，取得明显效果。水平井技术也得到快速发展，由常规水平井发展到双台阶水平井。

哈得逊油田位于塔克拉玛干沙漠边缘、塔里木河南岸，东距沙漠公路 50 千米。哈得 1 井和哈得 4 井分别于 1998 年 2 月、11 月测试获工业油流，发现哈得逊油田。哈得逊油田属于海相砂岩油藏，埋藏深度大于 5000 米，油层超薄（最薄的油层仅 0.57 米），属于低丰度高品质深层油田。1998 年发现哈得逊油田时正值亚洲金融危机爆发，油价跌到每桶不足 10 美元。根据当时油价，专家评价哈得逊是边际油田，开发没有效益。

1999 年，塔里木油田公司新一届领导班子大胆筹划哈得逊油田开发方案，大胆采用新技术、新工艺，以实现哈得逊油田开发的高效益。从 2000 年开始，塔里木油田公司在哈得逊油田实行勘探开发一体化，采取边勘探、边开发、边建设的滚动开发模式，同时加大新技术应用，使用深层超薄油层水平井、双台阶水平井和水平井注水开发等先进技术。随着滚动勘探不断进展，含油面积从开发初期的 48.7 平方千米增加到 168.6 平方千米，石油储量从 1068 万吨增加到 1.1 亿吨。哈得逊油田先后进行了三次大规模的产能建设，使超薄层油藏的高水平开发成为现实，创建了薄层海相砂岩油藏滚动勘探开发和双台阶水平井注水开发的国内样板，实现了储量和原油产量的快速增长，原油年产量从 30 万吨迅速上升到 200 万吨。

哈得逊油田石炭系薄砂层油藏发育着两套十分稳定的薄油层，厚度分别为 1 米和 1.5 米，两套油层之间的泥岩隔层比较稳定。为了同时开采两套薄油层，开发技术人员大胆采用了双台阶水平井技术。

第一口双台阶水平井哈得 1-H1 井，设计垂直井段 5100 米，到达第一套薄油层后水平钻进 83 米，用斜井段 50～100 米穿过中间隔层，进入第二套薄油层再水平钻进 137 米。这口井经塔里木油田公司多方评估，最后选择由塔里木第六（胜利）钻井公司 7031 钻井队承钻。这口双台阶水平井的难度在于油藏埋深达 5100 米，而油层厚度仅 1～1.5 米。哈得作业区、钻井工程部门的工程技术专家和胜利定向井技术服务公司、7031 钻井队共同研究、密切合作，采用导眼井、轨迹控制、钻井液及油层保护等先进技术，将深度误差严格控制在 0.15 米以内。2000 年 7 月开钻后，甲乙方技术人员驻井攻关。特别是进入斜井段后，他们

哈得逊油田夜景
▼

将每钻进2米捞1包岩屑增加为1米1包。进入标志层后,即进行电测校深,计算出标志层到第一层薄油层的垂深,由此确定第三增斜井段的增斜率和入靶位置。进入70度井斜后,将MWD测量改为LWD进行随钻测井,紧密跟踪入靶,将入靶位置定为油层中部,入靶姿态定为90度。进入水平井段后,测量间隔从5米改为2米,同时进行精细录井,取样间隔由1米改为0.5米。至2000年12月初,哈得1-H1井完全达到设计目的,测井显示,油层有效钻遇率为85%,开井生产,日产原油197吨。

哈得逊油田采用双台阶水平井技术开发后,从边际油田迅速成长为全国最大的亿吨级整装沙漠油田,原油产量在200万吨规模持续稳产,2005年生产原油196万吨,2006年产油202万吨,2007年产油217万

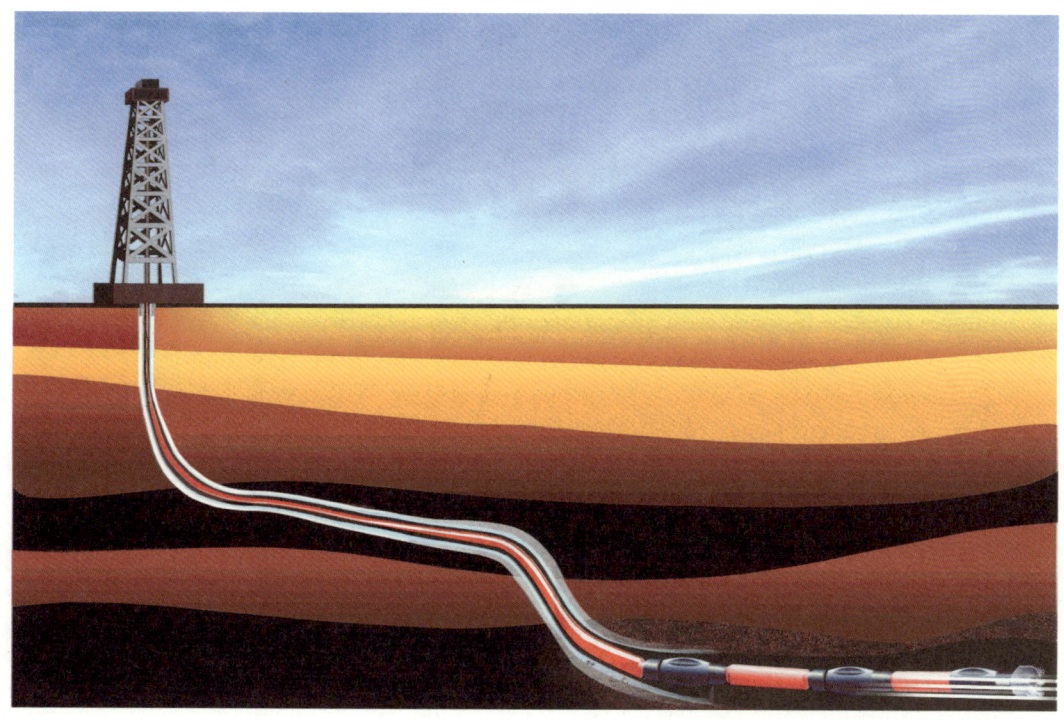

双台阶水平井钻井示意图

吨，2008年产油224万吨，并连续8年保持塔里木油田公司各个油田中单位成本最低。到2008年底，哈得逊油田共有油井113口，其中水平井101口；日产原油6100吨，其中水平井产量5200吨，占85%；累计产油1291万吨。

双台阶水平井技术不仅使哈得逊油田超薄油藏得到高效开发，而且很快被成功应用到塔里木一些此前发现却没有开发的薄砂层油藏。塔中10油田是一个"串珠状"油田，几个区块的油层都很薄，而且层位也不同，以前就是考虑到开发效益低而一直未动用。运用这项技术投入开发后，年产量达到13万吨。

位于塔克拉玛干沙漠边缘的哈得逊油田

三、建设山地大气田

克拉 2 气田属于特高丰度、特高产、超高压、大型优质天然气田。含油气面积 48.1 平方千米，探明天然气地质储量 2840.29 亿立方米，气藏深埋深度 3500～4000 米，不同层位储层相互连通，压力系数高达 1.95～2.02，地层压力高达 74.35 兆帕，气田具有统一的气水界面，圈闭充满程度较高，为边底水背斜块状气藏。在这之前，我国还没有开发过这样储量规模的特大型气田，开发建设的难度史无前例。这个气田埋藏在一片山地之下，地表是密集排列的"刀片山"。钻 18 口开发井，建天然气处理厂，首先要炸掉"刀片山"，推修出供大型机械车辆行走的公路。

2002 年 7 月 4 日，国家西气东输工程管道建设全线开工，计划 2004

年7月，从轮南至上海的管道全部完成敷设工作。与此同时，克拉2气田的建设也随即开始。按照国务院领导同志指示，西气东输工程从上游气田开发建设到下游的天然气销售，全线与外国公司合作。这样做有很多好处，可以利用外资，引进先进管理方式，通过这个项目可以学习到许多先进的东西。但是到了管道建设开工后，外国公司提出一个要求，即西气东输建成投产后，确保外资每年获益15%，这是中方难以接受的。

中方认为，既然是双方合作，就应当利益共享，风险同担，谁都无法保证工程建成投产后一定盈利。而外方坚持这一点不退让。由于双方谈不拢，克拉2气田的开发建设迟迟不能开工。到了2003年5月，外方宣布退出。这时离塔里木油田向西气东输供气时间只有1年零7个月时间。在这样短短的时间内要把克拉2大气田建成投产，是一个严峻挑战。

2003年8月27日，中国石油在克拉2山地举行一个简单的开工仪式，宣布克拉2大气田产能建设开工。克拉2气田是西气东输的主力气田，建成投产后，年生产天然气能力为107亿立方米。2002年9月，中国石油与壳牌公司合作编制了克拉2气田总体开发方案，2003年5月，壳牌公司退出克拉2气田的开发后，中国石油以这个总体开发方案作为克拉2气田开发实施指导性文件开展工作。这项浩大的工程由中方独自完成，具体由塔里木油田公司负责。

开发建设克拉2大气田，是摆在塔里木油田公司面前极具挑战性的战

克拉2气藏白垩系顶面构造图

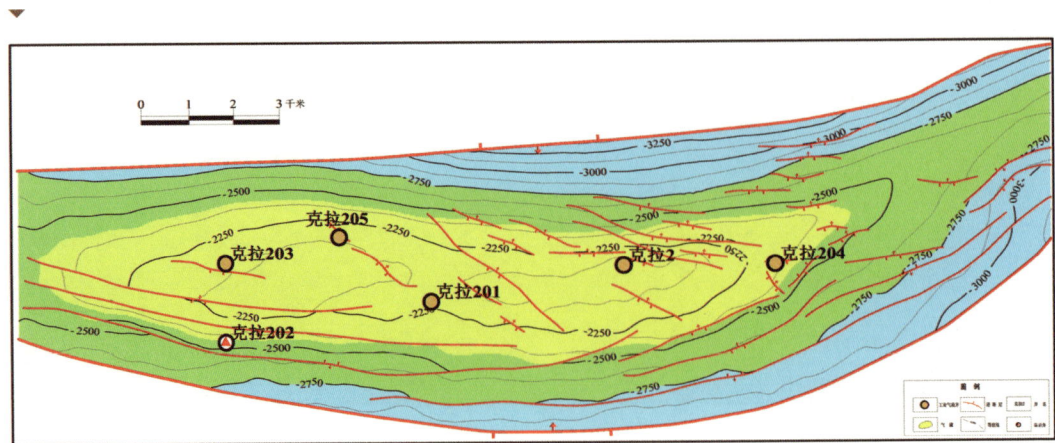

斗任务。塔里木油田公司成立了以总经理、党工委书记孙龙德为组长的西气东输气田建设领导小组，由分管开发工作的副总经理宋文杰兼任西气东输项目经理部经理，全油田上下把建设克拉 2 气田当作中心任务开展工作。

克拉 2 气田建设项目千头万绪，困难很多，主要体现在技术难度高、建设工期紧、施工环境差，产能建设涉及 10 多个专业、40 多家施工队伍，物资采购涉及国内 130 多个厂家、国外 50 多家供货商。外国专家经过评估，认为中国石油即使动员全国之力，也要到 2005 年 9 月才能建成，要在 2005 年 1 月 1 日建成投产，根本不可能。

9 月的克拉 2 山地已进入深秋，天空阴云密布，大雪随时会降下来。塔里木油田西气东输项目经理部常务副经理罗世芳带领项目经理部驻到克拉 2 山地。首先要做的工作是炸山、修路、平场地、凿隧道、架桥梁，为 2004 年建设中央处理厂，上钻开发井做准备。

炸山的工作由东方地球物理勘探公司前指的油建公司承担。项目经理刘建刚是在塔里木物探一线干了 20 年的专家。战略重组时候，东方地球物理勘探公司前指把退下来的老物探队员组织起来成立油建公司，放炮炸山是他们的专长之一。2003 年 8 月他们正在北疆承担一项施工任务，接到罗世芳的电话，刘建刚什么条件也没讲，带着队伍日夜兼程，10 天之内赶到克拉 2 山地。这些老物探队员们为寻找大油气田出过力、流过汗，听说克拉 2 气田建设需要他们，个个摩拳擦掌，宁可舍弃北疆赚钱的项目，也要为克拉 2 大气田出力。他们的任务是炸山填沟，造出一块 18 万平方米的小平原，2004 年天然气中央处理厂将在这里拔地而起。刘建刚和他的队伍用隆隆炮声掀开克拉 2 气田建设的序幕。气田内部要修一条近 10 千米的油田公路，为此要炸掉沿途山头，架设 44 座桥梁，其中有一条冲沟宽 30 多米，深 10 多米，被人称为"大峡谷"。罗世芳想到修筑沙漠公路的铁军长庆筑路公司。这条油田公路分三个标段，三家队伍中标承担施工任务，长庆筑路公司承担的路段是最难啃的骨头，山头高，冲沟深，此前一家地方队伍参加干了几天，看到工作十分艰巨，知难而退了。大雪降下来，长庆人在风雪中奋战，副经理于建军站在山头红旗下指挥。于建军看见工人脱下棉衣抢着工具，头上冒着热气，他的眼泪怎么也止不住。工人们抬头看到公

司领导站在山头红旗下，成了雪人，干得更欢了。周围是山，前头是冲沟，作业队伍施展不开。他们把人员分成几个班组，每天24小时轮番大战，终于在2004年初啃下这段"硬骨头"。出山的路要跨过克孜尔河，要在河上架设一座170多米长的大桥。这座大桥当时被称作西气东输"第一桥"，承担这项任务的中原油田筑路公司。投入施工不久，冬天到来了，气温降到零下15摄氏度。按照施工技术规定，混凝土施工不能低于5摄氏度。大桥必须在2003年12月底前达到通车条件，如果不能按时完工，2004年的克拉2气田建设工程就要延后。他们在工地搭起工棚，里面烧起火炉，保证温度在5摄氏度以上，桥面浇注混凝土后，在候凝养护期间，在桥面铺上300多条电热毯。这座大桥在12月19日建成通车，搬迁钻机的大型车辆通过克孜尔大桥。2004年2月3日，克拉2气田第一口开发井克拉2-3井按期开钻。

2003年整个冬季，5000多名甲乙方建设者奋斗在建设工地上。经过5个月的奋战，中央处理厂18多万平方米的场坪、近10千米的油田内部公路、克孜尔大桥、首批4口开发井钻前工程竣工并通过验收，为2004年克拉2气田建成投产赢得了主动。

2004年开春之后，克拉2气田建设进入全面紧张的施工阶段。首批4口开发井相继开钻。按照以往钻井水平，钻克拉2山前大井眼的开发井钻井周期起码要在半年以上，加上完井和地面建设，年底前达到开井生产时间很紧张。这时，罗世芳了解到斯伦贝谢公司新近发明一项"Power-V"的垂直导向钻井技术，运用这种技术，可以保证3000米以上井段不易发生倾斜，钻速提高2~3倍。罗世芳立即请示油田公司领导。油田公司领导非常支持，指示有关部门尽快将这项技术引进到克拉2山地钻井上来，进行试验。这项技术在两口井试验取得成功后，迅速推广应用。由于大胆引进这种技术，使开发井的钻井速度大为提高，保证了首批开发井如期投产。

日处理天然气能力3600万立方米的中央处理厂是整个克拉2气田建设的核心，被称为"心脏工程"。承担中央处理厂设备安装任务的是四川油建公司的队伍。

项目负责人汪国林和四川油建队伍参加塔里木石油会战近10年，经常

2004年12月，建成投产的克拉2气田中央处理厂

吃住在施工现场，碰到轮休时如果工作脱不开，汪国林会主动放弃轮休。他的妻子和同事送他外号"汪铁人"。此前，他和自己的队伍在塔克拉玛干沙漠腹地的和田河气田建设工地，任务一结束，便风尘仆仆来到克拉2山地。在紧张的施工中，有一道难题摆在他们面前：克拉2气田使用相当数量的22铬双相不锈钢，这种钢材在中国还是第一次大规模使用。由于这种钢管要求在绝氧环境中焊接，施工单位的焊工中没有人焊过这种钢材，国内也没有施工及验收规范。2004年5月，甲方开展对焊工的技术培训，请外国专家现场传授技术。焊工们很快闯过这道难关。2004年7月，是施工最紧张的阶段，从克拉2山地到轮南首站，到处是热火朝天的会战场面。到了夜晚，工地上依然灯火通明。建设者们来自五湖四海，大家心往一处想，劲往一处使。有一件事最让罗世芳难以忘怀。在这段紧张施工的日子里，甲乙方单位没有发生一起相互推

克拉 2-7 井日产天然气 500 万立方米，是全国日产最高的天然气井

诿扯皮，讲条件讲价钱的事，甲方没有发生一次刁难训斥乙方的现象。在克拉2气田建设工地上，大家为了一个共同的目标，真是拧成了一股绳。

2004年11月8日，克拉2气田试投产成功。12月1日，正式投产。事实证明，中国的石油人是战无不胜的。

克拉2气田投产后，生产的天然气通过西气东输管道输送到上海。

克拉2气田单井最高日产量500万立方米，投入正式开发以来，产量稳步上升，2008年日产天然气3500万立方米左右，生产装置安全平稳运行，从2004

群山中的克拉2气田

年底到 2010 年累计生产天然气 500 亿立方米，成为我国第一个年产气超过 100 亿立方米的单个整装天然气田。克拉 2 气田平均单井日产天然气 230 万立方米，是中国石油全部气井平均单井日产 3.75 万立方米的 61 倍，全国第一。2009 年 6 月 28 日，天然气储量规模仅次于克拉 2 的迪那气田建成投产。到 2011 年，油气产量达到开发方案的设计能力，年产天然气 50 亿立方米、凝析油 50 万吨。自塔里木石油会战以来，相继发现吉拉克、英买 7、牙哈、羊塔克、玉东 2 等 11 个凝析气田，探明凝析油地质储量达到 7054.6 万吨。西气东输工程建成投入运营后，这批凝析气田相继投入开发，使塔里木年生产天然气达到 200 亿立方米，年生产凝析油能力达到 200 万吨规模。在一个油区，有这么多不同的类型、储量规模大的凝析气田投入开发，在国内没有第二个。塔里木油田在实践中探索，边实践、边研究、边总结。从 2000 年牙哈凝析气田成功开发到 2009 年迪那气田建成投产，塔里木已经形成适应塔里木特点的高压凝析气田开发技术系列，建立三种开发模式：保持地层压力循环注气开发（牙哈）、衰竭中后期循环注气（柯克亚）、枯竭开发（迪那）。

四、"向地球深部进军"的先锋

2016 年 5 月 30 日，习近平同志在全国科技创新大会、两院院士大会、中国科协第九次全国代表大会上的讲话中指出，从理论上讲，地球内部可利用的成矿空间分布在从地表到地下 1 万米，目前世界先进水平勘探开采深度已达 2500 米至 4000 米，而我国大多小于 500 米，向地球深部进军是我们必须解决的战略科技问题。

塔里木盆地油气资源主要分布在深层和超深层。向地球深部进军，也是塔里木油气勘探开发的一项重大课题。

早在 20 世纪 70 年代末，为了探索塔西南前陆盆地超深领域，先后钻探了井深 7002 米的固 2 井、井深 6050 米的合 1 井等几口超深井。"六上塔里木"以来，特别是近十几年来，我们加大了对超深领域的勘探力度。2006—2018 年，塔里木油田实施完成的 635 口井中，大于 6000 米的超深井有444口，占总井数的70%。

1986—2000年，通过规模应用丛式井、双台阶水平井技术，台盆区轮南、塔中4、哈得逊等5000米以内中深层碎屑岩油藏的勘探开发问题得到解决。2001—2008年，攻关形成复合盐膏层钻井配套技术，实现了以克拉2、迪那2气田为代表的6000米深天然气藏的高效勘探和上产。2009—2018年，针对井深6000～8000多米、井温150～188摄氏度、压力105～136兆帕的挑战，攻关形成复杂超深井钻井配套技术、超深高温高压完井改造技术，推动了克深、大北、哈拉哈塘等油气田的勘探持续突破和开发上产。

30多年来，我们不断向地球更深部进军，一步步攻克深层、超深层油气藏的勘探开发难题，得益于我们钻井装备、工艺、工具的进步与发展。

1978年开始，塔里木逐步引进了6000米F320钻机，

山前钻井

使钻探能力得到很大的提高。但是钻头仍然是国产的三牙轮钻头,在井下工作时间只有8个小时左右。当时引进少量的美国休斯钻头,可以在井下工作480小时,这让我们看到了巨大的差距。

1979年2月3日,邓小平在访美期间,到休斯石油钻井工具公司参观,认真观看该公司生产的价值2500美元一个的钻头如何钻穿一个个"地层",并详细了解了各种钻头的性能和价格。回国后,邓小平将该公司赠送给他的一枚钻头纪念品交给国务院副总理兼国家经委主任康世恩,康世恩指定石油部副部长李天相负责发展中国的钻头事业。1981年,石油部以江汉钻头厂为试点,以引进的休斯全套钻头制造技术开始进行生产。到1990年,这项中美合作项目累计生产和供应了10余万只优质钻头,除满足自用外,出口创汇600多万美元。

1989年塔里木石油会战,引进国外6000米、7000米、9000米钻机,以适应塔里木深井、超深井的钻探。2005—2007年,宝鸡石油机械有限责任公司先后研制成功9000米、12000米超深井石油钻机,实现钻机装备的国产化,为塔里木钻井打造出向地球深层进军的装备利器。

2012年10月22日,由宝石机械与集团公司钻井技术研究院、塔里木油田公司、渤海钻探工程有限公司4家单位,在9000米和12000米钻机的成熟技术的基础上,联合研制成功四单根立柱9000米超深井钻机,填补了

▼ 牙轮钻头

▼ PDC钻头

国内空白。该钻机拥有18项专有技术和专利技术，经过在塔里木油田山前地区大北305等4口井开展工业试验，通过验收。

会战初期的时候，如果说在库车复杂山地钻一口8000米超深井，没有人敢相信，20多年后塔里木石油人做到了，而且最大井深纪录不断被打破。2015年1月20日，克深9号气藏克深902井钻至井深8038米完钻，成为中国石油最深井。2018年11月1日，克深21井钻至完钻井深8098米，再次刷新中国石油陆上最深井纪录。2019年7月17日，中国石油重难点风险探井轮探1井钻至井深8882米后转入钻井完井，井深超过珠穆朗玛峰的高度8844.43米，刷新了亚洲陆上井深最深纪录。

▼ 克深902井井身结构图

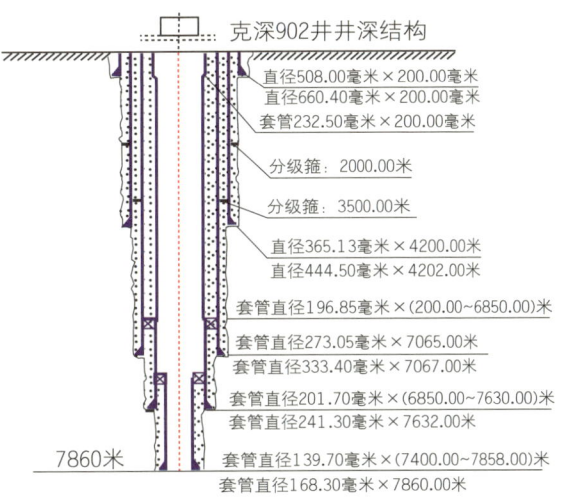

2019年7月17日，中国石油重点风险探井轮探1井
▼

第二节 绿色油田崛起

一、石油人要做绿色使者

关于环境保护，有两件事情给我留下深刻印象。一件事情是改革开放初期，我去国外考察，发现欧美国家的油田与我们一个显著不同的地方：他们的油田总是通过绿化和美化，力求与周围环境和谐统一。

▼ 轮南作业区

另一件事情是新疆有位环保老专家，由于担心南疆"三项工程"建设对环境的污染，多次拒绝在评审报告上签字，使建设方案无法及时上报国务院审批。这位老专家的理由是，塔里木盆地生态环境十分脆弱，而塔西南地区尤甚，石化厂厂址毗邻叶尔羌河上游，周围是农业区，如果造成污染，将是万劫不复的灾难。后来，我们责成设计部门对方案进行整改，污水经过处理达到工业排放标准后，排放到8个氧化塘里。氧化塘经过防渗处理，确保污水不会渗入地下，利用塔西南地区气候干燥、光照充足的自然气候条件，使污水蒸发掉。这位老专家给我们敲响了警钟。

塔里木石油会战一开始，我们就高度重视环境保护工作，不仅对会战甲乙方职工进行增强环保意识的教育，让大家把保护塔里木环境作为自己的神圣职责，自觉爱护塔里木的一草一木，而且建立严格的制度，把环境保护作为生产管理的重要内容贯彻于生产的全过程。

塔指成立环境保护委员会，甲乙方各级单位设立环保部门，颁布环境保护规定和管理办法，每月出一期《塔里木环境保护》。1992年塔指与巴州建立联合环境监测站，并成为自治区、总公司环境监测总站的网络站，统一对巴州和塔里木探区的地表水质、大气环境质量、环境污染进行监测。总公司责成塔指对塔里木探区工业污染源进行全面调查，主要对锅炉、废气、废渣、废水、固体废弃物等进行调查，查出污染隐患及时整改。

塔里木石油会战每年拿出总投资2%以上的资金用于环境保护工作，超出国家同期平均水平1.3个百分点。对采油污水、钻井岩屑、钻井液、落地原油等污染物质进行专项治理，抓住污染源头，坚持环境影响评价和"三同时"到位（对各种建设项目坚持做到立项、初步设计、环境评价任务书同时下达），施工过程中逐项落实环境评价报告书提出的环保措施，竣工后组织"三同时"验收，不达标的不予验收。1993年秋，自治区环保局负责人陪同国家环保总局局长解振华一行到巴州和塔里木探区考察。解振华一行考察了库尔勒石油基地污水处理、轮库输油管道末站油库及装车台环境保护设施，对塔指环保工作提出表扬。

塔里木盆地自然环境十分严酷，干旱少雨、风沙频繁，一方面环境保护和治理非常紧迫，另一方面又容易使人们环境保护意识淡漠。在杳

无人烟的戈壁荒原和寸草不生的大漠，有人会想，反正这里没人烟，乱丢垃圾，随意排放污染物质也无大碍。1994年11月，我和塔指的同志到塔中去，看到那里乱扔矿泉水瓶子、胡乱堆放垃圾的现象比较普遍。我提出批评，要求他们一定要杜绝这种现象。我说在勘探初期这些垃圾并不显眼，但如果任其发展，我们建设的不是什么现代化油田，而是"垃圾油田"了。现代化油田不只是设备和技术的现代化，还要有现代经营管理理念，其重要标志是环境保护与生态的和谐。我们石油人在沙漠里工作，不是给这里带来垃圾，而是要做绿色使者，在勘探开发地下油气资源的同时，还要营造一片绿洲。

1992年秋天，轮南作业区一次种植2500棵杨树，由于那里土壤多盐碱，第二年杨树成活率仅为10%。轮南作业区开始改良土壤，提出"一年打基础，两年见绿色，三年出规模"的规划，请来农艺专家做技术指导。在轮南、桑塔木油田栽种了沙枣、胡杨、榆树、

▸ 轮南油田当年栽下的杨树已经成林

柳树、青杨等耐盐碱的树木，建成绿地近40亩。轮南员工生活公寓和厂区内外一扫昔日荒凉景象，乔木、灌木、花草多层次地美化了周围空间，绿化面积高达80%。他们还建设9座玻璃大棚，搞起温室蔬菜无土栽培，结束了轮南不能种蔬菜的历史。

1994年11月，我和邱中建到轮南油田调研，得知轮南油田已实现油田废水不外排。塔指领导钟树德、邱超等陪同我们来到一座清水池，这是净化处理后的工业废水。我捧起尝了一口，水十分清澈无杂味。我表扬了他们。邱超说，他们已经投放了8000尾鱼苗。我向他们建议，在站区多种植花草树木，美化环境，让在这里工作的同志心情更舒畅、更安心。1995年开始，轮南的绿化由作业区向戈壁荒滩扩展。他们发动广大团员青年，营造青年林，1998年栽种了几百棵桃树、梨树和苹果树，在油田公路两侧栽植了6万多株小树，整个轮南变成一片绿洲。

开发一个油田，营造一片绿洲。从轮南油田开发起步，塔里木一直坚持这样做。在东河塘、桑塔木、塔中4、牙哈、哈得逊等油田，美化环境工作做得越来越好，塔里木石油人的环保意识在实践中不断强化。2000年9月，塔里木油田被国家环保总局评为"全国建设项目环境保护管理先进单位"。这是当时新疆工业企业中获此殊荣的唯一一家。

二、沙海绿岛诞生

在塔克拉玛干沙漠腹地搞绿化，是世界级难题，也是一项前无古人的事业。

1989年，塔中1井获高产油气流，我们就考虑沙漠绿化的可能性。在沙漠公路开始试验路段研究的同时，总公司考虑沙漠防沙固沙和沙漠绿化问题，下达"八五"科技攻关项目"沙漠腹地环境观测与防沙绿化先导试验研究"，委托中国科学院兰州沙漠研究所和新疆科学研究院生物土壤研究所共同承担这项科研重任。这两家被石油人誉为沙漠绿化研究的"皇家部队"，在接受任务后，由两名研究员、两名副研究员带队的18名研究组成员来到沙漠腹地。当时塔中正在勘探，塔中4油田尚未正式开发，只有

一些野营房，条件十分艰苦。专家们在塔中作业区附近开辟出约10亩试验基地，基地试验分三部分：一是筛选物种固沙造林，二是草坪试验，三是温室蔬菜水果栽培。

这里夏季沙子可以烫熟鸡蛋，冬天又能冻裂石头，地下浅层水矿化度很高。这些因素使得一般植物在沙漠里根本无法成活。专家们首先面临的任务就是物种的筛选，寻找适合沙漠环境生长的物种。他们首选红柳、梭梭、沙拐枣、沙冬青等45种灌木和乔木，开始种植试验。白天他们在烈日风沙中对幼苗进行观测，晚上在临时住所里整理资料。他们从沙漠边缘牧民那里买来羊粪作肥料，一袋袋分装好，给树苗施肥。

1994年7月中旬，邹家华副总理到塔中给沙漠公路通车剪彩并为塔中4油田建设奠基。他听说正在进行沙漠绿化试验，要去看看。邹家华看到刚刚栽植的红柳、沙拐枣和梭梭等沙漠灌木，连声赞叹。我们一起栽种了14棵幼苗，并浇了水。邹家华说："我国沙

2005年的塔中4油田已成为一片绿洲

漠很多，现在有9亿亩的沙漠，你们的试验如果成功，意义真是太大了！"

1996年5月中旬，温家宝同志视察了南疆三地州农业发展情况后，5月18日来到塔中。温家宝视察了塔中4油田联合站、塔参1井，最后要看看沙漠绿化试验基地。当年栽植的红柳、梭梭、沙拐枣已经成活，红柳长到两米多高，温室内茄子、黄瓜、西红柿已经开花结果。邱中建介绍说，我们这是为了改造沙漠环境，防止公路沙化进行的试验。现在有了植物，塔中出现了小鸟，灌木丛里也见到了一些动物。温家宝说："你们长期生活在沙漠中，是要搞些绿化。你们这项研究可能会带来一些副产品。将来的成果不仅能解决沙漠绿化，美化生活，还能为沙漠产业的发展提供资料。"温家宝称赞说："中建同志，你们想得很远啊！"

1996年12月，我来到了塔中油田。随着这么多年的建设，沙漠公路已四通八达，塔中4油田已是一片绿色，特别是我吃到了"死亡之海"大沙漠里种出

来的西红柿，觉得格外香甜。据统计，会战30年来塔中已经建成各种绿地9280亩，其中沙漠植物园300亩，引种荒漠生态植物、经济植物和观赏植物150余种；号称沙漠人参的肉苁蓉（又叫大芸）等名贵中药种植基地3610亩。这壮丽的景观，已经成为沙漠深处一个旅游亮点。塔中也成为沙漠植物引种、驯化的研究基地。如今，这里一片生机盎然，野兔、沙鼠、沙狐及白尾地鸦、小沙百灵、黑顶麻雀等多种动物也在此安家，体现了能源与环境、人与自然的和谐。塔里木油田在轮南、塔中、哈得逊、克拉等油区范围内共建设绿地6.8万亩，形成了以防风固沙为宗旨，改善生态环境为目标，绿化美化相结合的生产区域建设模式，在改善工作环境，稳定员工队伍等方面发挥了重要作用，茫茫沙海中的油田生产作业区已经成为沙漠腹地一座绿岛。

三、健康　安全　环保

"健康、安全、环保"（简称HSE）管理是国际大公司的通用规范，我们对这个问题的认识有一个过程。

再上塔里木，我们就考虑沙漠环境对人的影响问题。1989年初，总公司委托上海海洋水下工程科学研究院开展"沙漠环境对石油工人生理影响"的课题研究。这项课题包括5项内容：沙漠环境中国石油工人的人体水盐代谢、营养膳食、常见病、风沙尘肺，以及热辐射对人体的影响。1992—1993年，研究人员在塔指科技处和防疫站人员配合下，多次深入前线调研、试验，完成了课题研究。以上研究成果，为我们改善一线工人生活条件、美化生活环境提供了科学依据。

从1986年起，我们为了改变石油工人"住帐篷、吃酱油泡饭"的历史，给钻井队配备带空调的封闭式野营房，用飞机将新鲜蔬菜运进沙漠腹地，要求钻井队工人餐桌上的副食品一周不重样，每天给工人配4～5瓶崂山矿泉水，以补充体内盐分和其他矿物质，并适当提高了塔里木沙漠腹地和边缘区勘探队伍的生活标准和奖金标准。由此引出一个故事。

1992年，北京个别同志对塔里木探区这种做法提出批评，并捅到了国家有关部门那里，说这是"变相提高塔里木待遇"。这年夏天，国家税务总局派人到塔里木探区核查，一经查实，将予以罚款。当时个人所得税征收标准是800元，沙漠腹地工人的工资加沙漠补贴显然超过800元了。尽管油田同志反复向他们解释：沙漠腹地没有人烟、寸草不生，人很难在里面生存。来检查的同志尽管认为说得有一定的道理，还是坚持要查。他们提出第二天进沙漠腹地看一看。

那时候沙漠公路还没有修通，他们乘坐沙漠车翻了几道沙山，颠簸得很厉害，感觉受不了，后来又遇上沙暴，大白天漆黑一片，打开车灯也看不清道路。车上有两位女同志，她们从没见过这种恐怖景象，只好中途返回来。第三天油田陪同的同志提出再进沙漠腹地，来检查的同志说："沙漠的情况我们已经亲身体验到了。关于税收的问题完全同意你们的意见，都不用交所得税了。这确实是沙漠石油会战的必需。塔里木油田不存在变相补贴和偷税漏税问题。"他们还十分感慨地说："以前我们只知道'王铁人'伟大，大庆会战艰苦，现在真正体会到了石油工人真是要油不要命，真正体会到石油工人在高唱《我为祖国献石油》歌曲时为什么会有那种自豪感了。面对戈壁大风沙，处变不惊，令人敬佩。"

真正接触到"健康、安全、环保"管理，是1993年美国埃索、意大利阿吉普等国际大石油公司进入塔里木与我们合作开展风险勘探。HSE管理是从操作规程到员工衣食住行以及营地建设，几乎无所不包的一整套管理体系，设立HSE监督岗位，负责监督责任。1993年，两大国际石油公司雇用石油物探局2207地震队、219地震队、2220地震队为他们承担野外地震资料采集任务。双方签订合同后，甲方对中国地震队首先进行的是HSE管理培训。

健康方面：队员进队之前都要做体检，身体不合格的不让进队；每天摄入的热量都有具体的标准，饮食差了直接给石油物探局发备忘录，不让出工；每个员工都要学习急救知识，学不会的不让上岗。外国公司花17万元在营地修建了一个水冲式的厕所，厕所周围清洁得连一片纸屑也见不到，泼过水的沙地坚实而不见浮尘。营房车的外皮是精美的花纹铝板，车体上面装有两个大功率的进口空调。厕所的污水通过埋在地下的管道流出营地

200米以外，排放在下风口的大污水坑中。污水坑上面用稻草覆盖。仅埋置陶瓷排水管道就花了两万多元。外国公司HSE管理人员这样解释：花17万元，留给子孙后代一个原始而美丽的世界，这是值得的。

安全方面：要求保证每个员工都不被伤害，每天工作8小时，天黑了就收工，不让夜间施工。连队员搬东西都要先培训，外国公司说，某员工因为搬东西闪了腰，如果没培训，那就是公司的责任，但是培训了，就是员工的责任。

环保方面：外国公司对垃圾处理也有特别要求。成立环保组，专门清理测线上留下的各种垃圾，例如炮线、包装箱、方便面袋、矿泉水瓶、烟盒、各种罐头等，然后统一拉回营地用特制的火炉焚烧，再埋入两米深的地下，不能焚烧的废钢铁、啤酒瓶子等则由汽车或直升机带出沙漠送到收购部门。外国公司要求修理人员工作时地上必须先铺上塑料布，以防油污滴入黄沙。工作结束后将塑料布上的油收到废油桶里，最后拉出沙漠交给收购站。万一柴油洒到沙地上，则必须点火将渗入沙中的油烧掉。他们说："当我们离开时，就像我们没有来过一样。"

一开始，中国地震队员们很不习惯。在打扫第一个营地时，偷偷将没有焚烧完的垃圾埋在坑里。三个月后，HSE监督再经过这里时，垃圾已被大风吹出来，监督十分生气，队员们不得不重新焚烧深埋。

2207地震队曾6夺沙漠劳动竞赛的金牌，被塔指授予"沙海英雄地震队"光荣称号。埃索公司派到2207地震队的四名监督中除物探监督和测量监督外，还有两名HSE监督。在寒冷的冬季里，人们的能量消耗很大，而中方人员现在每天从食物中得到的能量远远不足以弥补消耗。HSE监督要求，每人每天最少应进食150克肉食。埃索公司认为，没有安全的质量和工作量是痛苦的。因此他们制定的操作程序都是从安全着眼，每个岗位的安全操作规定都在三四十条以上，相当烦琐难记且死板效率低。这些规定使队员们长期养成的操作习惯都要放弃。有一位钻井组组长是个默默无闻的"老黄牛"，工作废寝忘食，打井又多，质量又好，一直是领导要求年轻人学习的榜样。一天HSE监督发现他没按规定穿沙漠靴后，当场给他指出了错误，并要求他在全体职工大会作深刻检查。然后宣布免去他钻井组组长的职务，调到司机组当一名普通司机。

外国公司带来的HSE管理，对中国地震队是个巨大的冲击，当时被称为"HSE冲击波"。它直接挑战了我们恪守了几十年的管理理念。事实证明，我们过去的管理许多是不科学的，必须改变。改变观念是痛苦的，观念改变后的效果是令人高兴的。

1996年春节前夕，石油物探局局长钟辛生收到埃索公司总裁乔恩·汤姆森先生的一封来信。信中写道："贵公司的员工一共为埃索（中国）有限公司工作了120万个小时，在此期间只发生了一次缺工事故。您应该和我一样对石油物探局如此优异的战绩感到骄傲。"

石油物探局在荒凉的塔里木与国际HSE标准接轨，在健康、安全、环保方面，石油物探局走在中国石油乃至全国的前列。在勘探生产过程中，他们率先自觉履行HSE责任。2222地震队在塔中45井区做三维地

在沙漠勘探中屡建功勋的2207地震队

震的时候，营地中间有一棵胡杨树，被队员们用砖头围了起来。在塔里木河两岸施工的地震队，不准砍伐胡杨和红柳。地震队的吃住条件大为改善，队员们收工回来可以洗上热水澡、喝上热开水、睡上床铺了。他们与美国杜邦公司合作，推进和提升HSE管理，让地震队的HSE管理从自发管理阶段迈向严格监督阶段乃至自主管理阶段。

由于有了HSE这张通行证，东方物探公司（石油物探局）成功走出国门，驰骋国际石油市场。成为世界陆上物探工作量位居首位的大公司。

"健康、安全、环保"（HSE）管理体系建设在塔里木探区普遍开展。1997年，中国与加拿大"塔里木盆地自然资源利用与保护"合作项目启动，塔里木油田在加拿大贾克斯·威特福特环境公司的专家指导下，开始建设HSE管理体系，向社会

地震队利用施工间歇开展HSE知识竞赛
▼

公开发布《塔里木油田 HSE 管理手册》，并在实施中逐步加以完善。

塔里木油田环境保护专题片

我们去塔里木探区生产一线调研，进入生产区之前，有人专门给我们讲授安全生产事项，要求穿上安全服，在要害部位会有安全警示。我还了解到，所有进入塔里木市场的乙方队伍，必须进行 HSE 培训，达到甲方规定的 HSE 管理标准。比如，员工要进行健康体检，饮食标准和居住条件都要达到甲方要求。甲方派出 HSE 监督，督促乙方逐项落实。近些年来我们听到社会上不少民营企业克扣民工工资的事情。在西气东输上游气田建设工地上，有不少民营企业的施工队伍，为了防止克扣员工工资的事情发生，甲方专门设举报电话，24 小时接听，并派人员"微服私访"，一旦查出，即对乙方负责人做出处罚。在长达数年的西气东输上游气田工程建设期间，没有发生一起民营企业施工队伍克扣员工工资的不良现象。

我在塔里木油田还听到两个故事，在开发桑吉气田的时候，有一口开发井定在塔里木河边的原始胡杨林里，平井场时要砍掉 75 棵胡杨树。胡杨树是国家三类保护植物，地方政府规定，因生产原因砍伐一棵小胡杨树，罚款不足 100 元。设计人员为了保护 75 棵小胡杨树，先后 5 次移动井场，最后选择一片空旷地，用定向水平井钻到油气目的层，为此多花了 500 万元。用 500 万元保护 75 棵小胡杨树，这在过去是不可思议的。在设计克拉 2 气田外输管道时，现场踏勘选线人员发现设计图上所标的管道经过的地方，有一处小水泉，周围长了一片草地，他们发现有野鹿、黄羊的蹄印，这是它们平时饮水的地方。如果管道经过这里，小水泉就被破坏了。他们修改设计，避开了这个地方。

我听了这些故事,感到塔里木石油人HSE的意识比会战初期确实有了质的飞跃。

HSE冲击波很快影响到整个石油行业。中国石油天然气集团公司是从事油气勘探开发的资源型企业,油气生产线长面广,野外施工的特点决定要涉足饮用水水源地、生态敏感区、居民集中区等。石油石化行业的高风险特点又决定了环境保护工作的艰巨性、复杂性和长期性。近年来,本着对环境保护和人民群众极端负责的精神,中国石油强化从源头防治污染和保护生态,建立起HSE管理体系,构建环境保护长效机制,建设环境友好型企业,为创造能源与环境的和谐做出了不少的努力。

2012年,我到塔里木油田去调研,听现场人员讲,油田为了保护环境,在加强"三废"治理和节能减排方面做了很多尝试。包括开展钻井废弃物不落地达标处理、油基钻井液处理试验,建成含油污泥处理厂,推进钻机气化、放空天然气回收,推行太阳能光伏发电等,都取得了很好的效果。

党的十八大以来,党中央把生态文明建设纳入中国特色社会主义"五位一体"总体布局,对安全生产工作也给予了空前的重视,并出台了最严格的法律制度。塔里木油田以落实新的《安全生产法》《环境保护法》为契机,发布实施安全"十条禁令"和"保命"条款,加快历史遗留环保隐患治理,攻关钻井废弃物、油基钻井液等危害物处理,淘汰低效高耗和排放不达标的设备,进一步推进HSE体系建设,安全环保工作水平有了新的提升。

第三节 人才队伍茁壮成长

一、监督监理队伍建设

塔里木石油会战中,在不断成长的市场运营中,一支新型的队伍诞生、成长壮大,并逐步走向整个石油工业,这就是甲方监督队伍。

1986年以前,陆上石油工业中没有甲方监督这种岗位。计划经济体制内没有项目管理和甲乙方,甲方监督是个从没有听说的新名词。监理在各项工程施工作业中是非常重要的角色,监理人员的素质决定工程质量,甚至工程的成败。南勘公司一成立,考虑到将来会战要实行油公司新体制,石油部要求他们在三年时间内培养出一支合格的甲方监督队伍。南勘公司

◀ 1989年,塔里木第一位监督职均(左1)在塔中1井指导乙方获取岩心

请海洋石油公司有关专家授课，帮助培养甲方监督人员。职均同志就是被他们请来讲课的专家之一。职均原是渤海石油公司渤海 5 号钻井船的平台经理，他到南勘公司讲了一段时间课，南勘公司经理钟树德等几位领导商量，干脆把职均借聘到南勘公司当总监，既当领导又当老师。职均一口答应，于是被借聘到塔里木任钻井总监。

石油会战初期，钻井、测试、录井、试油等专业队伍急剧增加，甲方监督人员严重不足的问题十分突出。总公司采取两个办法，一是紧急从各油田借聘一批地质、钻井等方面技术专家，在塔里木经过短期监督业务培训后，即上岗工作；二是总公司人事局从各油田选择一批从事地质、钻井技术人员（科级干部或工程师），经过文化考试，进行为期三个月的培训。1989 年 2 月第一期地质、钻井监督培训班开班后，我们总公司领导先后去培训班看望学员们，讲监督的重要作用地位，鼓励大家认真学习。1989 年 5 月，第一期培训班结束，有三分之一的人由于没能够通过严格的考试而未被录用。

甲方监督是甲方的全权代表，其职责是严格按照合同内容，向乙方下达指令，在作业过程中监督乙方按照甲方要求实施作业。轮南 1 井和轮南 2 井都获得重大发现，与甲方监督忠实履行职责密不可分。甲方钻井监督陈金良是个老钻井，1986 年担任甲方监督，南勘公司第一口探井库南 1 井一开始，他就虚心向职均学习，很快掌握了甲方监督的业务技能。在轮南 1 井和轮南 2 井，陈金良不仅认真贯彻钻井设计，掌握钻井进度，准确下达业务指令，而且在值班时间内一直盯在井场，及时发现和处理问题。有一次陈金良发现钻井队在提钻过程中，一根钻铤在卸扣时仅转了两圈就卸下来了，他马上进行测量，发现这根 8 英寸钻铤螺纹比标准少了 5 毫米，立即要求乙方予以更换，从而排除了一次事故隐患。陈金良对工作不仅要求严，而且与乙方工人们同甘共苦。在轮南 2 井，不管风沙弥漫还是大雪纷飞，他都和乙方同志一样坚守岗位。处理事故和乙方一起干，共同解决事故中存在的问题。

陈金良牢记监督工作的最高原则，为了发现油气。他在井场上丝毫不放过发现油气的蛛丝马迹。1988 年 6 月初，轮南 2 井钻到 4235.58 米井深时，突然出现 10 分钟钻进两米的快速钻进，陈金良立即下达指令停钻进行地质循环，果然在钻井液槽里见到了黑色油花。随之安排取心，取到了含油岩心。陈金良由此体会到，监督必须在井场坚守岗位，如果录井队发现快钻以后，按照程序先通知甲方监督，再由监督通知司钻，环节太多，容易漏掉薄油层，如果甲方监理在现场，就可以直接通知司钻停钻，进行地质循环。他在轮南 2 井全井进行 45 次地质循环，共发现油气显示 25 层，在古近系、侏罗系、三叠系都发现油气显示，完井后经试油在侏罗系和三叠系获高产油流。1989 年，陈金良被评为能源部劳动模范，是会战第一批劳动模范。

梁龙智是一位来自四川油田的钻井专家，1989 年 4 月来到塔里木，参加了一个月的监督业务培训，就走上钻井监督岗位，从此干了 8 年监督工作。1992 年 7 月间，被调往工作状态不佳的 7015 钻井队所在的塔中 4 井任监督。

梁龙智刚到井上，就发现井口出现钻井液溢流，这是井喷的前兆。梁龙智立即召集钻井队干部和技术骨干，协商制订压井方案，组织工人配制压井钻井液，并亲自指挥压井，用了 40 个小时将井压住了。事后调查，这起事故是由于乙方提钻具时提速过快造成的。7015 钻井队刚处理完断钻具事故，现在又出了事。根据合同有关规定，甲方决定将 7015 钻井队整体撤出沙漠，由新疆钻井公司另派队伍接替。这项决定等于将 7015 钻井队赶出塔里木钻井市场，从此失去"会战资格"。甲方这项决定给 7015 钻井队极大的震动，全队职工写下决心书，干部立下军令状，强烈要求会战指挥部再给 7015 钻井队一次"将功赎过"的机会。梁龙智被 7015 钻井队的行为深深打动了。他干了 20 多年的钻井，完全理解 7015 钻井队干部工人此时的心情。梁龙智想，培养一支英雄钻井队不容易，而要让他们垮下去，只是一瞬间的事情。7015 钻井队首钻轮南，挺进塔中，接连打成 3 口获重大发现的里程碑式探井，为塔里木石油会战立下过汗马功劳。现在出现了重大失误，如果不帮助他们站起来，可能从此垮下去。他与甲方监督组协商，以驻井监督组名义向指挥邱中建建议：让 7015 钻井队继续留在沙漠。理由是，探明塔中 4 井的时间紧迫，7015 钻井队整体素质较好，能打硬仗，又熟悉沙漠腹地地层情况。现在人员充满决心和斗志，让他们再打一口井，树立新形象。邱中建同意了梁龙智的建议。梁龙智和 7015 钻井队在井上共

同奋战。他为大家出谋划策，鼓励工人们鼓足干劲，一雪塔中4井之耻。终于，他们仅用65天钻达塔中402井设计井深，两次中途测试均获高产油气流。7015钻井队成功树立起自己的新形象，被甲方继续留在塔中作战，一连打了好几口漂亮井。这个队的党支部书记李明阳感慨地说，我们能重新站起来，梁龙智监督是有大功劳的。

梁龙智是实践"两分两合"的楷模。乙方队伍在战场遭受挫折，他把这支队伍扶起来，帮助他们重新成为一支英雄的队伍，这是值得人们尊敬的。梁龙智1991—1993年连续被评为会战指挥部先进个人、优秀钻井监督，1994年被评为全国劳动模范。

从1986年南勘公司向渤海公司借聘第一个监督开始，到1991年底，塔里木已形成8个工种的监督队伍，共有监督577名，其中，地质监督171名，钻井监督209名，试油监督41名，钻前监督17名，测井、固井、生活监督85名。

在油气工程建设项目中，实行项目监理，也是塔里木石油会战中诞生的新事物。1986年，建设部利用世界银行贷款在贵州省建设鲁布革水电站。按世界银行的要求，鲁布革水电站建设要实行监理制度。国内基本建设从没实行过监理制度，当然也就没有监理人才队伍，只好聘请外国监理人员（中方也选拔部分人员参与）组成监理组，对鲁布革水电站建设实行全程监理管理。在鲁布革水电站三年建设过程中，从施工进度、工程质量、安全环保等方面进行监理管理，对工程建设发挥了很好的作用。建设部认为国际上通行的工程建设监理制度很好，完全可以在我国推广实施。1989年，国家建设部为此印发了相关文件，并打算找个试点。建设部找到塔里木，认为石油会战实行新体制，可在油田建设项目中试行监理制度。1990年以来，轮南油田、轮库输油管道、油田公路等建设项目已提上日程，我们决定在这些项目中开展监理试点，取得经验后再加以推广。1990年4月下旬，总公司在北京召开塔里木石油勘探开发会战后勤保障工作协调会后，总公司李虞庚总工程师、基建局金燕凯局长与塔指领导王炳诚、李大华协商，认为塔里木的"油公司"体制经过4年的实践和完善，完全有条件在油田建设项目中实行监理制度。他们向邱中建等总公司领导做了汇报，并得到支持。于是先培训监理人员，解决人才问题。总公司委托天津大学举办一期培训班（时间为一个月左右），从所属油田和基建工程公司抽调有实践经验的专业技术人员 30 多人参加培训。

1990 年 6 月 10 日，天津大学经济学院建设监理培训班正式开班，报到学员 38 人。建设部监理管理司领导、总公司李虞庚总工程师和基建局金燕凯局长、天津大学领导、塔指领导王炳诚和李大华都出席了典礼。为了让学员们首先了解塔里木石油会战的"油公司"体制，王炳诚讲第一课"塔里木勘探形势和前景"，李大华讲第二课"塔里木'两新两高'体制"。

培训班结束后，有 35 名学员到塔里木报到。1990 年 8 月 17 日，塔指颁发了《塔里木石油勘探开发指挥部油田地面建设监理实施办法（试行）》，明确了塔指基建处对施工项目派出监理，成立油田建设、矿区建设、公路建设三个监理办公室。9 月初向各在建工程项目派出了监理人员。塔里木建设项目监理制度由此开始。

1991 年开始，塔里木工程建设项目增多，监理人

1993年10月27日，召开的塔指首届监督监理颁证大会

员队伍不断扩大。1991年12月11日，塔指成立监理公司，张国荣任经理，由此工程建设项目监理工作全面铺开，有工程建设项目，就有监理。1992年5月14日，塔指召开了首次基建监理工作会议，制定了《监理办公室职责范围》，成立7个项目监理组，工程建设项目的监理工作逐步深入开展，并进一步完善。

二、培养跨世纪人才

1984年11月，我随中国海洋石油总公司总经理秦文彩率领的考察团再访巴西和美国，进一步学习资源国和石油公司对外合作开发油田的管理经验，特别是国际招标后如何执行合同的管理经验。此行给我们最大的启示是，一定要实施人才战略。后来我们选拔130名优秀青年知识分子赴国外留学，帮助他们开阔眼界，拓展思路，增长才干，了解市场经济条件下企业的管理体制和经营机制。这些留学生几乎都先后进入中国海洋石油的决策层，成为高级管理人才与专家。

第五章 建设现代化大油气田

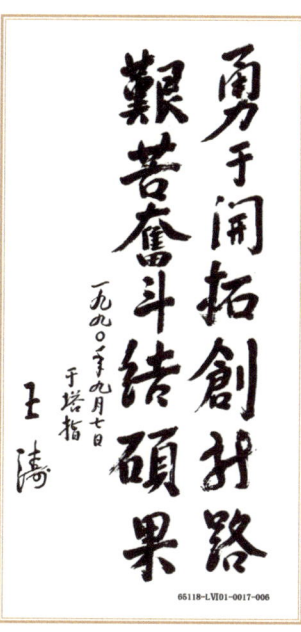

▲ 1990年9月，王涛在塔指的题词

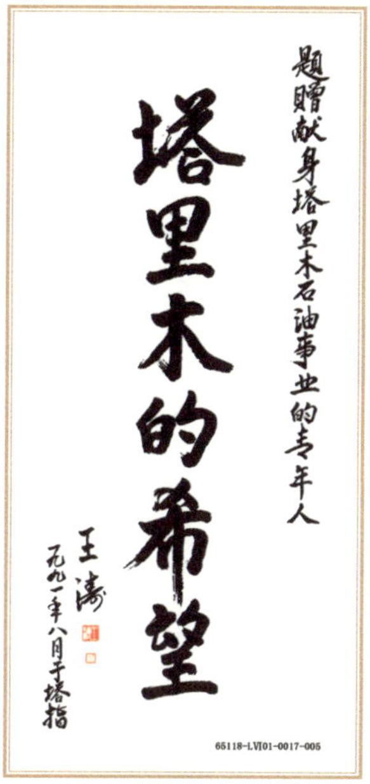

▲ 1991年8月，王涛为塔里木青年人的题词赠语

▼ 工作在沙漠腹地的青年大学生

从塔里木石油会战一开始，我们就明确认识到，塔里木盆地巨大的油气资源开发是几代人的事业，非一代人所能完成的。所以，我们始终把人才培养作为战略任务来抓，特别是年轻人才的培养，采取以老带新、帮新、扶新，为年轻人才的成长搭建宽阔平台，创造宽松的学习环境，使他们迅速成长，显示才能。1986年南勘公司成立后，贾承造、王招明、石林、秦刚等一批勘探、钻井人才来到塔里木，他们年龄最小23岁，最大不到40岁。

会战初期，我们为了培养出一支现代化的人才队伍，在几年内，从全国高校分配1500多名毕业生到塔里木探区。把他们放到勘探开发生产一线的实践中磨炼成长。98%以上的毕业生能够按专业所学上岗；一般在毕业生实习期满不久委以重任，给他们提供机会发挥自己特长，选送表现优秀者到有关单位学习，少数人出国深造，使年轻人普遍感受到这里接触新东西多，成长进步的空间大，从内心里产生一种自发的、追求进步的强大动力。

为了培养钻井专家，1993年探区专门成立60303大学生钻井队，就是让大学生们通过生产实践增长才干，早日成才。这支由30多名干部和技术工人当"导师"的钻井队，有效地为会战培养了一大批有用人才。

1990—1993年，新分配到塔里木探区的大学毕业生，已经有128人走上行政和专业技术负责人岗位，300多名成为生产、科研骨干，80多人被评为省部级、局级先进个人。

1990年分配到塔里木探区的女大学生方珂，一到塔里木就在轮南采油厂实习。8月23日，江泽民总书记视察轮南探区时来到轮南2井试采现场，与方珂交谈，询问了她工作、学习、生活情况。江泽民同志语重心长地对方珂说：你到这里来，可以说是对你有很大好处，这个地方是和工人完全结合起来的。勉励她在塔里木石油会战这个大熔炉里锻炼成长。方珂表示牢记总书记的教诲，踏踏实实在生产一线工作，学习业务，一步一个脚印地干工作。她在1992年成为技术监督。2001年她报名参加西气东输上游气田建设工作，在气田开发建设第一线锻炼自己，迅速成长。现在刚过50岁的方珂已成为油田迪那油气开发部的领导班子成员。用方珂自己的话说，20多年中，她由一名满脑子罗曼蒂克的大学生成长为一名脚踏实地的开发专业技术人员，完成了由蛹化蝶的美丽转换，而永远不变的是她为祖国奉献石油的激情和信念。

1996年，自愿来到塔里木的江同文博士，毕业于西南石油大学，他的第一选择是投身塔里木油气勘探开发事业。他与妻子双双投身塔里木石油事业的消息，在总公司机关和他的母校引起轰动。有人敬佩，有人不理解。江同文只有一个信念，用自己所学的知识报效祖国，塔里木急需人才，他就选择塔里木。一踏上塔里木的热土，被分配在科研机构工作的江同文，立刻投身到科研生产第一线。在实际工作中向专家学习，向实践学习。理论与实践相结合，使他很快就能够独立进行重大勘探开发项目的研究。江同文与其他同志一起承担"九五"科技攻关重点项目"轮南油田稳产研究"，他在一个月时间内对轮南油田每一口单井的动静态数据进行分析处理，做出65口井的注水吸水剖面图。经过细致分析，制订出轮南开发调整方案，实现了油田稳产。1998年后，江同文又参与哈得逊油田滚动开发、牙哈凝析气田循环注气开发方案的编制工作，做出了突出贡献。2003年，他被任命为塔里木油田勘探开发研究院院长，2008年，成为塔里木油田公司副总地质师，在西气东输上游工程"一大五中"气田开发和迪那大气田开发建设中，充分展示了自己的才干，成长为理论和实践都有建树的专家。2015年，江同文被组织选拔为塔里木油田公司副总经理，2018年还获得第二十七届孙越崎能源科学技术奖能源大奖。

同济大学的杨文静，学的是地质专业。塔里木石油会战开始后，她坚信自己在塔里木会有广阔的用武之地。1990年大学毕业前夕，她竟只身一人带着档案来到塔里木。她的男朋友是西南石油学院的硕士研究生。男朋友打算动员她回内地，到塔里木探区来说服杨文静，反被杨文静动员来了塔里木。她经常和专家跑野外，塔里木戈壁和山区的荒凉、艰苦使这位一闻羊肉的膻味就呕吐的姑娘变得异常坚强。她一心扑在找油上，话不多，很能干，工作严谨、细致，很快就能独立完成生产科研任务。她编制的某油区单井评价报告受到专家的好评，26岁就被聘为塔指研究中心综合研究室副主任。她带领年轻科研人员对塔里木盆地资源进行新一轮资源评价，2002年完成了评价报告。这份报告充分利用先进的评价技术和塔里木10多年来取得的勘探资料和成果，得到专家们的一致肯定。经过20多年的磨炼，杨文静先后担任塔里木油田勘探开发研究院总地质师、副院长、企业技术专家，被评为集

团公司"十大金花"科技工作者。

从会战一开始,塔指就制订培养跨世纪人才的战略计划,把能否做好青年人才培养工作作为各级领导是否称职的考核内容之一。凡培养青年人才不力的,不能被评为优秀领导干部,压制和阻碍青年人才发展的,不能继续担任领导职务。塔里木注重引进高层次人才,21世纪的前5年共引进国家"211"工程院校毕业生1200人,建立了博士后工作站和研究生选拔考试体系。会战30年,一大批优秀青年人在塔里木成长起来,向中国石油培养输送60多名中高层管理干部,有的走上中国石油天然气集团公司领导岗位。塔里木油田先后走出了7名院士,他们是:邱中建(1999年)、童晓光(2005年)、贾承造(2003年)、袁士义(2005年)、马永生(2009年)、孙龙德(2011年)、金之钧(2013年)。在塔里木这片沃土中30年诞生了众多高端科技人才,被人称为"塔里木现象"。这雄辩地说明,塔里木油气勘探开发众多世界级难题,吸引了众多有志之士,而我们倾力营造的适合人才成长的宽松环境,成为培养杰出人才的沃土。

塔里木油田勘探开发研究院技术人员进行地质研究

三、群英荟萃大舞台

轰轰烈烈的塔里木石油会战，吸引着中国石油界的科技精英。具有挑战性的世界级勘探开发科技难题，对专家们更具有诱惑力。塔里木石油会战以借聘方式（即各种关系留在原工作单位，以签约合同方式到塔里木探区工作），吸引总公司机关和全国各石油单位的科技专家和管理人员1125人，其中具有高级技术职务的专家为158人。这些专家，在塔里木有的干了3年或6年，有的一直干到退休，个别专家到了退休年龄后依然坚持在塔里木工作。他们不仅攻克了一系列理论和技术难题，同时培养了一支青年科技队伍。

四川油田享受国务院特殊专家津贴、测试高级工程师林德高，是最早参与塔里木勘探工作的专家之一。1987年轮南1井在三叠系、奥陶系获工业油流，需要进行酸化。石油部要求四川石油管理局组织力量担负这项任务。林德高作为测试专家在现场指导，轮南1井经过酸化，使奥陶系原油日产量由10多立方米提高到近100立方米。林德高也由此在塔里木扎下根。他每年组织深井、超深井的酸化作业，作业效果都达到设计要求。东河6井井深近6000米，要进行大量加砂压裂，最初使用美国哈里伯顿工具失败。林德高改用自己研制的D-344封隔器实施作业一次成功。林德高患有胃病、胆结石等疾病，他坚持在塔里木干了10年，直到60岁那年病倒了，被送到广州医院做了胃切除四分之三手术，才依依不舍地离开塔里木。在塔里木10年，人称林德高为"拼命专家"。他先后被评为四川省科技先进工作者和劳动模范，并荣获全国五一劳动奖章。

钻井高级工程师、钻井液专家李荫柑，已经办理了退休手续，得知塔里木石油会战开始了，想到在条件非常艰苦、勘探技术难度大的塔里木，一定非常急需人才。他反复请战，才获准来到塔里木，被分配在轮南探区钻井工程办公室工作。领导对他说，你年纪大，在办公室给同志们出出主意、指挥指挥就行了。李荫柑说："那怎么行？塔里木地质情况复杂，全是深度超过5000米的井，光凭老经验行不通。我必须到现场把井下情况摸清才行。你们不要担心我老了，为了找到大油气田，就是把我这把老骨头留在大沙漠也值！"他为了摸清塔里木打深井、超深井的钻井液

▲ 20世纪90年代初，借聘到塔里木的专家们成为勘探开发的重要科技力量

使用规律，一口口井地跑，对钻井资料进行分析、总结，他提出一整套适应深井、超深井的钻井液设计方案。多年来，采用他设计方案的探井没有一口出现因为钻井液问题而报废的。很多人对一个退了休的人，还要跑到这样荒凉的地方吃苦受累，表示不理解。李荫柑说，他来塔里木要圆自己人生一个梦想：就是在有生之年，再参加一次石油大会战，找一个大油田。

在塔里木探区，还有一对来自石油高等学府的教授夫妇。丈夫叫张宗命，是大学地质系主任，在塔里木带领几个研究生，主攻塔中的地质构造。张宗命带着他的研究生们一直蹲守在沙漠腹地，在勘探现场搞研究。一次他去美国出差，正巧他的儿子在他所去的那个城市一所大学里留学，但张宗命完成任务后急匆匆赶回塔里木，未能与儿子见上一面。3年中，张宗命完成了《初论塔里木盆地中央隆起带地层系统与构造演化》论著。妻子何远碧是研究碳酸盐地层的专家，在塔里木专攻塔里木碳酸盐地层油气分布规律，会战初期探区还没有高倍显微镜等科研设备，何远碧就用放大镜观察碳酸盐岩样本，有时一观察就是几个小时。她也拿出了《试论轮南地区奥陶系碳酸盐岩储层裂缝类型及发育规律》学术论文。

在塔里木科研队伍里还有三位博士：贾承造、马永生、张水昌，三个人都在地质研究大队工作。贾承造是副队长，专业主攻地质构造，马永生专攻地层沉积，张水昌研究生油，他们承担了国家"八五"攻关项目"塔里木盆地大型油气田形成条件研究"的课题研究，贾承造还是其中101课题二级负责人。三位博士相互学习，密切配合，对塔里木勘探提出许多有价值的见解和理论观点。马永生在工作上有一股拼命精神，他曾在一个星期内完成5张1：50万的塔里木盆地地质图，为了如期完成任务，他和8位同事通宵达旦工作，买了干馕和榨菜放在工作室用于充饥。张水昌工作踏实、善于深入钻研，他纠正了前人关于塔中石炭系是主力生油层的观点，认为寒武系—奥陶系是主力生油层，这一观点得到专家一致认同。贾承造是三人中来塔里木最早的，又是长者，他经常带领马、张二人跑野外，在现场相互交流。1989年瑞典籍华人地质学家许靖华教授到塔里木考察，许靖华教授是世界著名地质学家，在世界地质界享有盛誉，在塔里木考察期间由贾承造陪同。经过考察，许靖华教授提出塔里木是海相弧后盆地的观点。贾承造在以后几年的深入研究中，却提出与许靖华教授不同的观点，经实践证明，贾承造的看法更切合塔里木盆地的实际。

第四节

实现高水平高效益

一、三大阵地战成果辉煌

塔里木盆地面积大，不仅地面条件差，地下也很复杂，概括地说有三大难点：一是井深，二是山前地下构造复杂，三是盆地中心区碳酸盐岩非均质非常严重。2005年以来，塔里木的同志们艰苦探索，依靠科技创新，大打库车、塔北、塔中三个阵地战，取得了辉煌战果。

库车地区素以其复杂的地面环境和地质情况著称，从1998年克拉2大气田发现后，又发现了迪那2大气田，成为我们寻找天然气的主力战场。自2008年克深2井取得突破后，接着实施了山地三维地震整体连片1840平方千米，这些年克拉苏深层区带连续获得克深3、克深5、克深1、克深8、博孜1、阿瓦3、克深9、克深6、克深13、克深10、克深11、克深24等天然气区块的发现，落实了万亿立方米天然气储量。2018年12月12日，秋里塔格构造带的中秋1井获日产天然气33万立方米、凝析油21.4立方米，发现了一个千亿立方米级凝析气藏。过去秋里塔格构造带一直没有取得突破，这一战略性突破，为秋里塔格构造带勘探和整体评价打开了一个新局面，开辟了一个天然气勘探的新战场。开发方面，2012年起，大北气田、博孜气田和克深气田相继投入开发，日处理天然气能力1500万立方米的大北天然气处理厂和日处理天然气3000万立方米的克深天然气处理厂也先后建成投产，大北—克深逐步成为天然气产量增长的主力军。

　　塔北地区最大的亮点是哈拉哈塘的勘探开发。2009年哈7井获得高产油流，发现了哈6区块，从此拉开了哈拉哈塘油田勘探开发一体化的序幕。先后发现哈6、新垦、热瓦普、金跃、富源、跃满西等6个奥陶系碳酸盐岩油藏，到2018年底探明含油面积1322.81平方千米，探明石油地质储量24675.23万吨、溶解气393.2亿立方米。哈拉哈塘油田2009年投入开发，这个油田是碳酸盐岩油田，井深，储层非均质严重。对这个油田，塔里木实行勘探开发一体化管理模式，具体实行两个一体化：一是上产增储一体化，即整体评价，实施、评价建产同步，边评价、边建产；二是地

中秋1井获突破
新闻视频

2018年12月12日，位于库车坳陷秋里塔格构造带中段的中秋1风险探井获重大发现

质工程一体化，即断溶体油藏认识指导井位部署，一井多靶点设计，应用井口地震等技术优化靶点，提高储层钻遇率和直投率，优化井身结构和完井方案。两个一体化的实施，使哈拉哈塘油田开发取得较好效果。2009—2018年

▼ 20世纪80年代以来塔里木盆地碳酸盐岩勘探攻势图

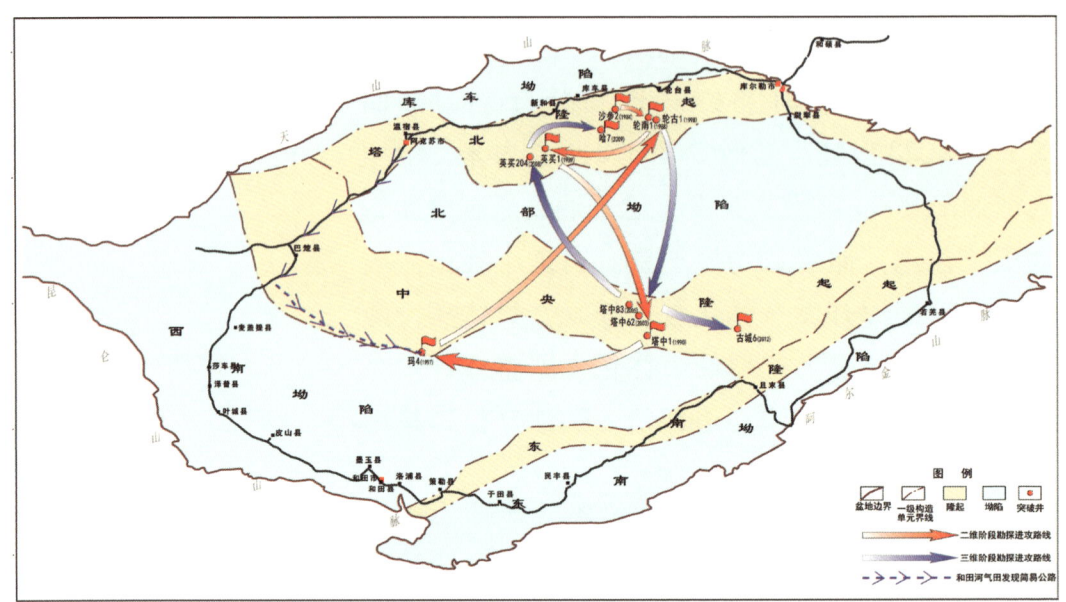

累计生产原油 778 万吨，其中 2018 年生产 124.05 万吨，哈拉哈塘油田成为年产百万吨的碳酸盐岩油田。

塔中地区的碳酸盐岩油气藏和塔北有两个共同特点，一是埋藏深，二是非均质性严重。1989 年塔中 1 井在奥陶系白云岩获高产油气流。此后勘探界的同志艰苦求索，以 2005 年塔中 82 井获高产油气流为标志，塔中 I 号构造带勘探进入新的境界，发现了塔中 62、塔中 82、塔中 26、中古 5、中古 8、中古 10、中古 15、中古 43 等油气区块。至 2018 年探明石油地质储量 6849.53 万吨、天然气地质储量 40.8 亿立方米、凝析油地质储量 15133.68 万吨。开发配套建设上，塔中 I 号气田东部 10 亿立方米试验区项目于 2010 年 10 月建成投产，西部设计年集输处理 18 亿立方米天然气、80.9 万吨凝析油的中古 8—中古 43 区块也于 2014 年完成地面工程建设。2018 年，塔中 1 号气田生产天然气 12.2 亿立方米、凝析油 45.6 万吨。

2010 年建成投产的塔中 I 号气田东部 10 亿立方米试验区

二、实现高效勘探开发

塔里木石油会战以来，油田坚持"两新两高"工作方针和油公司管理体制，创新形成了甲方主导、乙方技术支持、承包运行维护，融合式、一体化的勘探开发管理模式，成为中国石油用人少、成本低、效益好的企业标杆。油田有关部门做过统计：塔里木石油会战人员，一线与后勤人员比例是2∶1，老油田的比例是1∶3。塔里木每年投资的95%用于勘探开发。

为了在竞争中求生存和发展，先进装备和工艺技术在会战队伍中非常受欢迎。会战多年来，塔里木成为陆上石油工业先进装备和工艺技术的试验场。新体制与新工艺技术密切结合，使油田勘探开发实现了高水平和高效益。2018年，平均单井日产原油14.9吨、日产天然气18.5万立方米，分别为中国石油平均水平

2009年3月22日，《人民日报》报道塔里木油田发展成我国最大的天然气产区和重要的石油生产基地

的9.9倍和10.5倍；人均创效137万元/人，投资资本回报率连续14年保持行业领先。

塔里木从1952年勘探，到2018年，一共历时67年。从1983年中美合作队进沙漠，之前31年共发现两个油气田，之后36年在改革开放新时期，塔里木石油会战采用"两新两高"工作方针，解放了生产力，创造了塔里木勘探开发高水平、高效益。根据塔里木油田统计的数据，1986—2018年，塔里木油田总投资2444亿元，探明油气田31个，累计探明油气储量当量28.8亿吨。1989—2018年，销售总收入6212亿元，实现利润2633亿元，缴纳税费1056亿元；累计生产原油1.29亿吨、天然气2737亿立方米，油气当量3.5亿吨。

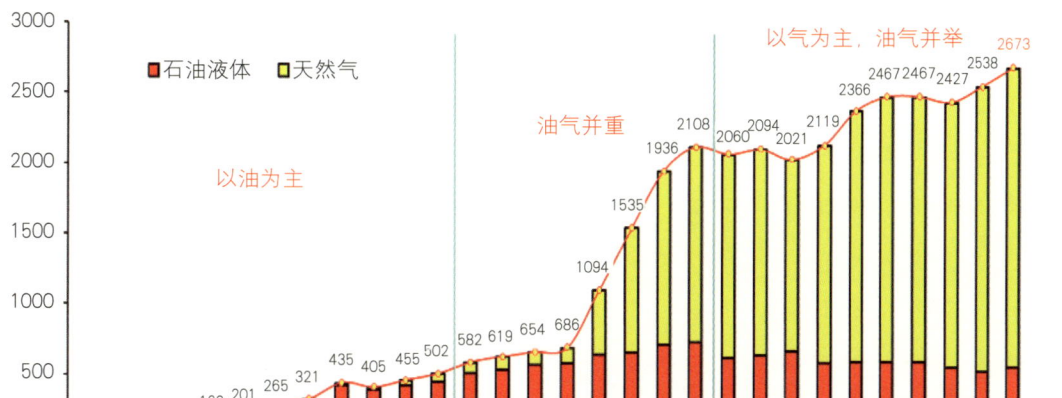

1989—2018年塔里木油田石油、天然气产量直方图

三、形成配套科技体系

在塔里木进行勘探开发，需要面对不一般的地面环境、复杂的地质构造、超深的油气藏，必须攻克解决一系列世界级的难题。会战初期，我们在塔里木建立了开放型科研体系，集中国内外优势力量攻坚关键核心技术，经过 30 年攻关和创新，形成了叠合复合盆地地质理论以及前陆区、台盆区配套勘探开发技术，沙漠及山地高精度地震、超深超薄储层钻完井、凝析气藏循环注气开发等技术达到国际先进水平，垂直钻井、9000 米钻机、高密度油基钻井液等一系列新技术新装备新工具打破了国外垄断、填补了国内空白，引领了我国石油工业勘探开发向超深复杂领域发展。

多年来，无论是总公司（集团公司），还是塔里木油田，都一直致力于把塔里木打造成为人才培养的"大熔炉"，打造了一支具有世界眼光、掌握前沿技术、实践经验丰富的优秀人才队伍，一大批专家从塔里木走向全国乃至世界。

30 年来，塔里木形成了叠合复合盆地、超深海相碳酸盐岩油气、含盐前陆盆地油气三大地质理论体系，库车前陆冲断带天然气勘探开发、超深缝洞型碳酸盐岩油气勘探开发、深层砂岩油气藏提高采收率三大勘探开发技术系列和复杂深井超深井钻井技术、超深复杂储层改造技术等十大特色工程技术，累计获得科学技术奖国家级 19 项，省部级 346 项，专利授权 821 项。

塔里木石油会战1989—2018年获国家级科技成果奖励一览表

项目名称	获奖年份	级别
二维盆地模拟图形工作站系统BMWS及其应用	1993	国家科学技术进步奖三等奖
塔中地区石炭系大油田的发现与勘探方向	1995	国家科学技术进步奖二等奖
塔里木盆地沙漠腹地钻井工程综合配套技术	1995	国家科学技术进步奖二等奖
塔里木沙漠石油公路工程技术研究	1996	国家科学技术进步奖一等奖
6000米电驱动沙漠钻机	1997	国家科学技术进步奖一等奖
塔里木北部牙哈油气田的勘探与评价	1997	国家科学技术进步奖三等奖
塔里木盆地构造特征	1998	国家科学技术进步奖三等奖
塔克拉玛干沙漠综合科学考察	1999	国家科学技术进步奖三等奖
塔里木盆地海相克拉通油气勘探开发技术及其应用	2000	国家科学技术进步奖二等奖
塔里木克拉2大气田的发现和山地超高压气藏勘探技术	2001	国家科学技术进步奖一等奖
塔里木盆地高压凝析气田开发技术研究及应用	2005	国家科学技术进步奖一等奖
中国中西部前陆盆地石油地质理论、勘探技术及油气重大发现	2006	国家科学技术进步奖二等奖
中低丰度岩性地层油气藏大面积成藏地质理论、勘探技术及重大发现	2007	国家科学技术进步奖一等奖
塔里木沙漠公路防护林生态工程建设技术开发与应用	2008	国家科学技术进步奖二等奖
西气东输工程技术及应用（与其他单位共同完成）	2010	国家科学技术进步奖一等奖
碳酸盐岩油气藏转向酸压技术与工业化应用	2013	国家技术发明奖二等奖
基于巨磁阻效应的油井管损伤磁记忆检测诊断技术及工业化应用	2014	国家技术发明奖二等奖
库车前陆冲断带盐下超深特大型砂岩气田的发现与理论技术创新	2015	国家科学技术进步奖二等奖
深层油气藏靶向暂堵高导流多缝改造增产技术与应用	2017	国家技术发明奖二等奖

第六章
造福新疆各族人民

加快塔里木石油勘探开发，不仅是一场生产仗、经济仗，也是一场维护全国的稳定大局，特别是稳定新疆的大局、巩固边疆的一场政治仗。

——摘自1990年在塔指干部大会上的讲话

第一节

油地共同大发展

一、输血与造血

六上塔里木开始的时候，我就一直考虑，在改革开放的新时期，在南疆这样一个特殊的地区进行石油勘探开发，油田应该与地方建立什么样的关系，石油勘探开发如何更好地带动当地发展并给当地人民带来实惠。会战初期，我们经过与新疆维吾尔自治区党政领导深入沟通交流，确定了油地工作"二十字"方针，就是希望与地方建立融合发展的新型油地关系，变输血为造血，增强地方自我发展能力。因为我们不搞"大而全""小而全"，专业化生产依靠石油行业主力，生产和生活后勤保障工作主要采取市场化服务形式依托当地社会基础，这就给当地创造了众多的产业发展条件和就业机会。例如在油田基建市场工程招标中，同等条件下优先选用当地队伍。到1998年，油田有28支当地基建队伍获得油田作业许可，占油田基建市场的40%以上；其中临探工程一项，南疆施工队伍的工作量占80%以上，南疆地区涌现出一批像新疆四建、兵团三建、阿克苏路桥公司、轮台一建等明星施工企业。据不完全统计，塔里木石油会战平均每年依托社会力量的各种服务，向当地注入的资金占总投资的30%～40%。会战30年来，塔里木累计注入当地资金700亿元左右。南疆许多企业通过进入石油市场得到很大的发展，像轮台等原来属于国家级贫困县，现在富裕起来，摘掉贫困的帽子。当地社会从"支油"中得到了实惠，思想观念也发生巨大变化，由计划经济时代的政府"要我支油"变为现在的"我要支油"。

帮助当地发展经济，是我们义不容辞的责任。在地方踊跃支援石油会战的同时，石油战线充分发挥自身人才、技术、信息和资金方面的优势，采取合资、股份、技术、联建、定点扶持等方式发展油地融合，先后拿出资金为地方修建道路、供电线路、输气管道和液化气站，帮助地方兴建一批水泥厂、砂石厂、泥浆材料厂、砖厂、专业清洗公司、路桥公司等中小企业，建设了18座希望学校。我们以造福新疆各族人民为己任，基于当地的实际困难和需求，与当地人民政府共同规划，实施了多项重大利民惠民工程。到2018年，累计投资35亿元，建设了以塔里木沙漠公路为代表的26条总长2039千米的油地共用公路，有力改善了南疆的交通条件。投资数百亿元，建设了泽普石化厂"三项工程"、塔西南化肥厂扩建工程、塔里木大化肥、和田河供气、南疆天然气利民工程等重大民生项目。随着油田业务的发展，油田上缴的税费逐渐增加，1989年为26万元，2018年为72亿元，累计上缴税费达到1056亿元。

2002年12月下旬，我和邱中建等同志一起去塔里木考察调研。到新疆首府乌鲁木齐的时候，中共中央政治局委员、自治区党委书记王乐泉与我们几个老同志会面。王乐泉向我们介绍了新疆这几年的发展。"九五"期间，自治区提出了"一黑一白"发展战略，"一黑"是石油，"一白"是棉花。石油作为引领新疆经济发展的一个重要方面，而且排在前面，这让我们感到非常欣慰。

2002年，我们党召开了十六大，江泽民同志在政治报告中总结了自1989年以来13年的工作。我们塔里木石油会战是1989年开始的，到2002年也是13年。13年来我们工作干得怎样？可用一句话来概括：工作扎实，成绩突出。

2002年7月4日，举世闻名的西气东输工程举行了隆重的全线开工典礼。西气东输工程西起新疆塔里木的轮南，途经10个省、自治区、直辖市，全长4000千米，管道穿越戈壁荒漠、黄土高原、太行山脉，穿过黄河、淮河、长江，是我国距离最长、投资最多、输气量最大的输气管道。整个工程投资达1400多亿元，其中上游塔里木气源地的工程建设预计在400亿元左右。

这项工程2002年7月正式开工，2004年10月1日全线建成投产，12月30日全线商业运营，建设速度之快令世界瞩目。胡锦涛总书记在发给西气东输工程投产庆典暨表彰大会的贺信中指出，西气东输工程的建成，对于推进西部大开发、加快中西部地区发展、造福新疆及沿线各族群众，对于推进产业结构调整和能源结构优化、保障国家能源安全，必将发挥重大作用。

自治区领导算了一笔账，西气东输工程建成投产后，新疆仅税收一项每年增加16亿元。

王乐泉说，中央确定实施西部大开发大战略以来，新疆成为实施这一战略的前沿，"一黑一白"成为新疆腾飞的两只翅膀。我们一起回顾新疆石油工业的发展，对未来充满信心。粗略算了一下，我在石油部和总公司主要领导岗位上的11年多时间里，累计对新疆投入资金超过千亿元。1985年，石油部在新疆石油工业投资占新疆工业总投资的比例为26%，到2002年我们对新疆石油工业投资占新疆工业总投资的比例上升到50%。1986年，我第一次到新疆，那时新疆石油工业主要集中在北疆，只有一个克拉玛依油田，整个新疆石油年产量550万吨。11年来，我们在加大北疆勘探开发投入力度的同时，相继开展了塔里木石油会战和吐哈石油会战，在焉耆盆地石油勘探也取得了战略性突破，使石油产量快速增长。现在新疆有三大产油区，2002年新疆准噶尔油田产量突破1000万吨，塔里木油田产量突破500万吨，吐哈油田为300万吨，如果再加上中国石化西北石油局的产量，新疆石油产量达到2000万吨，比1986年翻了近两番。

新疆石油和石油化工工业的发展对新疆农业支持很大，新疆的棉花大量采用地膜技术后，再加上化肥供应充足，产量大幅度提高，新疆已经成为全国第一产棉大省，在全国的棉花生产中约占总产量的三分之一，已连续多年保持总产、单产、调出量三个全国第一。塔里木五地州是长绒棉的盛产地，棉花已经成为一些主要产棉县的支柱产业，棉花占到农民纯收入的50%左右。

如此看来，石油工业的"一黑"与棉花产业的"一白"的发展联系非常紧密。

王乐泉特别谈到塔里木石油勘探开发给南疆经济带来的巨大变化。现在新疆有个说法叫"北乌南库"，北疆以乌鲁木齐为中心，南疆则以库尔勒为中心，形成两个经济发展带。南疆的巴州和库尔勒市经济发展速度这些年始终名列前茅，这和塔里木石油会战规模越来越大有直接关系，也是塔指认真贯彻总公司与自治区领导共同制定的发展油地关系"二十字"方针的结果。我们欣慰地看到，石油工业发展了，当地的经济兴旺起来，各族人民的生活也不断改善了。

王乐泉得知我们第二天要到库尔勒，马上通知巴州党委同志，要好好接待我们。我们深切地感到，石油与地方关系如此密切，就是因为我们有着一个共同目标：造福边疆各族人民。

二、巴州石油节

我这一次从乌鲁木齐到库尔勒，是坐火车。晚上8时出发，第二天天亮的时候火车抵达库尔勒站。火车进站的时候，车厢里响起优美的音乐，播音员介绍南疆重镇库尔勒的发展情况，说由于塔里木石油会战，带动了库尔勒的发展，现在的库尔勒已是全国闻名的石油城。听到这些介绍，我心里感到暖洋洋的。

几天前，库尔勒刚刚下了一场大雪，到处被白雪覆盖，高楼林立，马路宽阔，街道上车水马龙，一派欣欣向荣的景象。回想起1989年塔里木石油会战指挥部成立的时候，那时的库尔勒市区主要集中在孔雀河北岸，大多是平房，加上龙山以北的塔什店，一共13万人口。库尔勒以北的霍拉山和龙山光秃秃的，看上去很荒凉。孔雀河南岸是大片的农田和果园。现在市中心已经移到孔雀河两岸，沿河变成了风景区，十几层的高楼成群拔地而起。油田同志介绍说，库尔勒现在人口规模已接近50万，市政府坚持建设环保文明城市，在库尔勒市区，见不到市民乱丢烟头、纸屑现象，到处是树木和草坪。到了旅游旺季，内地人到库尔勒市来，赞叹地说，想不到新疆还有这么漂亮的城市！如今孔雀河上已架起三座大桥，晚上看去桥上灯光通明，把城市装点得非常美丽。孔雀河南岸是塔里木油田的石油小区，占地1800多亩，之前是库尔勒铁克其乡的农田和果园，是当地政府和人民为支持塔里木石油会战，贡献给塔里木石油人的。

　　1989年，当塔指决定将后勤基地建在库尔勒后，库尔勒市政府以优惠的地价将孔雀河南岸这片土地划给塔指建基地。居住在这片土地上的上百户维吾尔族农民对土地情深义重，他们祖祖辈辈在这片土地上耕种、居住，离开故土是很难割舍的。市政府做了大量说服动员工作。为了让广大农民理解政府这一决定，特意把宗教人士和农民代表用飞机请到沙漠腹地塔中参观。他们看到石油人在这样艰苦的地方为国家找油，深受感动，回来带头对农民进行劝说工作，讲解支援石油

勘探开发的意义，大毛拉依达也提自己带头迁出这片土地。这次搬迁，涉及铁克其乡 3 个村子、10 个生产组，以及 1100 亩的果园。维吾尔族农民为了支援石油，让出他们祖祖辈辈生活的土地，这一义举深深感动了石油人。塔指决定把扶持铁克其乡发展作为自己义不容辞的责任。

1994 年，塔指与铁克其乡签订了双文明公约，投资 419 万元建设一条连通铁克其乡与市区的道路，投资 900 万元帮助乡里建起砂石料厂和蔬菜生产基地、农贸市场、小煤矿，开垦 3000 亩荒地，建设铁克其乡各村之间的道路。油田职工自动捐款帮助铁克其乡建设一所现代化的乡中学，还与 100 多名贫困家庭的孩子结成"1+1"助学对子，资助他们完成学业。在塔指的帮助下，铁克其乡的经济发展很快，1993 年人均收入 1500 元，1996 年达到 2115 元，有 30 户农民买上拖拉机。曾经搬迁 105 户维吾尔族村民的河南村党支部书记依米提这样说："我们村给石油让地最多，现在收益也最大。村里有 25 户农民进入石油援建的农贸市场经商，其中 12 户年收入在 5 万元以上。"有一位名叫阿不来提·阿吉的农民，年收入超过 10 万元。另外有 52 户农民在乔木克地区开荒种地，每户有土地 60 亩以上，最多的有土地 280 亩，户均收入上万元，其中有 6 户年收入超过 16 万元。

我和邱中建等几位同志在库尔勒期间受到巴州的热情接待。巴州党委的同志向我们介绍了巴州和库尔勒自塔里木石油会战以来发生的巨大变化。

库尔勒夜景

1989年以来，巴州紧紧抓住塔里木石油会战这个历史机遇，提出发展油地融合经济的思路，全方位开展"主动、优质、超前"的支油服务工作，成立物资、商业、粮食、机械电子、交通运输、设计施工、医疗服务等7个服务中心。针对石油会战队伍多驻扎在巴州境内的情况，巴州突出抓"菜篮子"工程，1991年供应肉、禽、蛋、菜、鱼等价值达2000万元，比1990年增长了一倍。为了更好地向石油提供生活服务，有关部门对生活消费品做出中长期预测，根据预测结果，提出建立主副食品生产基地的构想。1993年起着手建设5个肉牛羊育肥基地、3个肉猪生产基地、7个蛋禽生产基地、4个奶牛场、6个商品蔬菜基地；对库尔勒基础建设方面，围绕满足塔里木石油会战需求这一中心，进行4个方面的大规模建设：（1）强化库尔勒市交通枢纽功能，促进铁路、公路、民航和

库尔勒市在2014年度"中国中小城市综合实力百强县市"位居第54位

管道运输协调发展。（2）搞好城市供排水工程。（3）加强供电、供暖、供气设施建设。（4）大力发展邮电通信业。另外，还对库尔勒社会公共事业做出中长期发展规划，重点抓科技、教育、卫生、文化、商业饮食服务业。

塔里木石油会战，向巴州敞开市场，并提供优惠条件，吸引地方企业参与竞争，在基建、运输、物资、机修、生产服务、医疗等10多个专业市场的招标中，巴州有多家企业中标。驻库尔勒市的新疆第四运输公司原来是个亏损大户，中标为石油提供运输服务以来，他们一举扭亏为盈，每年从石油运输服务获得收入4000多万元。为了更好提供服务，公司购进一批大型平板车和油罐车，现在这家公司成为巴州缴纳利税最多的地方企业之一。巴州拖拉机厂、新疆工模具厂、红旗机械厂和前进机器厂等十几家企业由于进入石油市场而扭亏为盈，重新获得生机和活力。同时，塔指根据市场需求，重点扶持一些地方企业，向他们提供资金和技术，并派出技术人员给予指导，有的则和他们联营，用多种方式扶持他们发展。巴州和静化工厂原是一个乡镇企业，设备陈旧、产品单一，由于产品没有销路，已经濒临倒闭。1992年塔指与这个厂联营，成立了"银河化工实业有限公司"，引入新机制，开发新产品，到1994年这个企业开始扭亏为盈，1995年实现利润18万元，被自治区评为"明星"乡镇企业。

巴州党委的同志介绍说，塔里木石油会战以来，南疆五地州都从中受益，其中以巴州获益最多。会战以来，巴州国民经济年生产总值平均增长12%，超过全国平均水平。1988年巴州财政收入为11167万元，到2001年达到75760万元，13年来增长6.78倍，其中最高年财政收入增长超过50%。

1996年3月11日，巴州九届人大常委会通过一项决议，从1996年起将每年的4月10日定为"巴州石油节"。决议说：举办巴州石油节的主要目的是为了进一步提高巴州石油资源知名度，进行全民支油的再教育，继续发展地方与石油融合经济，努力把巴州首府库尔勒建设成为全国油地共建的最好城市。1996年4月10日，是塔里木石油会战7周年的纪念日，首届巴州石油节隆重开幕。首届巴州石油节以"大团结、大开放、大融合、大发展"为主题，自治区领导同志也到会祝贺。1996年以来，巴州石油节每年都举办相关庆祝活动，巴州人民以这种方式，表达对石油的关注和热爱。

▲ 1996年4月10日，首届巴州石油节开幕式

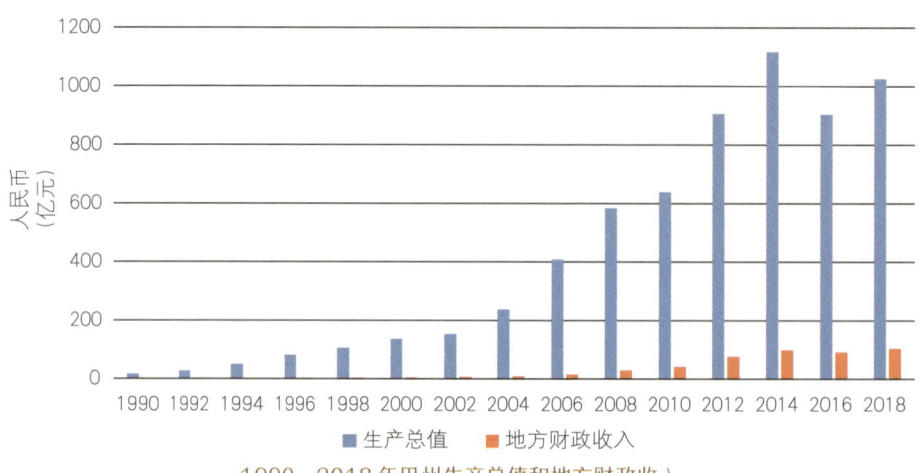

1990—2018年巴州生产总值和地方财政收入

三、轮台县的金钥匙

从库尔勒去前线油田作业区，要经过轮台县城。穿过县城的主要街道，有一条公路通往轮南油田。我们这次调研活动，是要去油田走一走，看一看。去轮南油田的途中，经过了轮台县城。

轮台县是巴州最西端的一个县，曾经是南疆的

· 474 ·

贫困县之一。1989年4月10日，在库尔勒塔指成立大会后，总公司领导同志陪同全国政协副主席王恩茂、自治区领导同志去轮南2井参观。轮南2井已经出油，轮南8井正在钻进，除了几个钻井队的野营房驻地，四处依然是一片荒原。参观结束后，我们当晚住在轮台县城。县委书记朱凯和县长吾守尔·艾买提向我们介绍了轮台县概况。据志书记载，西汉初年，轮台绿洲就建有城邦，为轮台、乌垒、渠犁三国地，公元前138年，汉武帝派张骞出使西域，随后遣贰师将军李广利征伐大宛，西域各邦国纷纷遣使者赴长安朝贡，汉朝派往西域的使者日益繁多。"轮台、渠犁皆有汉军田卒数百人，置使者校尉领护，以给使外国者。"公元前60年，汉宣帝任命郑吉为西域都护，西域都护府所在地乌垒城，在轮台县城以东野云沟乡。西汉中央政府将都护府设在轮台，一是考虑轮台处在西域的中心，便于统治；二是考虑到靠近轮台屯田基地，可以依托。西域都护除直接掌握领导汉朝在西域的驻军外，奏请朝廷批准，还可以调遣西域诸国的军队，维护地方安宁，保障丝绸之路畅通。明清以来，实行闭关自守政策，丝绸之路衰落。清光绪二十八（1902年）设置轮台县。到1989年，轮台县城规模依然像个大村庄，城镇人口不足万人；全县总人口7.79万人，其中农业人口6.29万人元，农村年人均收入504元（1988年）。1988年，全县国民经济总产值4184.68万元，财政总收入150.7万元，财政支出1315.4万元。从这些数字可以看出，轮台县是个贫困县。轮台县党政领导和当地各族人民对轮南获得油气发现抱着热切希望，希望轮南地区石油勘探开发能够带动轮台县脱贫致富。当时，我们面对轮台县的现状，确实感到石油人肩上责任重大。

1989年4月12日，我们和自治区协商制定了油地关系"二十字"方针，随后塔指很快出台了一系列落实措施，派人到轮台县实地调研。轮南油田开发建设大量的工作，轮台县地方力量能做的尽量安排给他们，并通过银行委托贷款形式，提供部分生产设备和流动资金。轮台县及时抓住大规模石油勘探这个历史机遇，主动进入石油市场，以全方位支油服务为依托，带动相关产业发展。这样一来，轮台县的经济搞活了。

轮台县有一家机械修造厂，1960年建厂，有近30年的历史，职工200

多人，设有动力、翻砂、锻工三个车间。由于轮台县农机设备少，维修工作量有限，这个厂工作量一直不饱满，有时存在没活干的状况。轮南油田开发后，这个厂的厂长张华看到油田在开发建设中需要大量的建筑材料，就积极带领全厂职工承包了轮南作业区建设需要的钢门、钢窗、蔬菜大棚、石油井架的焊接以及部分建设工程，使这个厂由原来年产值不足20万元，增加到196万元，上缴利润由不足万元猛增到30万元，竟跨入了新疆农机行业前10名的行列。

轮台县食品公司一度经营困难，眼看市场一天天被个体商业网点瓜分掉，自己的日子很不好过。塔里木石油会战使他们抓住了"东山再起"的历史机遇。他们组织支油生活服务队和油田公路护路队到油田各作业区提供服务，为勘探开发队伍提供蔬

轮台县广场矗立的"金钥匙"

菜、肉食、生活用品以及医疗服务。勘探开发队伍走到哪里，他们就服务到哪里。护路队则为轮南油田公路和沙漠公路提供养护服务。油田公路，特别是沙漠公路的车流量大，护路的任务很繁重，这支34人组成的护路队十分珍惜来之不易的工作，为了满足油田提出的养护技术需求，请养路专家做技术指导，保质保量做好养护工作。由于工作做得好，这支护路队连续签订护路合同，每年利润在10万元以上。轮台县建安公司中标沙漠公路的固沙工程，1994—1996年的三年中，就实现产值1400多万元。

13年过去后，轮台县国民经济总产值达到51187万元，财政收入11812万元，农村人均年收入2740元，城镇居民则达到12276元。

2002年12月，我们再经过这里，看到的是一个崭新的轮台县城，一片片由样式新颖的楼群组成的居民生活小区，宽阔的马路上汽车川流不息。特别吸引我注意的是县城中心广场。广场中央矗立着一尊雕塑，是一把巨型的金钥匙。随行的塔里木油田同志告诉我，轮台县人民将石油勘探开发会战喻之为轮台县各族人民打开富裕之门的"金钥匙"。

2002年以后，我依然关注轮台县的发展进步，在石油产业的带动下，轮台县经济和社会一直在快速发展。2017年实现生产总值59亿元，城镇居民人均可支配收入超3.2万元，当年被重新确认为国家卫生县城。

四、东四乡的光明

轮台县城以东，有阳霞、铁热克巴扎、野云沟、策大雅四个乡，俗称"东四乡"。东四乡以农牧业为主，以维吾尔族为主体的少数民族占总人口90%以上。以阳霞乡为例，该乡位于轮台县城以东约34千米处，面积2916平方千米，辖12个行政农业村和1个行政牧业村，人口1.56万人，农区有耕地4.8万亩、林地4.8万亩，果园4289亩，有荒地9.3万亩。另外乡里办有煤矿2座，年产煤1.8万吨。乡上有一台小型柴油发电机组，供夜晚照明使用。其他三个乡，情况与阳霞乡差不多。长期以来，由于没有电力、大片荒地无法开垦，矿藏得不到利用，农民只能用毛驴车将粮食

运到县城去加工。当地的人民有个顺口溜:"天上的飞机空中行,路上的汽车奔不停,地下的石油如泉涌,可农民点的还是煤油灯。想不通,心不宁,轮台何日电灯明?"

电力的缺乏,成为东四乡脱贫致富的"瓶颈"。当地政府关心着早日解决轮台县的用电问题,并为此作了多种努力。塔指将这个情况向总公司做了汇报。总公司决定,无偿投资2000万元,解决东四乡的用电问题。1996年,东四乡供电工程建设开工。这项工程包括,建设1座110千伏变电所,2座35千伏变电所,4条72千米输电线路。

1996年4月27日,塔指援建的轮台东四乡输变电工程正式开工建设。消息传出后,全县各族人民奔走相告,从年迈的老人到幼小的儿童,每个人脸上都

1996年4月27日,东四乡举行供电工程奠基仪式
▼

洋溢着幸福的欢笑。人们载歌载舞，热烈欢庆这一具有历史意义的大喜事，尽情表达对党中央、国务院和石油大军的感激之情，感谢党、感谢人民政府，给他们带来了光明。

在巴州九届人大会议期间，轮台县全体人大代表提出一项议案，并获巴州人大代表表决通过，由他们代表轮台县东四乡各族人民给党中央、江泽民总书记写信，报告这一喜讯。信中说：塔里木石油勘探开发指挥部送来了2000万元扶贫款，帮助我们野云沟、策大雅、阳霞、铁热克巴扎乡解决用电问题，我们40多年盼电的愿望终于要实现了。他们感激党和政府的深切关怀，感谢中国石油天然气总公司及塔里木石油勘探开发指挥部亲人般的支持和关怀，表示吃水不忘挖井人，要以实际行动听党的话，跟党走，要像爱护自己的眼睛一样维护民族团结，维护祖国统一和安定团结的大好局面；要以更大的热情，更高的干劲，加快开发，加快发展，生产更多的农副产品，更好地为石油开发服务。

1996年6月1日，江泽民同志委托中共中央办公厅秘书局给巴州九

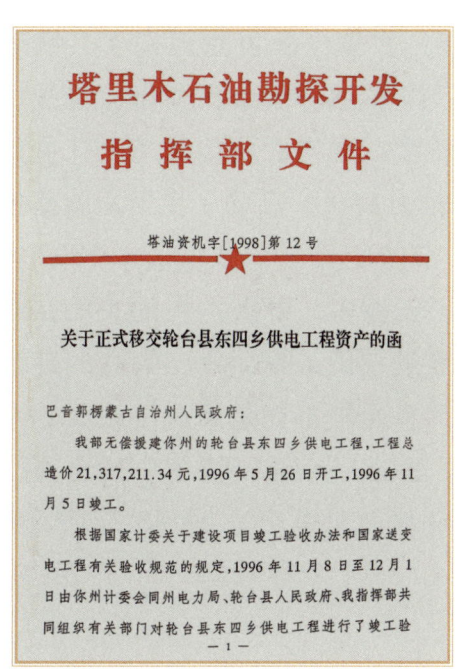

▲ 1998年9月，塔指给巴州人民政府《关于正式移交轮台县东四乡供电工程资产的函》

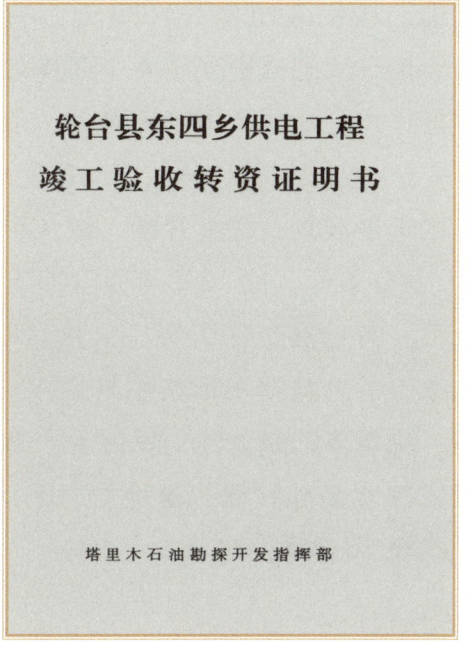

▲ 1998年，塔指编制《轮台县东四乡供电工程竣工验收转资证明书》

届人大轮台县全体代表复信。信中说："党中央、国务院历来十分重视新疆的经济发展，重视塔里木石油的开发利用，期望边疆各族人民尽快走上富裕之路。塔里木石油的开发和利用，为你们经济快速发展带来了历史性的机遇。希望你们抓住这一机遇，加快改革开放的步伐，充分发挥优势，大力发展经济。"希望继续大力支持石油勘探开发工作，做石油的坚强后盾；继续做好民族团结工作，坚决与民族分裂分子和非法宗教活动作斗争。并指出："可以相信，在自治区各级党委、政府的领导下，新疆各族人民一定能够在20世纪末实现小康的目标，过上更加富裕的生活。"

　　轮台县东四乡通上电以后，工农业发展有了充足的能源。县政府在东四乡建设塔勒克引水工程和阳霞总干渠工程，打地下水井22口，引水垦荒，使阳霞乡人均耕地面积由原来的2.3亩增加到6亩。1997年，塔指又一次性投入资金100万元，对铁热克巴扎乡中低产田进行改造，为乡里购置了1台挖掘机、2台推土机、1台收割机，并帮助他们建设农业综合开发项目和通电工程，使铁热克巴扎乡的农业产值成倍增长，1997年就达到1500多万元，农民人均收入1086元。有了电，乡镇企业发展起来了，铁热克巴扎乡沿314国道出现了4个面粉加工厂和20多家电器维修部。电视机、电冰箱、电话也进入普通百姓家。策大雅乡在通电后两年时间里开垦荒地2万多亩，完成了渠、林、路、居民点等配套建设，启动了乡里发展畜牧、园艺的远景规划，探索开发"绿色企业"的新路子，农牧民收入1997年就达到1500多元，比1996年的705元翻了一番多。野云沟乡的农民在通了电之后，开始在责任田旁打机井，抽水灌溉农田。有了水，大片的荒地开垦出来。轮台县委书记李柏林说："东四乡通电不光是解决了人民的照明问题，更重要的是为我们发展生产奠定了基础。"到2002年，轮台县已成为国家粮食基地和棉花基地县之一，农林牧渔业总产值39149万元，比上一年增长13.04%。

五、龟兹古国换新貌

库车这个名字是突厥语，意为"胡同"，可以引申为天山南麓的要冲之意。库车县城过去是丝绸之路北路的要冲，古龟兹国都。古龟兹国在张骞凿通西域，西汉中央政府设立西域都护以后，即隶属其管辖。古龟兹国处于丝绸之路北道中段的咽喉上，连接东西方贸易，传载东西方文明，在世界经济、文化历史上占据着重要的位置。龟兹国素有"西域佛国"之称，境内共有佛教石窟8处，石窟壁画的内容受大乘佛教影响极深，所描述的佛教故事都充满丰富的创造力和想象力，画面同样生动美丽。库车县历史上工商业比较发达，新中国成立后轻工业有了较大发展，相继建成了面粉加工、榨油、制砖、食品加工、农机修造、运输、建筑等42个小型企业。库车县面积1.5万余平方千米，平原约占60%，是一个农牧业大县。1990年全县人口33.7万人，其中农牧业人口占总人口75.8%。有耕地90多万亩，宜牧地1196万亩，1989年全县国民经济总产值约5.3亿元，其中农业为3亿多元，农村人均收入不足500元。

1990年7月，东河1井出油，发现东河塘油田。这是塔里木石油会战后在库车县境内发现的第一个油田，库车县各族人民为之欢欣鼓舞。9月中旬，我和邱中建等同志去井上考察，出了库车县城，全是颠簸的乡村土路，一路尘土飞扬。库车县委和政府的领导同志闻讯赶到东河1井。县委书记赵克发和县长热合曼·热依木和我们亲切会见。他们说，塔里木石油会战一开始，库车县人民就盼望早日在库车县境内打出油。热合曼·热依木县长介绍说，20世纪60年代石油人就在库车地区找过油，南疆石油勘探会战指挥部就设在库车县城。库车县各族人民大力支持石油会战，需要什么，就支援什么。找到大油田，我们库车县各族人民盼望了30年啦，现在终于盼望到了这一天。

我们和赵克发书记、热合曼·热依木县长就油地共同发展交换意见。我们表示在库车县境内找到东河塘油田，很快就会投入开发建设，要铺输油管道、建设油田公路，以后还会有更多的油气田被发现，投入开发建设。我们欢迎库车的企业参与到油气开发建设中来，并优先使用库车的队伍，

购买库车的产品。库车县有个筑路机械修理厂，我们决定帮助这个厂进行技术改造，成为钻机设备维修定点厂家。以后，找到更多油气田，进行开发建设，库车县各族人民要干的事就更多，我们相信老百姓会很快富裕起来。

1990年10月，塔指确定将库车筑路机械修理厂作为钻机维修定点厂家。当时这个厂有工人280多人，有冷加工、锻压、铸造、修理、木工等5个车间。塔指通过银行给厂子低息贷款340万元，用于设备更新。1992年，又投资379万元进行技术改造，将价值200万元的16台设备租赁给厂子使用。派技术人员驻厂帮助他们，使这个厂具备了年大修35台套6000米以上大型钻机的生产能力，维修技术达到国家标准。经过塔指大力扶持，这个厂第二年就扭亏为盈，实现利润100多万元，工人们首次拿到了奖金。1993年开始，这个厂与上海离心机厂、山东胜利动力机械厂、四川内江压力容器制造厂合作，拓展了离心机、电磁刹车、动力机、天然气发电机组维修、压力容器制造等业务，并按照ISO9002质量管理和质量保证系列建立起一套完整的质量管理体系。到1997年，实现年销售收入

▼ 20世纪90年代，库车筑路机械修理厂承担塔里木石油会战钻机维修后，面貌改变

1300万元。这个厂发展起来后，又将钻机维修业务拓展到西北石油局，到20世纪末，他们又将业务范围扩展到了北疆的吐哈油田和新疆石油管理局。

相继打入石油市场的库车县企业还有利民水井队、第二建安公司、牙哈水井队、水利电力公司、石油生活服务公司、市政工程公司等企业。这些企业在石油市场中逐步成长壮大，对石油发展和库车县经济增长都做出了重要贡献。

东河塘油田是20世纪90年代库车县境内第一个投入开发建设的油田。在油田开发建设的同时，塔指帮助东河塘乡各族人民发展经济，改善生活条件。东河塘乡的农民祖辈喝涝坝水，许多农户晚上用棉籽油点灯照明。塔指投资1000万元，建设库车县城到乡政府的公路。东河作业区与乡政府签订了工农共建公约，塔指投资100多万元，为乡里修公路、架电线、打水井、建水塔、盖学校，让乡里的农民喝上自来水，用上电灯。1995年5月，乡里的宗教人士库尔班·托乎提阿吉去麦加，看到沙特阿拉伯经济发展快，生活条件好。当地人告诉他，都是因为我们有石油才会这样的。当时他想，我们家乡也出了石油，也会发展快的。库尔班·托乎提阿吉回到家乡，看到柏油路修好了，自来水有了，家里电灯也亮了，他高兴极了，说："我们祖祖辈辈黑洞洞的日子结束了，真是托石油人的福。"他购买了一台榨油机和轧花机，办起一座小型加工厂，力争率先富起来。

依托石油，库车县这些年发展很快。2002年12月，我们去东河塘油田，看到库车县城变化太大了，昔日的土坯平房不见了，马路宽阔，楼房林立，从库车县城到东河塘全是平坦的柏油马路。2017年，库车县国民经济总产值达到198亿元，人民生活水平提高很快，城镇居民人均可支配收入2.8万元，农牧民人均年纯收入1.1万元。

六、对口扶贫

2017年10月，党的十九大胜利召开，指出中国特色社会主义进入新时代，我国社会主要矛盾已经转化为人民日益增长的美好生活需要和不平衡不充分的发展之间的矛盾。从现在到2020年，是全面建成小康社会决胜

期，要突出抓重点、补短板、强弱项，特别是要坚决打好防范化解重大风险、精准脱贫、污染防治的攻坚战，使全面建成小康社会得到人民认可、经得起历史检验。围绕脱贫攻坚，党的十九大报告上指出："让贫困人口和贫困地区同全国一道进入全面小康社会是我们党的庄严承诺。要动员全党全国全社会力量，坚持精准扶贫、精准脱贫，坚持中央统筹省负总责市县抓落实的工作机制，强化党政一把手负总责的责任制，坚持大扶贫格局，注重扶贫同扶志、扶智相结合，深入实施东西部扶贫协作，重点攻克深度贫困地区脱贫任务，确保到2020年我国现行标准下农村贫困人口实现脱贫，贫困县全部摘帽，解决区域性整体贫困，做到脱真贫、真脱贫。"

作为在南疆从事油气勘探开发的中央企业，塔里木油田一直牢记并且认真履行央企所肩负的政治责任、经济责任和社会责任，在加快油气主营业务发展、保障国家能源安全的同时，不遗余力地开展油地共建和对口扶贫工作，带动南疆地区经济社会发展，帮助南疆各族群众脱贫致富。

我们不会忘记，在会战之初，经济社会发展相对落后的新疆特别是南疆地区，对塔里木石油勘探开发寄予了很大期待。多年来，我们也一直把参与地方扶贫、带动地方经济社会发展当作一项非常重要的事情认真对待、积极参与。

早在1994年3月，根据国务院关于扶贫开发工作的总体部署和安排，中国石油天然气总公司委托塔里木石油勘探指挥部对口帮扶伊犁哈萨克自治州尼勒克县，截至2015年共历时22年。

1995年，自治区党委将和田地区洛浦县确定为塔里木油田定点帮扶对象，时间截至2014年底，历时20年。新阶段扶贫开发工作开始后的2002年5月，自治区党委确定由塔里木油田开展对和田地区墨玉县的对口帮扶工作，时间截至2014年底，历时13年。

前些年我到塔里木的时候，听同志们说起尼勒克县加哈乌拉斯台乡有个水渠叫"石油渠"。这是1997年由总公司和塔指投资487万元修建的水利枢纽工程，可以将天山的雪水源源不断引进农田，解决当地5万亩耕地灌溉和3万多头牲畜饮水问题。尼勒克县和当地人民为表达对石油人的感谢，将该渠命名为"石油渠"。

根据塔里木油田统计的数据,1989—2005 年,油田累计无偿援助五地州资金 26459.81 万元。2006—2015 年,投入民丰县、洛浦、墨玉、尼勒克四县扶贫资金 17377.635 万元。在开展对口扶贫工作过程中,坚持突出项目扶贫、就业扶贫和消费扶贫,注重对村民开展技能培训,增强贫困县乡和人口的自我发展能力。油田的扶贫工作得到各方的肯定,塔里木油田先后被国务院国有资产监督管理委员会授予和国务院扶贫开发领导小组授予"全国社会扶贫先进集体""中央企业扶贫开发工作先进单位",被自治区评为"定点扶贫工作先进单位"等称号。

2015 年开始,塔里木油田根据自治区的安排,又开始对和田地区民丰县进行对口帮扶,到 2018 年已启动扶贫项目 10 个,投入扶贫资金 1033 万元。

近年来,新疆维吾尔自治区党委把深化"访民情、惠民生、聚民心"驻村工作作为贯彻落实以习近平同志为核心的党中央治疆方略、实现新疆工作总目标的重大举措和有力抓手。塔里木油田高度重视并积极开展"访惠聚"活动,派出"访惠聚"驻村工作队,为基层注入了强大的思想力量、维稳力量、扶贫力量、发展力量,为促进新疆社会稳定和长治久安做出积极贡献。

2014 年,塔里木油田首批驻村工作队进驻库车县牙哈镇博斯坦托格拉克村后,从群众最关心最直接最现实的利益问题入手,帮助解决就业、就医、就学,通路、通水、通电、通讯,农村安居和游牧民定居工程等实际问题。

◀ 2014 年,塔里木油田公司获全国社会扶贫先进集体

驻村3年间，塔里木油田累计向该村派驻3批20名驻村干部，为博斯坦托格拉克村投入资金近1000万元，援建民生工程17项，既"输血"又"造血"，以"输血"促"造血"。该村人均年收入从之前的800元快速增长至3500元，脱贫攻坚取得突破性进展。

继博斯坦托格拉克村后，塔里木油田又承担起库车县、泽普县4个村的驻村工作以及莎车、叶城两县8个深度贫困村的驻村扶贫任务。工作队正在用实实在在的行动，推动所驻村改变面貌、脱贫致富。

2016年4月，油田驻村工作组在博斯坦托格拉克村与村民交流
▼

走向共同富裕之路

一、实现贯通之梦

1990年8月23日，江泽民总书记视察轮南探区，我们在汇报时谈到为了加快沙漠腹地勘探步伐，正在筹划修建一条通往沙漠腹地的等级公路。江泽民总书记说，建设沙漠公路要更多考虑使当地各族人民受益，先修到塔中油气区，然后实现南北贯通，造福南疆人民。我们一直将江泽民同志的嘱托铭记在心。

1994年7月，塔指组织完成肖塘至塔中4油田的219千米沙漠公路的建设。为加速南疆地区经济发展，新疆维吾尔自治区政府多次向中央汇报，要求将沙漠公路向南延伸连接315国道，贯通塔克拉玛干大沙漠，向自治区成立40周年献礼。

9月，在中国共产党十四届四中全会期间，李鹏总理就沙漠公路南延问题，接见新疆维吾尔自治区党政领导和中国石油天然气总公司主要领导，详细询问了有关沙漠公路建设情况，表示完全同意继续开展南延工程，要求尽早开工，尽早建成。

此后，中央财经领导小组在下发文件中指出：沙漠公路南延工程是促进地方经济发展的基础工程，不仅是石油专用路，也是连接北疆、南疆的重要大通道。这条沙漠公路的建成，将大大缩短乌鲁木齐到南疆的运输距离；为支持地方经济发展，同意由中国石油天然气总公司统筹安排建设，

国家计划委员会文件

计交能[1995]1321号

国家计委关于建设塔里木沙漠公路南延工程有关问题的复函

中国石油天然气总公司，新疆维吾尔自治区人民政府：

你们联合报来的《关于塔里木沙漠公路南延工程立项建设的报告》[(95)中油计字第80号]收悉。经研究，现就有关问题函复如下：

一、为加速南疆地区经济发展，同意将已建成的塔里木盆地肖塘至塔中四油田沙漠公路向南延伸连接315国道，贯通塔里木大沙漠。

二、该沙漠公路起点在塔中四首指东约1公里，终点在民丰县以东20公里的恰安，线路全长约235公里，路面采用沥青混凝土结构，路面宽7米，路基宽10米。

三、该工程总投资3.5亿元，资金来源为：从交通部车购费中安排2亿元，其余资金由中国石油天然气总公司自筹解决。

请你们抓紧该工程建设，争取尽快建成通车，向新疆维吾尔自治区成立40周年献礼。

▲ 1995年，国家计委关于建设塔里木沙漠公路南延工程有关问题的复函

由国家安排两亿元贷款，其余由总公司自筹；要求新疆维吾尔自治区和总公司按基建程序开展工作，争取早日开工，1995年9月实现全线通车。

总公司随即向塔指下达了实现沙漠公路南北贯通的任务。

1994年11月初，塔指组织工程技术人员对塔克拉玛干沙漠南段进行了考察踏勘。且末县的安迪尔牧场距离塔中最近、后勤支撑条件比较便捷，对于深入沙漠腹地勘探开发是最为有利的一个支撑点。当踏勘队途经偏僻落后的安迪尔牧场的时候，牧场党委书记要求沙漠公路无论如何要从安迪尔这里经过。带队的赵继良十分理解牧场领导"要想富先修路"的渴求。他耐心解释说，沙漠公路选线要考虑多方面因素，经过科学的论证和严格的审查才能确定下来。最终沙漠公路的出口选在了民丰县。虽然当时没有能够满足安迪尔牧场人民的要求，但我们始终在选择时机，弥补这个遗憾。2003年，且末至塔中公路也已修通，安迪尔牧场也因此受益。

路线勘定后，沙漠公路开始施工。采取南北对修的方式，长庆筑路公司以塔中4油田为起点向南施工，中原筑路公司从315国道民丰县境内往北修。1995年元旦刚过，中原筑路公司的施工队伍便迅速进入施工区。他们长途搬迁的车队路过和田市区和民丰县城的时候，出现了各族老百姓，男女老幼夹道欢迎的热烈场面。

民丰的恰安地处沙漠边缘，昆仑山的冰雪融水在施工段形成了一段绵延23千米的沼泽地。密密麻麻的红柳夹杂着芦苇和荆棘垛子，一眼望不到

尽头。中原筑路公司由此向北施工，必须赶在解冻前的两个月内穿过这片沼泽地。在 9 月底之前与由北向南施工的长庆筑路公司会合，实现沙漠公路的南北对接。

沼泽地段的筑路施工难题如同拦路虎阻挡了去路。沼泽地段地下水位高，春季会出现翻浆，造成路面出现不均匀下沉、开裂。沼泽地大部分是盐渍土，盐渍土膨胀会侵蚀损坏路面。他们经过反复试验，决定采取路基加高法和风积沙换填法。风积沙换填法就是把沼泽地段的淤泥挖出来，换填风积沙，上面铺上一层磷膜编织布，再铺上一层戈壁料压实，这样，路基就比较稳固了。

这里冬季格外寒冷，夜晚气温有时达到零下 30 摄氏度，职工的衣服、被子常与野营房挂霜的墙壁冻结在一起。早晨，各种车辆仍然发动不起来，为了烤车加温，运输队把和田地区仅有的 300 多个喷灯全部买来。驾驶员的脚冻肿了，就用棉花、毛巾包裹住脚，继续工作。推土机每前进一步，链轨和铲刀上都沾满了泥坨，得用十字镐和铁锹一块一块地除掉。这段泥沼地真是块"硬骨头"。就在战斗正酣的时候，1995 年的春节来了。队员们并未停下手中的工作，他们用自己创作的新春对联抒发中原筑路人的博大胸怀："举杯邀月恕儿郎无情无义无孝，献身石油为祖国尽职尽责尽忠""瀚海弄潮谁人独领风骚，钢筋铁骨属我中原好汉"。

和田地委领导前来慰问。民丰县委书记率领县委班子全体成员，带着牛肉、羊肉也赶来了。筑路队员们备受鼓舞，公司经理刘广顺激动地对职工说："南疆人民对修筑沙漠公路寄予了极大的期望。大家都看到了，地方党委和政府是带着深厚的感情来慰问我们的。不是我们筑路队伍本身有多么伟大，而是国家修筑这条贯通沙漠公路的决策深得人心。咱们的责任大啊！"

经过 50 天的奋战，施工队伍赶在解冻前攻克了 23 千米沼泽路段。1995 年 8 月，两支筑路队伍终于胜利会师了。

全线贯通后的沙漠公路北接轮南油田，南到 315 国道，总长 523 千米，犹如架设在天山与昆仑山之间的一座长桥，使库尔勒到民丰、于田、策勒、和田等县的距离，缩短了 1000 多千米，和田至乌鲁木齐的公路运距缩短了近 500 千米。

1995年10月4日，塔克拉玛干沙漠又迎来一个盛大的节日。

在轮南油田南环路的沙漠公路起始处，塔里木从轮南至民丰沙漠公路全线通车典礼隆重举行。全国人大常委会副委员长铁木尔·达瓦买提，作为参加新疆维吾尔自治区成立40周年庆祝活动的中央代表团副团长，为沙漠公路全线通车剪彩。在剪彩仪式上，他用维吾尔语发表了热情洋溢的讲话。他代表党中央、国务院和全国人大，代表庆祝新疆维吾尔自治区成立40周年中央代表团和中央代表团团长姜春云，向塔里木石油职工表示亲切的慰问。他说："沙漠公路全线通车是一个壮举。这条公路的建设，不仅解决了塔里木石油勘探开发和生产建设的交通问题，而且解决了新疆一个重大的交通问题，促进了新疆特别是南疆地区的经济发展，对实现各民族的共同富裕，增进民族团结，保卫祖国边疆的长治久安，有着深远的意义。"

沙漠公路实现全线贯通后，对沿线经济发展的影响在短时间内就显现出来。若克雅乡是民丰县的一个乡，在公路最南头，卡德昆村在北部塔里木河公路大桥附近，沙漠公路贯通之前，他们分在大漠两边，可谓天南地北。有了沙漠公路后，两地人往来机会多了。他们这样赞颂沙漠公路："我住公路北，你住公路南，同处一条路，共享一路福。"卡德昆村是轮台县的一个村子，附近土地盐碱很重，村民多以放牧为生。现在公路一通，他们做起公路的生意，开饭馆、开商店，生意兴隆。若克雅乡是民丰县最大的一个乡，又是最穷的一个乡，穷就穷在交通极为闭塞。沙漠公路南段工程刚开工，若克雅乡的人民行动起来，为沙漠公路供应砂石料，积极支援沙漠公路建设。沙漠公路贯通了，乡亲们挣了不少钱，他们买了16台农业机械，把瓜果蔬菜等农副产品卖到油田上去。1996年，这个乡收入达到2000万元。

位于塔里木盆地东南的且末县，面积13.8万平方千米，与安徽省面积相仿。且末县，取自西汉时西域三十六国的且末国名，位于东昆仑山、阿尔金山北麓。古人这样描写且末："南倚昆仑千秋雪，北向大漠万重沙。"县城很小，县城居民这样调侃自己：一只喇叭能喊遍半个县城。2010年全国第六次人口普查，且末县人口只有6.55万人，但其境内矿产资源丰富，塔中的几个油田就在其境内，每年产昆仑美玉100吨以上，石棉矿藏储量居全国首位，瓜果也很有名气。由于沙漠的侵袭，使且末县成为车尔臣河流域的一片孤独的绿洲。且末县归属巴州管辖。当地老人说：新中国成立前从且末去库尔勒，骑上骆驼带足干馕和水，667千米的路程要走一个月，途中如果遇到沙暴还会有生命危险。新中国成立后坐汽车也要走2～3天。因为交通困难，且末各族人民过着自给自足的简单日子。沙漠公路贯通后，2003年又修通了且末县城至塔中214.5千米的等级公路，且末人走沙漠公路当天就到了库尔勒。很多人走出且末，去看外边的世界。外面到且末来的人也多起来。2003年，且末已成为内地观光胜地，人们惊讶地发现，且末像欧洲一座小城那样美丽。

沙漠公路的全线贯通，给塔克拉玛干沙漠其他地区修筑公路提供了技术和经验。2005年，第二条沙漠公路开始建设，北起兵团一师的阿拉尔市，南至沙漠南缘的和田市，全长424.77千米，2007年竣工通车。这条沙漠公路修通后，和田地区的农产品走这条公路运至阿克苏市，再由火车运至内地，十分便捷。据悉，阿拉尔市至塔中45井区的沙漠公路于2015年已获国家批准。据新闻报道，2017年3月，尉犁至且末公路将穿越沙漠区，这条沙漠公路全长330千米，建成后将使且末至库尔勒的公路里程缩短280千米，建设项目已对勘察设计进行公开招标。

二、千里绿色长廊

1989年4月10日，我在塔里木石油勘探开发指挥部成立大会上提出："要把沉睡的'死亡之海'变成为富饶的'油气之洲'。"现在看来，应该加上一句"把富饶的'油气之海'变成为和谐的'绿色之洲'"也许更为恰当。塔里木石油人不但找到了大规模油气资源，建成2000万吨级的现代化油气田，成为我国第一大产气区，而且在治理荒漠的伟大实践中也创造了奇迹，攻克了极度干旱条件下，利用高矿化度地下水滴灌大规模植树造林的科技难题，在建成62000亩的防沙固沙带的同时，使436千米横贯南北的沙漠公路变成绿色走廊。"开发一个区块，建设一片绿洲，撑起一片蓝天"，已经成为塔里木油田建设的新理念，在昔日的"死亡之海"上

建设绿色长廊，正在使大漠展现出勃勃生机。

从1952年开始，中国石油几代人在塔里木盆地矢志不移地寻找油气田，在地质调查中，不断在沙漠区发现地下潜水，证明塔里木盆地地下水蕴藏非常丰富。在沙漠区存在一个埋藏较浅的咸水层，和田河以东地区、阿尔金山山前和塔里木河南岸潜水面一般为10米，塔克拉玛干沙漠腹地约2米。这一发现，为我们改造沙漠提供了可能。

1998年3月，我被第九届全国人大选为常委，任环境与资源保护委员会副主任委员。这期间我更深切地感受到保护生态环境工作的重要性。我到新疆检查环保工作时，看到塔里木沙漠公路绿化段试验的情况，十分兴奋，感到在沙漠里建设绿色油田和沙漠公路绿化大有可为。回到北京后，我将这一想法向邹家华、铁木尔·达瓦买提两位副委员长做了汇报，并提出绿化沙漠公路的书面建议。

塔克拉玛干是世界第一大流动性沙漠，强劲的风动力条件、流动性的地表特征和松散的地层结构对沙漠公路建设和运行构成了巨大威胁，频繁且强烈的风沙作用对沙漠公路及防沙体系造成了巨大危害。1997年3月，通过对流沙段沙漠公路的防沙固沙设施进行全面调查，发现已有65%的阻沙栅栏和43%的固沙草方格遭受不同程度的风沙危害，许多地方出现路肩、路面积沙现象。1999年5月，再次对沙漠公路的防沙固沙情况进行抽样调查，发现90%以上的阻沙栅栏和80%左右的固沙草方格已基本失去了防沙作用，路面也出现片状积沙现象。针对这种情况，油田公路管理部门在沙漠公路沿线建有4个道班，投入100多人常年对沙漠公路进行清沙养护，每年还需投入近3000万元对沙漠公路防沙体系进行维护。

由于沙漠公路机械防护工程已超过设计使用年限，沙漠公路沙害问题日趋严重，沙害治理难度愈来愈大，养护措施投入也越来越多。因此，在大量研究和试验的基础上，建设塔里木沙漠公路防护林生态工程、建立永久性生物防沙体系势在必行。

为了给沙漠公路建立永久性的生物防沙体系，改善沙漠生态环境，塔里木油田经过近10年的科研攻关、先导试验和油田内部防护林工程建设，总结出了适合塔里木沙漠公路生态防护林建设的配套技术，积累了丰富的基础资料和施工管护经验。他们和中科院新疆生态与地理研究所、中科院寒区旱区环境与工程研究所等科研单位不断进行技术合作攻关,已成功解决了耐盐碱与抗风沙植物种选育、咸水灌溉技术、养护管理技术等关键技术问题。

建立了育苗基地与生态防沙工程。已在沙漠腹地建立了60多亩试验育苗基地和120多亩的塔中沙漠植物园,使植物引种和各类苗木的繁育能力达到每年150万株,为绿化工程提供了基础保证。在塔中油田周围累计建立了35.3千米长的沙漠公路生物防沙工程,这些灌木生长良好,建设当年就开始发挥防护效益,并逐步替代机械沙障。

沙漠公路及绿色防沙带

这些成就，为沙漠公路生物防护工程的建设奠定了基础。

2003年6月17日，在世界荒漠化日，经与国家发改委协商，中国石油正式批准沙漠公路防护林工程方案设计。2003年8月，工程全面开工，2005年5月，全线建成。工程全长436千米，林带总体宽度72~78米，总面积4.8万亩，种植苗木2080万株。苗木以抗逆性极强的红柳、沙拐枣、梭梭等优良防风固沙灌木为主，水源为公路沿线高矿化度地下水，采用滴灌系统灌溉。工程共钻凿水源井114口，安装柴油发电机、水泵及供水系统各114套，敷设供水干管959千米、支管1018千米、毛管19184千米。工程量十分浩大，

▲ 2002年10月28日，塔里木油田公司《关于建设塔里木沙漠公路防护林生态工程的请示》

▲ 塔里木油田公司2002年10月编制的《塔里木沙漠公路防护林生态工程项目建议书》

各种管线可以绕赤道半圈。

　　沙漠公路防护林工程苗木成活率 87% 以上，实现了当年种植，当年成林，当年发挥防护效益，根治了沙漠公路风沙危害，确保了公路长久安全运行。这是世界上流动性沙漠中最长的"绿色走廊"。通过中科院鉴定和评估，流动沙漠地区高矿化度水灌溉技术、高抗逆性防风固沙植物种选育技术、防护林体系结构模式、在流动沙漠地区大型防护林工程中居于国际领先水平。沙漠公路防护林工程的技术成果还成功应用到南疆铁路的防沙绿化工程和我国与利比亚合作的北撒哈拉沙漠公路防沙工程之中。据有关报道，在 2009—2014 年第五次全国荒漠化和沙化监测的五年间，

沙漠公路千里绿色长廊

新疆荒漠化面积以每年近118平方千米的速度减少。今后，塔克拉玛干沙漠陆续建成的沙漠公路都可以采用这项技术，让一条条绿色飘带，在茫茫大漠上飘扬。

被全线绿化了的沙漠公路，不仅是塔里木盆地石油开发和运输的命脉，也成为野生动物活动迁徙的"绿色通道"和"世外家园"。塔里木野兔、蜥蜴、燕子、老鹰等野生动物经常出没在沙漠公路两侧的生态林带中，塔里木盆地的野生动物也开始沿着这条绿色的通道迁徙和繁殖。生态小环境逐步改善，蜻蜓、小蜜蜂、野鸟都在周边的树丛和花圃间飞来飞去。20世纪80年代末，石油工人进入沙漠腹地，只能靠飞机和沙漠车运送。当时，塔中作业区唯一能见到的动物就是工人们带去的一只狗。随着沙漠腹地绿色的铺展，将会有更多野生动物通过这条绿色通道往返于塔里木盆地边缘的绿洲，或者在大漠腹地构筑新的家园。

沙漠公路防护林生态工程的建立，使沙漠公路由"黄色通道"变"绿色通道"，塔克拉玛干沙漠从此将会系上一条"绿色的腰带"，沙漠公路沿线生态将发生较大改观，沙漠公路的畅通将得到永久保护。

2017年，习近平总书记对河北塞罕坝林场建设者感人事迹做出重要指示，称赞他们创造了荒原变林海的人间奇迹，用实际行动诠释了绿水青山就是金山银山的理念。2019年7月27日，第七届库布其国际沙漠论坛在"绿水青山就是金山银山"实践创新基地内蒙古库布其亿利生态示范区开幕，习近平总书记又致去贺信。他在贺信中说："荒漠化是全球共同面临的严峻挑战，荒漠化防治是人类功在当代、利在千秋的伟大事业。中国历来高度重视荒漠化防治工作，取得了显著成就，为推进美丽中国建设做出了积极贡献，为国际社会治理生态环境提供了中国经验。"

从这个意义来看，沙漠公路防护林生态工程是塔里木石油人推进生态文明建设、建设美丽中国的具体实践，不仅为国家提出的"大抓植树造林，绿化荒漠""再造一个山川秀美的西北地区"建立了示范样板，而且为全球荒漠化治理提供了中国经验，使我国沙漠治理工作居于世界领先水平。

三、雅通古斯的新生

　　塔里木盆地南缘有一条发源昆仑山的河流，叫雅通古斯河，向北流入民丰县境内，进入塔克拉玛干沙漠而消失。过去很少有人知道这条河流入大沙漠之后，在其尾闾会是什么样子。雅通古斯是维吾尔语"野猪出没之处"的意思。这条河流入沙漠100多千米，河水在这里形成一片不大的湖泊，周围生长着大片的胡杨林和芦苇，野猪、野骆驼曾把这片沙漠中的小绿洲当作它们的乐园。这里有个村子，叫雅通古斯村，400多人的村民过着近于原始的部落生活。至于这些维吾尔族人怎样来到这里已无从考证，传说100多年前和田地区的穷人为了躲避祸患陆续来到这里。他们生活简单而原始，用红柳和胡杨树枝编成篱笆，再糊上泥巴，建成简易的房子。他们用兽皮缝制衣服，腰间别着斧子，默默在沙漠里劳作，繁衍生息。大概过上很长时间，村里有人骑上骆驼沿河走出沙漠，用他们的所产换回生活必需品。新中国成立以后，当地政府曾派人到雅通古斯村，动员他们迁出沙漠定居。他们拒绝了。

　　1969年，广西柳州有个叫钟剑峰的人，为了逃避造反派的迫害，跑到新疆，流落到和田民丰县。在走投无路的时候遇上雅通古斯的村民，随之来到塔克拉玛干沙漠深处。在这个沙漠"部落"一住就是24年。1993年，中英联合沙漠探险队穿越沙漠时经过雅通古斯村，发现了这位已是满头白发的汉人。这个广西人向探险队中的中国队员打听，才知"文化大革命"已经结束10多年了。

　　1995年9月15日，沙漠公路实现全线贯通，这样和田地区的运输直接走沙漠公路去塔北。位于沙漠深处的雅通古斯村的居民，去民丰县城，骑上骆驼或马向西走18千米的沙漠区，就可以走沙漠公路，比过去便捷多了。但是，仅这18千米的沙漠区，骆驼或马要走两个半小时。

　　我们按照油地关系"二十字"方针中的"统筹规划"的原则，修建油田公路之前，就考虑多经过一些村镇，让地方能充分利用这条油田公路。30年来，2000多千米的油田公路由塔里木油田投资建设，出资养护，地方无偿使用。虽然这是我们贷款建设的，但我们从不在某一处写上"贷款

修路，收费还贷"的字样。2000年，塔里木油田投资建设一条通往雅通古斯村的18千米柏油路。从此，雅通古斯村与外面的世界一下拉近了。

雅通古斯村所处的地方土地平坦，土质也很特别，细腻如粉，加上沙漠气候干热，光照时间很长，昼夜温差大，有来自昆仑雪山的水浇灌，甜瓜特别脆甜可口。吃过这种甜瓜的人都说雅通古斯的甜瓜味道好，是新疆甜瓜品种中的上品。因为交通便利了，有汽车进来购买甜瓜，运出去销售，很快就脱销。人们给这种甜瓜起个名字叫"安迪尔甜瓜"。民丰、和田、喀什、阿克苏、库尔勒的瓜果经销商闻讯而至，将雅通古斯村的安迪尔甜瓜全部抢购一空。

雅通古斯村通了公路，使人们了解雅通古斯村是块宝地。民丰县在雅通古斯村成立了安迪尔乡，这个乡只管辖雅通古斯一个村子，和周围大片肥沃的土地。安迪尔乡开始组织村民大面积种植安迪尔甜瓜和优质长绒棉。竟然在几年时间里，安迪尔甜瓜已经远销到陕西、北京、上海、广东、香港和东南亚等地。2005年，

安迪尔甜瓜喜获丰收
▼

是沙漠公路全线贯通 10 周年，安迪尔乡第一任乡长艾尼瓦尔·买买提对前来采访的记者说："由于有了沙漠公路，从 2002 年起雅通古斯村开始大力发展种瓜业，同时带动棉花和畜牧业发展。2003 年全村人均收入突破了 5000 元，是和田地区人均收入的 5 倍，2004 年人均收入 7198 元。村里已经建起太阳能发电站、自来水厂、学校，拥有 48 台拖拉机和 1 台面包车。2005 年起，安迪尔乡统一规划，补助每家 1 万元，陆续给全村农牧民修建砖房。"

四、未来沙漠城镇

1994 年 11 月，我在塔中沙漠机场对塔指负责人说：这里将会成为一座新兴的石油城，要搞好规划。沙漠公路南北贯通以后，过往的车辆多了，塔中将是一个新的旅游景点，各项管理措施要及时跟上。沙漠生态环境比较脆弱，一定要搞好植物种植试验和防沙治沙。

我也曾建议自治区领导和巴州领导在塔中地区设立政府机构，保证这个地区随着生产规模不断扩大，流动人员不断增加，所有的活动都能有法可依，有序可行。伴随着在沙漠石油勘探不断深入，轮南油田和塔中 4 油田的开发建设，地方政府也在规划城镇的发展远景。1996 年，轮南镇成立；2015 年，经自治区人民政府同意，且末县在沙漠腹地设立了塔中镇。

未来的塔中是什么格局呢？我们设想，未来的发展定位应该是石油天然气、沙产业和旅游业三位一体的绿色城镇。

有关沙产业的设想，我们是受到钱学森院士在 20 世纪 80 年代撰写的有关沙产业文章的启发而产生的。我们相信钱院士提出知识密集型的沙产业在塔里木是有可能实现的。我国沙漠戈壁面积大约有 16 亿亩，跟农田面积差不多，这几乎是用之不绝的自然资源。正如钱学森所说，假使我们运用全部的现代科学技术，包括物理、化学、生物学这样的基础科学，沙漠都可以成为人类社会的宝贵财富。沙产业随着时间的推移也将成为石油工业接替产业的一部分。

塔克拉玛干沙漠面积33万平方千米，基本上是无人区。石油会战前，对它知之甚少。现在我们进去之后，发现它是一个有待开发的聚宝盆。塔克拉玛干沙漠水土光热资源都充足。仅就水资源来说，人们过去一直认为塔克拉玛干沙漠干旱缺水，其实沙漠中地下水资源十分丰富。1958年，505重磁力联队"九进九"出塔克拉玛干沙漠，依靠骆驼作为交通工具，他们在沙漠低洼处用铁锨挖出地下水饮骆驼。一位当年505重磁力联队的队员回忆说，他们第一组进入沙漠6天，每天下午挖水都没有收获。第7天他们在沙漠中发现了一片草地，他们推测沙漠中能够长草的地方，下面就有水，结果用坎土曼挖出了水井，给骆驼喝上了水。"九进九出"塔克拉玛干沙漠，依靠骆驼作为交通工具，一峰骆驼不喝水最多只能坚持一个星期，当年505重磁力联队的同志们就是靠在沙漠里寻找地下水，解决了骆驼的饮水问题。1983—1986年，中美合作地震队每到一个新的工区，就先挖出地下潜水，用从日本进口的净化设备进行净化，然后饮用。我听物探的同志说，在塔东的北部地区，沙山之间的谷地里，潜水很丰富，沙漠车行走的时候，稍不小心，还会发生窝车的情况。建设沙漠公路期间，在沙漠腹地，推土机推出2~3米深，地下水就出来了。这证明沙漠下面水资源并不缺乏。盆地周边有几十条大小河流，发源于大雪山，最终流入沙漠消失了，沙漠就是很好的水资源蕴藏体。建设沙漠公路千里"绿色长廊"，靠的就是沙漠地下水，打一口十几米深的水源井就可以了。但这些地下水的矿化度比较高，人不能直接饮用，一般植物也不能靠它补给。1994年，我们开发沙漠腹地的塔中4油田，一开始生活用水从轮南往里运输。1994—1996年，塔指与自治区水利厅合作找地下水，在塔中4油田周边24000平方千米范围内开展1∶50万沙漠水文地质普查，1996年5月打出了第一口日产600立方米的淡水井。这种淡水矿化度为2.204克／升，经过净化处理即可供人饮用。水是沙漠中生命最需要的，丰富的水资源将使人类在沙漠中的活动有了充分的保证，沙漠日益繁荣的前景是不容置疑的。

大沙漠曾渺无人烟，生命痕迹罕见，因而人们对它总是感到那么神秘，在人们来到的时候又是那样引人入胜。

1988年，石油勘探队队员在沙漠深处突然发现两个牧羊人，因语言不通，无法交流，误认为他们是沙漠腹地中的"野人"。实际上是于田县最边远的、处在塔克拉玛干腹地深处的一个自然村。汉语叫大河沿村，维吾尔语叫达里雅布依村。同雅通古斯相似，这个村庄的人几乎与世隔绝。那里仿佛是世外桃源。村民居住得非常分散，居民房屋彼此间最近的也要相隔几千米，有的甚至相隔十几千米。他们过着原始放牧及狩猎的生活。当时身为自治区主席的铁木尔·达瓦买提得到这个信息后，便带人前去实地走访。铁木尔·达瓦买提主席被这里淳朴的民风和乡情所感动。他送给我的诗集中记述了这段经历：

"野人村"之行

从报上我读到这一则消息／说他们同外界没有来往／还说他们居室简陋不堪／定是沙漠里的"野人一帮"／为了目睹他们如何的生活／我启程上路把他们走访／汽车多次深陷在沙土中／我们不厌其烦手拉肩扛／来到这里我们亲眼目睹／"野人们"放牧着群群牛羊／河岸边的草木又绿又嫩／牛羊肥壮人们喜气洋洋／这里的乡亲宽仁厚道／心地善良都已习以为常／对待客人特别虔诚热情／每家都把所有事物摆上／这里从来没有偷盗欺骗／一道打猎所获大家共享／门不上锁就能放心外出／人们相互信赖从不提防／这里不曾有人滋事犯罪／人人安居乐业愉快欢畅／只有红柳可在沙漠建房／虽然这里缺少现代气息／美好的风俗却令人神往。

如今的达里雅布依乡，有172多户，800多人口。随着旅游业的日渐兴起，那里又叫"大漠村庄"。宽阔平坦的道路直通于田县城，来往的汽车和拖拉机不断。那里修建了乡政府、学校和粮店、商店，孩子们的琅琅读书声不绝于耳，人们安享着衣食无忧的幸福生活。被誉为"中国胡杨之乡"和"中国探险旅游之乡"。

现在，沙漠旅游是新疆旅游业很热的项目，每年春、夏、秋三季，大批游客到塔克拉玛干沙漠看沙漠景观、看千里绿色走廊、看秋天的原

始胡杨林。因为到沙漠中来的人多了，塔中诞生了塔中镇，餐馆、旅舍一应俱全。

"死亡之海"有了人气，显示出勃勃生机。写到这里，作为一个石油人、塔克拉玛干的开拓者，我们由衷地感觉到不仅在为国家奉献能源而奋斗着，同时我们也在创造条件给人们带来快乐，给社会带来和谐。一辈子搞石油，值！

第三节

南疆人民好福气

一、加快天然气开发利用

利用天然气资源，造福南疆各族人民，被当地百姓亲切称为"福气工程"。这项福泽塔里木千秋万代的宏伟工程，最早可以追溯到20世纪的80年代中期。1983年，党中央、国务院根据南疆地方领导人的要求，批准石油部开发利用柯克亚油气田的资源，建设塔西

1989年泽普石化厂建成投产后，南疆三地州城镇居民用上液化气

南石化厂（南疆"三项工程"），生产汽油、柴油、煤油、液化气和化肥，以满足和田、喀什、克州三地州工农生产和居民生活的需求。这项工程投资5亿元。石油部当时尽管资金紧张，还是积极抓好这项工程的建设，力争在国务院和自治区要求的期限内建成投产。1986年，全国政协副主席王恩茂提出"33511"（三项工程，三年建成，五亿投资不突破，工程质量创一流，一次试车成功）建厂目标，后来都顺利实现了。南疆三地州的县市居民第一次用上了液化气。虽然塔西南石化厂最初每年生产液化气只有一万吨，但对于南疆三地州城镇居民来说，从烧柴到烧上液化气，这是一个重大历史跨越。后来，利用柯克亚油气田至塔西南石化厂的输气管线，又向叶城县城镇居民和当地驻军供应了天然气。

柯克亚油气田当时年产气只有2亿～3亿立方米，除了供应化肥厂工业用气外，能够供应当地居民的很有限。塔里木石油会战以来，发现的油气田越来越多，为"福气工程"提供了雄厚的资源基础。首先，轮南、桑塔木、解放渠东、东河塘等油田的开发，使每年生产的液化气越来越多。塔指投资2000多万元，在库尔勒、阿克苏、和田等市建起液化气站，向当地供应液化气。1996年生产液化气2000多吨，到1998年产量上升到5000多吨，全部销往南疆各城镇。现在，液化气产量每年达到9万多吨，除满足南疆的需求，还销往北疆和内地。

二、发展下游工业

塔里木石油会战，我们的指导思想之一是，油气开发与下游工业一起搞，争取把更多的好处留在当地。发展起油气下游加工工业，把塔里木建成一个石油生产和石油化工基地，不仅可以增加油气产品的附加值、实现对天然气的有效利用，而且也能够为振兴当地经济创造条件，让各族人民深切感受到党的正确领导和社会主义制度的优越性。按照"油气并重、上下游同步规划、配套建设"的原则，在油气取得重大突破后，在库尔勒建设一座石油化工厂。1990年，我们与自治区协调取得一致，并着手准备。1992年，上报国家计委。根据国家计委建议，将炼油厂规

▶ 泽普化肥深受南疆各族人民的欢迎

模由每年 100 万吨改为每年 250 万吨。另外，建设一座化肥厂，以天然气为原料，生产规模为 2 套每年 33 万吨合成氨和每年 58 万吨尿素。总投资 90 亿元。

石化厂由总公司和新疆地方共同出资建设，石油、巴州、阿克苏三方投资比例为 50%、30%、20%。我们让地方入股，是希望地方能得到更多的好处。1996 年，石化厂正式开工建设，但由于受到亚洲金融危机的冲击，1998 年塔里木石化厂建设停工。

2005 年，集团公司决定塔里木石化建设重新上马，先期建设化肥厂，生产规模为每年 45 万吨合成氨、每年 80 万吨尿素装置，总投资 29.3 亿元。这在当时是国内单套生产规模最大的。2007 年 9 月破土动工，到 2010 年 7 月建成投入试生产，2011 年就达到了设计生产规模，能耗、物耗等各项经济技术指标达到国内领先水平。化肥厂生产的大颗粒尿素具有易溶解、挥发慢、肥效作用时间长等特点，不仅完全满足南疆五地州农业对化肥的需求，还远销到新疆以外的其他西部地区。据塔里木的同志们讲，近些年油田加快建设 3000 万吨大油气田，油气产量不断增长，下游加工业务也得到很大发展。2017 年，由塔里木油田与巴州共同出资筹建合资公司，在轮南建设的一座大型轻烃回收厂建成投产。这个项目设计年处

理天然气 100 亿立方米，年产液化气 38 万吨、轻烃 7 万吨。2018 年首个完整年生产混烃 42 万吨，实现利润和税费合计近 3 亿元。

2019 年，塔里木油田为了利用丰富的天然气资源，推动"资源就地转化、综合利用、企地共同发展"，在巴州上库高新区开工建设国内首个乙烷制乙烯项目。该项目总投资 90.5 亿元，建设内容主要包括每年 60 万吨乙烯装置、30 万吨全密度聚乙烯装置、30 万吨高密度聚乙烯装置，是中国石油近年来在新疆单体投资规模最大的项目，计划 2021 年建成投产。乙烯是石化行业中最重要的基础原材料，在国民经济中占据重要地位。相信塔里木的这一项目建成后，将在当地形成以乙烯为龙头的产业集群，有效拉动下游运输、服务业等产业发展，直接和间接带动上万人就业，为南疆石化产业转型升级和高质量发展注入新的活力。

三、气化南疆

塔里木石化厂开工建设的时候，作为一项配套工程，要建设一条轮南至库尔勒的输气管道。这个管道建成投产后，不仅向塔里木石化厂输气，同时担负向库尔勒市民输送生活用气的任务。库尔勒市是南疆五地州首先实现气化的城市。1998 年 5 月 1 日，轮南至库尔勒输气管道建成供气，库尔勒广大市民告别了烧柴火、烧煤的时代。南疆五地州也纷纷提出要求，希望油田能够帮助他们实现城镇气化的愿望。

2002 年，国务院决策，开发和田河气田，利用这个气田的天然气，在和田市建设一座燃气电站，以解决和田地区电力不足的问题。中国石油为此投资 5.5 亿元，开始和田河气田开发建设。和田河气田位于塔克拉玛干沙漠腹地，1997 年发现，天然气地质储量 620 亿立方米，是塔里木石油会战以来发现的第一个位于沙漠腹地的大气田，也是当时规模最大的整装气田。和田河气田地表是黄沙堆积的高大沙丘，多风沙，自然环境异常恶劣。气田建设包括全长 151 千米输气管道和伴行沙漠公路等。2002 年 9 月 4 日开工，于 2004 年 11 月竣工投产，正式向和田市供气，首批有 4000 户居民用上天然气。此后，又将输气管道铺设到洛浦和墨玉两县，2008 年实现和

南疆城镇居民用上天然气

田地区两县一市居民全都用上了天然气。

多年来,在和田市有一个经久不衰的柴火市场,生意一直十分火爆。农民们赶着毛驴车深入到沙漠区砍伐红柳、胡杨,运到柴火市场上出售。年深月久,沙漠植被被砍伐得越来越少,自从和田市通上天然气以后,这种现象就逐渐消失了。

2004年的12月,阿克莫木气田建成投产,向喀什和阿图什两座城市供气。阿克莫木气田,在塔里木盆地西南边缘的一片山区,海拔在2250米左右。这片地区,从1952年就开始勘探,直到2001年才取得突破,探明天然气地质储量490亿立方米。阿克莫木气田投入开发后,使喀什地区的喀什市和疏勒、疏附两县,克州的阿图什市和乌恰县通上天然气。这样,在一年之内,塔里木油田建成投产了两个大型气田,向南疆三个地州供气,使成千上万户居民告别烧煤、烧柴草的历史。

在塔里木盆地北部地区，随着克拉 2、英买力、羊塔克、玉东 2 等一批气田投产开发，在给西气东输工程供气的同时，巴州的尉犁、轮台、和静、和硕，阿克苏地区的阿克苏、阿拉尔两市及库车、沙雅、新和、拜城、温宿等县城，还有附近新疆生产建设兵团的团场也先后用上天然气。

2010 年 7 月 14 日，电视新闻上播放了一条好消息：中国石油南疆天然气利民工程，在南疆重镇喀什市举行隆重的开工仪式。这项工程包括 4 条干线，19 条支线，管道全长 2424 千米，总投资 62 亿元，计划在 2～3 年内，使南疆的和田、喀什、克州三地州 25 个县市及 21 个兵团农牧团场全部实现气化目标，天然气管道覆盖率 88%。

看到这条电视新闻，我们都非常高兴。如果从 1998 年轮南至库尔勒市输气工程建成输气算起，到现在已经

南疆天然气集输管网示意图
▼

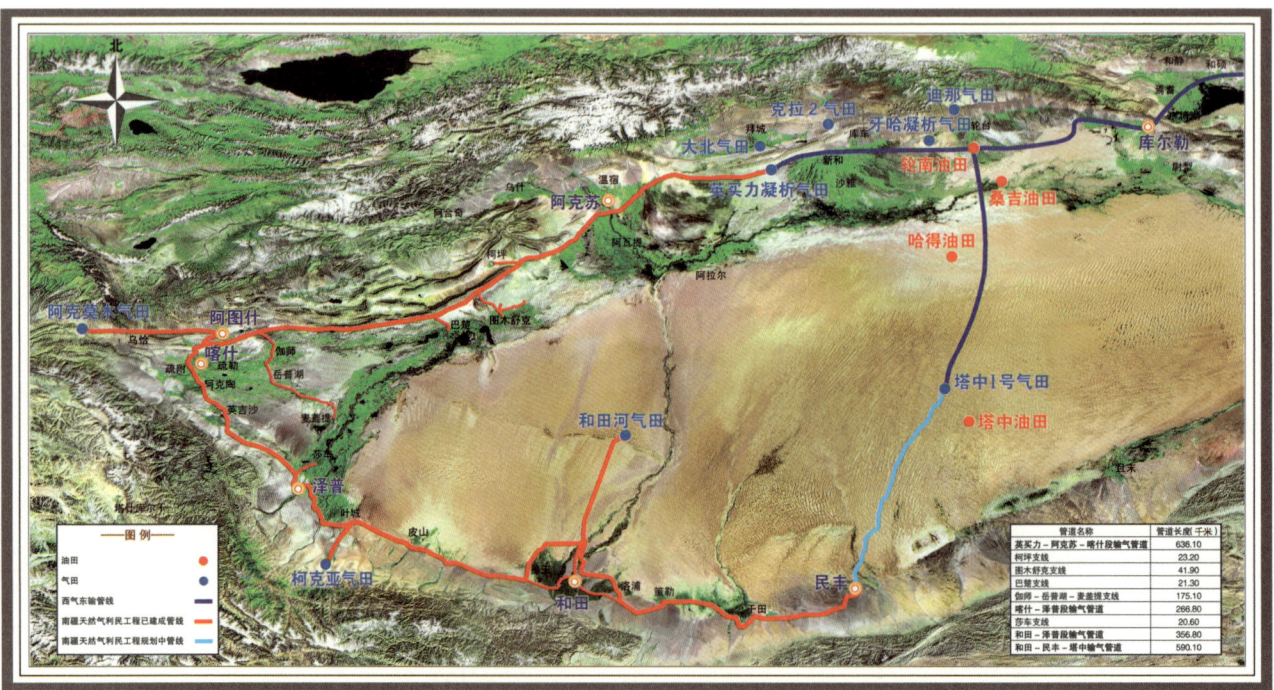

2012年10月,正在建设中的南疆天然气利民工程输气管线

有13年历史,它几乎与党中央、国务院提出西部大开发战略同步,现在南疆已经有100多万户居民用上了塔里木的天然气。随着中国石油南疆天然气利民工程的隆重开工,两三年后,又有上百万户居民开始使用这一清洁燃料。这样南疆五地州将有近300万户居民用上天然气。我粗略算了一笔账:南疆地区居民过去做饭取暖烧柴禾,一年至少要砍伐红柳、胡杨500公斤,300万户一年要砍伐150万吨红柳、胡杨。年年月月砍伐下去,对塔里木生态破坏的严重性可想而知了。气化南疆工程完成后,对生态恢复与环境保护的重大意义怎么评价都不过分!对于南疆和田地区来说,现在有了沙漠公路、气化工程和天然气发电工程,和田的经济发展有了坚实的物质基础。和田地区的党政领导对未来10年大发展充满信心,他们把建设"绿色和田"作为奋斗总目标,通过发展农产品加工,能源矿

气化南疆视频

产开发，民族特色加工，发展林果、园艺、药业和特色旅游5大产业，实现3个翻两番：居民年均收入翻两番达到4000元，财政年收入翻两番达到6亿元，国民经济年总产值翻两番达到150亿元。到那时和田以绿色、环保、富裕的崭新面貌展现在我们面前，再现"丝路明珠"的风采。

2013年7月，南疆天然气利民工程全面建成投产，向南疆天然气利民工程供气的主力气源有柯克亚油气田、和田河气田、阿克莫木气田、英买力气田。2017—2018年，为进一步扩大南疆天然气利民工程供气范围，塔里木油田先后建设了阿瓦提支线、乌什支线、大桥乡支线，使边远偏僻的地方通上天然气。2018年，塔里木油田向南疆地区年供气量达到35.59亿立方米，累计供气318亿立方米。南疆天然气利民工程的建成，形成了覆盖南疆五地州主要城镇的天然气支干线管网。

新疆喀什地区远东陶瓷厂利用塔里木油田天然气烧地砖
▼

南疆地区除了塔什库尔干县、阿合奇县以外,其余县(市)和 24 个兵团农场均已实现气化,南疆城镇气化率位于全国前列,南疆 400 多万群众受益。

2012 年,我在塔里木油田现场调研期间,专门走访了拜城县维吾尔族居民家。塔里木石油会战带动地方经济发展,这个县受益较大。2008 年油田开始在拜城县实施利民燃气工程,2009 年开始投入运营,有 7443 户城乡居民用上了天然气,2012 年又新增用户 2000 户,整个拜城县有近万户居民用上了天然气,在县城还建起了 CNG(液化天然气)汽车加气站。居民家里用天然气既清洁又方便,说起这些变化,当地领导和老乡喜悦之情溢于言表,他们一再说,感谢党和政府,感谢石油工人,给他们带来了过去连想都不敢想的好生活。看到当地人民的生活因为石油天然气勘探开发得到改善,我们一行人感到十分欣慰。

依然记得 33 年前,当我第一次踏上塔里木这片热土,就受到南疆几个地州党政领导和各族人民的热情欢迎和接待,真切感受到他们期盼着家乡的油气资源得到开发,期盼着石油能够改变他们的生活。看到当地脆弱的生态环境、落后的经济状况,油然而生地感受到塔里木石油勘探开发所肩负的重大责任和使命。33 年过去了,塔里木石油人不负众望,终于在南疆找到并建成大油气田,把清洁便利的天然气送到了各族群众家门口,给各族人民带来各方面的实惠,为当地经济社会发展和人民生活水平提升做出突出贡献,向党和人民交出了一份满意的答卷。

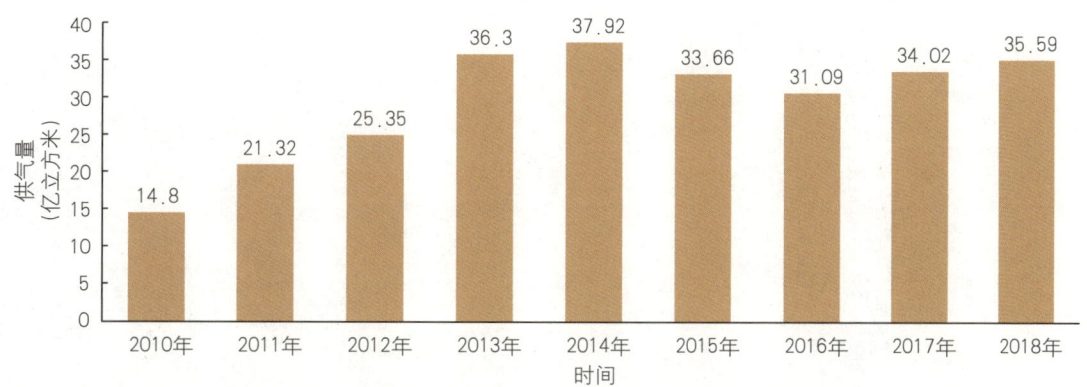

2010—2018 年塔里木油田向南疆五地州供气量

寄 语

情系塔里木

塔里木是充满无限希望、给我生命注入活力、令我始终魂牵梦绕、令我甘愿为之奋斗终生的一片热土。我热爱塔里木的广袤土地，热爱塔里木的各族人民，热爱塔里木的石油勇士。衷心希望塔里木石油人在新的历史起点上，不忘初心，牢记使命，继续大打勘探开发进攻仗，锲而不舍地向地球深部进军，努力建设具有国际先进水平的现代化大油气田

——摘自2019年4月给塔里木石油会战30周年的贺信

一、两个心愿

1997年1月17日,江泽民总书记和李鹏总理在人民大会堂接见中国石油天然气总公司工作会议全体代表时,先后做了重要讲话,充分肯定了陆上石油工业多年来取得的成绩,高度赞扬石油人在创造物质财富的同时,也积累了以大庆精神为代表的宝贵精神财富,体现了中国工人阶级的优秀品质。在讲到塔里木石油勘探时,总书记看着我说,经过几年的奋斗,塔里木能够搞到这样一个成绩已很不容易。我们经过了这样一个阶段,开头比较乐观,后来一度碰到复杂的情况,所以没有再追你。因为遇到困难的时候,我们各方面更要加以支持。现在比刚上的时候认识就深刻多了。我就怕给你的压力太大了,很长一段时间也没有给你打电话。我向总书记、总理表示,请党中央、国务院尽管压担子,我们石油工人都是铁人,经得起压!

塔里木石油会战,倾注了党和国家领导人大量心血,江泽民、李鹏、朱镕基都曾两次到塔里木视察会战的进展,做出重要指示,给予大力支持。我不能忘记,1990年8月,江泽民总书记冒雨视察塔里木轮南前线,对"两新两高"工作方针给予高度肯定。1993年5月,江泽民总书记中午顾不上吃饭,连续3个多小时听取我关于石油发展战略以及塔里木石油会战情况的汇报。当塔里木石油勘探出现挫折困难的时候,总书记一直为我们加油鼓劲。1998年7月6日,在克拉2大气田发现的前夜,江泽民总书记视察塔里木时再次题词:"加快塔里木石油勘探开发,为实现国民经济持续稳定发展做出更大贡献。"

我不能忘记,1989年1月13日,李鹏总理在中南海听取我们的工作汇报,对即将开展的塔里木石油会战讲了八点意见,为会战指明方向。1991年,在塔里木石油会战出现资金短缺的关键时候,李鹏总理指示中国银行贷款12亿美元,帮助我们渡过难关。记得在中南海紫光阁后边的一间办公室,总理和我整整算了两个多小时的账,计算贷款如何高效利用、如何还贷,总理指示把塔里木作为利用外汇先行先试的试点。在制定"九五"规划时,李鹏总理两次听取我们的汇报,特别强调天然气勘探开发和下游利用问题，正是在总理的关心关注下，陕北向北京的输气管道于1997年9月建成，为北京市控制大气污染、改善环境质量发挥了重要作用。他还多次语重心长地嘱咐我们，一定要落实好油气资源，确保国家能源安全。

我不能忘记，1995年9月13日，我们在乌鲁木齐直接向朱镕基副总理汇报塔里木石油会战情况，随后，我和邱中建随总理一同返京，在飞机上，我向朱镕基副总理汇报了陆上石油工业改革问题，着重谈了塔里木石油会战实施的"油公司"新体制，为建立具有石油特色的现代企业制度积累了成功的经验。他听了3个多小时，工作人员提醒说，飞机就要降落了，示意我时间到了，这时朱镕基副总理才意犹未尽地点点头。回到座位上，我对邱中建同志说：朱镕基副总理说，我们做的事情，他算听明白了。2000年，党中央实施西部大开发战略。9月7日，国务院总理朱镕基再次亲临塔里木探区，视察天然气资源情况后说，西气东输工程国务院已经决定立项，要加快可行性研究，加快建设，打响"西部大开发"的第一炮。

我从总公司领导岗位上退下来以后，1998年3月被选为第九届全国人民代表大会常务委员会委员，在全国人大环境与资源保护委员会副主任委员的岗位上工作了5年。在繁忙工作之余，一直关心着我国石油工业发展。我给自己提出了三项要求，概括为"一大、一小、一跨国"。"一大"，即和塔里木油田同志们一起寻找大油田；"一小"，是帮助南方石油勘探开发公司在海南省建立起石油工业；"一跨国"，即利用我在中国—阿拉伯友好协会任副会长及担任世界石油大会高级副主席的社会影响，协助石油物探局（中国石油东方地球物理勘探公司）走出国门，开辟国际市场。经过10多年的努力，取得了令自己满意的成果，也使我始终与我国的石油事业保持着密切联系。

有同志问我，作为"80"后，你最大的心愿是什么？我说我有两个心愿：一个是继续参与"塔里木盆地大中型油气田形成的地质条件和勘探方向"科研课题的研究工作，争取在2020年前后将塔里木整体建成"另一个大庆"；另外一个心愿，就是在中国石油大学建立一个奖学金，通过这个平台，为国家择优选拔、跟踪培养创新型杰出人才。

2002年，我给集团公司写了一份书面报告，主动请缨，由我挂帅，请邱中建做顾问，贾承造具体负责组织有关单位和院校的专家共同开展"塔里木盆地大中型油气田形成地质条件和分布规律"研究。集团公司批准了我的报告，由勘探与生产分公司立项，确立了"塔里木盆地大中型油气田形成地质条件和勘探方向"的科研课题。当时塔里木油气大场面已初露端倪，但油气藏类型和分布规律、储量的规模尚不十分清楚，需要根据已有的勘探成果结合地球物理及地质资料，进一步深入研究油气成藏的地质条件、油气藏类型和分布规律，科学部署明确勘探，提高勘探效率，逐步搞清方向，寻找大油气田存在的地区。当时我们所说的大油气田是指油气地质储量当量5亿吨以上的整装油气田或者油气田群。并认为，在2020年前后塔里木建成"另一个大庆"（包括在当地作业的所有公司的油气产量）是有可能的。我表示愿意和大家一起努力去实现这一目标。到那时我已经90岁左右了。同志们都很赞赏，异口同声地鼓励我，说那就叫"90工程"吧。

这个项目由塔里木油田公司牵头组织，中国石油勘探开发研究院、东方地球物理公司、中国石油大学（北京）等4家单位总计120多人参加，包括院士3人，教授14人，高级工程师40多人。项目从2002年6月启动，到2012年整整历经10年，集中大家智慧，紧密结合生产需要开展了三轮次研究攻关，取得了一系列重要成果。2012年6月，在新疆召开的一次研究成果汇报会上，由塔里木油田公司总结概括为：一是始终以前陆冲断带中新生界、台盆区奥陶系大油气田富集规律研究为核心，梳理出了"克拉苏、塔中北斜坡、轮古—哈拉哈塘—英买力"三大富油气区带，形成了"三大阵地战"勘探思路和发展规划。二是坚持"地震勘探先行"理念，推动塔里木油田持续开展地震技术攻关，针对前陆冲断带复杂圈闭、台盆区碳酸盐岩非均质性缝洞体两类特殊对象，形成了相对成熟、适用的地震采集处理解释技术，提高了圈闭落实精度和钻井成功率。三是推动了库车盐下深层勘探，发现新领域，推动了塔中奥陶系鹰山组、哈拉哈塘奥陶系层间岩溶大油气田的发现，助推了新区新领域五大战略突破，为塔里木油田2020年实现"3000万吨"和建设"新疆大庆"两个规划目标奠定了扎实的理论

2012年6月18日，王涛在新疆参加"塔里木盆地大中型油气田形成条件与勘探方向"成果汇报会

和资源基础。

　　我每年至少参加一次研究项目的讨论，提出意见和建议。这也是我跟踪了解塔里木油气勘探情况的一个重要途径，成为我晚年生活不可或缺的内容。在2012年的成果汇报会上，我听到塔里木盆地油气勘探在新区新领域取得了5个具有战略意义的重要突破，非常振奋，备受鼓舞，说明塔里木勘探远未有穷期。扩展这些新的勘探成果和我们的勘探视野，还会出现更多的新突破，只要我们坚持不懈，塔里木将会敞开自己的胸怀展示它光辉灿烂的资源宝库。在库车坳陷东部迪西1井侏罗系阿合组突破致密砂岩高产关，解放了一个千亿立方米凝析气田；在西部博孜1井时隔8年加深钻探，发现一个千亿立方米凝析气田，使克拉苏构造带含油气领域向西扩展40千米，充分显示了库车坳陷在平面与纵深方面都具有良好的勘探前景；

古城 6 井奥陶系获高产气流，预示古城鼻隆可能是继塔中、塔北之后的又一碳酸盐岩勘探战略接替区；中深 1 井寒武系白云岩勘探突破，证实了塔里木盆地中寒武统盐下蕴藏着巨大的油气资源，为塔中大油气区勘探开发找到了接替层系；昆仑山前柯东 1 井获得工业油气流，进一步证实塔西南昆仑山前巨大的勘探潜力，勘探前景十分诱人。我相信，随着时间的推移，塔里木盆地勘探开发会越来越好，终将为全国人民所注目。

2012 年 6 月底，考虑到"寻找大油气田、落实规模储量"仍然是塔里木重中之重的工作，我们项目组向集团公司建议，继续开展"塔里木盆地大中型油气田形成地质条件与勘探方向"项目研究，不断解决制约塔里木油气勘探的地质理论难题和关键技术瓶颈问题，支持塔里木油田发展目标的实现。我们针对深层勘探和库车天然气勘探方面问题，也提出具体的攻关建议，得到集团公司的大力支持。2010 年以来，塔里木超深油气勘探不断获得新突破，在库车前陆盆地古近系盐下、克拉通区奥陶系碳酸盐岩两大超深领域实现了持续规模发现和效益开发。据统计，2010—2018 年，塔里木在超深领域新增探明油气地质储量当量 12.8 亿吨，占同期油田新增探明储量的 93％；超深油气产量逐年增长，当量由 2010 年的 52 万吨增长到了 2018 年的 1027 万吨。根据 2015 年国土资源部第四次油气资源评价结果，塔里木盆地埋藏深度大于 6000 米的超深领域石油、天然气资源量分别为 34.5 亿吨和 5.98 万亿立方米，分别占盆地石油、天然气总资源量的 46％和 51％，还有很大勘探潜力。

除了心系塔里木油气勘探开发，我还有一个心愿，就是尽我所能地培养年轻人，为青年学子搭建一个报效国家、建功立业、放飞梦想的人生舞台。这也是我有生之年最大的一个心愿。2008 年，即将迈入"80"后的我，心中的这个愿望变得越来越强烈，我决心将自己一生绝大部分积蓄拿出来，在北京中国石油大学教育基金会建立一个奖学金。

我深信一个人的思想和信念决定了他一生的行动，我从近半个世纪的工作学习实践中总结归纳出"争雄、争气、争光"的"三争"精神始终是我前进的动力，是我人生的座右铭。从我自身的成长经历中，我更深信百年大计，教育才是最坚固的基石，青年是祖国的未来和希望。所以，我尽我的所能支持教育、关心教育、发展教育，这也是我的希望和梦想所在。

经过一年的孕育筹备，这个"婴儿"诞生了。记得那是2009年7月3日，在中国石油大学（北京），我接受北京中国石油大学教育基金会名誉理事长的聘书并宣布出资建立"英才奖学金"项目，同时，从捐赠资金中拿出一定数额来支持我的母校——俄罗斯国立古勃金石油天然气大学留学生和教师来中国石油大学（北京）学习合作，进一步加强两校之间的交流。

2012年，党的十八大提出"两个一百年"的奋斗目标，实现中华民族伟大复兴中国梦的历史重任将落在青年一代身上。这使我更加深刻领会到毛主席1957年11月17日在莫斯科对我们留学生讲的一段话的重要意义："世界是你们的，也是我们的，但归根结底是你们的。你们青年人朝气蓬勃，正在兴旺时期，好像早晨八九点钟的太阳，希望寄托在你们身上！"我

2013年，王涛（前排左3）与英才奖学金获得者合影

现在关注年轻人的成长，引导年轻人、培养年轻人，尽我所能地关心、支持教育，正是在践行毛主席交给我们的历史重任。

"英才奖学金"创立10年来，在中国石油大学（北京）、中国石油大学（华东）以及三大石油公司等企业和社会有识之士的大力支持帮助下，奖学金规模和影响不断扩大，2015年奖励范围又扩大到其他7所石油院校。目前，这支被称之为"梦之队"的队伍发展到100多人，个个生龙活虎。其中50多人已经毕业，成为生产一线和科研教学岗位的业务骨干，有的取得了突出成绩，走上了基层领导岗位。

我想这项奖学金主要体现两大特色：一是择优选拔，要的是顶尖的；二是跟踪培养，工作是长期的。我认为：人才的培养和成长，是一个复杂的系统工程，家庭、学校、社会、企业……各方面必须形成合力。我早年就读的哈尔滨行知师范学校就是以人民教育家陶行知的名字命名的，陶行知的教育思想使我深受启发——"教师的职务，是'千教万教，教人求真'；学生的职务，是'千学万学，学做真人'。社会即学校，生活即教育。"我提出在"英才奖学金"的评选中往前追溯到中学，甚至是小学时的总体表现，从他们以往成长历程中考察综合素质。强调世界观、人生观和价值观是构筑人生的思想基础，如果基础不牢，人生就会摇摆，甚至塌陷。所以要求选拔时评委牢牢把住这"三观"。

我经常给同学们讲起"争雄、争气、争光"的"三争"精神。"争雄"，英雄的"雄"，"雄"就是实力，没有实力当不了英雄。我从小学就很想当个英雄，因为从小爱看武侠小说，武侠小说里面的主角都是英雄。我1948年入党后，争雄的动力就更明确了。记得入党之后挨的第一个批评就是爱和同学们较真，表现出个人英雄主义。我才真正认识到，当英雄是要为国家、为民族当脊梁！做任何事情都要从国家利益和民族利益出发争取第一，所以才有了另外两个"争气""争光"。"争气"，就是不甘落后，有志气，有勇气，有智慧，为民族争气。我们中华民族的近代史是一部屈辱的历史，是一部被侵略被压迫的历史，我们要建设富强国家，为人类做贡献，就必须用实际行动树立中华民族的形象，为民族争气！"争光"，就是不管干什么事情都要以优异的成果、杰出的表现，为国争光，为自己

王涛为自己题写的"三争"人生座右铭

所从事的行业争光,为自己所在的单位争光,为自己的家庭争光。

作为石油学子,寻找大油田,建设祖国的石油工业才是最光荣的事情,哪里有大油田,哪里就应该有你们的身影。未来中国最有勘探潜力的区域当属塔里木盆地,那里有许多世界级的难题等着你们去解决。

早在1985年12月7日,我在参加华东石油学院(现中国石油大学)纪念"一二·九"运动50周年大会,谈到塔里木石油勘探前景时说:"我国石油战线许多老战士,尽管鬓发已经斑白,仍然激情满怀,壮心不已,盼望着去开发塔里木这个祖国最大的油气资源宝库。人生的价值在于开拓,在于创新,在于奉献。石油工作者,每当进入一个新的探区,往往是一片荒无人烟的区域,一片没有足迹的地方,但当我们离开的时候,那里却是一口口油井,一座座集油站,一个崭新的石

油生产基地和伴随着它走向繁荣的城市。当我们生产的油气变成了国家宝贵的财富，把双手创造的成果贡献给祖国，就会感到生活是多么的充实，人生是多么的有意义！在我们工作中，总是充满着追求，充满着希望，充满着创造，给人以青春的活力。因此，我深深地感到，作为一个石油工作者，是非常光荣的，是值得自豪的，是十分幸福的！"那场报告震撼了大学生的心灵，后来，参加塔里木石油会战的许多大学生，都是当年听了那场报告才来到塔里木的。现在，塔里木已经成为2000万吨级大油气田，西气东输主要气源地，但是还有许多世界级科技难题没有解决，更需要有志青年义无反顾地迎着这些难题踏上人生旅程。

作为石油工业的一片热土，塔里木吸引了全国各地、很多大学的优秀毕业生。2018年底，塔里木油田10735名合同化员工中，75%的人员具有大学学历，8%的人员具有研究生学历，他们不仅有从国内各大石油院校毕业的毕业生，还有不少是北京大学、清华大学、中国科学技术大学等国内知名综合性大学毕业生。很多青年员工到塔里木这个大熔炉后，快速成长进步，很多人不到十年时间就成为独当一面的技术骨干和优秀基层干部。

二、家国情怀

我年纪大了，但对石油事业无时不魂牵梦绕，对党和国家的情感一如既往向前延伸着……

1931年"九一八"事变那一年，我出生在东北吉林公主岭奶子山的煤矿上，从此愁苦与日俱增。日本鬼子疯狂掠夺煤矿资源。奶子山煤矿的活儿干不下去了，于是在我5岁那年，爷爷和爸爸妈妈挑担背篓领着我们沿松花江北上，流浪到了阿城县城（今属黑龙江省）的平山村，一路的艰辛可想而知，正如歌谣所唱："一根扁担两个筐，孩子被子筐里装。小脚媳妇拧搭走，蓝布包里盛干粮。"

平山村有一所国民优级学校，实际上是日本人为了奴化教育而开办的。日本人通过学校的修身课向中国学生灌输"日满协和""日满亲善""共存共荣""一德一心"等谬论，采用催化的方法蒙蔽青少年从小就忘记自己是中国人，俯首帖耳地当亡国奴。

最令我刻骨铭心的是一次剑术训练。同学们手举木制的长剑左刺右扎，前劈后砍，伴随每个动作齐声喊道："嘿！嘿！嘿！"我刚做完举刀向下劈的动作，突然，日本教官冲到我面前，歇斯底里地吼道："你为什么不用力气！"不容分说夺过长剑朝我腰部砍来。我被他用剑劈倒在地，趴在地上不能动弹。站在队列里的哥哥金山怒瞪双眼，气得要冲上去同日本教官辩理，可是日本教官那气势汹汹的样子把我哥哥给逼退了，只好忍气吞声地把我背回了家。

从上学开始就接受日本侵略者的奴化教育，所以一直以为自己是"满洲人"，直到6年级才知道自己是中国人。经历了日本帝国主义铁蹄的蹂躏和"满洲国"无国无家的屈辱，苦难的残酷现实使我从小就认识到"贫穷就得挨饿，落后就得挨打"的道理。在我幼小的心灵里埋下爱国图强的种子。

我本名不叫涛，叫金亭。1947年，17岁的哥哥金山报名参加了解放军。在敲锣打鼓欢送哥哥的那一天，我望着远去的火车，心里格外惆怅。我不断地追问：这火车从哪里来，又到哪里去？就如同追问家乡的河流是从哪里来又到哪里去一样，令我从迷茫中顿悟到了什么。于是，我也决心走出大山，上学念书长知识学本领。经过不懈的刻苦努力，我终于在1948年考取了松江省立行知师范学校。那年，我还不满17周岁。

我是在踏进学校的大门后，决心不再构建祖父为我设计的"金亭"，便在入学登记表上将"王金亭"赫然改为"王涛"——波涛的"涛"。

记得班主任张今是问我"王涛同学，你为什么改名字呢？"我回答说："老师，爷爷为我们五个兄妹起的名字依次为：金山、金亭、金镛、金铠、金兰。寓意为家里有金山，金山上耸立着一座金亭，金亭上悬挂着一个金镛，金镛下放着一个金铠，金铠旁放着一个金兰……可我不想挂这个'金'字招牌。我要像家乡大河里的波涛一样，永远前流，永不回头！"这便是我将"金亭"改为"涛"的初衷。

我就读的松江省立行知师范学校诞生于解放战争时期的东北解放区，是适应新中国成立后广大农村和城市中小学教育迅速发展的需要而设立的。当

1948年2月，王涛在松江省立行知师范学校的入学登记表

时学校党组织还没有公开，但是我无时无刻不感受到党组织的关怀和温暖。

我是穿着父亲的破棉裤裹着破棉袄、揣着母亲给的5元钱踏进学校大门的，除此之外几乎一无所有。

临行前的那天晚上，母亲把父亲的棉裤改了一下，便成了我穿的最体面的衣服。没有衬裤，没有内裤，走起路来呼扇呼扇的，寒风顺着裤腿嗖嗖地往上蹿，透心儿凉。同班的一位叫许枫的共产党员向我伸出了友爱的手。她1947年参加革命，1948年入党，从中共中央东北局组织部来到"行知师范"学校进修。由于她的生活用品属于供给制，便把节余下来的一套"干部服"送给了我，后来又精心地为我缝制了一个军绿色的脖领。这身衣服不仅使我感受到了温暖，而且为我增添了无穷的力量。我们经常在一起探讨学习，畅谈理想，憧憬着美好的未来，爱慕之情油然而生。然而，为了学习和革命工作，我们都把爱默默地埋藏在心底。直到1959年，我们结为革命的伴侣。

1949年7月，行知师范学校全体党员合影（后排右2为王涛，中排右3为张今是，前排右2为许枫）

  在党组织的领导下，学校不仅组织我们学习科学和文化，而且学习政治，学习社会发展史、中国近代史和中国革命的历史，走又红又专的道路，并重视实践，结合当时在东北进行土改运动和解放战争的形势对学生进行阶级教育、共产主义教育和忆苦活动。这些学习很快提高了我的政治觉悟。1948年12月，我光荣地加入了中国共产党，并成为学校各种政治活动和社会活动的骨干分子，先后被选为全校模范学生和模范团员、校学生会主席、哈尔滨市特等模范团员。我从入党的那一天起就下定决心一切听从党召唤，再无二心，为实现共产主义奋斗终生。

  我一生有两次荣幸地见到毛主席，都是在学生时代。第一次是在1949年4月，我被松江省选为代表，参加在北平召开的中国新民主主义青年团第一次全国代表大会。当时全国共有19万青年团员，从中产生340名团的"一大"代表。其中有解放军的战斗英雄，工厂、农村的劳动模范，学校中的学习模范和中国青

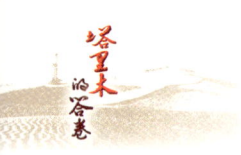

年运动各个历史时期的骨干和领导人。会议期间,毛泽东主席为大会题词:"同各界青年一起,领导他们,加强学习,发展生产。"毛泽东主席和朱德总司令在香山接见了部分大会代表。那天,因为我年龄最小个子又不高,站在队伍的最前排,翘首盼望着毛主席的出现。毛主席从他乘坐的汽车上下来,大家都热烈地鼓掌。当毛主席走到我跟前时,我再也控制不住自己拼命地喊了一声"毛主席万岁!"这是发自内心深处充满幸福和激情的呼喊。只见毛主席向我投来慈祥的目光,使我热血沸腾。这寄托着殷切希望的目光成为鼓舞我奋勇前进的巨大动力。

我再次见到毛主席是在8年后的莫斯科大学。

新中国创建之初,百废待兴,百业待举。党中央、毛主席高瞻远瞩,决定有计划地、成批地向苏联、东欧各社会主义国家派遣留学生,以适应经济建设的需要,并很快与有关国家签订了协议。周恩来总理亲自主持制定了全面的派遣计划。20世纪五六十年代,就有近万名留学生汇聚到苏联这个世界上第一个社会主义国家。

1953年秋,我在长春地质学院上完一年级,被推荐并经过全国统一考试合格后进入北京的留苏预备部。选拔非常严格,要求政治上极其可靠,学习上极为优秀。当时流传一种说法:够入党条件,不一定够留苏条件。在留苏预备部期间,我更加深刻地感受到了党和祖国那慈母般的伟大而神圣的爱。1954年8月,我打点好行装,肩负着祖国和人民的重托,与200多名同学一道,满怀光荣与梦想,踏上了留学的征程。

1957年11月17日,是我难以忘怀的最幸福的一天。我满怀激动喜悦的心情,同中国留学生一起很早就从四面八方奔赴列宁山上的莫斯科大学,期盼着伟大领袖毛主席的接见。下午6时,当毛主席和邓小平、彭德怀、乌兰夫、杨尚昆、胡乔木等同志出现在莫斯科大学的大礼堂时,"毛主席,您好!""毛主席万岁!"的欢呼声和暴风雨般的掌声此起彼伏,大家沉浸在欢乐与幸福的海洋中。

毛主席以革命家的雄伟气概和诗人的澎湃激情说道:"世界是你们的,也是我们的,但归根结底是你们的。你们青年人朝气蓬勃,正在兴旺时期,好像早晨八九点钟的太阳,希望寄托在你们身上。"整个大厅沸腾了。我

20世纪50年代末，中国留学生与苏联石油工作者在一起（左3为王涛）

的眼睛湿润了，8年后的今天，我在异国他乡又一次见到了毛主席，聆听谆谆教诲。革命领袖的教导，成为我一生关心国家、关心政治、关心石油事业的行动指南。

1963年留苏回国后，我有幸参加了渤海湾石油会战。余秋里部长、康世恩副部长对培养年轻干部非常重视。余秋里常说：水大才有鱼来游，树高才有鸟来落，要不拘一格选人才。他们在指挥大庆会战的3年多时间里，提拔了一大批30岁左右、年富力强的干部。这些干部在会战中出了大力，做出了许多重大贡献，后来大都成长为共和国石油工业可持续发展的栋梁之材。我就是在渤海湾石油会战中被重点培养的年轻干部之一。

1964年8月，康世恩亲自带我去大庆油田实习锻炼。我去了大庆油田的各个指挥部，了解大庆会战的历史和现状，还见到了王进喜等英模人物，并亲身感受到了以铁人王进喜为代表的大庆人所表现出的"三老四严""艰苦奋斗"的优良传统和作风。

1965年，我通过与委内瑞拉马拉开波湖含油气盆地进行详尽的对比研究，论证并肯定了渤海湾及其周边地区广阔的含油远景，为石油部决策开展渤海湾地区石油勘探会战提供了重要依据。1985年，我作为主要参加者完成的"渤海湾盆地复式油气聚集（区）带勘探理论及实践研究"获国家科学技术进步奖特等奖。1983年，我被任命为中国海洋石油总公司南海东部公司总经理，成为最早对外合作开发海上油田的实践者之一……

我从自己的人生追求中，强烈地体会到波涛奔流的永恒本性。我早年将自己的名字由金亭改成了涛，希望自己这一滴从大山深处淌出来的水能流入家乡的小河，然后融入江河，后来我终于领悟到，奔流的大江大河，永远追求的是浩瀚的大海。我喜欢江河、喜欢大海，更喜欢波涛那种百折不挠、勇往直前的秉性和气质。涛，寓意着奔流不息、永远前进，即使遇到暗礁险滩，也百折不挠。我的座右铭就是"三争"精神，这种精神犹如大河奔流，大海波涛激荡。不断追求理想、执着追逐梦想，在实现自我价值的同时，将自我价值融入祖国石油事业的滚滚洪流之中，开创中国石油工业一个又一个辉煌业绩。

我是这样描述石油的："石油，对于一个搞油的人来说意味着什么？那是生命的全部。那黑色的液体就像血管里的液体，没有它在流淌，我的生命就会枯竭！"勇立潮头，我要在百折不挠、锲而不舍的追求中实现着人生的价值。

不忘初心，牢记使命。我将培养人才视为我人生的归宿，是我最大的梦想。关于人才培养，我曾经常和我的大学同学、中国石油大学原校长、教育家张一伟教授讨论这个问题。他说的"什么都可以引进，唯有国民素质是不能引进的"，与"为什么我们的学校总是培养不出杰出人才"的"钱学森之问"一样都令我刻骨铭心。我创建"英才奖学金"，构筑"树立榜样，薪火相传"的梦想舞台，就是为破解"钱学森之问"做出的不懈努力。

三、祝愿腾飞

一直以来，无论是在我们酝酿筹备"六上塔里木"的抉择时刻，还是在塔里木石油会战的困惑阶段,抑或是在塔里木大场面逐步扩大的发展时期,我对塔里木都抱有充分的信心和极大的期待,都坚信塔里木未来一定会找到大油气田,实现更大发展目标,成为中国石油工业的重要战略接替区。塔里木石油会战不仅是一场勘探、开发仗,而且是一场为国争光、为民族争气的政治仗。20世纪90年代初在勘探开发资金紧张的时候,我们坚持依靠自己的力量,借款在塔里木搞勘探,避免了这么大一个盆地将来受制于人,这不仅是对国家负责,而且也是对塔里木充满信心。

1996年12月14日,当我即将离开总公司领导岗位时,我在塔里木石油勘探开发指挥部干部大会上提出:希望塔里木的同志要发扬"争雄、争气、争光"的"三争"精神,打造世界一流水平的企业。这里所讲的一流,包括科技一流、管理一流、人才一流、效益一流。塔里木的工作水平,在很大程度上代表着中国石油工业的水平,不仅在国内应当是最高的,而且要敢于与国际水平比高低。在我心里,塔里木大有"争雄"的人员,有"争气"的基础,也有"争光"的能力。对塔里木而言,第一"争雄"。即各方面的工作都要做到一流,成为强者。市场竞争强者胜,谁占领市场谁就是赢家,任何一个不能争雄的单位在市场经济条件下都是生存不下去的。第二"争气"。就是不甘落后,做什么事都要有事业心,都要有志气,有士气,在任何困难面前都不会低头,都有足够的勇气。第三"争光"。不管干什么事情都要和国家的利益紧密联系起来,以自己优异的成绩,为国家争得光荣。

1998年12月,在塔里木盆地勘探技术座谈会上我又提出三点希望:坚持"稳定东部,发展西部"的战略方针不动摇;坚持油气并举,把勘探放在首位不动摇;坚持在塔里木盆地寻找大场面不动摇。这"三个坚持"是从现实出发,也是从历史实践中得出的深刻领会。塔里木石油勘探可谓是一波三折,几度兴奋,几度困惑。我认为,这是我们认识客观世界的必然过程,只有坚持辩证唯物主义的认识论,在实践中学习、在学习中实践,实践—认识,再实践—再认识,才会不怕挫折,坚定果敢,勇往直前;不断深化对客观世界的认识,找出规律,才会在实践中失败越来越少,成功越来越多。塔里木石油勘探开发发展到今天,就是这样走过来的,还要这

样走下去，相信成功是属于我们的。

2010年2月24日，集团公司党组召开扩大会议，专题听取塔里木油田公司关于油气发展规划的汇报。我们许多老同志也参加了会议。当时，中国石油要在新疆建设四大基地和一个战略通道，最重要的是建设油气生产基地，核心主战场是塔里木盆地。塔里木石油会战已经21年，发现并开发库车、塔北、塔中、塔西南四个油气富集区，探明了6亿吨石油地质储量和1万亿立方米天然气地质储量，开发了10个油田和11个气田，2008年油气年当量产量突破2000万吨，勘探开发取得很好的经济效益，实现的利润和税费排在集团公司前列，为集团公司实现效益发展做出了贡献。

我们用一个上午的时间听取塔里木油田的汇报。

塔里木油田公司2008年油气当量产量突破2000万吨庆祝仪式

油田在汇报中提出，2010—2020年的10年时间，要实现油气当量产量翻一翻的目标，由现在的2000万吨增长到4000万吨。集团公司党组经过研究，原则上批准了塔里木油田10年发展规划。党组要求，要进一步细化、完善，把阶段性目标、阶段性规划，作为一个完整的项目进行管理。

我为塔里木油田制定的这个奋斗目标感到振奋，在会上发表了自己的意见。我说，塔里木是我们中国石油的未来，也是保证国家能源安全的一个重要的支柱。在实现这一奋斗目标过程中，会有曲折和挑战，但这个奋斗目标肯定会实现。我们国家未来最大的油田肯定是塔里木！作为一个大油田，一个根本的战略指导思想就是稳定，实现一个目标后，一定要能够稳产20～30年。

2016年7月，塔里木油田以集团公司"十三五"规划为指导，编制完成油田"十三五"发展规划，提出到2020年实现油气当量产量3000万吨。我认为，塔里木这一目标的制定，既体现了进取性，又有务实性，是一个应当实现、也可以实现的目标。

2018年1月23日，在集团公司工作会议期间，我听到塔里木油田取得油气当量产量突破2500万吨、累计向西气东输供气超过2000亿立方米的突破性成就，还提出"撸起袖子，干出样子，扛起担子，当好新疆5000万吨上产工程和集团公司国内上游业务发展的主力军，奋力开创3000万吨大油气田建设新局面"的工作部署，感到非常振奋。

2018年，塔里木油田公司新一届领导班子落实习近平总书记关于"大力提升国内勘探开发力度"的重要批示精神和集团公司战略部署，进一步明确下步发展目标：到2020年，生产石油600万吨、天然气310亿立方米，油气当量产量3070万吨，基本建成现代化大油气田；到2025年，生产石油650万吨、天然气360亿立方米，油气当量产量3520万吨，全面建成现代化大油气田。

2019年，以习近平同志为核心的党中央统揽伟大斗争、伟大工程、伟大事业、伟大梦想，做出在全党范围内开展"不忘初心、牢记使命"主题教育的重大部署。我们30年前展开塔里木石油会战，目的是为了寻找大场面，造福当地各族人民。只要我们牢记寻找大场面的使命，从塔里木石油

▲ 2018年4月,塔里木油田公司召开的3000万吨大油气田目标再落实动员部署会

事业发展壮大的历史中汲取继续前进的力量,就没有打不赢的仗、没有战胜不了的困难。

2019年4月10日,是塔里木石油会战30周年的纪念日。经过30年的会战与发展,塔里木已经由一棵小树苗长成一棵参天大树,成为陆上石油工业版图的重要组成部分,而且难得的是现在仍然处于发展的上升阶段。会战30周年了,我多想再到塔里木去走一走、看一看,可由于种种原因,未能如愿成行,只能向同志们遥寄我内心的祝福与问候。

四、高擎旗帜

一个国家、一个民族不能没有灵魂,一个组织、一个人也不能没有精神支撑。从早年求学经历到走上领导岗位后我最深刻的体会是,石油精神就是我们立身的根和魂。1957年11月17日,毛主席在莫斯科对我们留学

庆祝塔里木石油会战30周年专题片

2019年4月10日，塔里木油田公司在库尔勒市举办塔里木石油会战30周年总结表彰大会

生提出了"希望寄托在你们身上"的殷殷教诲，我当年只有26岁，这是激励我追逐梦想、回国投身祖国石油事业的强大精神动力。20世纪60年代初，我先后参加胜利、大港、辽河等波澜壮阔的石油大会战，并深入大庆油田锻炼成长，近距离接触以王进喜为代表的一大批先进模范，受到"大庆精神""铁人精神"，以及"三老四严""艰苦奋斗""四个一样"优良作风的洗礼。

改革开放后，我在工作期间亲身感受到几代党和国家领导人对石油工业的关怀，对石油精神的重视。邓小平同志对石油工业改革开放和发展多次做出重要指示批示，大力推动石油工业对外开放，鼓励石油企业勇敢走出去，大胆利用国内外两种资金、两种资源和两个市场，为石油工业改革开放指明了前进的发展方向。1990年，江泽民同志视察大庆油田时，把大庆精神概括为"爱国、创业、求实、奉献"八个字；1995年，又寄语大庆"发扬大庆精神，搞好二次创业"。2009年，胡锦涛同志

到大庆油田视察，充分肯定大庆油田为我国石油工业发展做出的贡献，强调大庆精神永远是激励我们不畏艰难、勇往直前的宝贵精神财富，希望石油战线"高举大庆红旗，继续艰苦创业"。

2016年6月，习近平总书记做出重要指示，强调要大力弘扬以"苦干实干""三老四严"为核心的"石油精神"。习总书记以更加宽广的视野，更加深邃的思考，把以大庆精神为代表的石油工业优良传统作风，集中概括和凝练为石油精神，历史跨度更大，标志着石油精神在新时代得到新的升华，获得新的内涵和现实生命力。

党的十九大报告指出："文化是一个国家、一个民族的灵魂。文化兴国运兴，文化强民族强。"回想新中国石油工业发展的70年，我们能取得巨大的发展成就，离不开一代代石油人前赴后继的努力。而支撑百万石油员工拼搏进取、奋勇向前的力量，正是蕴含在中国石油人灵魂中的石油精神。石油精神集中体现了广大石油人的思想观念和价值追求，是中国石油核心竞争力和独特文化优势的灵魂与根基，集中体现了百万石油人的良好形象。

2015年元月，集团公司在北京召开老领导座谈会，通报集团公司主要生产经营情况和下一步重点工作安排，听取老领导对集团公司改革发展等方面的意见和建议。一个时期以来，我们有的企业党的建设出现淡化、弱化甚至边缘化现象，党组织的作用发挥不够，一些领导干部丧失理想信念，甚至贪污腐化，有的涉嫌严重违纪违法受到查处，实在让人痛心。我在会上建言，希望党组进一步加强党的建设，加强反腐倡廉建设，大力弘扬大庆精神、铁人精神等石油工业优良传统。

党的十八大以来，集团公司新一届党组深刻吸取教训，旗帜鲜明地反腐倡廉，大力正风肃纪，切实清除政治雾霾，坚决肃清周永康、蒋洁敏、廖永远、王永春等人的流毒影响，团结带领广大干部员工，坚决把党的政治建设摆在首位，确保石油队伍绝对忠诚可靠。

特别是2015年7月，集团公司党组深刻认识到大力弘扬光荣传统，尽快扭转公司形象严重受损的被动局面，是当前和今后一个时期一项重要而紧迫的任务，开始在全系统开展以"弘扬光荣传统、重塑良好形象"为主题的大讨论活动，引起广大干部员工的思想共鸣。

2018年6月集团公司举办的"弘扬石油精神，重塑良好形象"劳模·青年论坛

　　石油精神产生于我国石油工业最困难时期，有着为祖国找油、为民族争气的浓重政治底色。新中国成立之初，石油人攻坚克难、砥砺奋斗，谱写了"创业维艰、奋斗以成"的凯歌。改革开放以来，石油人始终保持进取创新的精神状态，更是续写了敢为人先、自力自强的奋进史。记得1996年，我在离开总公司主要领导岗位的时候和同志们说，回顾自己过去12年的工作，感到最欣慰的是大庆精神、铁人精神在我们手里没有丢，得到了继承和发扬光大。

　　当年塔里木石油会战一开始，我们就在考虑，南疆工作环境艰苦，如何继承和发扬大庆精神，如何做好坚强有力的思想政治工作，使我们的员工能够自力更生、艰苦奋斗，队伍如何始终保持旺盛的斗志、严格的纪律和良好的作风。1989年是大庆油田发现30周年，那年8月我在塔里木现场办公，向同志们提出一个课题，就是塔里木的会战怎样才能发扬大庆当年艰苦创业的光荣传统，发扬爱国、创业、求实、奉献的大庆精神，在实践中逐步培养形成塔里木精神，形

成我们塔里木职工队伍的灵魂。

塔里木油田党工委一直非常重视思想政治工作，石油工业优良传统在塔里木探区得到传承和发扬，以"艰苦奋斗、真抓实干、求实创新、五湖四海"为内涵的塔里木精神逐渐深入人心，"只有荒凉的沙漠，没有荒凉的人生"的人生观激励了一代代塔里木石油人。在强有力的思想政治工作推动下，会战队伍形成了一种瞄准先进、争创一流、你追我赶、不甘落后的风气，在各条战线上都涌现出了一批先进典型。

2019年4月，在塔里木石油会战30周年之际，塔里木油田公司选树了各条战线上的劳动模范30人以及会战30周年突出贡献者5人。这些同志都是塔里木石油战线的优秀代表，都是石油精神的传承者、践行者。在他们的身上，集中体现了石油职工热爱党、热爱社会主义、热爱石油事业的忘我奉献精神，体现了艰苦奋斗、顽强拼搏、一往无前、在困难面前无所畏惧的硬骨头精神，体现了讲究科学、"三老四严"、兢兢业业、埋头苦干的求实精神，体现了永不自满、力争上游、争创一流、勇攀高峰的进取精神。

作为石油战线的一名老兵，我关注着中国石油各个油气田的情况，但最牵动我心的就是塔里木。我向往着塔里木，魂牵梦绕着塔里木，梦寐以求地期待着大场面的到来。2008年12月12日，当塔里木油田的同志打电话告诉我，塔里木油田油气当量产量突破2000万吨时，我十分激动和振奋。我在兴奋之余，挥笔写下了"塔里木：未来世界大油田"10个大字，以此表达我对塔里木的信心和期望，与同志们共勉。

2019年初，塔里木的同志告诉我，现在塔里木油田上下正在全力推进3000万吨大油气田建设，到2020年，塔里木3000万吨的阶段性目标就要实现了。作为一个长期关注塔里木油气发展的"老石油"，我对此感到非常的欣慰和自豪。塔里木已步入全国大油气田行列。我相信，"塔里木"在未来将成为中国乃至全世界一个响亮的名字。

我通过深入学习党的十九大报告，越来越感受到以"两新两高"为主要特征的塔里木油田的发展是完全符合党的十九大精神的。特别对于破解人民日益增长的美好生活需要和不平衡不充分的发展之间的矛盾发挥了不可替代的作用。习近平总书记在党的十九大报告中讲：生态环境保护任重

2019年评选产生塔里木石油会战30周年劳动模范和突出贡献者

道远；民生领域还有不少短板，脱贫攻坚任务艰巨，城乡区域发展和收入分配差距依然较大，等等。克拉2气田直接促成了西气东输工程和南疆天然气利民工程的建设，惠及下游15个省（自治区、直辖市）、120多个大中型城市的约4亿沿线居民，并使南疆400万各族人民从"柴煤时代"跨入"清洁能源时代"。这些历史性的成就充分说明塔里木石油人是中国特色社会主义伟大事业的忠实践行者和勇敢创新者。

塔里木，给我生命注入活力的一方热土，始终凝聚着我无限的希望。我爱塔里木的土地，因为她到处都是宝藏；我爱塔里木的各族人民，因为他们淳朴友善、充满激情和理想；我爱塔里木石油职工——一群大写的人，因为他们肩挑共和国油气重担，挺着民族脊梁！

塔里木，是我终生奋斗的热土。

2012年6月18日，王涛在西气东输主要气源地——塔里木油田克拉2气田

后 记

2009年，在塔里木石油会战20周年之际，塔里木油田公司史志部门的同志邀请我写关于当年决策开展塔里木石油会战的回忆文章。我撰写了6万余字的《塔里木：正在崛起的世界大油田》，后来又在《中国石油报》发表了11篇回忆塔里木石油会战的文章，引起较好反响。同志们建议我写回忆录，系统记述塔里木石油会战的来龙去脉，全面呈现这段波澜壮阔的历史。想到自己是塔里木石油会战的亲历者，深感有责任、有必要完成好这项工作，更好地发挥"存史、资政、育人"的作用。

2012年，出版了《征战死亡之海——塔里木石油会战》。该书发行后，塔里木油田又有了很大的发展，我想有必要进一步修订完善，并简要回顾石油工业发展战略的形成过程。在有关单位和同志们的帮助下，完成这部《塔里木的答卷》，了却了我的心愿。多年来，我深入塔里木油田调研，搜集查阅大量资料，力求真实地反映石油人在改革开放新形势下，坚定不移地贯彻党中央、国务院关于"稳定东部，发展西部"战略方针，在"死亡之海"和"勘探禁区"为祖国找油找气的英雄壮举和感人事迹，以及对保障国家能源安全、开启天然气时代、造福当地各族人民做出的重要贡献。

在撰写过程中，中国石油天然气集团有限公司党组书记、董事长王宜林给予了关心和支持，集团公司党组副书记、副总经理徐文荣和原中央党史研究室副主任张树军给予了具体指导。集团公司办公厅、政策研究室、科技管理部、国际部、思想政治工作部、离退休职工管理局、勘探与生产分公司、对外合作部、塔里木油田公司、东方地球物理勘探有限责任公司、勘探开发研究院、经济技术研究院、咨询中心、石油工业出版社等部门和单位给予了多方帮助，特别是集团公司办公厅、塔里木油田公司做了许多协调工作，主要领导同志亲力亲为，付出很多心血，对此深表感谢！

　　邱中建、王炳诚、钟树德、李大华、王秋明、童晓光、梁狄刚等老战友，贾承造、李润生、李怀奇、李华民、傅诚德、严绪朝、许永发、曹政言、宋建国、顾家裕、朱达志、李希文、张玮等有关同志，以及塔里木油田公司的有关人员提供了许多珍贵历史资料，并认真审阅书稿，提出宝贵意见和建议；塔里木油田公司党工委领导多次组织专家审稿；王志明、李明坤、李虎、何晓庆、王文利、赵恩宏、王铁夫、陈尔东、邓松涛、李大成、胡建国、张露、张岩青、刘云、杨勇、李坛计、刘月欣、袁镜武、滑晓燕等同志先后协助做了文字图片资料的收集和整理工作，石油工业出版社的领导和有关编辑、设计、策划人员为本书的出版做了大量细致工作；还有在塔里木工作过，现仍在为石油事业继续奋斗的一线领导同志，也为本书的出版提供了丰富的资料和中肯的意见建议，在此一并表示谢忱。

　　同时，还要感谢我的夫人许枫。她一如既往地默默奉献，为我的写作提供了许多帮助，并提出许多有益的建议。

　　塔里木油田有今天这样的成就，是几代石油人接续奋战的结果，有许多重要感人事情，也有很多值得记述的人，但限于本书篇幅，不能在此一一记述，请同志们谅解。同时本书撰写过程中，难免出现疏漏与不足，敬请读者批评指正。